SCIENCE PROPAGATION SERIES

हिन्दी से अंग्रेजी माध्यम में
10+2 में अध्ययनरत् विद्यार्थियों के लिए

Mathematics Glossary

of Terms, Definitions, Concepts, Methods, Laws, Theorems

Mathematics के 1300 से अधिक
पारिभाषिक शब्दों, संकलपनाओं तथा सिद्धान्तों का अभूतपूर्व संकलन

संकलनकर्ता
मंजुल त्यागी

arihant
अरिहन्त प्रकाशन (सीरीज़) मेरठ

arihant

अरिहन्त प्रकाशन (सीरीज़) मेरठ

रजि. कार्यालय

'रामछाया' 4577/15, अग्रवाल रोड, दरिया गंज, नई दिल्ली- 110002,

फोन: 011-47630600, 43518550

मुख्य कार्यालय

कालिन्दी, टी०पी० नगर, मेरठ (यूपी)– 250002, **फोन:** 0121-7156203, 7156204

मुख्य वितरक

शर्मा बुक एजेन्सी, ओम नगर, आगरा देहली बाईपास (निकट अलवर ब्रिज), मथुरा

फोन: 09219662591, 8433486830 ई.मेल: sharmabookagency25@gmail.com

शाखा कार्यालय

आगरा, अहमदाबाद, बरेली, बंगलुरु, चेन्नई, दिल्ली, गुवाहाटी, हैदराबाद, जयपुर, झाँसी, कोलकाता, लखनऊ, नागपुर तथा पुणे

ISBN 978-93-88127-65-3

मूल्य ₹ 175.00

PO No. : TXT-59-T052200-3-23

PUBLISHED BY ARIHANT PUBLICATIONS (INDIA) LTD.

'अरिहन्त' की पुस्तकों के बारे में अधिक जानकारी के लिए हमारी वेबसाइट **www.arihantbooks.com** पर लॉग इन करें या **info@arihantbooks.com** पर सम्पर्क करें।

Follow us on...

प्रस्तावना

'डिक्शनरी '(Dictionary) अर्थात् शब्दकोश एक ऐसा माध्यम है, जिसके द्वारा छात्र विषय पर अपनी सापेक्ष पकड़ स्थापित करता है। विभिन्न भाषा से सम्बन्धित डिक्शनरी (Dictionary) जहाँ उक्त भाषा के शब्दों की शुद्ध वर्तनीं तथा स्पष्ट उच्चारण को सीखने तथा समझने का मौका देता है, वहीं इसके पाठक के शब्द-भण्डार में वृद्धि होती है। डिक्श नरी-निर्माण का यही प्रभावी उद्देश्य होता है।

आपके समक्ष Mathematics Glossary है जो एक विशिष्ट डिक्शनरी (Dictionary) है। विज्ञान विषयों की जटिलता तथा नये वैज्ञानिक पदावलियों के लगातार विकसित होने के कारण विज्ञान के विद्यार्थियों में ऐसे शब्दों तथा पारिभाषिक पदों को जानने तथा उसे आत्मसात करने की जोरदार कोशिश चलती रहती है। बाजार में कुछ ऐसे शब्दकोश (Dictionary) मौजूद हैं, जो शब्दों के अर्थ विद्यार्थियों को बताने का प्रयास करते हैं, किन्तु ऐसी पुस्तकों का उद्देश्य तथा उनकी प्रवृत्ति बहुत हद तक सीमित और संकुचित है। इस समस्या को देखते हुए हमने यह अभिनव प्रयास किया है। इस पुस्तक में विषय के सभी पारिभाषिक पदों एवं वैज्ञाानिक शब्दों को वर्णवार (A से Z) रखा गया है। अध्यायवार ऐसे शब्दों को रखने से उनके दोहराव की समस्या बनी रहती है तथा कुछ महत्त्वपूर्ण शब्दों के छूटने की आशंका भी रहती है। इसे ध्यान में रखते हुए शब्दों को वर्णवार (A से Z) रखते हुए वैज्ञानिक प्रवृत्ति (Scientific approach) को अपनाया गया है। यहाँ हमने हिन्दी (Hindi) तथा अंग्रेजी (English) में शब्दों/पदों के अर्थ तथा उनकी परिभाषा (Definition) को जगह दी है।

आशा है, यह डिक्शनरी (Dictionary) विभिन्न इंजीनियरिंग तथा मेडिकल संस्थानों में प्रवेश के इच्छुक अभ्यर्थियों के लिए परीक्षोपयोगी साबित होगी। प्रवेश परीक्षाओं (Entrance Examinations) के दौरान संभवतः आपके सामने ऐसे शब्दों/पद नहीं होंगे जिनका अर्थ (Meaning) अथवा परिभाषा (Definition) जानने में कठिनाई हो।

अन्त में, आपकी सफलता ही हमारा उद्देश्य है, जिसे ध्यान में रखकर हमने यह महत्त्वाकांक्षी कार्य सम्पन्न किया है। इस डिक्शनरी (Dictionary) की सफलता आपकी सफलता में निहित हैं।

शुभकामनाओं के साथ,

लेखक

Contents

A

abacus (**एबाकस्**) अबाक्स। A counting device consisting of rods on which beads can be moved so as to represent numbers. An abacus with nine beads in each row can be used for counting in ordinary arithmetic.

एक गणना युक्ति जिसमें छड़ों पर दाने होते हैं जिन्हें हिलाया या चलाया जा सकता है जिनसे संख्याएँ निरूपित की जाती हैं। एक अबाक्स का सामान्य अंकगणित में गिनने के लिए प्रयोग किया जाता है जिसमें प्रत्येक पंक्ति में नौ दाने होते हैं।

abelian group (**एबेलियन ग्रुप**) आबेली समूह। A group G is said to be abelian, if it also satisfies the commutative law. *e.g.*, if $(G, \cdot)$ is a group and it also satisfies the following postulate

$$a \cdot b = b \cdot a, \forall a, b \in G$$

Then, $(G, \cdot)$ is known as abelian group.

एक समूह G को आबेली कहते हैं यदि यह क्रमविनिमेय नियम का भी अनुपालन करता है।

जैसे—यदि $(G, \cdot)$ एक समूह है तथा यह निम्न सम्बन्ध को सन्तुष्ट करता है

$$a \cdot b = b \cdot a, \forall a, b \in G$$

तब $(G, \cdot)$ को आबेली समूह कहते हैं।

abscissa (**ऐब्सिस्सा**) भुज। The x-coordinate in a two dimensional rectangular cartesian coordinate system.

or

It represents perpendicular distance from y-axis of the point on a line in a two dimensional cartesian coordinate system.

e.g., if $P(3, 4)$ is a point in a plane, then its abscissa is 3 which means point is at a distance of 3 units from y-axis.

द्विविमीय समकोणीय कार्तीय निर्देशांक निकाय में x-निर्देशांक

या

द्विविमीय कार्तीय निर्देशांक निकाय में एक बिन्दु की y-अक्ष से लम्बवत् दूरी को निरूपित करता है।

जैसे—यदि एक तल में एक बिन्दु $P(3, 4)$ है, तब इसका भुज 3 जिसका अर्थ है कि यह बिन्दु y-अक्ष से 3 इकाई की दूरी पर है।

absolute frequency (**एब्सोल्यूट् फ्रिक्वैन्सी**) निरपेक्ष बारम्बारता। The number of occurrences of an event. *e.g.*, a dice is rolled 10 times and 2 four's are observed, the absolute frequency of fours is 2.

एक घटना के घटित होने की संख्या

जैसे—एक पासे को 10 बार उछाला जाता है तथा 2 बार चार प्राप्त होता है। चार की निरपेक्ष बारम्बारता 2 है।

absolute maximum (**एब्सोल्यूट् मैक्सिमम**) निरपेक्ष उच्चिष्ठ। A point on the graph of a function at which it has the highest value within interval is called maximum point. It it is higher than all other values of the function, it is an absolute maximum.

फलन के आरेख के एक बिन्दु जिस पर फलन का मान दिए गए अन्तराल में अधिकतम् होता है उच्चिष्ठ बिन्दु कहलाता है। यदि यह बिन्दु फलन के सभी मानों में अधिकतम हो तो यह निरपेक्ष उच्चिष्ठ होता है।

absolute minimum (एब्सोल्यूट् मिनिमम) निरपेक्ष निम्निष्ठ। A point on the graph of a function at which it has the lowest value within interval is called minimum point. If it is lower than all other values of the function, it is an absolute minimum.

फलन के आरेख के एक बिन्दु जिस पर फलन का मान दिए गए अन्तराल में न्यूनतम होता है। निम्निष्ठ बिन्दु कहलाता है। यदि यह बिन्दु फलन के सभी मानों में निम्नतम् हो तो यह निरपेक्ष निम्निष्ठ होता है।

absolute term (एब्सोल्यूट् टर्म) निरपेक्ष पद। A constant term or a term that does not contain a variable, in an expression, is known as absolute term.

एक व्यंजक में एक अचर पद या वह पद जिसमें चर नहीं होता है, निरपेक्ष पद कहलाता है।

absolute value (एब्सोल्यूट् वैल्यू) निरपेक्ष मान। A positive number that has same magnitude as a given number.

For any real number a, the absolute value of a is a, if $a \geq 0$ and $-a$, if $a < 0$. It is denoted by $|a|$.

e.g., 4 is an absolute value of 4 or – 4.

एक घनात्मक संख्या जिसका परिमाण दी गई संख्या के समान होता है।

किसी वास्तविक संख्या a के लिए, a का निरपेक्ष मान a होता है, यदि $a \geq 0$ तथा $-a$ होता है यदि $a < 0$ निरपेक्ष मान को $|a|$ से निरूपित करते हैं।

जैसे—4 का –4 का निरपेक्ष मान 4 होता है।

absorption law (एब्सोर्पशन् लॉ) अवशोषण नियम। For all sets A and B which are subsets of a same universal set.

(i) $A \cap (A \cup B) = A$

(ii) $A \cup (A \cap B) = A$

These are known as absorption laws.

सभी समुच्चयों A व B के लिए जो एक समष्टि समुच्चय के उपसमुच्चय है

(i) $A \cap (A \cup B) = A$

(ii) $A \cup (A \cap B) = A$

इन्हें अवशोषण नियम कहते हैं।

abudant number (अब्यूडेन्ट नम्बर) प्रचुर संख्या। A number is called abudant number, if the sum of its all possible factors including 1 and the number itself, is greater than twice the number.

There are only 21 abudant numbers less than 100 and they are all even. The first odd abudant number is 945.

e.g., factors 12 are 1, 2, 3, 4, 6 and 12.

Sum of factors

$= 1 + 2 + 3 + 4 + 6 + 12 = 28$

and twice of number $= 12 \times 2 = 24$

Clearly 12 is an abudant number.

एक संख्या प्रचुर संख्या कहलाती है यदि इसके सभी सम्भव गुणनखण्डों के साथ, 1 व संख्या स्वयं, का योग संख्या के दोगुने से बड़ा हो।

100 से छोटी प्रचुर संख्याओं की संख्या 21 है तथा ये सभी सम संख्याएँ हैं। पहली विषम प्रचुर संख्या 945 है।

जैसे—12 के गुणनखण्ड 1, 2, 3, 4, 6, 12 हैं।

गुणनखण्डों का योग

$= 1 + 2 + 3 + 4 + 6 + 12 = 28$

तथा संख्या का दोगुना $= 12 \times 2 = 24$

स्पष्ट है कि 12 एक प्रचुर संख्या है।

acceleration (एक्सेलेरेशन) त्वरण। The rate of change of speed or velocity with respect to time.

Let x be the displacement of the particle at time t. The acceleration of the particle is equal to $\frac{d^2x}{dt^2}$.

If speed is increasing, then acceleration is positive otherwise it is negative. The SI unit is metre per second per second (m/s^2) and it has dimensions $[LT^{-2}]$.

समय के सापेक्ष चाल या वेग परिवर्तन की दर

माना t समय पर कण का विस्थापन x है। कण का त्वरण $\frac{d^2x}{dt^2}$ के बराबर होता है।

यदि चाल में वृद्धि हो रही है, तब त्वरण धनात्मक होता है अन्यथा यह ऋणात्मक होता है। इसका एस. आई. मात्रक मीटर प्रति सेकण्ड प्रति सेकण्ड (मी/से^{2}) होता है तथा इसकी विमा $[LT^{-2}]$ होती है।

acceleration due to gravity (एक्सेलेरेशन ड्यू टू ग्रेविटी) गुरुत्वीय त्वरण। Whenever an object falls towards the earth, an acceleration is involved. This acceleration is due to the earth's gravitational force. Thus it is known as acceleration due to gravity. It is denoted by g and its unit also metre per second per second *i.e.*, m/s^2.

जब भी कोई वस्तु पृथ्वी की ओर गिरती है तो एक त्वरण कार्य करता है। यह त्वरण पृथ्वी के गुरुत्वीय बल के कारण होता है इसलिए इस त्वरण को गुरुत्वीय त्वरण कहते हैं। इसे g से निरूपित करते हैं तथा इसका मात्रक भी मी प्रति सेकण्ड प्रति सेकण्ड अर्थात् मी/सेकण्ड^2 होता है।

acceleration time graph (एक्सेलेरेशन टाइम ग्राफ) त्वरण समय आलेख। A graph that shows a relation between acceleration and time for a particle moving in a straight line.

एक आरेख जो सरल रेखा में गतिमान कण के लिए त्वरण व समय में सम्बन्ध प्रदर्शित करता है।

account (एकाउन्ट) खाता। A record of financial transactions.

वित्तीय आदान प्रदान का लेखा जोखा।

accuracy (एक्यूरेसी) यथार्थ । A measure of the precision of a numerical quantity.

संख्यात्मक राशि की यर्थाथता की माप

accurate to *n* decimal places (एक्यूरेट टू एन् डेसीमल प्लेसेस) दशमलव के n स्थानों तक यथार्थ। Rounding a number with the accuracy specified by the number of decimal places given in the rounded value.

सीमित मान में दिए गए दशमलव के स्थानों की संख्या द्वारा परिभाषित यर्थाथता में एक संख्या को सीमित करना।

accurate to *n* significant figures (एक्यूरेट टू एन् सिग्नीफिकेन्ट फिगर्स) n सार्थक अंकों तक यथार्थ। Rounding a number with accuracy specified by the number of significant figures given in the rounded value.

e.g, 2.718828 ≈ 2.718 (Rounded to four significant figures)

सीमित मान में दिए सार्थक अंकों की संख्या द्वारा परिभाषित यर्थाथता में एक संख्या को सीमित करना।

जैसे—2.718828 ≈ 2.718 (चार सार्थक अंकों तक सीमित मान)

acre (एकर) एकड़। A unit of area to measure land

1 Acre = 4840 sq. yards

भूमि मापने के लिए क्षेत्रफल की एक इकाई

1 एकड़ = 4840 वर्ग गज

acute angle (एक्यूट एंगल) न्यून कोण। An angle whose measure is more than 0° but less than 90° is called an acute angle.

एक कोण जिसकी माप 0° से अधिक परन्तु 90° से कम होती है, न्यून कोण कहलाता है।

acute triangle (एक्यूट ट्राईएंगल) न्यून कोण त्रिभुज। A triangle whose all angle are acute angle, is known as acute triangle or acute angled triangle.

एक त्रिभुज जिसके सभी कोण न्यून कोण होते हैं, न्यून कोण त्रिभुज या न्यून कोणीय त्रिभुज कहलाता है।

addend (ऐडेन्ड) योज्य। One of the numbers added together in a sum.

योग में एक साथ जोड़े जाने वाली संख्याओं में से एक

addition (एडिशन) योग। A mathematical operation of finding the sum of two or more quantities.

दो या दो से अधिक राशियों का योग ज्ञात करने की एक गणितीय संक्रिया।

addition (of complex numbers) {एडिशन (ऑफ काम्पलैक्स नम्बर्स)} योग (सम्मिश्र संख्याओं का)।

Let two complex numbers are $z_1 = a + ib$ and $z_2 = c + id$, then addition of z_1 and z_2 is represented by $z_1 + z_2$ and equals to the sum of real and imaginary parts separately.

$$z_1 + z_2 = (a + ib) + (c + id)$$
$$= (a + c) + i(b + d)$$

माना दो सम्मिश्र संख्याएँ $z_1 = a + ib$ तथा $z_2 = c + id$ है, तब z_1 व z_2 का योग $z_1 + z_2$ द्वारा निरूपित होता है तथा वास्तविक व काल्पनिक भागों के अलग-अलग योग के बराबर होता है।

$$z_1 + z_2 = (a + ib) + (c + id)$$
$$= (a + c) + i(b + d)$$

addition (of matrices) {एडिशन (ऑफ मैट्रिसेस)} योग (आव्यूहों का)।

Let A and B be two matrices, each of order $(m \times n)$. Then, their addition $(A + B)$ is a matrix of order $(m \times n)$, obtained by adding the corresponding elements of A and B.

Thus, if $A = [a_{ij}]_{m \times n}$

and $B = [b_{ij}]_{m \times n}$,

then $A + B = [a_{ij} + b_{ij}]_{m \times n}$

The sum $A + B$ is not defined, if A and B are not of the same order. The addition on the set of all $m \times n$ matrices is associative and commutative.

e.g., let $A = \begin{bmatrix} 2 & 3 & 5 \\ -1 & 0 & 4 \end{bmatrix}$

and $B = \begin{bmatrix} 4 & -2 & 3 \\ 2 & 6 & -1 \end{bmatrix}$

Then,

$$A + B = \begin{bmatrix} 2 & 3 & 5 \\ -1 & 0 & 4 \end{bmatrix} + \begin{bmatrix} 4 & -2 & 3 \\ 2 & 6 & -1 \end{bmatrix}$$

$$= \begin{bmatrix} 6 & 1 & 8 \\ 1 & 6 & 3 \end{bmatrix}$$

माना A व B दो आव्यूह हैं जिनमें प्रत्येक की कोटि $m \times n$ है। तब, उनका योग $A + B$ कोटि $m \times n$ का एक आव्यूह होगा जिसे A व B के संगत अवयवों का योग करके ज्ञात किया जाता है।

इस प्रकार, यदि $A = [a_{ij}]_{m \times n}$ तथा $B = [b_{ij}]_{m \times n}$

तब, $A + B = [a_{ij} + b_{ij}]_{m \times n}$

$A + B$ परिभाषित नहीं होगा, यदि A व B समान कोटि के नहीं हैं। सभी $m \times n$ आव्यूहों के समुच्चयों का योग क्रमविनिमेय व साहचर्य होता है।

जैसे—माना $A = \begin{bmatrix} 2 & 3 & 5 \\ -1 & 0 & 4 \end{bmatrix}$ तथा

$$B = \begin{bmatrix} 4 & -2 & 3 \\ 2 & 6 & -1 \end{bmatrix}$$

तब,

$$A + B = \begin{bmatrix} 2 & 3 & 5 \\ -1 & 0 & 4 \end{bmatrix} + \begin{bmatrix} 4 & -2 & 3 \\ 2 & 6 & -1 \end{bmatrix}$$

$$= \begin{bmatrix} 6 & 1 & 8 \\ 1 & 6 & 3 \end{bmatrix}$$

addition (of vectors) {**एडिशन (ऑफ वेक्टर्स)**} योग (सदिशों का)।

Let **a** and **b** be any two vectors. Take any point O and draw segments **OA** and **AB** such that **OA** = **a** and **AB** = **b**. Then, **OB** is called the sum or addition of **a** and **b**.

$\therefore$ **a** + **b** = **OA** + **AB** = **OB**

In a ΔAOB, if **OA** and **AB** represent **a** and **b** respectively, then **OB** represents (**a** + **b**). This is known as triangle law, of addition of vectors.

In a parallelogram $OABC$, if **OA** and **AB** respresent **a** and **b** respectively, then **OB** represents (**a** + **b**). This is known as parallelogram law of addition of vectors.

Addition of vectors is commutative and associative.

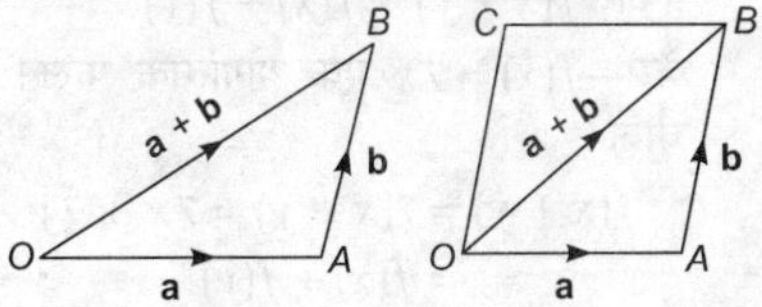

माना **a** व **b** दो सदिश हैं। बिन्दु O लीजिए तथा रेखाखण्ड **OA** व **AB** इस प्रकार खींचिए कि **OA** = **a** तथा **AB** = **b**, तब **OB** को **a** व **b** का योग कहते हैं।

$\therefore$ **a** + **b** = **OA** + **AB** = **OB**

ΔAOB में, यदि **OA** व **AB** क्रमशः **a** व **b** को निरूपित करते हैं, तब **a** + **b** को **OB** द्वारा निरूपित करते हैं। इसे सदिशों के योग का त्रिभुज नियम कहते हैं।

समान्तर चतुर्भुज $OABC$ में, **OB** व **AB** क्रमशः **a** व **b** को निरूपित करते हैं, तब **OB**, **a** + **b** को निरूपित करता है। इसे सदिशों के योग का समान्तर चतुर्भुज का नियम कहते हैं।

सदिशों का योग क्रमविनिमेय व साहचर्य होता है।

addition law (**एडीशन लॉ**) योग नियम। If E_1 and E_2 are two events, then addition law states that

$$P(E_1 \cup E_2) = P(E_1) + P(E_2) - P(E_1 \cap E_2)$$

यदि E_1 व E_2 दो घटनाएँ हैं। तब योग नियम के अनुसार,

$$P(E_1 \cup E_2) = P(E_1) + P(E_2) - P(E_1 \cap E_2)$$

A

additive function (**एडीटिव फंक्शन्**) योगात्मक फलन। A function f is an additive function which is such that $f(x + y) = f(x) + f(y)$

e.g., $f(x) = 7x$ is an additive function since

$$f(x + y) = 7(x + y) = 7x + 7y = f(x) + f(y)$$

एक फलन f योगात्मक फलन है जोकि इस प्रकार $f(x + y) = f(x) + f(y)$

जैसे—$f(x) = 7x$ एक योगात्मक फलन है चूँकि

$$f(x + y) = 7(x + y) = 7x + 7y = f(x) + f(y)$$

additive group (**एडीटिव ग्रुप**) योगात्मक समूह। A group with the operation +, may be called an additive group.

संक्रिया + के साथ समूह को योगात्मक समूह कहा जा सकता है।

additive identity (**एडीटिव आइडेन्टिटी**) योगात्मक तत्समक। The identity element under an operation of addition is known as additive identity and usually denoted by 0.

$\therefore \quad a + 0 = 0 + a = a, \forall a$

योगात्मक संक्रिया के अन्तर्गत तत्समक अवयव को योगात्मक तत्समक कहते हैं तथा सामान्यत: इसे 0 से निरूपित करते हैं।

$\therefore \quad a + 0 = 0 + a = a \forall a$

additive inverse (**एडीटिव इन्वर्स**) योगात्मक प्रतिलोम। The element $-a$ is known as additive inverse of a under an operation of addition, if

$$a + (-a) = 0$$

The elements $-a$ and a are additive inverse of each other.

योगात्मक संक्रिया के अन्तर्गत अवयव $-a$ को a का योगात्मक प्रतिलोम कहते हैं, यदि

$$a + (-a) = 0$$

अवयवों $-a$ व a को परस्पर एक-दूसरे का योगात्मक प्रतिलोम कहते हैं।

ad infinitum (**एड इनफीनिटम**) अनन्त तक। To infinity or an infinite number of times.

अनन्त तक या अनगिनत बार

adj (**एडज**) एड्ज। Abbreviation for adjoint. सह खण्डज के लिए शब्द संक्षेप

adjacent angles (**एडजासेन्ट एंगल्स**) संलग्न कोण। Two angles are called adjacent angles, if

(i) they have the same vetrex.
(ii) they have a common arm and
(iii) their non-common arms are on either side of the common arm.

In the given figure $\angle AOC$ and $\angle BOC$ are adjacent angles having the same vertex O, a common arm OC and their non-common arms OA and OB an either side of OC.

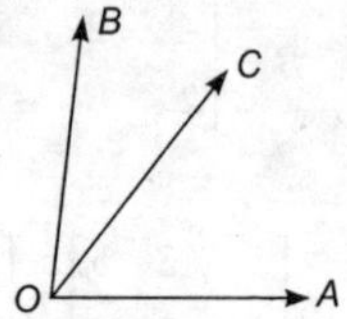

दो कोणों को संलग्न कोण कहते हैं, यदि

(i) उनके शीर्ष उभयनिष्ठ हो।
(ii) उनकी उभयनिष्ठ भुजा हो तथा
(iii) उनकी अ-उभयनिष्ठ भुजा उभयनिष्ठ भुजा के दोनों ओर हो।

दिए गए चित्र में $\angle AOC$ व $\angle BOC$ सलंग्न कोण हैं जिनमें समान शीर्ष O, उभयनिष्ठ भुजा OC तथा उनकी अ-उभयनिष्ठ भुजा OA व OB उभयनिष्ठ भुजा OC के दोनों ओर हैं।

adjacent edges (**एड्जासेन्ट एजेज्**) संलग्न भुजाएँ। A pair of edges in a graph joined by a common vertex, is known as adjacent edges.

एक आलेख में उभयनिष्ठ शीर्ष द्वारा जुड़े हुए भुजाओं के युग्म को सलंग्न भुजाएँ कहते हैं।

adjacent vertices (एड्जासेन्ट वर्टेसेस्) सलंग्न शीर्ष। A pair of vertices in a graph joined by a common edge is known as adjacent vertices.

एक आलेख में उभयनिष्ठ भुजा द्वारा जुड़े हुए शीर्षों के युग्म को सलंग्न शीर्ष कहते हैं।

adjoint (एड्जॉइन्ट) सहखण्डज। Let $A = [a_{ij}]$ be a square matrix of order n and let A_{ij} denote the cofactor of a_{ij} in $|A|$. Then, the adjoint of A, denoted by adj A, is defined as adj $A = [A_{ji}]$

Thus, adj A is the transpose of the matrix of the corresponding cofactors of elements of $|A|$.

If $A = \begin{bmatrix} a_{11} & a_{12} & a_{13} \\ a_{21} & a_{22} & a_{23} \\ a_{31} & a_{32} & a_{33} \end{bmatrix}$, then

$$\text{adj } A = \begin{bmatrix} A_{11} & A_{21} & A_{31} \\ A_{12} & A_{22} & A_{32} \\ A_{13} & A_{23} & A_{33} \end{bmatrix}$$

where A_{ij} denotes the cofactor of a_{ij} in $|A|$.

माना $A = [a_{ij}]$ कोटि n का वर्ग आव्यूह है तथा $|A|$ में a_{ij} का सहखण्ड A_{ij} है। तब, A का सहखण्डज, adj A द्वारा निरूपित, निम्न प्रकार परिभाषित है

$$\text{adj } A = [A_{ji}]$$

इस प्रकार $|A|$ के अवयवों के संगत सहखण्डों के आव्यूह का परिवर्त है

यदि $A = \begin{bmatrix} a_{11} & a_{12} & a_{13} \\ a_{21} & a_{22} & a_{23} \\ a_{31} & a_{32} & a_{33} \end{bmatrix}$, तब

$$\text{adj } A = \begin{bmatrix} A_{11} & A_{21} & A_{31} \\ A_{12} & A_{22} & A_{32} \\ A_{13} & A_{23} & A_{33} \end{bmatrix}$$

जहाँ $|A|$ में a_{ij} के सहखण्ड A_{ij} द्वारा निरूपित है।

algebra (अल्जैब्रा) बीजगणित। The branch of Mathematics that is related to the general properties of numbers. Relationship can be established by using variables whose values may be determined by solving resultant equations.

गणित की एक शाखा जोकि संख्याओं के व्यापक गुणों से सम्बन्धित है। चरों का प्रयोग करके सम्बन्ध स्थापित किए जा सकते हैं। जिनके मानों को परिणामी समीकरणों को हल करके ज्ञात किए जा सकते हैं।

algebra of sets (अल्जैब्रा ऑफ सैट्स) समुच्चयों का बीजगणित। If A, B, C are sets which are subsets of universal set U and some properties or laws valid for there subsets of universal set. Then, the application of these laws to subsets of U is known as the algebra of sets.

यदि समष्टि समुच्चय U के उपसमुच्चय A, B व C हैं तथा कुछ गुण या नियम इन उपसमुच्चयों के लिए वैध हैं। तब इन नियमों का U के उपसमुच्चय के लिए अनुप्रयोग समुच्चयों का बीजगणित कहलाता है।

algebraic function (अल्जैब्रिक फंक्शन्) बीजगणितीय फलन। An expression containing algebraic symbol and operation.

e.g., $x^2 + 2x + 4$ is an algebraic function.

एक व्यजंक जिसमें बीजगणितीय चिन्ह व संक्रिया होती है।

जैसे—$x^2 + 2x + 4$ एक बीजगणितीय फलन है।

algebraic curve (अल्जैब्रिक कर्व) बीजगणितीय वक्र। A curve that is represented by an algebraic equation.

एक वक्र जोकि एक बीजगणितीय समीकरण द्वारा प्रदर्शित होता है।

algebraic structure (अल्जैब्रिक इस्ट्रक्र्च) बीजगणितीय संरचना। An algebra consists of a number of mathematical entities (*e.g.*, matrices or sets) and operations (*e.g.*, addition or union) with formal rules for the relationship between mathematical entities. Such a system is called algebraic structure.

एक संरचना जिसमें गणितीय अवयवों (जैसे—आव्यूह या समुच्चय) के साथ में गणितीय संक्रियाएँ भी हो, में गणितीय अवयवों के सम्बन्धों के नियम हो, ऐसी संरचना बीजगणितीय संरचना कहलाती है।

aliquant part (एलीकॉउण्ट पार्ट) शेष भाजक खण्ड। A number which is not an exact divisor of a given number. *e.g.*, 2 is an aliquant part of any odd number.

एक संख्या जोकि दी गई संख्या का पूर्ण भाजक नहीं है। जैसे—किसी भी विषम संख्या का शेष भाजक खण्ड 2 है।

aliquot part (एलीकॉउट पार्ट) अशेषभाजक खण्ड। A number or expression which is an exact divisor of a given number.

e.g., 2 is an aliquot part of any even number larger than 2.

एक संख्या या व्यंजक जोकि दी गई संख्या का भाजक है। जैसे—2 से बड़ी किसी सम संख्या का अशेषभाजक खण्ड 2 है।

algorithm (एल्गोरिथम) एलगोरिथम। A mechanical procedure for solving a problem in a finite number of steps.

निश्चित पदों में एक समस्या को सरल करने की यांत्रिक प्रक्रिया।

alternate angles (एलटरनेट एंगल्स) एकान्तर कोण। A pair of equal angles formed by two parallel lines and transversal line.

e.g., if l and m are parallel to each other and there is a transversal line n. Then, ($\angle 1$, $\angle 2$) and ($\angle 3$, $\angle 4$) are pair of alternate angles.

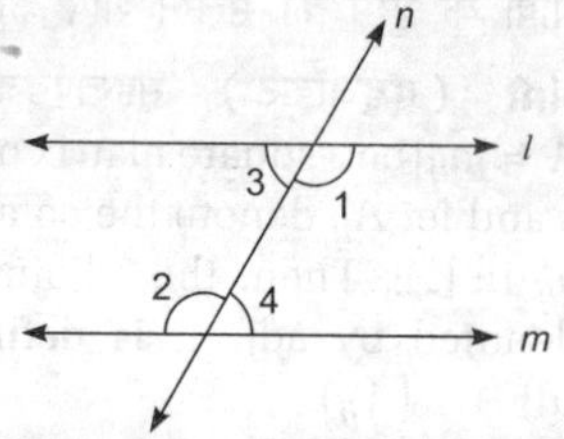

समान कोणों का एक युग्म जो दो समान्तर रेखाओं व एक तिर्यक रेखा द्वारा बनता है।

जैसे—यदि l व m परस्पर समान्तर हैं तथा एक तिर्यक रेखा n है। तब ($\angle 1$, $\angle 2$) व ($\angle 3$, $\angle 4$) समान्तर कोणों के युग्म हैं।

alternate segment theorem (एलटरनेट सेग्मेण्ट थ्योरम) एकान्तर वृत्तखण्ड प्रमेय। "If a straight line touches a circle and from the point of contact a chord is drawn. The angles which the chord makes with tangent are equal to the angles subtended by the chord at the circumference in alternate segments". This is the statement of alternate segment theorem.

यदि एक सरल रेखा वृत्त को स्पर्श करती है तथा स्पर्श बिन्दु से एक जीवा खींची जाती है जीवा द्वारा स्पर्श रेखा के साथ बने कोण, एकान्तर वृत्तखण्ड में जीवा द्वारा परिधि पर अन्तरित कोण के बराबर होता है।'' यह एकान्तर वृत्तखण्ड प्रमेय का कथन है।

alternating series (एलटरनेटिंग सीरीज) एकान्तरीय श्रेणी। A series where terms are alternately positive and negative.

एक श्रेणी जिसके पद एकान्तर रूप से धनात्मक व ऋणात्मक हों।

altitude (ऑल्टीट्यूड) शीर्षलम्ब। A line segment on the length of a line segment, giving the height of a geometric figure. *e.g.*, polygon, triangle, cone, cylinder etc.

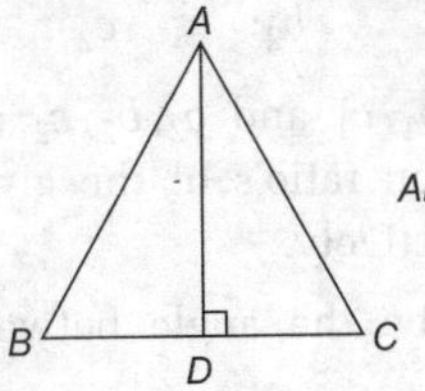

$AD \rightarrow$ Altitude

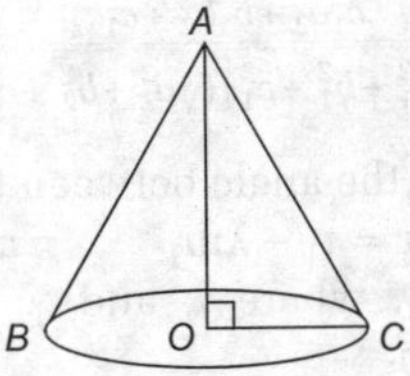

$OA \rightarrow$ Altitude

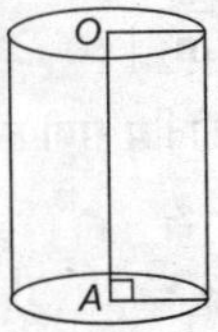

$OA \rightarrow$ Altitude

Or

A line through one vertex of a geometric figure and perpendicular to the opposite side.

एक रेखाखण्ड या रेखाखण्ड की लम्बाई जिसमें एक ज्यामितीय आकृति की ऊँचाई प्राप्त होती है। जैसे—बहुभुज, त्रिभुज शंकु, बेलन आदि।

या

ज्यामितीय आकृति के एक शीर्ष से होकर जाने वाली रेखा जो सम्मुख भुजा के लम्बवत् होती है।

ambiguous case (एम्बीग्यस केस) संदिग्ध दशा। A case having more than one possible meaning, value or solution.

A case in the solution of triangles in which the known values can give two possible solutions.

एक दशा जिसमें एक से अधिक मान, अर्थ या हल सम्भव हों।

त्रिभुजों को हल करने की दशा जिसमें दिए गए मानों से दो सम्भव हल हो सकते हैं।

amount (एमाउन्ट्) मिश्रधन। The sum of principal and interest.

मूलधन व ब्याज का योग

amp (एम्प्) एम्प्। Abbreviation for amplitude.

कोणांक के लिए शब्द संक्षेप

amplitude (of a periodic function) एम्प्लीटियूड (ऑफ व पीरियोडिक फंक्शन्) आयाम (आवृत्ति फलन का)। The maximum displacement from a reference level in either a positive or a negative direction.

आधार तल के या तो धनात्मक या ऋणात्मक दिशा में उच्चिष्ठ विस्थापन।

analytic geometry (एनालाइटिक ज्योमैट्री) वैश्लेषिक ज्यामिति। The branch of mathematics which deals in the field of coordinate geometry.

गणित की एक शाखा जिसमें निर्देशांक ज्यामिति का अध्ययन किया जाता है।

and (एण्ड्) एण्ड्। The word or phrases which connect two simple statements are called logical connectives or simply connectives "and" is one of these connectives.

दो या अधिक वाक्यों को जोड़ने के लिए शब्द प्रयुक्त किए जाते हैं जिन्हें संयोजक कहते हैं। 'एण्ड्' इनमें से एक संयोजक है।

and gate (एण्ड गेट) एण्ड गेट। A circuit having an And conjunction.

एक परिपथ जिसमें एण्ड संयोजक है

angle (एंगल) कोण। The figure formed by two rays with same initial point is called an angle. The common initial point is known as vertex of the angle and the ray forming the angle are called its arm or sides. In the given figure, two rays **OA** and **OB** with a common vertex O form an angle and written as $\angle AOB$.

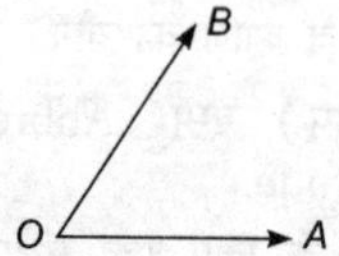

एक प्रारम्भिक बिन्दु वाली दो किरणों से बना आरेख कोण कहलाता है। उभयनिष्ठ प्रारम्भिक बिन्दु को कोण का शीर्ष कहते हैं तथा कोण बनाने वाली किरणों को भुजा कहते हैं।

दिए गए चित्र में, दो किरणें **OA** व **OB** एक कोण बनाती हैं जिनका उभयनिष्ठ प्रारम्भिक बिन्दु O है तथा $\angle AOB$ के रूप में लिखा जाता है।

angle between lines (एंगल्स बिटविन लाइन्स) रेखाओं के बीच का कोण। If α is the acute angle between two non-vertical and non-perpendicular lines L_1 and L_2 with slopes m_1 and m_2 respectively, then

$$\alpha = \tan^{-1}\left(\frac{m_1 \sim m_2}{1 + m_1 m_2}\right)$$

यदि दो उर्ध्वाधर व अलम्बवत् रेखाओं L_1 व L_2 जिनकी प्रवणताएँ क्रमशः m_1 व m_2 हैं, के बीच का का न्यून कोण α है, तब

$$\alpha = \tan^{-1}\left(\frac{m_1 \sim m_2}{1 + m_1 m_2}\right)$$

angle between lines in a plane (एंगल बिटविन लाइन्स इन् ए प्लेन) एक तल में रेखाओं के बीच का कोण। Let the cartesian equations of two given lines be

$$\frac{x - x_1}{a_1} = \frac{y - y_1}{b_1} = \frac{z - z_1}{c_1}$$

$$\text{and} \quad \frac{x - x_2}{a_2} = \frac{y - y_2}{b_2} = \frac{z - z_2}{c_2}$$

where a_1, b_1, c_1 and a_2, b_2, c_2 are the direction ratio's of the given lines respectively.

and let θ be the angle between them, then

$$\theta = \cos^{-1}\left\{\frac{a_1a_2 + b_1b_2 + c_1c_2}{(\sqrt{a_1^2 + b_1^2 + c_1^2})(\sqrt{a_2^2 + b_2^2 + c_2^2})}\right\}$$

Also, if θ be the angle between the lines $\mathbf{r} = \mathbf{r}_1 + \lambda\mathbf{m}_1$ and $\mathbf{r} = \mathbf{r}_2 + \gamma\mathbf{m}_2$, where λ and γ are scalars, then

$$\cos\theta = \frac{\mathbf{m}_1 \cdot \mathbf{m}_2}{|\mathbf{m}_1| \cdot |\mathbf{m}_2|}$$

माना दो दी गई रेखाओं के कार्तीय समीकरण

$$\frac{x - x_1}{a_1} = \frac{y - y_1}{b_1} = \frac{z - z_1}{c_1} \quad \text{तथा}$$

$$\frac{x - x_2}{a_2} = \frac{y - y_2}{b_2} = \frac{z - z_2}{c_2} \quad \text{है जहाँ}$$

a_1, b_1, c_1 तथा a_2, b_2, c_2 दी गयी रेखाओं के क्रमशः दिक् अनुपात हैं।

माना θ रेखाओं के बीच का कोण है, तब

$$\theta = \cos^{-1}\left\{\frac{a_1a_2 + b_1b_2 + c_1c_2}{(\sqrt{a_1^2 + b_1^2 + c_1^2})(\sqrt{a_2^2 + b_2^2 + c_2^2})}\right\}$$

यदि रेखाओं $\mathbf{r} = \mathbf{r}_1 + \lambda\mathbf{m}_1$ व $\mathbf{r} = \mathbf{r}_2 + \gamma\mathbf{m}_2$ जहाँ λ व γ अदिश हैं, के बीच का कोण θ है, तब

$$\cos\theta = \frac{\mathbf{m}_1 \cdot \mathbf{m}_2}{|\mathbf{m}_1| \cdot |\mathbf{m}_2|}$$

angle between planes (**एंगल बिटविन प्लेन्स्**) तलों के बीच का कोण। If θ be the angle between two planes $\mathbf{r} \cdot \mathbf{n}_1 = \mathbf{q}_1$ and $\mathbf{r} \cdot \mathbf{n}_2 = \mathbf{q}_2$ in vector form, then $\cos\theta = \dfrac{\mathbf{n}_1 \cdot \mathbf{n}_2}{|\mathbf{n}_1||\mathbf{n}_2|}$

and if θ be the angle between two planes $a_1x + b_1y + c_1z + d_1 = 0$ and $a_2x + b_2y + c_2z + d_2 = 0$ in cartesian form, then

$$\cos\theta = \frac{a_1a_2 + b_1b_2 + c_1c_2}{\sqrt{a_1^2 + b_1^2 + c_1^2}\sqrt{a_2^2 + b_2^2 + c_2^2}}$$

where a_1, b_1, c_1 and a_2, b_2, c_2 are the direction ratio of the given planes respectively.

यदि सदिश रूप में दो तलों $\mathbf{r} \cdot \mathbf{n}_1 = \mathbf{q}_1$ तथा $\mathbf{r} \cdot \mathbf{n}_2 = \mathbf{q}_2$ के बीच का कोण θ है, तब

$$\cos\theta = \frac{\mathbf{n}_1 \cdot \mathbf{n}_2}{|\mathbf{n}_1||\mathbf{n}_2|}$$

तथा यदि कार्तीय रूप में दो तलों $a_1x + b_1y + c_1z + d_1 = 0$ तथा $a_2x + b_2y + c_2z + d_2 = 0$ के बीच का कोण θ है, तब

$$\cos\theta = \frac{a_1a_2 + b_1b_2 + c_1c_2}{\sqrt{a_1^2 + b_1^2 + c_1^2}\sqrt{a_2^2 + b_2^2 + c_2^2}}$$

जहाँ a_1, b_1, c_1 तथा a_2, b_2, c_2 क्रमशः दिए गए तलों के दिक् अनुपात हैं।

angle between vectors (**एंगल बिटविन वेक्टर्स**) सदिशों के बीच का कोण। Let $\mathbf{a}$ and $\mathbf{b}$ be two vectors and θ be the angle between them, then

$$\cos\theta = \frac{\mathbf{a} \cdot \mathbf{b}}{|\mathbf{a}||\mathbf{b}|} \text{ and } \sin\theta = \frac{|\mathbf{a} \times \mathbf{b}|}{|\mathbf{a}||\mathbf{b}|}$$

यदि $\mathbf{a}$ व $\mathbf{b}$ दो सदिश हैं तथा इनके बीच का कोण θ है, तब

$$\cos\theta = \frac{\mathbf{a} \cdot \mathbf{b}}{|\mathbf{a}||\mathbf{b}|}$$

तथा $$\sin\theta = \frac{|\mathbf{a} \times \mathbf{b}|}{|\mathbf{a}||\mathbf{b}|}$$

angle of depression (**एंगल ऑफ डिपरेशन**) अवनमन कोण। Let O be the observer's eye and OX is a horizontal line. If object P is at a lower level than O, then $\angle POX$ is known as angle of depression.

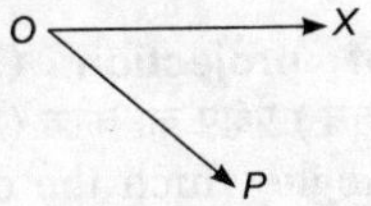

माना प्रेक्षक की आँख O है तथा OX क्षैतिज रेखा है यदि वस्तु P, O के स्तर से निम्न स्तर पर है, तब $\angle POX$ को अवनमन कोण कहते हैं।

Angle of Elevation (**एंगल ऑफ एलीवेशन**) उन्नयन कोण। Let O be the observer's eye and OX be the horizontal line through O. If oject P is at a higher level than eye, then $\angle POX$ is known as angle of elevation.

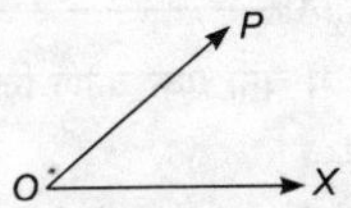

माना प्रेक्षक की आँख O है तथा O से होकर जाने वाली क्षैतिज रेखा OX है। यदि वस्तु P आँख से ऊपर के स्तर पर है, तब $\angle POX$ को उन्नयन कोण कहते हैं।

angle of friction (**एंगल ऑफ फ्रिक्शन**) घर्षण कोण। When one body is in limiting equilibrium in contact with another body, the angle which the resultant reaction at the point of contact makes with the normal reaction is called the angle of friction and it is generally denoted by λ.

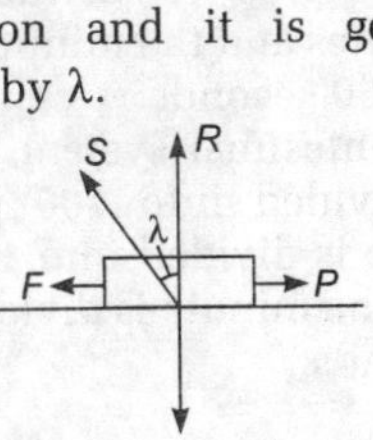

जब एक पिण्ड एक दूसरी वस्तु के साथ सीमान्त साम्यावस्था में हो, तब स्पर्श बिन्दु पर परिणामी प्रतिक्रिया के द्वारा अभिलम्ब प्रतिक्रिया के साथ बना कोण घर्षण कोण कहलाता है तथा सामान्यत: λ से निरूपित करते हैं।

angle of projection (एंगल ऑफ प्रोजेक्शन) प्रेक्षप का कोण (प्रेक्षप कोण)।
The angle which the direction of projection makes with horizon.
एक कोण जिसे प्रक्षेप की दिशा क्षैतिज के साथ बनाता है।

angle of semi-circle (एंगल ऑफ सेमी-सर्किल) अर्द्धवृत्त का कोण। An angle made in semi-circle whose measure is 90°.

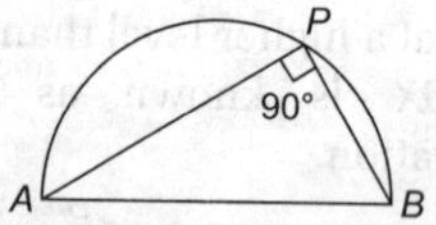

अर्द्धवृत्त में बना एक कोण जिसकी माप 90° होती है।

angular (एंगयूलर) कोणीय। Relating to angles
कोणों से सम्बन्धित

angular measure (एंगयूलर मेजर) कोणीय माप। Measurement of angles—There are three ways to measure angles. (i) sexagesimal system (ii) centesimal system (iii) circular system.
In sexagesimal system, one complete turn is divided into 360°, the degree is divided into 60 minutes and the minute is divided into 60 seconds.
In centesimal system, right angle is divided into 100 grades, the grade is divided into 100 minutes and the minute is divided into 100 seconds.
Circular system, is based on an arc of a circle with centre at the vertex of the angle. If r is the radius of the circle and l be the length of arc subtending the angle, then the angle is l/r radians.
कोणों की माप-कोणों को मापने की तीन विधियाँ हैं
(i) षाष्टिक पद्धति (ii) शतिक पद्धति
(iii) वृत्तीय पद्धति
षाष्टिक पद्धति में, एक पूरा चक्कर 360° में बटाँ होता है। एक अंश 60 मिनट में बटाँ होता है तथा 1 मिनट 60 सेकण्ड में बटाँ होता है।
शतिक पद्धति में एक समकोण 100 ग्रेड में बटाँ होता है, एक ग्रेड 100 मिनट तथा 1 मिनट 100 सेकण्ड में बटाँ होता है।
वृत्तीय पद्धति में एक वृत्त के चाप जिसका केन्द्र कोण के शीर्ष पर है, पर आधारित है। यदि वृत्त की त्रिज्या r तथा कोण बनाने वाले चाप की लम्बाई l है, तब कोण l/r रेडियन है।

annulus (annuli) ऐन्युलस् (एन्यूली) वलयिका। The region between two concentric circles — If r and R be the radii of inner and outer circle. Then, the area of annulus is $\pi(R^2 - r^2)$.

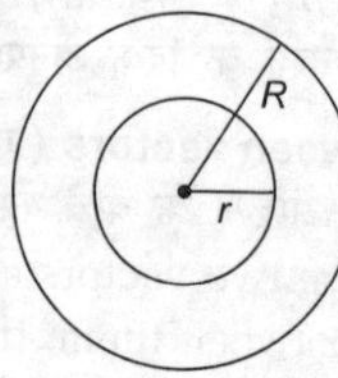

दो सकेन्द्रीय वृत्तों के बीच का क्षेत्र—यदि वाहय व अन्त: वृत्तों की त्रिज्याएँ क्रमश: r व R हैं, तब वलयिका का क्षेत्रफल $\pi(R^2 - r^2)$ है।

Antecedent (एनटीसीडेन्ट) पूर्व पद।
1. The first term in the ratio.
e.g., in the ratio 12 : 17, 12 is antecedent.

2. The part of a conditional statement that express the condition.

e.g., In conditional "if p then q", p is stand for the antecedent.

1. अनुपात में पहला पद

जैसे—अनुपात 12 : 17 में 12 पूर्व पद है।

2. सप्रतिबन्ध कथन का वह भाग जो प्रतिबन्ध व्यक्त करता है।

जैसे–सप्रतिबन्ध ''यदि p तब q'' में p पूर्व पद को निरूपित करता है।

anti clockwise (एण्टी क्लॉकवाइस) घड़ी की सुई की विपरीत दिशा में, वामावर्त। Movement in the opposite direction to the hands of a clock.

घड़ी की सुईं की विपरीत दिशा में गति

anti derivative (एण्टी डेरीवेटीव) समाकल। Another name of integral

समाकल का दूसरा नाम

anti differentitation (एण्टी डिफरेनशियेशन) प्रतिअवकलन। Another name of integration.

समाकलन का दूसरा नाम।

antilog (एण्टीलॉग) प्रतिलघुगणक। abbreviation for antilogrithm.

प्रतिलघुगणक के लिए शब्द संक्षेप

antilogarithm (एण्टीलॉगारिथम) प्रतिलघुगणक। The antilogarithm of a number is the number whose logarithm is equal to the given number.

Let y be the number whose logarithm is x, then $\log_a y = x$

$\Rightarrow \quad y = \text{antilog}_a x$

Antilogarithm of x is denoted by $\text{antilog}_a x$.

एक संख्या का प्रतिलघुणक वह संख्या है जिनका लघुगणक दी गई संख्या के बराबर होता है।

माना y एक संख्या है जिनका लघुगणक x है, तब

$$\log_a y = x \Rightarrow y = \text{antilog}_a x$$

x के प्रतिलघुगणक को $\text{antilog}_a x$ द्वारा निरूपित करते हैं।

anti parallel vectors (एण्टी पैरालेल वेक्टर्स) प्रति समान्तर सदिश। Vectors that have the same or parallel lines of action but point in opposite direction.

Two antiparallel vectors have a negative scalar product and a zero vector product.

सदिश जिनकी क्रिया रेखा समान या समान्तर है परन्तु बिन्दु विपरीत दिशा में हो। दो प्रतिसमान्तर सदिशों का ऋणात्मक अदिश गुणन तथा एक शून्य सदिश गुणन होता है।

anti symmetric matrix (एण्टी सिमैट्रिक मैट्रिक्स) प्रति सममित आव्यूह। A square matrix $A = [a_{ij}]$ is anti symmetric matrix if $a_{ij} = -a_{ji}, \forall\ i, j$

It is also known skew-symmetric matrix, *e.g.*, matrix

$$A = \begin{bmatrix} 0 & 2 & -3 \\ -2 & 0 & 5 \\ 3 & -5 & 0 \end{bmatrix}$$ is

anti-symmetric matrix.

एक वर्ग आव्यूह $A = [a_{ij}]$ प्रतिसममित आव्यूह है यदि $a_{ij} = -a_{ji}, \forall\ i, j$

इसे विषम सममित आव्यूह भी कहते हैं।

जैसे—आव्यूह $A = \begin{bmatrix} 0 & 2 & -3 \\ -2 & 0 & 5 \\ 3 & -5 & 0 \end{bmatrix}$ एक प्रति सममित आव्यूह है।

anti symmetric relation (एण्टी सिमैट्रिक रिलेशन) प्रतिसममित सम्बन्ध। Let A be any set. A relation R on set A is said to be an anti symmetric relation, iff

$$(a, b) \in R \text{ and } (b, a) \in R$$

$$\Rightarrow \quad a = b, \forall\ a, b \in A$$

A

e.g., Let R be a relation on the set N of natural numbers defined by $xRy \Leftrightarrow x$ divides $y\ \forall\ x, y \in N$. This relation is an antisymmetric relation on N. Since for any two numbers, $a, b \in N$

aRb and $bRa \Rightarrow a = b$

माना A कोई समुच्चय है। एक सम्बन्ध R समुच्चय A पर प्रति सममित सम्बन्ध कहलाता है यदि और केवल यदि

$(a, b) \in R$ and $(b, a) \in R$
$\Rightarrow \quad a = b\ \forall\ a, b \in A$

जैसे—माना प्राकृतिक संख्याओं के समुच्चय पर सम्बन्ध R निम्न प्रकार परिभाषित है।
$xRy \Leftrightarrow x, y$ को विभाजित करता है, $\forall\ x, y \in N$
यह सम्बन्ध N पर प्रतिसममित सम्बन्ध है। चूँकि दो संख्याओं a, b के लिए

aRb तथा $bRa \Rightarrow a = b$

apex (एपेक्स) शीर्ष। The heighest point of a solid or a plane figure, *e.g.*, heightest point of cone or of a triangle.
ठोस या समतलीय आकृति का उच्चतम बिन्दु जैसे—शंकु या त्रिभुज का उच्चतम बिन्दु

apollonius circle (अपोलोनियस सर्किल) अपोलोनियस का वृत्त। Let A and B be two points in a plane and k is a constant, the locus of a point P such that $\frac{AP}{PB} = k$, is a circle. This circle is know as Apollonius' circle.
माना एक तल में A व B दो बिन्दु हैं तथा k एक अचर है, बिन्दु P का बिन्दुपथ, जो इस प्रकार है कि $\frac{AP}{PB} = k$, एक वृत्त है। इस वृत्त को अपोलोनियस का वृत्त कहते हैं।

a posteriori (ए पोस्टयूरेरि) उत्तर कथन। Describing a preposition for which the truth or falsity can be known only through experience.
एक कथन को वर्णित करने के लिए, जिसकी सत्यता या असत्यता को केवल अनुभव के आधार पर कहा जा सकता है।

approximate (एपरोक्सीमेट) लगभग या सन्निकट। A value which is not exact but closed to a value *e.g.*, $\pi = 3.14$ (approx), *i.e.*, approximate value of π is 3.14 but π is not exactly equal to 3.14.
एक मान जोकि यथार्थ नहीं है परन्तु एक मान के निकट है। जैसे—$\pi = 3.14$ (लगभग) अर्थात् π का लगभग मान 3.14 है। परन्तु π का मान 3.14 के बराबर नहीं है।

approximation (एपरोक्सीमेशन) सन्निकटन। If a result is not exact but is sufficiently close for practical use, then the process is known as approximation.
यदि एक परिणाम ठीक बराबर न हो परन्तु प्रायोगिक प्रयोग के लिए लगभग बराबर हो तो इस प्रक्रिया को सन्निकटन कहते हैं।

a priori (ए पिरोरी) पूर्व कथन। Describing a proposition for which the truth or falsity can be known without any experience.
एक कथन को वर्णित करने के लिए जिसकी सत्यता या असत्यता को बिना किसी अनुभव के आधार पर कहा जा सकता है।

arabic numeral (ऐराबिक न्यूमेरल) अरबी अंक। Numerals 0, 1, 2, 3, ... etc are known as arabic numerical or Hindi–arabic numeral.
अंकों 0, 1, 2, 3, ... इत्यादि को अरबी अंक या हिन्दू–अरबी अंक कहते हैं।

arc (of a curve) अर्क (ऑफ ए कर्व) चाप (एक वक्र का)। A part of a curve.
If the circumference of a curve is divided into two unequal parts. The longer part is known as major arc and shorter part is known as minor arc.

वक्र का एक भाग
यदि वक्र की परिधि को दो असमान भागों में विभाजित किया जाता है तो बड़े भाग को दीर्घ चाप तथा छोटे भाग को लघु चाप कहते हैं।

are (एअर) एअर। A metric unit of area equal to 100 sq m.

क्षेत्रफल की मीट्रिक इकाई,

1 एअर = 1000 वर्ग मी

area (एरिया) क्षेत्रफल। Area is the amount of that space something takes up on a surface. Area is measured in square metres or square yards.

कोई वस्तु सतह पर जितना स्थान घेरती है, वह उसका क्षेत्रफल कहलाता है। इसे वर्ग मीटर या वर्ग यार्ड में नापा जाता है।

arithmetic (एरिथमैटिक) अंकगणित। Arithmetic is a way of working out problems with numbers. Arithmetic uses addition, subtraction, multiplication and division.

वह गणित जो संख्याओं के योग, घटाव, गुणा, भाग का अध्ययन कराती है।

arithmetic progression (एरिथमैटिक प्रोग्रेशन) समान्तर श्रेणी। An arithmetic progression (AP) is a sequence in which terms increase or decrease regulary by same constant. The constant is called common difference of the AP,

e.g., $a, a + d, a + 2d, a + 3d, \ldots$

एक श्रेणी जिसमें किसी पद और उसके पूर्वज के पद का अन्तर समस्त श्रेणी में स्थिर रहता है, समान्तर श्रेणी कहलाती है। जैसे—
$a, a + d, a + 2d, a + 3d, \ldots$

arm (आर्म) भुजा। One of the two lines forming an angle.

दो रेखाओं में से एक, जो एक कोण बनाती है, भुजा कहलाती है।

array (ऐरै) सारणी। In case of matrix there is a rectangular arrangement of rows and columns.

आव्यूह में पंक्तियों और स्तम्भों की आयताकार व्यवस्था।

associative law (ऐसोसिएटिव लॉ) साहचर्य नियम। Multiplication and addition operation are associative. Subtraction and division operations are not associative. *e.g.*, $(a + b) + c = a + (b + c)$ and $a \cdot (b \cdot c) = (a \cdot b) \cdot c$

गुणन एवं योग संक्रियाएँ साहचर्य होती हैं जबकि घटाना एवं भाग में नहीं।
जैसे—$(a + b) + c = a + (b + c)$
एवं $a \cdot (b \cdot c) = (a \cdot b) \cdot c$

asymmetrical (असिमैट्रिकल) असममिति। Asymmetrical object or design is one which has no symmetry. There is no way to divide it, so that one, one-half is equal in shape and size to other half.

वह स्थिति जिसमें किसी वस्तु को किसी भी तरह दो समान आकार या आकृति में विभाजित नहीं किया जा सकता है।

asymptote (ऐसिम्पटोटे) अनन्तस्पर्शी। A straight line that a given curve approximates as one of the variables or one of the expressions containing a variable, in the equation of the curve approaches infinity.

एक सीधी रेखा, जो बढ़ाने पर किसी वक्र के निकट एवं निकटतर तो पहुँच जाती है, पर उसे छू नहीं पाती है, अनन्तस्पर्शी कहलाती है।

average (ऐवरैज) औसत। An average is a number found by adding several values together and then dividing the total by the number of values.

e.g., the average of first ten natural number is

$$\frac{1+2+3+4+\ldots+10}{10}=\frac{55}{10}=5.5$$

संख्याओं का औसत सम्पूर्ण संख्याओं का योगफल करके संख्याओं की संख्या से भाग देकर प्राप्त करते हैं।

जैसे—प्रथम दस प्राकृतिक संख्याओं का

$$\text{योगफल}=\frac{1+2+3+4+\ldots+10}{10}$$

$$=\frac{55}{10}=5.5$$

average speed (**ऐवरैज स्पीड**) औसत गति। The total distance travelled divided by the total time taken.

Average speed

$$=\frac{\text{Total distance travelled}}{\text{Total time taken}}$$

किसी वस्तु द्वारा चली गई कुल दूरी तथा कुल दूरी को पूरा करने में लगे कुल समय के अनुपात को औसत गति कहा जाता है।

$$\text{औसत गति}=\frac{\text{चली गई कुल दूरी}}{\text{कुल लिया समय}}$$

average velocity (**ऐवरैज वैलोसीटी**) औसत वेग। The total displacement divided by total time taken

Average velocity

$$=\frac{\text{Total displacement}}{\text{Total time}}$$

किसी वस्तु द्वारा तय किया गया कुल विस्थापन तथा कुल समय के अनुपात को औसत वेग कहते हैं।

$$\text{औसत वेग}=\frac{\text{कुल विस्थापन}}{\text{कुल समय}}$$

axis (**ऐक्सिस्**) अक्ष। An axis is a line on a graph. The vertical axis called the *y*-axis and the horizontal axis called *x*-axis.

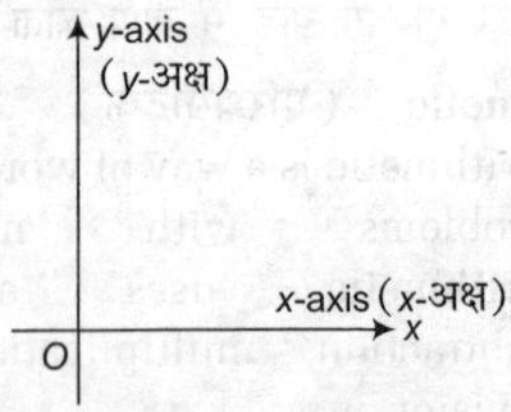

अक्ष किसी ग्राफ पर अंकित रेखाएँ हैं, क्षैतिज रेखा को *x*-अक्ष तथा उर्ध्वाधर रेखा को *y*-अक्ष कहते हैं।

bar graph (बार ग्राफ) स्तम्भ आलेख। A bar graph is a pictorial representation of numerical data in the form of rectangles (or bars) of equal width and varying heights.

समान चौड़ाई व चर ऊँचाई के आयतों (या स्तम्भों) के रूप में सांख्यिकीय आँकड़ों के चित्रात्मक निरूपण को स्तम्भ आलेख कहते हैं।

base (of an exponential function) बेस (ऑफ एन् एक्सपोनेन्सियल फंक्शन्) आधार (चरघातांकीय फलन का)। Let a be a positive number which is not equal to 1. Then, the function $f(x) = a^x$ is known as exponential function $\forall x \in R$, where 'a' is known as base of an exponential function.

माना a एक धनात्मक संख्या है जोकि 1 के बराबर नहीं है। तब, फलन $f(x) = a^x$, $\forall$ $x \in R$, को चरघातांकीय फलन कहते हैं जहाँ 'a' को चरघातांकीय फलन का आधार कहते हैं।

base (of an isosceles triangles) बेस (ऑफ एन् आइसोसेलेस ट्राइएंगल) आधार (समद्विबाहु त्रिभुज का)। A triangle in which two of sides have the same length, is known as isosceles triangle. The third-one side of this triangle is known as base of an isosceles triangle.

e.g., in the ΔABC, let AB and BC are of same length, then third side AC is known as base of ΔABC.

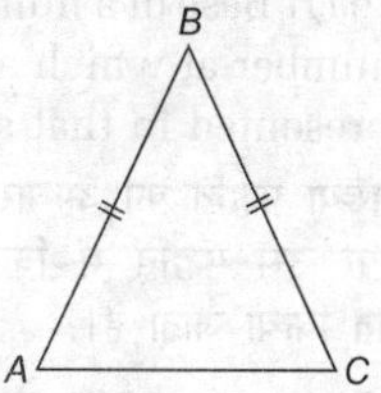

एक त्रिभुज जिसकी भुजाओं में से दो की लम्बाई समान हों, समद्विबाहु त्रिभुज कहलाता है। इस त्रिभुज की तीसरी भुजा को समद्विबाहु त्रिभुज का आधार कहते हैं।

जैसे—ΔABC में, माना AB व BC की लम्बाई समान हैं, तब तीसरी भुजा AC को ΔABC का आधार कहते हैं।

base (of a logarithm) बेस (ऑफ ए लॉगारिथम) आधार (एक लघुगणक का)। Let a be any positive number which is not equal to 1. Then, $\log_a x$ is known as logarithm of x to base a. *i.e.*, a is known as base of a logarithm $\log_a x$.

माना a कोई धनात्मक संख्या है जोकि 1 के बराबर नहीं है। तब, $\log_a x$ को आधार a पर x का लघुगणक कहते हैं अर्थात् लघुगणक $\log_a x$ का आधार 'a' कहलाता है।

base (of a natural logarithm) बेस (ऑफ ए नेचुरल लॉगारिथम) आधार (एक प्राकृति लघुगणक का)। The logarithmic to base 'e' *i.e.*, $\log_e x$, where the value of e is 2.718, ... is known as natural logarithm. The 'e' is known as base of natural logarithm.

आधार e पर लघुगणक $\log_e x$, जहाँ e का मान 2.718, ... है, को प्राकृतिक लघुगणक कहते हैं। 'e' को प्राकृतिक लघुगणक का आधार कहते हैं।

base (of a number system) बेस (ऑफ ए नम्बर सिस्टम) आधार (एक संख्या पद्धति का)। Base of a number system is a number at which any number is represented in that system.

एक संख्या पद्धति का आधार वह संख्या है जिस पर उस पद्धति में किसी संख्या को निरूपित किया जाता हैं।

base (of a pyramid) बेस (ऑफ ए पिरामिड) आधार (एक पिरामिड का)। See Pyramid पिरामिड देखें

base (of a triangle) बेस (ऑफ ए ट्राईएंगल) आधार (एक त्रिभुज का)। In a triangle, the side opposite to the apex of a triangle, is known as the base of the triangle. The distance from the apex to the base is known as the height of the triangle.
e.g., in a ΔABC, if A is an apex of triangle, then the side BC opposite to A is known as the base of the ΔABC and the distance AD from the apex A to the base BC, is the height of the ΔABC.

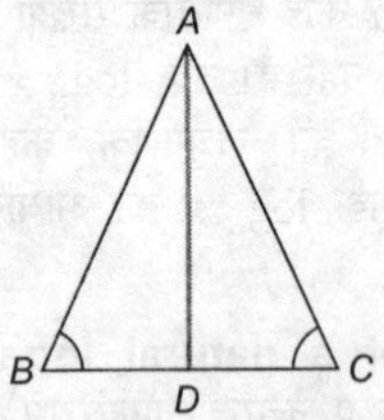

एक त्रिभुज में, शीर्ष के सम्मुख भुजा को त्रिभुज का आधार कहते हैं। शीर्ष से आधार तक की दूरी को त्रिभुज की ऊँचाई कहते हैं।

जैसे—ΔABC में, यदि त्रिभुज का शीर्ष A है, तब A के सम्मुख भुजा BC को ΔABC का आधार कहते हैं तथा शीर्ष A से आधार BC तक की दूरी AD को, ΔABC की ऊँचाई कहते हैं।

base angles (बेस एंगल्स) आधार कोण। In an isosceles triangle, the two angles opposite to equal sides, which are of equal measure, are known as base angles, *e.g.*, let in an isosceles $\Delta ABC, BC, AB$ and BC are equal sides. Then, the angles opposite to there sides, $\angle A$ and $\angle C$ are known as base angles of ΔABC.

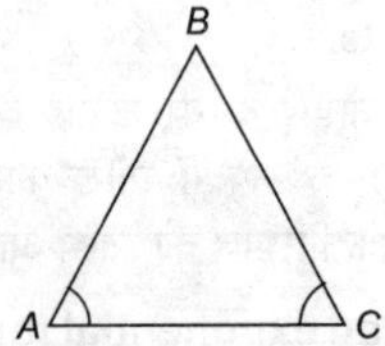

एक समद्विबाहु त्रिभुज में, बराबर भुजाओं के सम्मुख दो कोण, जोकि समान माप के होते हैं, आधार कोण कहलाते हैं।

जैसे—माना समद्विबाहु ΔABC में, AB व BC समान भुजाएँ हैं। तब, इन भुजाओं के सम्मुख कोण $\angle A$ व $\angle C$, ΔABC के आधार कोण कहलाते हैं।

base Period (बेस पीरियड) आधार काल। The time which is used as a reference point for comparison of variables such as price index is known as base period.

वह समय जिसे चरों जैसे—मूल्य सूचकांक की तुलना करने के लिए सन्दर्भ बिन्दु माना जाता है; आधार काल कहते हैं।

basic proportionality theorem (बेसिक प्रॉपोर्शनलिटी थ्योरम) आधारभूत अनुपातिक प्रमेय। This theorem states that "If a line is drawn parallel to one side of a triangle to intersect the other two sides in distinct points, then the other two sides are divided in the same ratio."

This theorem is also known as 'Thale's Theorem.'
e.g., if in a ΔABC, $DE \parallel BC$ and DE intersects AB and AC at D and E respectively, then $\frac{AD}{DB} = \frac{AE}{EC}$.

इस प्रमेय के अनुसार "एक त्रिभुज की एक भुजा के समान्तर खींची गई सरल रेखा अन्य दो भुजाओं को जिन दो भिन्न बिन्दुओं पर प्रतिच्छेद करती है, वे बिन्दु भुजाओं को समान अनुपात में विभाजित करते हैं।"

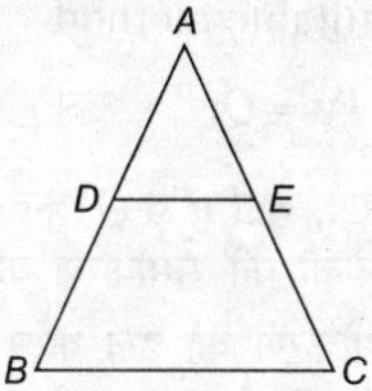

इस प्रमेय को थेल्स प्रमेय भी कहते हैं। जैसे—यदि ΔABC में, $DE \parallel BC$ तथा DE क्रमशः D व E पर AB व AC को प्रतिच्छेदित करती है, तब

$$\frac{AD}{DB} = \frac{AE}{EC}$$

basis (bases) बेसिस (बेसस) आधार। A sets of vectors is a spanning set is any vector can be written as a linear combination of those vectors which are in S. If the vectors in S are linearly independent, then S is a basis. *e.g.*, in 3-dimensional space, any set of three non-coplanar vectors **x, y, z** is a basis, since any vector **w** can be written uniquely as

$$\mathbf{w} = a\mathbf{x} + b\,\mathbf{y} + c\,\mathbf{z}$$

सदिशों का एक समुच्चय S जनक समुच्चय होता है यदि कोई सदिश उन सदिशों जो S में है, के एकघात संचय के रूप में लिखा जा सकता है। यदि S के सदिश एकघाततः स्वतन्त्र है, तब S आधार होता है। जैसे—त्रिविमीय समष्टि में, तीन असमतलीय सदिशों **x, y** व **z** को कोई समुच्चय आधार होता है चूँकि कोई सदिश **w** अद्वितीय रूप से निम्न प्रकार लिखा जा सकता है।

$$\mathbf{w} = a\mathbf{x} + b\,\mathbf{y} + c\,\mathbf{z}$$

Bay's Theorems (बेज थ्योरम) बे का प्रमेय। According to this theorem, if $E_1, E_2, \ldots, E_n$ are naturally exclusive and exhaustive events with $P(E_i) \neq 0, (i \in N)$, then for any event E which is a subset of $\bigcup_{i=1}^{n} E_i$ such that $P(E) > 0$

$$P\left(\frac{E_i}{E}\right) = \frac{P(E_i) \cdot P\left(\frac{E}{E_i}\right)}{\sum_{i=1}^{n} P(E_i) \cdot P\left(\frac{E}{E_1}\right)}$$

इस प्रमेय के अनुसार, यदि $E_1, E_2, \ldots, E_n$ परस्पर अपवर्जी व सम्पूर्ण घटनाएँ $P(E_i) \neq 0, i \in N$ के साथ है, तब किसी घटना E जोकि $\bigcup_{i=1}^{n} E_i$ का उपसमुच्चय इस प्रकार है कि $P(E) > 0$, के लिए

$$P\left(\frac{E_i}{E}\right) = \frac{P(E_i) \cdot P\left(\frac{E}{E_i}\right)}{\sum_{i=1}^{n} P(E_i) \cdot P\left(\frac{E}{E_1}\right)}$$

bearing (बियरिंग) दिक् मान, दिक् कोण। The horizontal angle between a line and a fixed reference direction. Usually it is measured clockwise from the direction of north. Bearings and expressed in degrees.

एक रेखा व एक निश्चित सन्दर्भ दिशा के बीच का क्षैतिज कोण। सामान्यतः इसे उत्तर दिशा से घड़ी की सूई घूमने की दिशा में मापा जाता है। दिक् कोणों को अंशों में व्यक्त करते हैं।

Bell shaped curve (बैल शेपड कर्व) घण्टाकार वक्र। A symmetric frequency curve of a continuous frequency distribution which is similar to vertical section of a bell.
सतत् बारम्बारता बंटन का एक सममित बारम्बारता वक्र जोकि एक घण्टे के ऊर्ध्वाधर परिच्छेद के जैसा होता है।

belongs to (बिलॉगंस टू) का अवयव। If x is an element of a set S, then we can say that x belongs to S and it is written as $x \in S$. If $x \notin S$, then x does not belong to S.
e.g., if $S = \{1, 2, 3, 4\}$, then $4 \in S$, *i.e.*, 4 belongs to S while $5 \notin S$, *i.e.*, 5 does not belong to S.

यदि x समुच्चय S का एक सदस्य है, तब हम कह सकते हैं कि x, S का एक अवयव है तथा इसे $x \in S$ के रूप में लिखा जाता है। यदि $x \notin S$, तब x, समुच्चय S का अवयव नहीं है।

जैसे—यदि $S = \{1, 2, 3, 4\}$, तब $4 \in E$ अर्थात् 4, S का अवयव है जबकि $5 \notin S$ अर्थात् 5, S का अवयव नहीं है।

Bernoulli's distribution (बरनौली'स डिस्ट्रीब्यूशन) बरनौली बंटन। Another name of binomial distribution. See binomial distribution
द्विपद बंटन का दूसरा नाम (द्विपद बंटन देखें)

Bernoulli's equation (बरनौली'स इक्वेशन) बरनौली की समीकरण। A differential equation of the form

$$\frac{dy}{dx} + Py = Qy^n,$$

where P and Q are functions of x alone, is called Bernoulli's equation.
To solve this equation dividing both sides by y^n, we get

$$y^n \cdot \frac{dy}{dx} + Py^{-n+1} = Q \quad \ldots(i)$$

Now, put $y^{-n+1} = v$ and $(1-n)y^{-n}\frac{dy}{dx} = \frac{dv}{dx}$ the Eq. (i) becomes

$$\frac{dv}{dx} + (1-n)Pv = (1-n)Q$$

Which is a linear differential equation with v as dependent variable and it can be solved by any suitable method

$\frac{dy}{dx} + Py = Qy^n$ रूप की अवकल समीकरण, जहाँ P व Q, केवल x के फलन हैं, बरनौली की समीकरण कहलाती है।

इस समीकरण को हल करने के लिए दोनों पक्षों में y^n से भाग करने पर,

$$y^n \frac{dy}{dx} + Py^{-n+1} = Q \quad \ldots(i)$$

अब $y^{-n+1} = v$ व $(1-n)y^{-n}\frac{dy}{dx} = \frac{dv}{dx}$ रखने पर समी (i) निम्न प्रकार की होगी

$$\frac{dv}{dx} + (1-n)Pv = (1-n)Q$$

जोकि परतन्त्र चर के रूप में v के साथ एक रैखिक अवकल समीकरण है तथा इसे किसी भी उचित विधि द्वारा सरल किया जा सकता है।

Bernoulli's trial (बरनौली ट्रायल) बरनौली का परीक्षण। An experiment in which there are two possible independent outcomes, is known as Bernoulli's trial.
e.g., in a tossing of coin there are two possible independent outcomes (*viz* head and tail)
एक प्रयोग जिसमें दो सम्भव स्वतन्त्र परिणाम होते हैं, बरनौली का परीक्षण कहलाता है।

जैसे—एक सिक्के को उछालने में दो सम्भव स्वतन्त्र परिणाम (शीर्ष व पुच्छ) होते हैं।

beta distribution (बीटा डिस्ट्रीब्यूशन) बीटा बंटन। A distribution over [0, 1] which frequency function

$$f(x) = \frac{1}{B(m, n)} x^{m-1} (1-x)^{n-1}$$

where $B(m, n)$ is the beta function and $m, n > 0$, is known as beta distribution.

[0, 1] पर एक बंटन बारम्बारता फलन

$$f(x) = \frac{1}{B(m, n)} x^{m-1} (1-x)^{n-1}$$

जहाँ $B(m, n)$ बीटा फलन है तथा $m, n > 0$ के साथ बीटा बंटन कहलाता है।

beta function (बीटा फंक्शन) बीटा फलन। A function $B(p, q)$ which is defined as below is known as beta function.

$$B(p, q) = \int_0^1 x^{p-1}(1-x)^{q-1}\, dx$$

It can also be expressed in terms of gamma function as

$$B(p, q) = \frac{\Gamma p\, \Gamma q}{\Gamma(p+q)}$$

एक फलन $B(p, q)$ जो निम्न प्रकार परिभाषित है, बीटा फलन कहलाता है।

$$B(p, q) = \int_0^1 x^{p-1}(1-x)^{q-1}\, dx$$

इसे गामा फलन के पदों में भी निम्न प्रकार परिभाषित किया जा सकता है।

$$B(p, q) = \frac{\Gamma p\, \Gamma q}{\Gamma(p+q)}$$

bias (बायस) अभिनति A property of a statistical sample that makes it unrepresentative of the whole population. सांख्यिकीय प्रतिदर्श का वह गुण जिससे यह प्रतिदर्श पूर्ण समष्टि को निरूपित करने योग्य नहीं होता है।

biconditional statement (बाइकण्डीशनल स्टेटमेन्ट) द्विप्रतिबन्धित कथन। Two simple, sentences connected by phrase "if and only if", form a biconditional statement. Symbol $\Leftrightarrow$ is used for "if and only if".

If p and q are two statements, then the compound statement $(p \Rightarrow q) \wedge (q \Rightarrow p)$ is called a biconditional statement and it is denoted by $p \Leftrightarrow q$.

e.g., The statement, ΔABC is isosceles if and only if $AB = AC$ is a biconditional statement, which is written as

ΔABC is isosceles $\Leftrightarrow AB = AC$.

दो सरल कथनों को संयोजक ''यदि और केवल यदि'' प्रयोग करके एक मिश्र कथन बनाया जाता है। इस मिश्र वाक्य को द्विप्रतिबन्धित कथन कहते हैं। ''यदि और केवल यदि'' के लिए चिन्ह $\Leftrightarrow$ का प्रयोग करते हैं।

यदि p व q दो कथन हैं, तब मिश्र कथन $(p \Rightarrow q) \wedge (q \Rightarrow p)$ को द्विप्रतिबन्धित कथन कहते हैं तथा इसे $p \Leftrightarrow q$ से निरूपित करते हैं।

जैसे—कथन, ΔABC एक समद्विबाहु त्रिभुज है यदि और केवल यदि $AB = AC$ एक द्विप्रतिबन्धित कथन है जिसे निम्न प्रकार लिखा जा सकता है

ΔABC समद्विबाहु है $\Leftrightarrow AB = AC$

biennial (बाइन्नियल) द्विवार्षिक। Happening once after two years. प्रत्येक दो वर्षों के बाद एक बार होने वाला।

bijection (बाइजैक्शन) एकैकी आच्छादक। A one-one and onto mapping is known as bijection. A mapping which is both injective and surjective is called bijection.

B

e.g., the function $f : R \to R$ given by $f(x) = x^3 - 1$ is a bijection since

Let $x_1, x_2 \in R$

Now, $f(x_1) = f(x_2)$

$\Rightarrow \quad x_1^3 - 1 = x_2^3 - 1$

$\Rightarrow \quad x_1 = x_2$

$\therefore f(x)$ is one-one. Also it is onto.

एक एकैकी व आच्छादक प्रतिचित्रण को एकैकी आच्छादक कहते हैं।

जैसे—फलन $f : R \to R$, $f(x) = x^3 - 1$ द्वारा परिभाषित, एक एकैकी आच्छादक है। चूँकि

माना $x_1, x_2 \in R$

अब, $f(x_1) = f(x_2)$

$\Rightarrow \quad x^3 - 1 = x_2^3 - 1$

$\Rightarrow \quad x_1 = x_2$

$\therefore f(x)$ एकैकी है तथा यह आच्छादक भी है।

bijective mapping (बाइजैक्टिव मैपिंग) एकैकी आच्छादक प्रति चित्रण। See Bijection एकैकी आच्छादक देखें।

bilinear (बाइलिनियर) द्विरैखिक। A function of two functions is bilinear, if it is linear with respect to each variable separately. *e.g.*, $f(x, y) = 9xy + 3x$ is bilinear while $g(x, y) = 9xy + x^3$ is not bilinear.

दो फलनों के एक फलन को द्विरैखिक कहते हैं, यदि यह प्रत्येक चर के सापेक्ष अलग-2 रैखिक हो।

जैसे—$f(x, y) = 9xy + 3x$ द्विरैखिक जबकि $g(x, y) = 9xy + x^3$ द्विरैखिक नहीं है।

billion (बिलियन) दस अरब। A number which is equal to 10^9. एक संख्या जोकि 10^9 के बराबर है।

bimodial (बाइमॉडल) द्विबहुलक। A frequency distribution is said to be bimodial, if it shows two clear peaks or two distinct maxima.

एक बारम्बारता बटन को द्विबहुलक कहते हैं, यदि यह दो स्पष्ट शीर्ष या दो भिन्न-2 उच्चिष्ठ दर्शाती है।

binary digit (बाइनरी डिजिट) द्विआधारी अंक। Two digits 0 and 1 are used in binary arithmetic and they are known as binary digits. द्विआधारी अंकगणित में प्रयुक्त होने वाले दो अंक 0 व 1 हैं तथा इनको द्विआधारी अंक कहते हैं।

binary notation (बाइनरी नोटेशन) द्विआधारी निरूपण। The place value notation in base 2. आधार 2 में स्थानीय मान निरूपण।

binary number (बाइनरी नम्बर) द्विआधारी संख्या। The numbers formed by using two different digits 0 and 1 are known as binary numbers.

e.g., 1101, which is equivalent to 13 in decimal system.

दो विभिन्न अंकों 0 व 1 का प्रयोग करके बनने वाली संख्याएँ द्विआधारी संख्याएँ कहलाती हैं। जैसे—1101 जोकि दशमलव पद्धति में 13के समतुल्य है।

binary operation (बाइनरी ऑपरेशन) द्विआधारी संक्रिया। A mathematical procedure that combines two numbers or quantities to give a third number or quantity.

e.g., multiplication of two numbers in arithmetic is a binary operation.

एक गणितीय प्रक्रिया जो दो संख्याओं या राशियों को संयोजित करके तीसरी संख्या या राशि देती है।

जैसे—अंकगणित में दो संख्याओं का गुणन एक द्विआधारी संक्रिया कहलाता है।

binary relation (**बाइनरी रिलेशन**) द्विआधारी सम्बन्ध। See relation सम्बन्ध देखें

binary representation (**बाइनरी रिप्रेजेन्टेशन**) द्विआधारी निरूपण। A representation in which a number in decimal system is represented in binary system (to base 2), is known as binary representation.
एक निरूपण जिसमें दशमलव पद्धति की एक संख्या को द्विआधारी पद्धति (आधार 2 पर) निरूपित करते हैं, द्विआधारी निरूपण कहलाता है।

binary system (**बाइनरी सिस्टम**) द्विआधारी पद्धति। A system in which binary numbers are used.
एक पद्धति जिसमें द्विआधारी संख्याएँ प्रयोग की जाती हैं।

binomial (**बाइनोमियल**) द्विपद। An algebraic expression containing two distinct terms.
e.g., $5x + 7$ is a binomial expression while $3x + 7x$ is not a binomial since it can be simplified to $10x$.
एक बीजगणितीय व्यंजक जिसमें दो विभिन्न पद होते हैं।
जैसे—$5x + 7$ एक द्विपद व्यंजक है जबकि $3x + 7x$ द्विपद नहीं है चूँकि सरल करने पर $10x$ के बराबर है।

binomial coefficient (**बाइनोमियल कोफीशियेन्ट**) द्विपद गुणांक। The number ${}^nC_r$ where n and r is a positive integer such that $0 \le r \le n$ in a binomial expansion, is known as binomial coefficient. It is defined as

$$ {}^nC_r = \frac{n!}{r!\,(n-r)!} $$

${}^nC_r$ is equivalent to the number of ways of selecting r objects out of n objects.

Binomial coefficient have the following properties :

(i) ${}^nC_r$ is an integer.

(ii) ${}^nC_r = {}^nC_{n-r}$

(iii) ${}^{n+1}C_r = {}^nC_{r-1} + {}^nC_r$

(iv) ${}^nC_0 + {}^nC_1 + {}^nC_2 + \ldots + {}^nC_n = 2^n$

द्विपद प्रसार में संख्या ${}^nC_r$ जहाँ n तथा r एक धनात्मक पूर्णांक इस प्रकार हैं कि $0 \le r \le n$, को द्विपद गुणांक कहते हैं। यह निम्न प्रकार परिभाषित है

$$ {}^nC_r = \frac{n!}{r!\,(n-r)!} $$

${}^nC_r$, n वस्तुओं में से r वस्तुओं को चुनने के तरीकों की संख्या के समतुल्य हैं।

द्विपद गुणांक के निम्न गुण है

(i) ${}^nC_r$ एक पूर्णांक है।

(ii) ${}^nC_r = {}^nC_{n-r}$

(iii) ${}^{n+1}C_r = {}^nC_{r-1} + {}^nC_r$

(iv) ${}^nC_0 + {}^nC_1 + {}^nC_2 + \ldots + {}^nC_n = 2^n$

binomial distribution (**बाइनोमियल डिस्ट्रीब्यूशन**) द्विपद बंटन। Let there are n independent trials in an experiment and let the random variable x denote the number of successes in there trials. Let the probability of getting a success in a single trial be p and that of getting a failure be q, so that $p + q = 1$, then

$$ P(X = r) = {}^nC_r \cdot p^r \cdot q^{n-r}. $$

The probability distribution of x may be expressed as

X	0	1	...	r
P(X)	q^n	npq^{n-1}	...	${}^nC_r \cdot p^r q^{n-r}$

This distribution is known as binomial distribution. It also known as bernoulli's distribution.

माना एक प्रयोग में n स्वतन्त्र परीक्षण है तथा माना यादृच्छिक चर X इन परीक्षणों में सफलताओं की संख्या को दर्शाता है। माना एक परीक्षण में सफलता प्राप्त करने की प्रायिकता p तथा असफलता प्राप्त करने की प्रायिकता q है ताकि $p + q = 1$, तब

$$P(X = r) = {}^nC_r \cdot p^r \cdot q^{n-r}.$$

X के प्रायिकता बंटन को निम्न प्रकार व्यक्त कर सकते हैं

X	0	1	…	r
$P(X)$	q^n	npq^{n-1}	…	${}^nC_r \cdot p^r q^{n-r}$

इस बंटन को द्विपद बंटन कहते हैं। इसे बरनौली बंटन भी कहते हैं।

binomial experiments (**बाइनोमियल एक्सपैरीमेन्ट**) द्विपद प्रयोग। An experiment made up of a fixed number of independent Bernoulli's trials. एक प्रयोग जो स्वतन्त्र बरनौली के परीक्षणों की निश्चित संख्या से बना होता है।

binomial expansion (**बाइनोमियल एक्सपेन्शन**) द्विपद प्रसार। An expansion which represents binomial theorem. एक प्रसार जो द्विपद प्रमेय को निरूपित करता है।

binomial series (**बाइनोमियल सीरिज**) द्विपद श्रेणी। The expansion of $(1 + x)^n$ is known as binomial series.

$$(1 + x)^n = 1 + nx + \frac{n(n-1)x^2}{2\,!} + \ldots$$

$(1 + x)^n$ के प्रसार को द्विपद श्रेणी कहते है।

$$(1 + x)^n = 1 + nx + \frac{n(n-1)x^2}{2\,!} + \ldots$$

binomial surd (**बाइनोमियल सर्ड**) द्विपद करणी। A surd which is a sum or difference of two monomial surds or that of a monomial surd and a rational numbers, is known as binomial surd. *e.g.,* $2 + \sqrt{3}$, $\sqrt{3} + 3\sqrt{7}$, $\sqrt{3} - \sqrt{2}$ etc., are binomial surds. एक करणी जोकि दो एक पदीय करणियों का योग या अन्तर या एक परिमेय संख्या व एक पदीय करणी के योग या अन्तर के बराबर है, द्विपद करणी कहलाती है।

जैसे—$2 + \sqrt{3}$, $\sqrt{3} + 3\sqrt{7}$, $\sqrt{3} - \sqrt{2}$ इत्यादि द्विपद करणी है।

binomial Theorem (**बाइनोमियल थ्योरम**) द्विपद प्रमेय। Binomial theorem gives the expansion for $(x + y)^n$ where n is any positive integer. According to this theorem "x and y are real numbers, then for all positive integer n."

$$(x + y)^n = \sum_{r=0}^{n} {}^nC_r\, x^{n-r} y^r$$
$$= {}^nC_0 x^n + {}^nC_1 x^{n-1} y + \ldots + {}^nC_n y^n$$

द्विपद प्रमेय $(x + y)^n$ जहाँ n कोई धनात्मक पूर्णांक है, का प्रसार देता है।

इस प्रमेय के अनुसार,

"x व y वास्तविक संख्याएँ हैं, तब सभी धनात्मक पूर्णांकों n के लिए,

$$(x + y)^n = \sum_{r=0}^{n} {}^nC_r\, x^{n-r} y^r$$
$$= {}^nC_0 x^n + {}^nC_1 x^{n-1} y + \ldots + {}^nC_n y^n$$

biquadratic polynomial (**बाइक्वार्डटिक पोलीनोमियल**) चतुर्थघात बहुपद। A polynomial which has fourth degree. *e.g.,* $ax^4 + bx^3 + cx^2 + dx + e$ is a biquadratic polynomial since its degree is 4.

एक बहुपद जिसकी चतुर्थघात है। जैसे—$ax^4 + bx^3 + cx^2 + dx + e$ एक चतुर्थघात बहुपद है चूँकि इसकी घात 4 है।

bisect (**बाइसेक्ट**) समद्विभाजित। To divide into two equal parts.
दो बराबर भागों में विभाजित करना।

bisector (**बाइसेक्टर**) समद्विभाजक। A point, line or a plane that bisects something is known as a bisector.
एक बिन्दु, रेखा या एक तल जो कुछ भी समद्विभाजित करता है, समद्विभाजक कहलाता है।

bisector of an angle (**बाइसेक्टर ऑफ एन् एंगल**) कोण का समद्विभाजक। A line which is passing through the vertex of the angle and divide the angle into two equal parts, is known as the bisector of an angle.

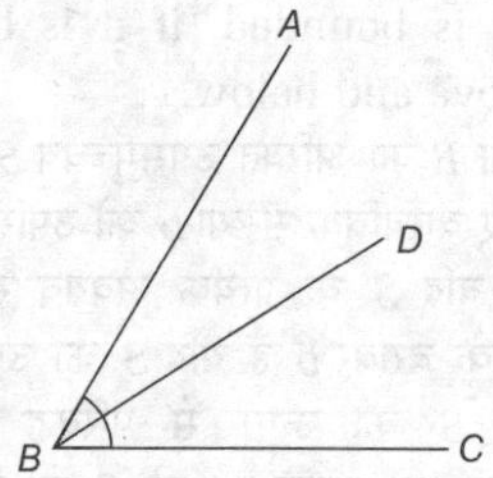

e.g., for $\angle ABC$, there BD is a line which is passing through the vertex B, such that $\angle ABD = \angle DBC$, then BD is called the bisector of the $\angle ABC$.

एक रेखा जोकि एक कोण के शीर्ष से होकर जाती है तथा कोण को दो बराबर भागों में विभाजित करती है, कोण का समद्विभाजक कहलाता है। जैसे—$\angle ABC$ के लिए, एक रेखा BD जोकि कोण के शीर्ष B से होकर जाती है, इस प्रकार है कि

$$\angle ABD = \angle DBC$$

तब BD को कोण ABC का समद्विभाजक कहते हैं।

bit (**बिट**) बिट। A unit of information which is used in computers. It has one binary digit 0 or 1.
The term Bit comes from 'Binary digit'
सूचना की एक इकाई जोकि कम्प्यूटर में प्रयुक्त की जाती है। इसमें एक द्विआधारी अंक 0 या 1 होता है। बिट शब्द की उत्पत्ति "Binary digit" से हुई है।

bitangent (**बाइटेन्जेण्ट्**) द्विस्पर्श रेखा। A tangent that touches a curve at two separate points is known as bitangent. *e.g.*,

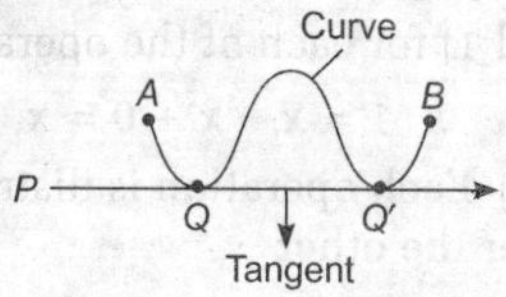

Q and Q' are two separate points on the curve.
एक स्पर्श रेखा जो एक वक्र को दो विभिन्न बिन्दुओं पर स्पर्श करे, द्विस्पर्श रेखा कहलाती है।

body (**बॉडी**) पिण्ड। An object in real world idealized in a mathematical modal as a particle, is known as body.
वास्तविक संसार में एक वस्तु जोकि गणितीय मॉडल में आदर्श के रूप में ली जाए। जैसे—एक कण पिण्ड कहलाता है।

bond (**बॉण्ड**) बॉण्ड, अनुबन्ध। A written aggregement under which a person or a firm agree to pay a stated sum of money.
एक लिखित अनुबन्ध-पत्र जिसके अन्तर्गत एक व्यक्ति या फर्म लिखी हुई राशि को देने के लिए सहमत होता है।

boolean (**बूलिन**) बूलीय। A variable or function which either takes the true value or false value.

B

एक चर या फलन जोकि या तो सत्य मान या असत्य मान ग्रहण करता है।

boolean algebra (**बूलिन अल्जैब्रा**) बूलीय बीजगणित। A set of elements defined with two binary operations (Boolean product and Boolean sum) which posses the following properties.

Let x, y and z are members of S.

(i) Both operations are commutative.

$x \cdot y = y \cdot x, \quad x + y = y + x.$

(ii) There are identity elements (0 and 1) for each of the operations

$x \cdot 1 = x, \quad x + 0 = x$

(iii) Each operation is distributive over the other

$x(y + z) = (x \cdot y) + (x \cdot z)$

and $x + (y \cdot z) = (x + y) \cdot (x + z)$.

(iv) Each element of the set has an inverse of both operations.

$x \cdot x' = 0$ and $x + x' = 1$

where x' is inverse of x.

Boolean operations are not the same as those in ordinary algebra.

दो बूलीय संक्रिया (बूलीय गुणन व बूलीय योग) के साथ परिभाषित अवयवों का एक समुच्चय जोकि निम्न गुण रखता है।

माना S के अवयव x, y व z हैं।

(i) दोनों संक्रियाएँ क्रम विनिमेय हैं

$x \cdot y = y \cdot x, \quad x + y = y + x$

(ii) प्रत्येक संक्रिया के लिए तत्समक अवयव (0 व 1) है।

$x \cdot 1 = x, \quad x + 0 = x$

(iii) प्रत्येक संक्रिया दूसरी संक्रिया पर वितरित होती है।

$x \cdot (y + z) = (x \cdot y) + (x \cdot z)$

तथा $x + (y \cdot z) = (x + y) \cdot (x + z)$

(iv) समुच्चय के प्रत्येक अवयव का दोनों संक्रियाओं के लिए प्रतिलोम है।

$x \cdot x' = 0$ तथा $x + x' = 1$

जहाँ x', x का प्रतिलोम है।

बूलीय संक्रियाएँ साधारण बीजगणित की संक्रियाओं के समान नहीं होती हैं।

bound (**बाउन्ड**) परिबन्ध। Let S be a non-empty subset of R. The real number b is said to be an upper boud for S, if b is greater than or equal to every element of S. If S has an upper bound, then S is bounded above. The real number c is said to be an lower bound for S, if c is lower than or equal to every element of S. If S has an lower bound, then S is bounded below. A set is bounded, if it is bounded above and below.

माना R का अरिक्त उपसमुच्चय S है। S के लिए वास्तविक संख्या b को उपरिबन्ध कहते हैं। यदि S के प्रत्येक अवयव से बड़ा या उसके बराबर b हैं यदि S का उपरिबन्ध है, तब S को ऊपर से परिबद्ध कहते हैं। वास्तविक संख्या c को S के लिए निम्न परिबन्ध कहते हैं, यदि c, S के प्रत्येक अवयव से छोटा या उसके बराबर है। यदि S का निम्न परिबन्ध है, तब S को नीचे से परिबद्ध कहते हैं।

एक समुच्चय को परिबद्ध कहते हैं यदि यह नीचे व ऊपर से परिबन्ध है।

boundary (**बाउन्ड्री**) परिसीमा। The interior of a set S is the union of all subsets of S. The exterior of a set S is the interior of the complement of S. The boundary of S is the set of points that belongs to neither the interior nor the exterior of S.

S के सभी उपसमुच्चयों का संघ समुच्चय S का आन्तरिक भाग है। समुच्चय S का बार्हिभाग S के पूरक का आन्तरिक भाग है। अत: S की परिसीमा उन बिन्दुओं का समुच्चय है जो S के न तो आन्तरिक भाग में है और न ही बार्हिभाग में हैं।

boundary conditions (**बाउन्ड्री कण्डीशन्स्**) परिसीमा प्रतिबन्ध। If the solutions of a differential equation contains r arbitrary constants. Then, these constants should be eliminated to give a unique solution to the differential equation by using r given conditions that the solution must satisfy. Some of these conditions are known as boundary conditions or initial conditions.

e.g., the differential equation $\frac{d^2y}{dx^2} - 4\frac{dy}{dx} + 3y = 0$ has a general solution $y = Ae^{-x} + Be^{-3x}$, where A and B are arbitrary constants. If boundary conditions are $y(0) = 1$ and $\frac{dy}{dx}(0) = 3$. For these boundary conditions $A = 3$ and $B = -2$. Which gives a unique solution $y = 3e^{-x} - 2e^{-3x}$ to given differential equation.

यदि एक अवकल समीकरण के हल में r स्वेच्छ अचर है। तो दी गई अवकल समीकरण का अद्वितीय हल प्राप्त करने के लिए इन अचरों को दिए गए r प्रतिबन्धों जोकि हल को सन्तुष्ट करते हैं, प्रयोग करके विलोपित करना चाहिए। इनमें से कुछ प्रतिबन्धों को परिसीमा प्रतिबन्ध या आरम्भिक प्रतिबन्ध कहते हैं।

जैसे—अवकल समीकरण $\frac{d^2y}{dx^2} - 4\frac{dy}{dx} + 3y = 0$ का व्यापक हल $y = Ae^{-x} + Be^{-3x}$ जहाँ A व B स्वेच्छ अचर हैं यदि परिसीमा प्रतिबन्ध $y(0) = 1$ तथा $\frac{dy}{dx}(0) = 3$ है। जिनके लिए $A = 3$ व $B = -2$ जिसमें दी गई अवकल समीकरण के लिए अद्वितीय हल $y = 3e^{-x} - 2e^{-3x}$ प्राप्त होता है।

bonded function (**बाउण्डेड फंक्शन्**) परिबद्ध फलन। A real function f defined on a domain S is bounded if there is a number m such that $|f(x)| < M$.

प्रान्त S में वास्तविक फलन f परिबद्ध होगा यदि एक संख्या m इस प्रकार है कि $|f(x)| < M$.

bounded sequence (**बाउण्डेड सिक्वेन्स**) परिबद्ध अनुक्रम। A sequence $a_1, a_2, a_3, \ldots$ is bounded, if a number m is such that $|a_n| < m, \forall n$.

अनुक्रम $a_1, a_2, a_3, \ldots$ परिबद्ध हैं, यदि एक संख्या m इस प्रकार है $|a_n| < m, \forall n$.

bounded set (**बाउण्डेड सैट**) परिबद्ध। समुच्चय See Bound परिबद्ध देखें

brackets (**ब्रेकेट्स**) कोष्ठक। In mathematical expressions, brackets are used to indicate the order in which operations are to be carried out.

गणितीय व्यंजक में कोष्ठकों का प्रयोग उस क्रम को प्रदर्शित करने के लिए करते हैं। जिसमें संक्रियाओं को हल किया जाता है।

branch (**ब्राँच**) शाखा। A section of a curve separated from the remainder of the curve by discontinuity or vertices or maximum points or minimum point. वक्र का एक भाग जो शेष वक्र से असततता या शीर्षों या उच्चिष्ठ बिन्दुओं या निम्निष्ठ बिन्दुओं द्वारा पृथक होता है।

break-even point (ब्रेक-ईवन प्वाइन्ट) The point at which revenue begins to exceed cost. वह बिन्दु जिस पर माल, मूल्य से अधिक होता है।

Brigg's formula (ब्रिगस फॉर्मूला) बिग्र के सूत्र। Following formulae are known as brigg's formulae.

(i) $\sin \dfrac{A}{2} = \sqrt{\dfrac{(s-b)(s-c)}{bc}}$

(ii) $\cos \dfrac{A}{2} = \sqrt{\dfrac{s(s-a)}{bc}}$

(iii) $\tan \dfrac{A}{2} = \sqrt{\dfrac{(s-b)(s-c)}{s(s-a)}}$

निम्न सूत्र ब्रिग के सूत्र कहलाते हैं।

(i) $\sin \dfrac{A}{2} = \sqrt{\dfrac{(s-b)(s-c)}{bc}}$

(ii) $\cos \dfrac{A}{2} = \sqrt{\dfrac{s(s-a)}{bc}}$

(iii) $\tan \dfrac{A}{2} = \sqrt{\dfrac{(s-b)(s-c)}{s(s-a)}}$

bytes (बाइट्स) बाइट्स।

1 byte =8 bits = 2 nibble

It is a unit of information is used in computers.

1 बाइट = 8 बिट्स = 2 निब्बल

यह सूचनाओं की इकाई है जिसे कम्प्यूटर में प्रयोग किया जाता है।

C

c (सी) सी। The symbol in Roman numeral for 100.

रोमन संख्याओं में 100 का प्रतीक।

calculation (कैलकुलेशन) गणना। A calculating is a way of solving a number problem. Calculation can use addition, subtraction, multiplication and division to produce an answer.

संख्याओं को सरल करने की एक विद्या जिसमें संख्याओं का जोड़, घटाव, गुणा या भाग किया जाता है।

calculator (कैलकुलेटर्) संगणक। A calculator is a machine that can do arithmetical operation and logical operations.

अंकगणितीय गणना या सरल करने वाला एक यंत्र है।

calculus (कैलकुलस) कलन। A branch of mathematics concerned with rate of change, gradients of curves, maximum and minimum value of function and the calculation of lengths, areas, volumes. It involves determining areas (integration) and tangents (differentiation) which are mutually inverse.

गणित की वह शाखा जो परिवर्तन की दर, वक्र का झुकाव, महत्तम और न्यूनतम फलन का मान, गणना, लम्बाई, क्षेत्रफल, आयतन, अवकलन तथा समाकलन आदि का ज्ञान कराती है।

cantor set (कैन्टर सेट) कैन्टर समुच्चय। The set obtained by taking a closed interval in the real line. *e.g.*, Consider [0, 1] and $\left(\frac{1}{3}, \frac{2}{3}\right)$ and then doing the same procedure in the remaining closed intervals $\left[0, \frac{1}{3}\right]$ and $\left[\frac{2}{3}, 1\right]$ and so on.

यह किसी वास्तविक रेखा पर एक बन्द अन्तराल लेकर बनाया गया समुच्चय है, जैसे—मान लीजिए बन्द अन्तराल [0, 1] के मध्य से $\frac{1}{3}$ भाग हटाए जाने पर बन्द अन्तराल $\left[0, \frac{1}{3}\right]$ तथा $\left[\frac{2}{3}, 1\right]$ प्राप्त होते हैं। इसी प्रकार, इस प्रक्रिया को लगातार करने पर प्राप्त समुच्चय कैन्टर समुच्चय कहलाता है।

capacity (कैपेसिटी) क्षमता। A measure of the three dimensional space enclosed by a solid is said to be capacity. This is also known as volume of the solid.

किसी ठोस द्वारा जनित त्रिविमीय क्षेत्र की मात्रा को क्षमता कहते हैं। इसे आयतन भी कहा जाता है।

cardinality (कॉर्डिनालिटी) समपदीयता। For a finite set X, the cardinality of X is denoted by $n(X)$ and is the number of elements in the set X. Let A, B and C are subsets of universal set U. Then,

(i) $n(A \cup B) = n(A) + n(B) - n(A \cap B)$

(ii) $n(A \cup B \cup C) = n(A) + n(B) + n(C) - n(A \cap B) - n(B \cap C) - n(A \cap C) + n(A \cap B \cap C)$

The cardinality is also denoted by $[X]$.

किसी निश्चित समुच्चय X में उपस्थित अवयवों की संख्या, समुच्चय X की समपदीयता कहलाती है, जिसे $n(X)$ से निरूपित करते हैं।

मान लीजिए A, B तथा C किसी सर्वनिष्ठ समुच्चय U के उपसमुच्चय हैं। तब,

(i) $n(A \cup B) = n(A) + n(B) - n(A \cap B)$

(ii) $n(A \cup B \cup C) = n(A) + n(B) + n(C) - n(A \cap B) - n(B \cap C) - n(A \cap C) + n(A \cap B \cap C)$

cardinal number (कार्डिनल नम्बर) कार्डिनल संख्या। For finite set, the number of elements in a set is called cardinal number. If two sets have same cardinality, then they can put in one to one correspondence with one another. For finite set, the cardinal number are represented by 0, 1, 2, 3, 4, ..., etc. But for infinite sets requires new symbols to describe their cardinality like χ_0 (aleph null) is denote the cardinality of an infinite countable set N.

किसी निश्चित समुच्चय के अवयव, कार्डिनल संख्या कहलाते हैं। यदि दो समुच्चयों की कार्डिनलिटी समान हों, तो उनके बीच एक एकैकी प्रतिचित्रण होता है। किसी निश्चित समुच्चय के कॉर्डिनल संख्याओं को 0, 1, 2, 3, 4, ... इत्यादि से निरूपित करते हैं। लेकिन अनन्त समुच्चय के कार्डिनल संख्या को निरूपित करने के लिए एक नए संकेतन की आवश्यकता होती है। जैसे — χ_0 (अलफ नल) गणना करने योग्य अनन्त समुच्चय N की कार्डिनलिटी को निरूपित करता है।

cardioid (कारडियॉड) कारडियॉड। It is the locus of a fixed point P as a circle rolling on an equal fixed circle. In polar coordinates it has the equation

$$r = a(1 + \cos \theta)$$

Cartesian Product

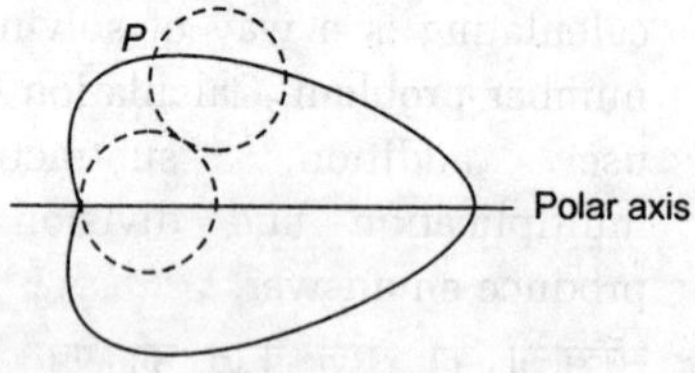

कॉरडियॉड उस बिन्दु P का वृत्त के रूप में बिन्दुपथ है जो समान निश्चित वृत्त या रोल करता है। ध्रुवीय निर्देशांक में कॉरडियॉड का समीकरण

$$r = a(1 + \cos \theta)$$

होता है।

cartesian coordinate system (कारटेसियन कॉर्डिनेट सिस्टम) कार्तीय निर्देशांक पद्धति। Let two mutually perpendicular lines XOX' and YOY' passing through O in the plane of paper. O is called origin. Now, choose a conveninent unit of length and starting from the origin as zero. On horizontal line XOX', the positive numbers are represented to the right of the origin and the negative number are represented to the left of the origin. Similarly, on vertical line YOY', the positive numbers are represented upward and the negative numbers are represented downwards of the origin O.

The line XOX' is known as x-axis while the line YOY' is known as y-axis.

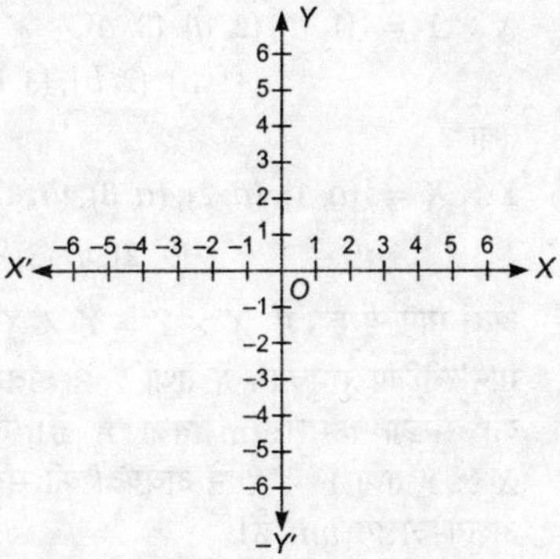

मान लीजिए कागज के समतल XOX' तथा YOY' बिन्दु O से होकर जाने वाली आपस में लम्बवत् रेखाएँ हैं। जहाँ O को मूलबिन्दु कहते है। अब लम्बाई की एक सुविधाजनक इकाई मानकर मूलबिन्दु को शून्य लेकर मापन करते हैं। क्षैतिज रेखा XOX' पर, धनात्मक संख्याओं को मूलबिन्दु के दाईं ओर निरूपित करते हैं तथा ऋणात्मक संख्याओं को मूलबिन्दु के बाईं ओर निरूपित करते हैं। इसी प्रकार, उर्ध्वाधर रेखा YOY' पर, धनात्मक संख्याओं को मूलबिन्दु के ऊपर तथा ऋणात्मक संख्याओं को मूलबिन्दु के नीचे निरूपित करते हैं।

क्षैतिज रेखा XOX' को X–अक्ष तथा उर्ध्वाधर रेखा YOY' को Y–अक्ष कहते हैं।

cartesian distance (कारटेसियन डिस्टेंस) कार्तीय दूरी। The distance between two points $P(x_1, y_1)$ and $Q(x_2, y_2)$ is given by

$$PQ = \sqrt{(x_1 - x_2)^2 + (y_1 - y_2)^2}$$
$$= \sqrt{(x_2 - x_1)^2 + (y_2 - y_1)^2}$$

is known as cartesian distance. In three dimensional space the cartesian distance between two points $P(x_1, y_1, z_1)$ and $Q(x_2, y_2, z_2)$ is given by

$$PQ = \sqrt{(x_1 - x_2)^2 + (y_1 - y_2)^2 + (z_1 - z_2)^2}$$
$$= \sqrt{(x_2 - x_1)^2 + (y_2 - y_1)^2 + (z_2 - z_1)^2}$$

दो बिन्दुओं $P(x_1, y_1)$ और $Q(x_2, y_2)$ के बीच की दूरी

$$PQ = \sqrt{(x_1 - x_2)^2 + (y_1 - y_2)^2}$$
$$= \sqrt{(x_2 - x_1)^2 + (y_2 - y_1)^2}$$

को कार्तीय दूरी कहते हैं।

त्रिविमीय क्षेत्र में, दो बिन्दुओं $P(x_1, y_1, z_1)$ तथा $Q(x_2, y_2, z_2)$ के बीच की दूरी

$$PQ = \sqrt{(x_1 - x_2)^2 + (y_1 - y_2)^2 + (z_1 - z_2)^2}$$
$$= \sqrt{(x_2 - x_1)^2 + (y_2 - y_1)^2 + (z_2 - z_1)^2}$$

कार्तीय दूरी कहलाती है।

cartesian plane (कारटेसियन प्लेन) कार्तीय तल। The two dimensional space defined by cartesian coordinates (x, y) is said to be cartesian plane.

कार्तीय निर्देशांक (x, y) द्वारा परिभाषित द्विविमीय क्षेत्र को कार्तीय तल कहते हैं।

cartesian product (कारटेसियन प्रॉडक्ट) कार्तीय गुणन। Let X and Y be two non-void sets. The set of all ordered pair (x, y) such that $x \in X$ and $y \in Y$ is known as cartesian product of sets X and Y denoted by $X \times Y$. Thus,

$X \times Y = \{(x, y) \mid x \in X$ and $y \in Y\}$

If $X = \phi$ and $Y = \phi$, then $X \times Y = \phi$.

C

e.g., the cartesian product of two sets $X = \{1, 2, 3\}$ and $Y = \{a, b\}$ is

$$X \times Y = \{(1, a), (2, a), (3, a), (1, b), (2, b), (3, b)\}$$

and

$$Y \times X = \{(a, 1), (a, 2), (a, 3), (b, 1), (b, 2), (b, 3)\}$$

Thus, in general $X \times Y \neq Y \times X$.

Let m and n be the number of elements in set X and Y respectively, then the number of elements in $X \times Y$ and $Y \times X$ both are mn.

Some important results on cartesian product are given below

(i) For any three sets A, B and C

$A \times (B \cup C) = (A \times B) \cup (A \times C)$

$A \times (B \cap C) = (A \times B) \cap (A \times C)$

$A \times (B - C) = (A \times B) - (A \times C)$

(ii) If A and B are non-void sets, then

$$A \times B = B \times A \Rightarrow A = B$$

(iii) If $A \subseteq B$, then

$$A \times B \subseteq (A \times B) \cap (B \times A)$$

(iv) If $A \subseteq B$, then

$$A \times C \subseteq B \times C$$

(v) If $A \subseteq B$ and $C \subseteq D$, then

$$A \times C \subseteq B \times D$$

(vi) For any four sets A, B, C and D

$$(A \times B) \cap (C \times D) = (A \cap C) \times (B \cap D)$$

मान लीजिए X तथा Y दो अरिक्त समुच्चय हैं। सभी क्रमित युग्म (x, y) जो इस प्रकार हैं कि $x \in X$ तथा $y \in Y$ को समाहित करने वाले समुच्चय को समुच्चय X तथा समुच्चय Y का कार्तीय गुणन कहते हैं, इसे $X \times Y$ से निरूपित करते हैं। अत:

$$X \times Y = \{(x, y) \mid x \in X \text{ तथा } y \in Y\}$$

यदि $X = \phi$ तथा $Y = \phi$, तब $X \times Y = \phi$.

जैसे—दो समुच्चयों $X = \{1, 2, 3\}$ तथा $Y = \{a, b\}$

$$X \times Y = \{(1, a), (2, a), (3, a), (1, b), (2, b), (3, b)\}$$

तथा

$$Y \times X = \{(a, 1), (a, 2), (a, 3), (b, 1), (b, 2), (b, 3)\} \text{ हैं।}$$

अत: सामान्य रूप में, $X \times Y \neq Y \times X$ है।

मान लीजिए समुच्चय X तथा Y में अवयवों की संख्या क्रमश: m तथा n हैं। तब, $X \times Y$ तथा $Y \times X$ में अवयवों की संख्या अलग-अलग mn हैं।

कार्तीय गुणन के कुछ महत्त्वपूर्ण परिणाम निम्नलिखित हैं

(i) यदि तीन समुच्चय A, B तथा C हों, तो

$A \times (B \cup C) = (A \times B) \cup (A \times C)$

$A \times (B \cap C) = (A \times B) \cap (A \times C)$

$A \times (B - C) = (A \times B) - (A \times C)$

(ii) यदि A तथा B दो अरिक्त समुच्चय हों, तो

$$A \times B = B \times A \Rightarrow A = B$$

(iii) यदि $A \subseteq B$ हो, तो

$$A \times B \subseteq (A \times B) \cap (B \times A)$$

(iv) यदि $A \subseteq B$ हो, तो

$$A \times C \subseteq B \times C$$

(v) यदि $A \subseteq B$ तथा $C \subseteq D$ हो, तो

$$A \times C \subseteq B \times D$$

(vi) यदि A, B, C तथा D हों, तो

$$(A \times B) \cap (C \times D) = (A \cap C) \times (B \cap D)$$

cartesian space (कारटेसियन स्पेस) कार्तीय समष्टि। The three dimensional space defined by cartesian coordinates (x, y, z) is known as cartesian space.

कार्तीय निर्देशांक (x, y, z) द्वारा परिभाषित त्रिविमीय स्पेस को कार्तीय समष्टि कहते हैं।

cauchy integral theorem (**कोचि इंटिग्रेल थ्योरम**) कोचि समाकलन प्रमेय। Let $f(z)$ be an analytic function on closed curve C. Then,

$$\int_C f(z)\, dz = 0$$

This is known as cauchy integral theorem.

मान लीजिए $f(z)$ किसी वक्र C पर एक विश्लेषणात्मक फलन है। तब,

$$\int_C f(z)\, dz = 0$$

कोचि इंटिग्रेल प्रमेय कहलाती है।

Cauchy Riemann equations (**कॉचि रीमन इक्वेशन्स्**) कोचि रीमन समीकरण। Let $f(z) = u + iv$ be an analytic function of complex variable $z = x + iy$, where u and v are real and imaginary parts of $f(z)$ respectively. Then, cauchy riemann equations are linking the real and imaginary parts of the function by

$$\frac{\partial u}{\partial x} = \frac{\partial v}{\partial y}, \frac{\partial u}{\partial y} = -\frac{\partial v}{\partial x}$$

मान लीजिए $f(z) = u + iv$ सम्मिश्र चर $z = x + iy$ एक विश्लेषणात्मक फलन है, जहाँ, u तथा v फलन $f(z)$ के क्रमश: वास्तविक तथा काल्पनिक भाग को निरूपित करते हैं। कोचि रीमन समीकरण फलन $f(z)$ के वास्तविक तथा काल्पनिक भाग को सम्बन्धित करती हैं, जो निम्न हैं

$$\frac{\partial u}{\partial x} = \frac{\partial v}{\partial y}, \frac{\partial u}{\partial y} = -\frac{\partial v}{\partial x}$$

Cauchy Schwartz inequality (for integral) {(**कोचि स्वार्ज इनइक्वालिटी फॉर इंटीग्रेल**)} कोचि स्वार्ज असमिका (समाकलन के लिए)। Let $f(x)$ and $g(x)$ are real functions and integral $\int f(x)g(x)\, dx, \int f(x)\, dx, \int g(x)\, dx$ are exists. Then,

$$\{\int [f(x)\, g(x)]\, dx\}^2 \le \{\int [f(x)]^2\, dx\}\, \{\int [g(x)]^2\, dx\}$$

This is known as cauchy schwartz inequality for integral.

मान लीजिए $f(x)$ तथा $g(x)$ वास्तविक फलन है तथा $\int f(x)g(x)\, dx, \int f(x)\, dx, \int g(x)\, dx$ विद्यमान है, तब

$$\{\int [f(x)\, g(x)]\, dx\}^2 \le \{\int [f(x)]^2\, dx\}\, \{\int [g(x)]^2\, dx\}$$

कोचि स्वार्ज असमिका (समाकलन के लिए) कहलाती है।

Cauchy Schwartz inequality {**for sum**} {**कोचि स्वार्ज इनइक्वालिटी (फॉर सम)**} कोचि स्वार्ज असमिका (योग के लिए)। Let a_i and b_i, $i = 1, 2, 3, \ldots, n$ are real numbers, then

$$\sum_{i=1}^{n} a_i b_i \le \sqrt{\left(\sum_{i=1}^{n} a_i\right)\left(\sum_{i=1}^{n} b_i\right)}$$

This is known as cauchy schwartz inequality (for sum).

मान लीजिए a_i तथा b_i, $i = 1, 2, 3, \ldots, n$ वास्तविक संख्याएँ है, तब

$$\sum_{i=1}^{n} a_i b_i \le \sqrt{\left(\sum_{i=1}^{n} a_i\right)\left(\sum_{i=1}^{n} b_i\right)}$$

कोचि स्वार्ज असमिका (योग के लिए) कहलाती है।

Cauchy sequence (**कोचि सिक्वेन्स**) कोचि अनुक्रम। A sequence $\{a_n\}_{n \in N}$ is said to be cauchy sequence, if $\forall \varepsilon > 0$, there exists $m \in N$ such that

$$| a_{n+p} - a_n | < \varepsilon, \forall n \ge m, n \ge 1$$

एक अनुक्रम $\{a_n\}_{n \in N}$ को कोचि अनुक्रम कहते हैं। यदि प्रत्येक $\varepsilon > 0$, एक $m \in N$ इस प्रकार विद्यमान हो, कि

$$| a_{n+p} - a_n | < \varepsilon, \forall n \ge m, n \ge 1$$

Cayley Hamilton theorem (कैले हैमिल्टन थ्योरम) कैले हैमिल्टन प्रमेय। The theorem states that the characteristic polynomial $P(\lambda)$ of an $n \times n$ matrix A is given by

$$P(\lambda) = (\lambda^n + b_{n-1}\lambda^{n-1} + \ldots + b_1\lambda + b_0)$$

is satisfied by A, *i.e.*,

$$P(A) = A^n + b_{n-1}A^{n-1} + \ldots + b_1A + b_0 = 0$$

मान लीजिए $P(\lambda)$ किसी $n \times n$ क्रम के आव्यूह A का विशेषता बहुपद निम्न है

$$P(\lambda) = (\lambda^n + b_{n-1}\lambda^{n-1} + \ldots + b_1\lambda + b_0)$$

कैले हैमिल्टन प्रमेय के अनुसार आव्यूह A विशेषता बहुपद $P(\lambda)$ को सन्तुष्ट करेगा अर्थात्

$$P(A) = A^n + b_{n-1}A^{n-1} + \ldots + b_1A + b_0 = 0$$

ceiling (सीलिंग) सीलिंग। The another name of least integer function.

यह महत्तम पूर्णांक फलन का दूसरा नाम है।

celsius (सेल्सियस) सेल्सियस This is a unit of measurement of temperature, which taking 0°C as the freezing point of water and 100°C as the boiling point of water. The notation for celsius is °C.

यह ताप मापने की एक इकाई है, जिसके अनुसार जल का शीतलन बिन्दु 0°C तथा जल के उबलने का ताप 100°C होता है। इसे °C से निरूपित करते हैं।

centesimal (सेन्टेसिमल) सेन्टेसिमल। This is an angular measure which is one hundredth of a right angle.

यह कोण मापक इकाई है, जोकि एक समकोण के $\frac{1}{100}$वें भाग के बराबर होती है।

centigrade (सेन्टीग्रेड) सेन्टीग्रेड। This is an older term for celsius.

यह सेल्सियस का पुराना नाम है।

central angle (सेन्ट्रल एंगल) केन्द्रक कोण। An angle whose vertex is the centre of a circle is known as central angle. *e.g.*, in the given figure α is the central angle.

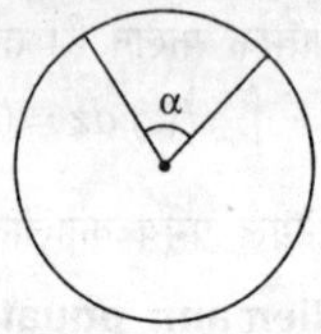

वह कोण जिसका शीर्ष किसी वृत्त के केन्द्र पर हो, केन्द्रक कोण कहलाता है। जैसे—ऊपर चित्र में, α एक केन्द्रक कोण है।

central conic (सेन्ट्रल कॉनिक) केन्द्रक शंकु। The conic $ax^2 + 2hxy + by^2 + 2gx + fy + c = 0$ is central conic if and only if

$$ab \neq h^2.$$

Thus, ellipse and hyperbola are central conic, having centre of symmetry.

शंकु $ax^2 + 2hxy + by^2 + 2gx + fy + c = 0$ एक केन्द्रक शंकु कहलाता है। यदि और केवल यदि $ab \neq h^2$। अत: दीर्घवृत्त तथा अतिपरवलय केन्द्रक शंकु है जो केन्द्र के प्रति सममित है।

central force (सेन्ट्रल फोर्स) केन्द्रक बल। A force acting on a particle directed towards or away from a fixed point is known as central force. The fixed point is known as the centre of the force. A central force **F** on a particle P is given by

$$\mathbf{F} = f(r)\,\mathbf{r}$$

Where, $\mathbf{r}$ is the position vector of P and magnitude $r = |\mathbf{r}|$. *e.g.*, force due to an elastic string given by

$$\mathbf{F} = -\left\{\frac{k(r-1)}{r}\right\}\mathbf{r}$$

and gravitational force given by

$$\mathbf{F} = -\left\{\frac{GMm}{r^3}\right\}\mathbf{r}$$

are central force.

एक निश्चित बिन्दु की ओर या बाहर की ओर किसी कण पर कार्य करने वाले बल को केन्द्रक बल कहते हैं। निश्चित बिन्दु को केन्द्रक बल का केन्द्र कहते हैं। किसी कण P पर कार्य करने वाला केन्द्रक बल $\mathbf{F}$ निम्न है

$$\mathbf{F} = f(r)\,\mathbf{r}$$

जहाँ, $\mathbf{r}$ कण P का स्थित सदिश है तथा $r = |\mathbf{r}|$ कण P का आयाम है।

जैसे—किसी प्रत्यास्थ स्प्रिंग द्वारा उत्पन्न किया गया बल

$$\mathbf{F} = -\left\{\frac{k(r-1)}{r}\right\}\mathbf{r}$$

तथा गुरुत्व बल

$$\mathbf{F} = -\left\{\frac{GMm}{r^3}\right\}\mathbf{r}$$

केन्द्रक बल है।

centre of gravity (सेन्टर ऑफ ग्रेविटी) गुरुत्व केन्द्र। A point at which the whole weight lies on the body, is called centre of gravity of body.

किसी पिण्ड का वह बिन्दु, जहाँ पर पिण्ड का कुल भार कार्यरत् होता है। पिण्ड का गुरुत्व केन्द्र कहलाता है।

centripetal force (सेन्ट्रीपेटल फोर्स) अभिकेन्द्र बल। Let us consider a particle of mass m is moving with constant speed v in a circular path, with centre $O(0, 0)$ and radius r, then

$$v = r\theta$$

and $$a = r\theta^2$$

Thus, the particle P is acted on by a force $|\mathbf{F}| = \dfrac{mv^2}{r}$ known as the centripetal force.

मान लीजिए एक m द्रव्यमान का कण किसी वृत्ताकार पथ, जिसका केन्द्र $O(0, 0)$ तथा त्रिज्या r है, पर v चाल से चल रहा है, तब

$$v = r\theta$$

तथा $$a = r\theta^2$$

तब, कण P पर कार्य करने वाला बल

$$|\mathbf{F}| = \frac{mv^2}{r}$$

अभिकेन्द्र बल कहलाता है।

centroid (सेन्ट्रायड) केन्द्रक। This is another name of centre of mass.

इसका दूसरा नाम द्रव्यमान केन्द्र है।

centroid of a triangle (सेन्ट्रायड ऑफ ए ट्राईएंगल) त्रिभुज का केन्द्रक। The centroid of a triangle is a point at which the medians of the triangle are concurrent. Let $A(x_1, y_1)$, $B(x_2, y_2)$ and $C(x_3, y_3)$ are vertex of a triangle, then centroid of the triangle is given by

$$G = \left(\frac{x_1 + x_2 + x_3}{3}, \frac{y_1 + y_2 + y_3}{3}\right)$$

त्रिभुज के अन्दर वह बिन्दु जिस पर त्रिभुज की माध्यिकाएँ प्रतिच्छेद करती हैं। त्रिभुज का केन्द्रक कहलाता है।

मान लीजिए $A(x_1, y_1)$, $B(x_2, y_2)$ तथा $C(x_3, y_3)$ किसी त्रिभुज के शीर्ष बिन्दु हैं। तब, त्रिभुज का केन्द्रक

$$G = \left(\frac{x_1 + x_2 + x_3}{3}, \frac{y_1 + y_2 + y_3}{3}\right)$$

है।

centroid of polygon (सेन्ट्रायड ऑफ पॉलिगॉन) बहुभुज का केन्द्रक। Let $A_1(x_1, y_1)$, $A_2(x_2, y_2), \ldots, A_n(x_n, y_n)$

be n vertices of a polygon, then centroid of a polygon is given by

$$G = \left(\frac{x_1 + x_2 + \dots + x_n}{n}, \frac{y_1 + y_2 + \dots + y_n}{n} \right)$$

मान लीजिए किसी n शीर्षों वाले बहुभुज के शीर्ष बिन्दु $A_1(x_1, y_1)$, $A_2(x_2, y_2), \dots, A_n(x_n, y_n)$ हैं, तब बहुभुज का केन्द्रक

$$G = \left(\frac{x_1 + x_2 + \dots + x_n}{n}, \frac{y_1 + y_2 + \dots + y_n}{n} \right)$$

chain rule (चेन रूल) शृंखला नियम। This is a rule for finding the derivative of composition of two functions, given by

$$\frac{d}{dx}[(fog)(x)] = \frac{d}{dx}[f(g(x))] \cdot \frac{d}{dx}[g(x)], \forall x$$

i.e., $(fog)'(x) = f'(g(x))g'(x), \forall x$

e.g., the derivative of $(x^2 + 1)^3$ is $3(x^2 + 1)^2 \cdot 2x$, *i.e.*, $6x(x^2 + 1)^2$.

दो फलनों के संयुक्त फलन का अवकलन ज्ञात करने के नियम को शृंखला नियम कहते हैं, जो निम्न है

$$\frac{d}{dx}[(fog)(x)] = \frac{d}{dx}[f(g(x))] \cdot \frac{d}{dx}[g(x)], \forall x$$

अर्थात् $(fog)'(x) = f'(g(x))g'(x), \forall x$

जैसे — $(x^2 + 1)^3$ का अवलन $3(x^2 + 1)^2 \cdot 2x$ अर्थात् $6x(x^2 + 1)^2$ है।

characteristic equation (कैरेक्टीरिस्टक इक्वेशन) विशेषता समीकरण। The characteristic equation of a square matrix A is

$$|(A - \lambda I)| = 0$$

Where, λ is known as characteristic root of A and $|A - \lambda I|$ is said to be characteristic polynomial.

किसी वर्ग आव्यूह A का विशेषता समीकरण

$$|A - \lambda I| = 0$$

होता है, जहाँ λ आव्यूह A का विशेषता मूल तथा $|A - \lambda I|$ आव्यूह A का विशेषता बहुपद कहलाता है।

chi-square distribution (काई-स्क्वायर डिस्ट्रीब्युशन) काई-स्क्वायर वितरण। The distribution of the sum of the square of random variables with standard normal distributions. *e.g.*, Let $x_1, x_2, \dots, x_n$ are independent variables with standard normal distribution, then $\chi^2 = \sum_{i=1}^{n} x_i^2$ is called chi-square distribution.

मानक सामान्य वितरण के साथ किसी यादृच्छिक चर के वर्ग के योग के वितरण को काई-स्क्वायर वितरण कहते हैं। जैसे—मान लीजिए मानक सामान्य वितरण के साथ $x_1, x_2, \dots, x_n$ स्वतन्त्र चर हैं, तब $\chi^2 = \sum_{i=1}^{n} x_i^2$ काई-स्क्वायर वितरण कहते हैं।

chord (कॉर्ड) जीवा। Suppose, P and Q are two points on a curve. The straight line passing through P and Q, *i.e.*, the segment PQ is known as chord. In the following circle PQ is a chord.

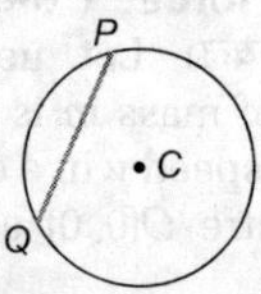

मान लीजिए P तथा Q किसी वक्र पर दो बिन्दु हैं एक सरल रेखा जो P तथा Q से

होकर जाती है, वक्र की जीवा PQ कहलाती है। दिए गए वृत्त में PQ एक जीवा है।

cipher (**सिफर**) शून्य। This is an old symbol 0 for representing zero.

यह शून्य को निरूपित करने का प्रतीक है।

circle (**सर्किल**) वृत्त। The locus of a point whose distance from a fixed point is always constant is known as circle. The fixed point is said to be centre of the circle and the constant distance is said to be radius of the circle.

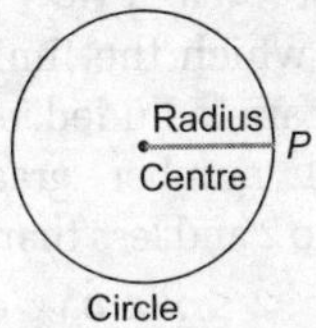

The equation of a circle with centre at (0, 0) and radius a is

$$x^2 + y^2 = a^2$$

and the equation of the circle with centre at (h, k) and radius a is

$$(x - h)^2 + (y - k)^2 = a^2$$

The general equation of circle is

$$x^2 + y^2 + 2gx + 2fy + c = 0$$

Where, centre of circle is $(-f, -g)$ and radius $= \sqrt{g^2 + f^2 - c}$

The area of the circle with radius a is πa^2 and circumference is $2\pi a$.

किसी बिन्दु का बिन्दुपथ जिसकी दूरी एक निश्चित बिन्दु से हमेशा अचर रहती है, वृत्त कहलाता है। निश्चित बिन्दु को वृत्त का केन्द्र तथा निश्चित दूरी को वृत्त की त्रिज्या कहते हैं।

वृत्त का समीकरण जिसका केन्द्र (0, 0) तथा त्रिज्या a है, निम्न है

$$x^2 + y^2 = a^2$$

तथा वृत्त का समीकरण जिसका केन्द्र (h, k) तथा त्रिज्या a है, निम्न है

$$(x - h)^2 + (y - k)^2 = a^2$$

वृत्त का व्यापक समीकरण

$$x^2 + y^2 + 2gx + 2fy + c = 0$$

होता है। जहाँ $(-g, -f)$ वृत्त का केन्द्र तथा $\sqrt{g^2 + f^2 - c}$ वृत्त की त्रिज्या कहलाती है। 'a' त्रिज्या वाले वृत्त का क्षेत्रफल πa^2 तथा परिमाप $2\pi a$ होता है।

circumcentre (**सरक्युमसेन्टर**) परिकेन्द्र। The centre of a circumcircle of a triangle is known as circumcentre. This is a point O at which the perpendicular bisectors of the sides of the triangle are concurrent.

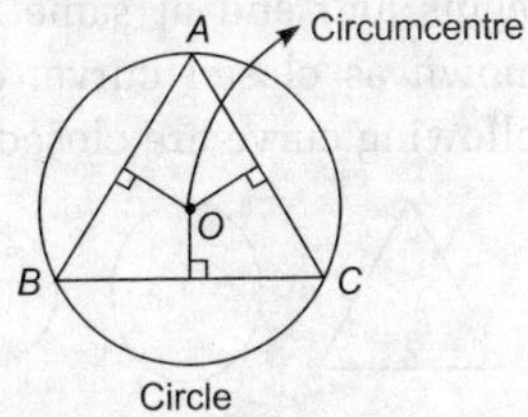

किसी त्रिभुज के परिवृत्त का केन्द्र परिकेन्द्र कहलाता है। यह त्रिभुज के अन्दर वह बिन्दु होता है, जिस पर त्रिभुज की भुजाओं के लम्ब समद्विभाजक प्रतिच्छेद करते हैं तथा इसे O से निरूपित करते हैं।

circumcircle (**सरक्युमसर्किल**) परिवृत्त। The circle passing through the three vertices of triangle having centre as circumcentre is known as circumcircle.

किसी त्रिभुज के शीर्षों से होकर जाने वाला वृत्त जिसका केन्द्र परिकेन्द्र होता है, परिवृत्त कहलाता है।

circumference (**सरक्युमफेरेंस**) परिधि। The boundary of a circle is known as circumference. The circumference of circle of radius a is $2\pi a$.

त्रिज्या 'a' के किसी वृत्त की परिधि $2\pi a$ होती है, जोकि वृत्त के किनारे वाले भाग को निरूपित करती है।

clockwise (क्लॉकवाइस) दक्षिणावर्त। The direction towards the hands of a clock is known as clockwise. In compass terms $N \to E \to S \to W$ is clockwise.

घड़ी के सुइयों के घूमने की दिशा दक्षिणावर्त कहलाती है। कम्पास में दक्षिणावर्त $N \to E \to S \to W$ होता है।

closed curve (क्लोज्ड कर्व) बन्द वक्र। A continuous plane curve which has no end points, *i.e.*, the curve begins and end at same point is known as closed curve. *e.g.*, the following curve are closed.

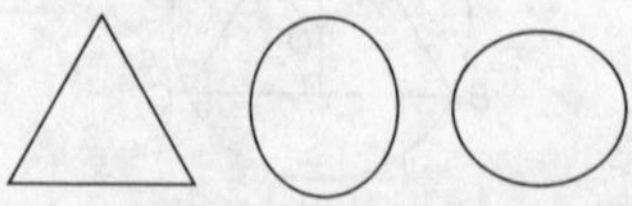

एक सतत् समतल वक्र जिसका कोई अन्त बिन्दु नहीं है अर्थात् वक्र का प्रारम्भिक बिन्दु तथा अन्त: बिन्दु समान हैं, तो वक्र बन्द वक्र कहलाता है। जैसे—ऊपर दिए गए वक्र बन्द वक्र हैं।

Closed Disc (क्लोज्ड डिस्क) बन्द चकती। The point $P(x, y)$ such that the distance of $P(x, y)$ from a fixed point is always less than or equal to a fixed distance. Thus,

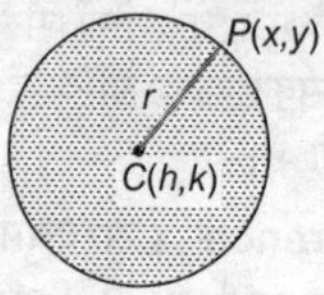

Closed disc

$= \{(x, y) \mid (x - h)^2 - (y - k)^2 \le r^2\}$

किसी बिन्दु का बिन्दुपथ जिसकी दूरी एक निश्चित बिन्दु से एक दी गई निश्चित दूरी से कम या बराबर हो, बन्द चकती कहलाता है।

अत: बन्द चकती

$= \{(x, y) \mid (x - h)^2 - (y - k)^2 \le r^2\}$

closed interval (क्लोज्ड इन्टरवल) बन्द अन्तराल। The closed interval between two real numbers a and b is written as $[a, b]$.

वास्तविक संख्याओं के बीच बन्द अन्तराल को $[a, b]$ से निरूपित करते हैं।

closed set (क्लोज्ड सैट) बन्द समुच्चय। A set in which the limit that define the set are included. *e.g.*, The set of natural number greater than or equal to 2 and less than or equal to 8. *i.e.*, $\{x : 2 \le x \le 8,\ x \in R\}$ or $[2, 8]$

वह समुच्चय जिसके सभी सीमान्त बिन्दु समुच्चय के अन्दर स्थित हो, बन्द समुच्चय कहलाता है। जैसे—प्राकृतिक संख्याओं का वह समुच्चय जिसके प्रत्येक बिन्दु 2 से बड़ा या बराबर हो तथा 8 से छोटा या बराबर हो अर्थात् $\{x : 2 \le x \le 8,\ x \in R\}$ एक बन्द समुच्चय है। या $[2, 8]$

coaxial (कोएक्जियल) समाक्ष। The geometric curves having same axis are called coaxial.

दो ज्यामितीय वक्र जिनके अक्ष समान होते हैं, समाक्ष कहलाते हैं।

codomain (कोडोमेन) सहप्रान्त। Let $f : X \to Y$ be a function, then Y is said to be codomain of the function.

मान लीजिए $f : X \to Y$ एक फलन है। तब, Y को फलन f का सहप्रान्त कहा जाता है।

coefficient (कोफीशियन्ट) गुणांक। The constant multiple of any power of one variable or multiplication of any power of two or more variables is said to be coefficient. *e.g.*, the coefficients of $5x^4, 2x^2y, 3xy^2z$ are 5, 2, 3 respectively.

किसी भी घात वाले एक चर के अचर गुणक या किसी भी घात वाले दो या दो से अधिक चरों के गुणन के अचर गुणक को गुणांक कहते हैं। जैसे—$5x^4, 2x^2y$ तथा $3xy^2$ के गुणांक क्रमश: 5, 2 तथा 3 हैं।

collinear (**कोलीनियर**) सरेखीय। Any number of points are called collinear if there exists a straight line passing through all the points. Three points, *A*, *B* and *C* are collinear iff

$$AB + BC = AC$$

In geometry, the three points $A(x_1, y_1)$, $B(x_2, y_2)$ and $C(x_3, y_3)$ are collinear iff

Area of triangle

$$= \frac{1}{2}\begin{vmatrix} x_1 & y_1 & 1 \\ x_2 & y_2 & 1 \\ x_3 & y_3 & 1 \end{vmatrix} = 0$$

$$\begin{vmatrix} x_1 & y_1 & 1 \\ x_2 & y_2 & 1 \\ x_3 & y_3 & 1 \end{vmatrix} = 0$$

बिन्दुओं की कोई भी संख्या सरेखीय होगी यदि उनसे होकर जाने वाली केवल एक ही सरल रेखा विद्यमान हो तीन बिन्दु *A*, *B* तथा *C* सरेखीय होंगे यदि और केवल यदि

$$AB + BC = AC$$

निर्देशांक ज्यामिति में, तीन बिन्दु $A(x_1, y_1)$ $B(x_2, y_2)$ तथा $C(x_3, y_3)$ सरेखीय होंगे, यदि और केवल यदि

त्रिभुज का क्षेत्रफल

$$= \frac{1}{2}\begin{vmatrix} x_1 & y_1 & 1 \\ x_2 & y_2 & 1 \\ x_3 & y_3 & 1 \end{vmatrix} = 0$$

$$\begin{vmatrix} x_1 & y_1 & 1 \\ x_2 & y_2 & 1 \\ x_3 & y_3 & 1 \end{vmatrix} = 0$$

column matrix (**कॉलम मैट्रिक्स**) स्तम्भ आव्यूह। The matrix having only one column is said to be column matrix. *e.g.*, $\begin{bmatrix} 2 \\ 3 \\ 1 \end{bmatrix}_{3 \times 1}$ is a column matrix.

केवल एक स्तम्भ वाला आव्यूह स्तम्भ आव्यूह कहलाता है। जैसे—$\begin{bmatrix} 2 \\ 3 \\ 1 \end{bmatrix}_{3 \times 1}$ एक स्तम्भ आव्यूह है।

column space (**कॉलम स्पेस**) स्तम्भ क्षेत्र। The vector space defined by the columns of a matrix as basis vectors is known as column space.

किसी आव्यूह के स्तम्भों को बेसिस सदिश मानकर परिभाषित करने को स्तम्भ क्षेत्र कहते हैं।

combination (**कॉम्बिनेशन**) संचय। The number of selections of *n* distinct objects taken *r* at a time is known as combinations, denoted by ^nC_r and given by

$$^nC_r = \frac{n!}{r!(n-r)!}$$

e.g., from four objects *A*, *B*, *C* and *D*, there are six ways of selecting two *viz AB, AC, AD, BC, BD, CD*. *i.e.*, $^4C_2 = 6$.

एक समय में दी गयी *n* अलग-अलग वस्तुओं में से *r* वस्तुओं को लेकर चुने गए तरीकों की संख्या संचय कहलाती है, जिसे ^nC_r से निरूपित करते हैं तथा

$$^nC_r = \frac{n!}{r!(n-r)!}$$

यहाँ $n \geq r \geq 0$

जैसे—चार वस्तुओं *A*, *B*, *C* तथा *D* में से दो-दो को लेकर चुने गए तरीकों की संख्या 6

होती है। जो निम्न है AB, AC, AD, BC, BD, CD. अर्थात् ${}^4C_2 = 6$.

C

common denominator (**कॉमन डिनोमिनेटर**) उभयनिष्ठ हर। The integer which is exactly divisible by all the denominators of a group of fraction is said to be common denominator. *e.g.,* the common denominator of $\frac{1}{3}+\frac{7}{8}-\frac{5}{6}+\frac{3}{4}$ is 24.

किसी दिए गए भिन्न समूह के हरों को यथार्थ विभाजित करने वाले पूर्णांक को उभयनिष्ठ हर कहते हैं। जैसे—$\frac{1}{3}+\frac{7}{8}-\frac{5}{6}+\frac{3}{4}$ का उभयनिष्ठ हर 24 है।

common difference (**कॉमन डिफरेन्स**) सार्वान्तर। In an arithmetic progression, the difference between any two consecutive terms is known as common difference. *e.g.,* the common difference of arithmetic progression 1, 3, 5, 7, 9, 11 ... is 2.

किसी समान्तर श्रेणी के दो लगातार पदों के अन्तर को सार्वान्तर कहते हैं। जैसे—समान्तर श्रेणी 1, 3, 5, 7, 11, ... का सार्वान्तर 2 है।

common factor (**कॉमन फैक्टर**) उभयनिष्ठ गुणनखण्ड। A number or expression which is a divisor of each of group of numbers or expression is said to be common factor. *e.g.,* the common factor of $(x-2)^2$ and x^2-5x+6 is $(x-2)$.

एक संख्या या व्यंजक जो किसी संख्याओं के समूह या व्यंजकों के समूह के प्रत्येक सदस्य को पूर्णत: विभाजित करता है। उभयनिष्ठ गुणनखण्ड कहलाता है। जैसे—$(x-2)^2$ तथा x^2-5x+6 का उभयनिष्ठ गुणनखण्ड $(x-2)$ है।

common fraction (**कॉमन फ्रेक्शन्**) उभयनिष्ठ भिन्न। A fraction in which both numerator and denominator are integers. It is also called vulgar fraction or simple fraction. *e.g.,* $\frac{2}{3}$ is a common fraction of $\frac{4}{6}$ and $\frac{8}{12}$.

वह भिन्न जिसके अंश तथा हर दोनों पूर्णांक हों, उभयनिष्ठ भिन्न कहलाती है। जैसे—$\frac{2}{3}$, भिन्नों $\frac{4}{6}$ तथा $\frac{8}{12}$ का उभयनिष्ठ भिन्न है।

common multiple (**कॉमन मल्टीपल**) उभयनिष्ठ गुणन। A number or expression which is multiple of each of group of numbers or expression is said to be common multiple. *e.g.,* 6 is common multiple of 2 and 3. Similarly, x^2-5x+6 is common multiple of $(x-2)$ and $(x-3)$.

एक संख्या या व्यंजक जो किसी संख्याओं के समूह या व्यंजकों के समूह के प्रत्येक सदस्य का गुणन हो, उभयनिष्ठ गुणन कहलाता है। जैसे—2 तथा 3 का उभयनिष्ठ गुणन 6 है। इसी प्रकार, x^2-5x+6, व्यंजक $(x-2)$ तथा $(x-3)$ का उभयनिष्ठ गुणन है।

common ratio (**कॉमन रेशो**) सार्वानुपात। In a geometric progression, the common ratio is the ratio of any two consecutive terms.

e.g., the common ratio of the geometric series $1+\frac{1}{2}+\frac{1}{4}+\frac{1}{8}+\frac{1}{16}+\ldots$ is $\frac{1}{2}$.

किसी गुणोत्तर श्रेणी के दो लगातार पदों के अनुपात को सार्वानुपात कहते हैं। जैसे—गुणोत्तर श्रेणी $1+\frac{1}{2}+\frac{1}{4}+\frac{1}{8}+\frac{1}{16}+\ldots$ का सार्वानुपात $\frac{1}{2}$ है।

common tangent **(कॉमन टेन्जेण्ट्)** उभयनिष्ठ स्पर्शी। A line that is a tangent to two or more curve is known as common tangent. *e.g.*, in the given figure AB is a common tangent of two circles.

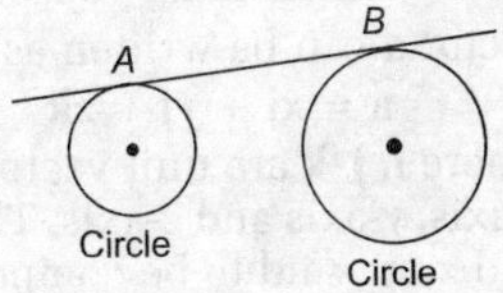

दो या दो से अधिक वक्रों पर खीचीं गई एक रेखा, उभयनिष्ठ स्पर्शी कहलाती है।
जैसे—उपयुक्त वृत्तों में AB एक उभयनिष्ठ जीवा है।

complement **(कॉम्प्लीमेण्ट)** पूरक। Let A be a subset of a universal set U. Then, the complement of A is denoted by A' and defined by

$$A' = U - A$$
$$= \{x \mid x \in U \text{ but } x \notin A\}.$$

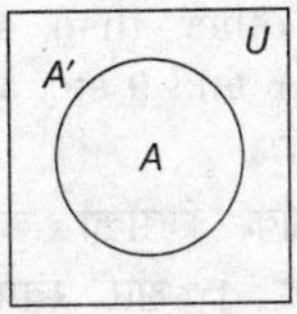

The complement of a set holds following properties

(i) $U' = \phi$ and $\phi' = U$

(ii) $(A')' = A, \forall A$

(iii) $A \cap A' = \phi$
and $A \cup A' = U, \forall A$.

मान लीजिए A किसी सर्वनिष्ठ समुच्चय U का उपसमुच्चय है, तब A का पूरक समुच्चय A' से निरूपित करते हैं तथा इस प्रकार परिभाषित करते हैं

$$A' = U - A$$
$$= \{x \mid x \in U \text{ लेकिन } x \notin A\}$$

पूरक समुच्चय निम्न गुणों को रखता करता है

(i) $U' = \phi$ तथा $\phi' = U$

(ii) $(A')' = A, \forall A$

(iii) $A \cap A' = \phi$
तथा $A \cup A' = U, \forall A$.

completing the square **(कॉम्प्लीटिन्ग द स्क्वायर)** पूर्ण वर्ग। To made a quadratic polynomial into a perfect square by adding and subtracting some constants. *e.g.*,

$$2x^2 + 5x + 1 = 0$$

$$\Rightarrow \quad x^2 + \frac{5}{2}x + \frac{1}{2} = 0$$

Completing the squre, we get

$$\left(x + \frac{5}{4}\right)^2 + \frac{1}{2} - \frac{25}{16} = 0$$

$$\Rightarrow \quad \left(x + \frac{5}{4}\right)^2 = \frac{17}{16}$$

किसी द्विघातीय बहुपद को पूर्ण वर्ग बनाने के लिए कुछ अचर को जोड़ते और घटाते हैं।
जैसे—

$$2x^2 + 5x + 1 = 0$$

$$\Rightarrow \quad x^2 + \frac{5}{2}x + \frac{1}{2} = 0$$

पूर्ण वर्ग बनाने पर,

$$\left(x + \frac{5}{4}\right)^2 + \frac{1}{2} - \frac{25}{16} = 0$$

$$\Rightarrow \quad \left(x + \frac{5}{4}\right)^2 = \frac{17}{16}$$

complex conjugate **(कॉम्प्लैक्स कान्ज्यूगेट)** सम्मिश्र संयुग्मी। The complex conjugate of a complex number $z = x + iy$ is $\bar{z} = x - iy$. The complex conjugate holds the following properties.

Let z, z_1, z_2 are three complex numbers, then

(i) $(\bar{\bar{z}}) = z$

(ii) $z - \bar{z} = 2 \operatorname{Im}(z)$

(iii) $z + \bar{z} = 2 \operatorname{Re}(z)$

(iv) $z = \bar{z} \Rightarrow z$ is purely real.

(v) $z + \bar{z} = 0 \Rightarrow z$ is purely imaginary.

(vi) $z\bar{z} = (\text{Re}(z))^2 + (\text{Im}(z))^2 = |z|^2$

किसी सम्मिश्र संख्या $z = x + iy$ का सम्मिश्र संयुग्मी $\bar{z} = x - iy$ होता है। सम्मिश्र संयुग्मी निम्न गुण रखता है। मान लीजिए z, z_1 तथा z_2 तीन सम्मिश्र संख्याएँ हैं, तब

(i) $(\bar{\bar{z}}) = z$

(ii) $z - \bar{z} = 2 \text{ Im}(z)$

(iii) $z + \bar{z} = 2 \text{ Re}(z)$

(iv) $z = \bar{z} \Rightarrow z$ पूर्णत: वास्तविक होगा

(v) $z + \bar{z} = 0 \Rightarrow z$ पूर्णत: काल्पनिक होगा

(vi) $z\bar{z} = (\text{Re}(z))^2 + (\text{Im}(z))^2 = |z|^2$

complex number (कॉम्प्लैक्स नम्बर) सम्मिश्र संख्या। The number of the form $z = x + iy$, where x and y are real number is said to be complex number. Where $i = \sqrt{-1}$, x is called real part and y is called imaginary part of the complex number. Let two complex numbers are $z_1 = x_1 + iy_1$, $z_2 = x_2 + iy_2$. The sum is

$z_1 + z_2 = (x_1 + x_2) + i(y_1 + y_2)$

The difference is

$z_1 - z_2 = (x_1 - x_2) + i(y_1 - y_2)$

The product is

$z_1 z_2 = (x_1 x_2 - y_1 y_2)$
$+ i(x_1 y_2 + x_2 y_1)$

$z = x + iy$ रूप की संख्या सम्मिश्र संख्या कहलाती है, जहाँ x वास्तविक तथा y काल्पनिक भाग है तथा $i = \sqrt{-1}$ है। मान लीजिए $z_1 = x_1 + iy_1$ तथा $z_2 = x_2 + iy_2$ दो सम्मिश्र संख्याएँ हैं, तब योग

$z_1 + z_2 = (x_1 + x_2) + i(y_1 + y_2)$,

अन्तर

$z_1 - z_2 = (x_1 - x_2) + i(y_1 - y_2)$

तथा गुणन

$z_1 z_2 = (x_1 x_2 - y_1 y_2)$
$+ i(x_1 y_2 + x_2 y_1)$

component of a vector (कम्पोनेन्ट् ऑफ ए वेक्टर) सदिश का घटक। In three dimensional space every vector **a** can be written as

$$\mathbf{a} = x\mathbf{i} + y\mathbf{j} + z\mathbf{k}$$

where **i**, **j**, **k** are unit vectors along x-axis, y-axis and z-axis. Then, x, y and z are said to be component of vector **a**.

किसी त्रिविमीय समष्टि में प्रत्येक सदिश **a** को निम्नवत् लिखा जा सकता है

$$\mathbf{a} = x\mathbf{i} + y\mathbf{j} + z\mathbf{k}$$

जहाँ **i**, **j**, **k** क्रमश: x-अक्ष, y-अक्ष तथा z-अक्ष की दिशाओं में इकाई सदिश हैं। तब, x, y तथा z को सदिश **a** के घटक कहते हैं।

composite number (कम्पोजिट नम्बर) सहअभाज्य संख्या। An integer is said to be composite if it has atleast one factor other than 1 and itself. *e.g.*, 4, 6 and 9 etc. are composite numbers.

वह पूर्णांक जिसका कम-से-कम एक गुणनखण्ड 1 और स्वयं के अतिरिक्त विद्यमान हो, सहअभाज्य संख्या कहलाती है। जैसे—4, 6, 9 इत्यादि सहअभाज्य संख्याएँ हैं।

composition of function (कम्पोजिशन ऑफ फंक्शन्) संयुक्त फलन। Let $f : X \to Y$ and $g : Y \to Z$ be two functions. Then, $gof : X \to Z$ is mapping given by

$$(gof)(x) = g(f(x)), \forall x \in X.$$

This is known as composition of function f and g. In general $fog \neq gof$.

मान लीजिए $f : X \to Y$ तथा $g : Y \to Z$ में दो फलन हैं तब $gof : X \to Z$ में एक फलन है, जो निम्नवत् परिभाषित है

$$gof(x) = g(f(x)), \forall x \in X$$

gof को फलन f तथा g का संयुक्त फलन कहते है। व्यापक रूप में, $gof \neq fog$.

concentric (**कॉन्सेंट्रिक**) समकेन्द्रीय। A circles or spheres having same centre.

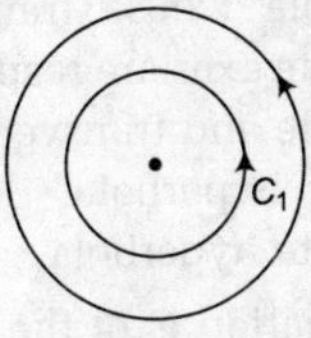

C_1 and C_2 are concentric circle.

समान केन्द्रों वाले वृत्त या गोला समकेन्द्रीय कहलाते हैं। C_1 तथा C_2 समकेन्द्रीय वृत्त है।

concurrent (**कॉन्करेन्ट्**) संगामी। Any number of lines passing through a common point are known as concurrent lines.

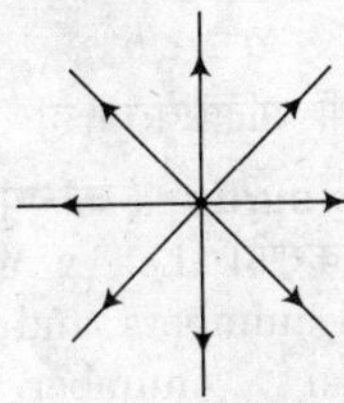

संख्याओं का समूह जो किसी एक बिन्दु से होकर जाती है, संगामी रेखाएँ कहलाती हैं।

concyclic (**कॉनसाइक्लिक**) चक्रीय। A number of points are said to be concyclic, if there is a circle passing through all the points.

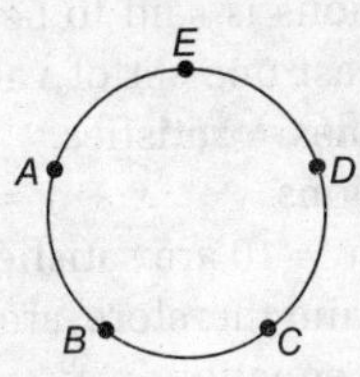

A, B, C, D, E are concyclic points.

बिन्दु समूह जिनसे होकर जाने वाला एक वृत्त विद्यमान हो, चक्रीय कहलाते हैं। *A, B, C, D, E* चक्रीय बिन्दु हैं।

Cone (**कॉन्**) शंकु। A cone consisting of a circle as base, a vertex lying directly above the centre of the circle and the curved surface formed by the line segments joining the vertex to the points of the circle. Let r be the radius h be the height and l be the slant height of a cone, then curved surface of cone is πrl and volume of the cone is $\frac{1}{3}\pi r^2 h$.

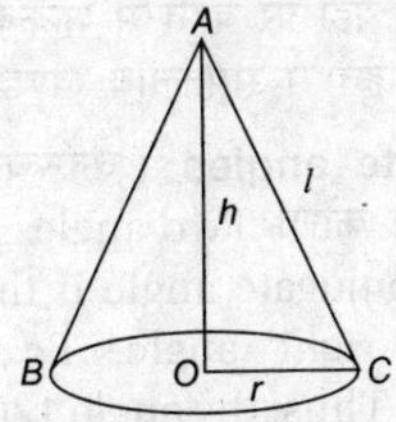

Cone

शंकु वह ज्यामितीय आकृति है, जिसमें एक वृत्तीय आधार, वृत्त के केन्द्र के ठीक ऊपर एक शीर्षकोण तथा शीर्षकोण और वृत्त की परिधि को जोड़ने वाली रेखाएँ एक वक्रपृष्ठ जनित करती हैं। मान लीजिए r शंकु के आधार की त्रिज्या तथा h शंकु की ऊँचाई है। तब,

शंकु का वक्रपृष्ठ $= \pi rl$, जहाँ l तिर्यक ऊँचाई है तथा शंकु का आयतन $= \frac{1}{3}\pi r^2 h$

congruent (**कॉन्ग्रुएन्ट**) सर्वांगसम। Two geometrical figures are said to be congruent if they are identical in shape and size. The triangles given below are congruent.

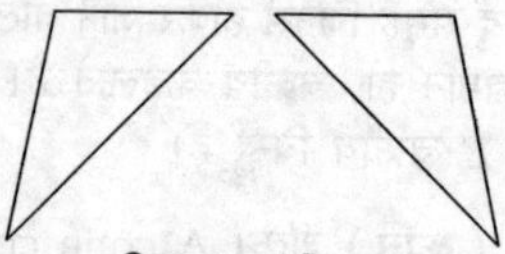

Congruent figure

आकार तथा मापन में समान ज्यामितीय चित्र सर्वांगसम कहलाते हैं। ऊपर दिए गए त्रिभुज सर्वांगसम हैं।

conic (**कोनिक**) शांकव। The curve which can be obtained as the plane section of the cone is known as conic. Thus, there are as many as conic as there are plane section.

एक वक्र, जिसे शंकु के समतलीय खण्ड से प्राप्त कर सकते हैं, शांकव कहलाता है। इस प्रकार, यहाँ पर बहुत से शांकव होते हैं जिस तरह बहुत से समतलीय खण्ड होते हैं।

conjugate angles (**कॉन्ज्युगेट एंगल्स**) संयुग्मी कोण। Two angles are said to be conjugate angle if their sum is four right angle, *i.e.*, $4 \times 90° = 360°$. Thus, the angle 120° and 240° are conjugate angles.

दो कोण संयुग्मी कहलाते हैं, यदि उनका योग चार समकोणों अर्थात् $4 \times 90° = 360°$ है। अत: कोण 120° तथा 240° संयुग्मी कोण हैं।

conjugate axis (**कॉन्ज्युगेट ऐक्सिस्**) संयुग्मी अक्ष। In a hyperbola, the line through the centre of the curve, perpendicular to the line through the two foci is called conjugate axis.

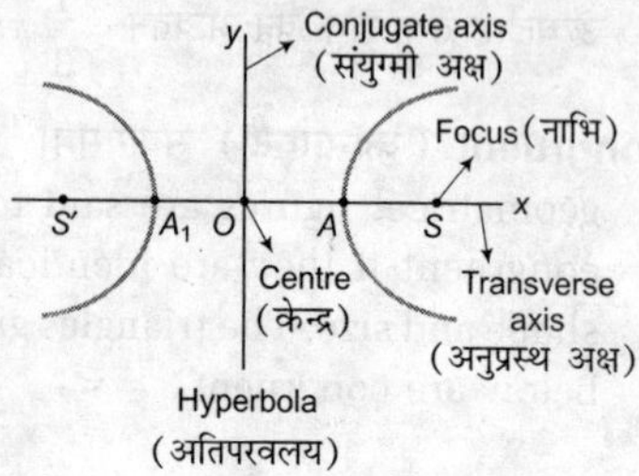

Hyperbola
(अतिपरवलय)

किसी अतिपरवलय की नाभियों को जोड़ने वाली रेखा के लम्बवत् तथा अतिपरवलय के केन्द्र से होकर जाने वाली रेखा अतिपरवलय की संयुग्मी अक्ष कहलाती है।

conjugate hyperbola (**कॉन्ज्युगेट हाइपरबोला**) संयुग्मी अतिपरवलय। The hyperbola whose transverse and conjugate axes are respectively the conjugate and transverse axes of a given hyperbola is called conjugate hyperbola.

The equation is of the form

$$-\frac{x^2}{a^2}+\frac{y^2}{b^2}=1$$

एक अतिपरवलय जिसके उर्ध्वाधर तथा संयुग्मी अक्ष एक दिए गए अतिपरवलय के क्रमश: संयुग्मी तथा उर्ध्वाधर अक्ष है, संयुग्मी अतिपरवलय कहलाता है। अतिपरवलय

$$-\frac{x^2}{a^2}+\frac{y^2}{b^2}=1$$

का संयुग्मी अतिपरवलय है।

conjugate surds (**कॉन्ज्युगेट सर्ड्स**) संयुग्मी करणी। Let x and y are rational numbers and $\sqrt{y}$ is an irrational number. Then, conjugate of $x+\sqrt{y}$ is $x-\sqrt{y}$.

मान लीजिए x तथा y परिमेय संख्याएँ हैं तथा $\sqrt{y}$ अपरिमेय संख्या है, तब $x+\sqrt{y}$ की संयुग्मी करणी $x-\sqrt{y}$ होगी।

consistent equations (**कन्सिस्टेन्ट् इक्वेशन्स्**) संगत समीकरण। A system of equations is said to be consistent, if atleast one set of values for the variables satisfies. *e.g.*, The equations $x + y = 4$ and $x + 4y = 10$ are satisfied by $x = 2$, $y = 2$ and therefore, are consistent. The equations $x + y = 4$ and $x + y = 6$ are inconsistent. The condition of consistent equation is

$$\frac{a_1}{a_2} \neq \frac{b_1}{b_2}$$

and for inconsistent equation is

$$\frac{a_1}{a_2} = \frac{b_1}{b_2} \neq \frac{c_1}{c_2}$$

वह समीकरण समूह जिसका कम-से-कम एक हल समूह विद्यमान हो, तो समीकरण समूह संगत कहलाता है। जैसे—समीकरण समूह $x + y = 4$ तथा $x + 4y = 10$ का हल $x = 2, x = 2$ है। अत: संगत है। जबकि समीकरण समूह $x + y = 4$ तथा $x + y = 6$ असंगत है। संगत समीकरणों का प्रतिबन्ध

$$\frac{a_1}{a_2} \neq \frac{b_1}{b_2}$$

तथा असंगत समीकरणों का प्रतिबन्ध

$$\frac{a_1}{a_2} = \frac{b_1}{b_2} \neq \frac{c_1}{c_2}$$ होता है।

constant (कॉन्सटेन्ट्) अचर। A quantity which does not change under specified condition. There are two types of constants, namely.

(i) **Arbitrary constants** These constants change their value depending upon condition

(ii) **Absolute constants** The value of these constants does not change with the change in conditions.

एक राशि जोकि विस्थापित शर्तों के अन्तर्गत बदलती नहीं है। अचर दो प्रकार के होते हैं

(i) **स्वेच्छ अचर** यह अचर का मान स्थिति के हिसाब बदलती है।

(ii) **परम अचर** इस अचर का मान स्थिति के बदलने पर भी नहीं बदलता है।

constant function (कॉन्सटेन्ट् फंक्शन्) अचर फलन। Function $R \to R$ by $y = f(x) = c, \ x \in R$ where c is constant and each $x' R$.

Here, domain of f is R and its range is $\{c\}$.

प्रतीकात्मक भाषा में फलन $f : R \to R$ इस प्रकार है, यदि $\forall \ x \in R$

$f(x) = c$, तो फलन अचर है।

continuous function (कण्टिन्यूअस् फंक्शन्) सतत् फलन। A function f is said to be continuous at $x = a$ if and only if $\lim_{x \to a} f(x) = f(a)$.

फलन $f(x)$, $x = a$ पर सतत् कहलाता है। यदि $\lim_{x \to a}$ का अस्तित्व हो और वह $x = a$ पर फलन के मान के बराबर हो।

coplanar (कॉप्लेनर) समतल। Points that lie within the same plane are called coplanar.

ऐसे बिन्दु जो एक ही तल में प्रदर्शित हों।

continued proportion (कॉन्टीन्यूड प्रोपॉर्शन्) वितत समानुपात। Three quotients are said to be in continued proportion, if the ratio of the first and the second is equal to the ratio of the second and third. Thus, a, b and c are in continued proportion, if $a : b :: b : c$, *i.e.*, $\frac{a}{b} = \frac{b}{c} \Rightarrow b^2 = ac$ in which b is called the mean proportional between a and c.

तीन राशियों को वितत समानुपात में कहा जाता है यदि प्रथम और द्वितीय का अनुपात द्वितीय और तृतीय के अनुपात के बराबर है। अर्थात् $a : b :: b : c$ में b को a और c का मध्यानुपाती कहा जाता है।

cosecant (कोसेकैण्ट्) कोज़ेंट।

$$\text{cosec } x = \frac{1}{\sin x}$$

cosine (कोसाइन) कोसाइन। The cosine $\cos x$ is one of the basic functions encountered in trigonometry. The cosine of angle θ ($\cos \theta$) in a right angled triangled is the ratio of adjoint side to hypotenuse.

यह त्रिकोणमितीय का एक नियम है जिसके द्वारा किसी त्रिभुज की एक भुजा की लम्बाई ज्ञात की जा सकती है यदि त्रिभुज की दो भुजाएँ और उनके बीच का कोण ज्ञात हो।

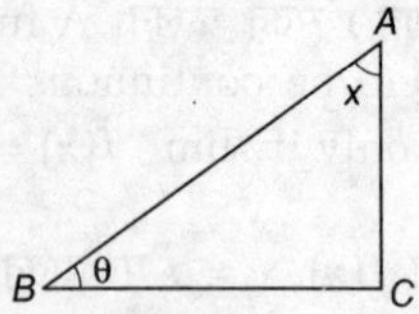

cosine formula (कोसाइन फॉर्मूला) कोसाइन सूत्र। चित्र में, x, y व z त्रिभुज की भुजाएँ हैं। अत: कोसाइन सूत्र के द्वारा,

$$\cos A = \frac{y^2 + z^2 - x^2}{2yz}$$

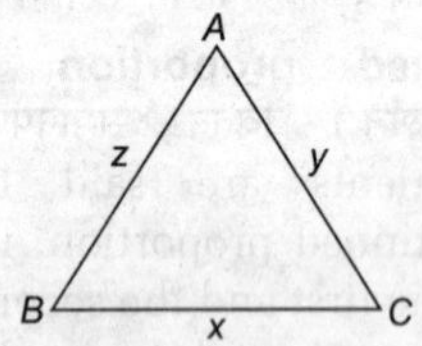

$$\cos B = \frac{x^2 + z^2 - y^2}{2xz}$$

$$\cos C = \frac{x^2 + y^2 - z^2}{2xy}$$

cost price (कॉस्ट प्राइस) क्रय मूल्य। The amount to purchase an article or the price at which an article is made is known as its cost price. Generally, the overhead expenses like cartage, taxes, labour charges etc., are included in the cost price. The cost price is abbreviated as CP.

किसी वस्तु को खरीदने में जो मूल्य देना पड़ता है, उसे वस्तु का क्रय मूल्य कहते हैं। इस प्रकार सामान बेचने से पहले उस पर अतिरिक्त व्यय। जैसे—मजदूरी, वाहन शुल्क, मरम्मत आदि लगते हैं, जोकि क्रय मूल्य का हिस्सा बन जाते हैं। इसे CP से प्रदर्शित करते हैं।

couple (कपल) बलयुग्म। Two parallel forces of equal magnitude are acting in opposite directions at a distance form a couple. The couple acting on

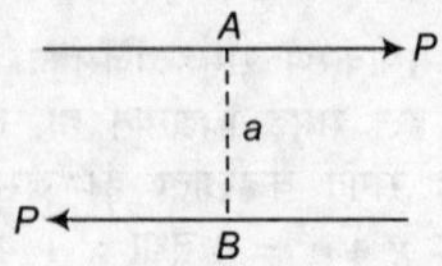

a body can rotate either in clockwise or counter clockwise direction about an axis perpendicular to the plane of forces.

दो बराबर विपरीत समान्तर बल, जिनकी क्रिया-रेखाएँ एक ही सीध में नहीं हैं, एक बलयुग्म की रचना करते हैं।

Cramer's rule (क्रैमर'स रूल) क्रैमर का नियम। Consider the system of equations. यदि हम कुछ समीकरण लेते हैं जैसे—

$$a_1x + b_1y + c_1z = d_1$$
$$a_2x + b_2y + c_2z = d_2$$
$$a_3x + b_3y + c_3z = d_3$$

$$\text{Let } D = \begin{vmatrix} a_1 & b_1 & c_1 \\ a_2 & b_2 & c_2 \\ a_3 & b_3 & c_3 \end{vmatrix} \neq 0$$

$$D_1 = \begin{vmatrix} d_1 & b_1 & c_1 \\ d_2 & b_2 & c_2 \\ d_3 & b_3 & c_3 \end{vmatrix}$$

$$D_2 = \begin{vmatrix} a_1 & d_1 & c_1 \\ a_2 & d_2 & c_2 \\ a_3 & d_3 & c_3 \end{vmatrix}$$

$$D_3 = \begin{vmatrix} a_1 & b_1 & d_1 \\ a_2 & b_2 & d_2 \\ a_3 & b_3 & d_3 \end{vmatrix}$$

$$\text{then, } x = \frac{D_1}{D}, y = \frac{D_2}{D}, Z = \frac{D_3}{D}$$

Note

(i) If $D_1 = D_2 = D_3 = 0$ and $D = 0$, then the system has only trivial solutions. $x = y = z = 0$ यदि $A = D_2 = D_3 = 0$ और $D = 0$.

(ii) If $D = 0$ but $D_1 \neq 0$ for atleast $i = 1, 2, 3$, then the system has no solution. Cramer's rule does not apply, if $D = 0$. (यदि $D = 0$, लेकिन $D \neq 0$, कम-से-कम $i = 1, 2, 3$) यदि $D = 0$, है तो क्रैमर का नियम नहीं प्रयुक्त होता है)

Cramer method

$$A_1 x + B_1 y = C_1 \qquad \ldots\text{(i)}$$
$$A_2 x + B_2 y = C_2 \qquad \ldots\text{(ii)}$$

By indicating as,

$$\Delta = \begin{vmatrix} A_1 & B_1 \\ A_2 & B_2 \end{vmatrix} = A_1 B_2 - A_2 B_1$$

where Δ is the determinant of the system. (जहाँ Δ प्रणाली की सारणी है)

$$\Delta x = \begin{vmatrix} C_1 & B_1 \\ C_2 & B_2 \end{vmatrix} = C_1 B_2 - B_1 C_2$$

$$\Delta y = \begin{vmatrix} A_1 & C_1 \\ A_2 & C_2 \end{vmatrix} = A_1 C_2 - A_2 C_1$$

$$x = \frac{\Delta x}{\Delta}, y = \frac{\Delta y}{\Delta}$$

cumulative frequency (**क्यूमूलेटिव फ्रिक्वेन्सी**) संचयी बारंबारता। The cumulative frequency is calculated by adding each frequency from a frequency distribution table to the sum of its predecessors. The last value will always be equal to the total for all observations, as all frequencies will already have been added to the previous total.

किसी वर्ग विशेष की बारंबारता और उससे पूर्व के सभी वर्गों की बारंबारताओं के योग को उस वर्ग विशेष की संचयी बारंबारता कहते हैं।

curve (**कर्व**) वक्र। A line that bends round and it is a set of point (x, y) satisfying $y = x^2$ is curve.

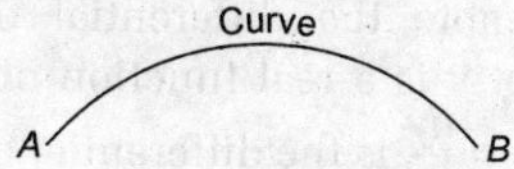

एक रेखा जोकि मुड़ी हुई होती है एवं वह बिन्दुओं (x, y) का एक समूह होती है जो $y = x^2$ को सन्तुष्ट करती है।

cyclic order (**साइक्लिक ऑर्डर**) चक्रीय क्रम। The way in which a cyclic permutation is performed.

एक तरीका जिसमें चक्रीय क्रमचय को किया जाता है।

cylinder (**सिलैण्डर**) बेलन। A cylinder is a closed surface consisting of two bases which are plain plane regions bounded by such curves C_1 and C_2 and a lateral surface which is the union of all segments joining corresponding points.

Volume of cylinder $= \pi r^2 h$.

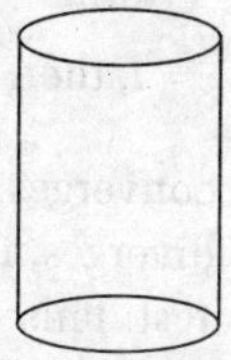

Cylinder

बेलन दो आधारों पर घिरी हुई एक प्रकार की आकृति है, जो पृष्ठीय तलों से युक्त होती है।

बेलन का आयतन = $\pi \times$ त्रिज्या$^2 \times$ ऊँचाई

D

d (डी) डी। d is the symbol used to denote the differential operator. Let y is a real function of x, then $y' = \frac{dy}{dx}$ is the differential of y with respect to x.

अवकल प्रचालक को निरूपित करने के लिए प्रयुक्त चिन्ह d है। माना x का वास्तविक फलन y है, तब $y' = \frac{dy}{dx}$, y का x के सापेक्ष अवकलन है।

D (in roman) {डी (इन् रॉमन)} डी (रोमन में) D is a roman numeral to represent a number 500 and it is used to represent a number 13 in hexadecimal notation.

एक संख्या 500 को रॉमन अंक में D द्वारा प्रदर्शित करते हैं तथा षष्टदशमिक निरूपण में एक संख्या 13 को D द्वारा निरूपित करते हैं।

d' Alembert's ratio test (डी' एलेम्बर्टस रेशो टेस्ट) डी एलेम्बर्ट का अनुपात परीक्षण। Let Σu_n be a series of positive terms such that $\lim \frac{u_{n+1}}{u_n} = l$, then

(i) Σu_n converges, if $l < 1$.

(ii) Σu_n diverges, if $l > 1$.

(iii) the test fails to decide the nature of the series, if $l = 1$.

माना Σu_n धनात्मक पदों की श्रेणी इस प्रकार है कि $\lim \frac{u_{n+1}}{u_n} = l$, तब

(i) Σu_n अभिसारी होती है, यदि $l < 1$.

(ii) Σu_n अपसारी होती है, यदि $l > 1$.

(iii) यह परीक्षण श्रेणी की प्रकृति जानने में असफल होता है, यदि $l = 1$.

data (डाटा) आँकड़े। In statistics, the observations gathered from an experiments or a survey, are called data. There are two types of data.

1. If observatives are not numerical or quantitative. Then, data are nominal. *e.g.*, type of vehicle or subject studied.
2. If observations are numerical or quantitative, then data are ordinal. *e.g.*, weight, length etc.

Data is known as raw data (primary data) if data is collected in a survey but it is known as secondary data if data is collected from raw data.

सांख्यिकी में, प्रयोग या सर्वे द्वारा एकत्रित किए गए प्रेक्षणों को आँकड़े कहते हैं। ये दो प्रकार के होते हैं

1. यदि प्रेक्षण आंकिक या मात्रात्मक नहीं है, तब आँकड़े नाम मात्र कहलाते हैं। जैसे—वाहनों के प्रकार या पढ़े गए विषय।
2. यदि प्रेक्षण आंकिक या मात्रात्मक है, तब आँकड़े कम सूचक कहलाते हैं। जैसे—भार, लम्बाई इत्यादि।

आँकड़ों को असंसाधित आँकड़े (प्राथमिक आँकड़े) कहलाते हैं यदि इन्हें सर्वेक्षण में इक्ट्ठा किया जाता है। परन्तु इन्हें द्वितीय आँकड़े या संसाधित आँकड़े कहते हैं। यदि इन्हें असंसाधित आँकड़ों से इकट्ठा किया जाता है।

day (डे) दिन। Day is a unit of time based on the period of rotation of the Earth about its axis. It varies from 24 h 30 s to 23 h 59 min 39 s through the year.

दिन समय का एक मात्रक है जो पृथ्वी के अपने अक्ष के परित: परिक्रमण करने के काल पर आधारित है। यह 24 घण्टे 30 सेकण्ड से 23 घण्टे 59 मिनट 39 सेकण्ड के बीच वर्ष भर बदलता रहता है।

De-Moivre's theorem (डि-मायवर्स थ्योरम) डि-मायवर की प्रमेय। A simple formula for calculating powers of complex numbers known as De-Moivre's theorem. If n is a rational number, then

$$(\cos\theta + i\sin\theta)^n = \cos n\theta + i\sin n\theta$$

एक सरल सूत्र जो सम्मिश्र संख्याओं की घातों की गणना करता है, उसे डि-मायवर की प्रमेय कहते हैं यदि n एक परिमेय संख्या है, तब

$$(\cos\theta + i\sin\theta)^n = \cos n\theta + i\sin n\theta$$

de-Morgan's law (डि-मॉर्गन'स लॉ) डि-मार्गन के नियम। For three non-empty sets A, B and C, according to De-Morgan's law

(i) $(A \cup B)' = A' \cap B'$
(ii) $(A \cap B)' = A' \cup B'$
(iii) $A - (B \cup C) = (A - B) \cap (A - C)$
(iv) $A - (B \cap C) = (A - B) \cup (A - C)$

डि-मार्गन के नियमानुसार, तीन अरिक्त समुच्चय A, B तथा C के लिए,

(i) $(A \cup B)' = A' \cap B'$
(ii) $(A \cap B)' = A' \cup B'$
(iii) $A - (B \cup C) = (A - B) \cap (A - C)$
(iv) $A - (B \cap C) = (A - B) \cup (A - C)$

death rate (डेथ रेट) मृत्यु दर।

$$\text{Death rate} = \frac{\text{No. of deaths in given period}}{\text{Total population}}$$

$$\text{मृत्यु दर} = \frac{\text{दिए गए समय में कुल मृत्यु}}{\text{कुल जनसंख्या}}$$

debit (डेबिट) नामे की रकम। An entry in accounts for sum due.

खर्च की मद

decagon (डेकागॉन) दशभुज। A polynomial which has 10 sides, is known as decagon.

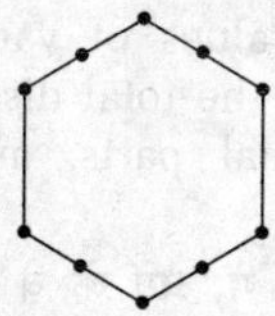

एक बहुभुज जिसमें 10 भुजाएँ होती हैं, दशभुज कहलाता है।

decametre (डेकामीटर) डेकामीटर। Decametre is a unit of length. This is equal to 10 m.

1 dam = 10 m

डेकामीटर लम्बाई का एक मात्रक है। यह 10 मी के बराबर होता है।

1 डेकामी = 10 मी

deceleration (डिकेलेरेशन) मन्दन। The negative acceleration is called retardation or deceleration

ऋणात्मक त्वरण को मन्दन कहते हैं।

decending order (डिसेन्डिंग ऑर्डर) अवरोही क्रम। A sequence is said to be in decending order if each term is less than its prior terms *e.g.*, 16, 8, 4, 2, 1, $\frac{1}{2}$,... is a sequence in decending.

एक अनुक्रम को अवरोही क्रम में कहा जाता है यदि प्रत्येक पद अपने पूर्व पद से छोटा होता है। जैसे—16, 8, 4, 2, 1, $\frac{1}{2}$, ... अवरोही क्रम में एक अनुक्रम है।

decahedron (डेकाहेड्रॉन) दशफलकीय। A solid which has 10 plane faces is known as decahedron. It is not possible to construct a regular decahedron.

एक ठोस जिसमें 10 समतल फलक होते हैं, दशफलकीय कहलाता है। एक सम दशफलकीय की रचना सम्भव नहीं है।

decile (डेकाइल) दशमक। In statistics, those values of variables which divides the total distribution into ten equal parts, are known as deciles.

सांख्यिकी में, चरों के वे मान जो पूरे बंटन को 10 बराबर भागों में विभाजित करता है, दशमक कहलाते हैं।

decimal (डेसीमल) दशमलव। A number which is expressed by using the decimal number system.

e.g., $(24)_{10}$, $(145)_{10}$, ... etc.

एक संख्या जोकि दशमलव संख्या पद्धति का प्रयोग करके व्यक्त की जाती है।

जैसे—$(24)_{10}$, $(145)_{10}$, ... आदि।

decimal fraction (डेसीमल फ्रैक्शन्) दशमलव भिन्न। A fraction whose denominator is 10 or its higher power, is known as decimal fraction. *e.g.*, $\frac{5}{10}, \frac{259}{10000}$ etc.

एक भिन्न जिसका हर 10 या इसकी उच्च घातें होती हैं, दशमलव भिन्न कहलाती हैं। जैसे— $\frac{5}{10}, \frac{259}{10000}$ इत्यादि।

decimal places (डेसीमल प्लेसेस) दशमलव स्थान। In a decimal fraction, the first position to the right of the point (representing tenths) is the first decimal place, the second position in the second decimal place, etc.

एक दशमलव भिन्न में, बिन्दु के दाईं ओर का पहला स्थान (दसवें को निरूपित करने वाला) पहला दशमलव स्थान होता है, दूसरा स्थान दूसरा दशमलव स्थान कहलाता है, इत्यादि।

decimal point (डेसीमल प्वॉइन्ट) दशमलव बिन्दु। In a decimal number system, a dot which is used to separate the integral part from the fractional part of a number, is known as decimal point.

e.g., 24.375 here 24 is integral part and 375 is a fractional part of given number.

दशमलव संख्या पद्धति में, एक बिन्दु जो एक संख्या के पूर्ण भाग को भिन्नात्मक भाग से अलग करता है, दशमलव बिन्दु कहलाता है। जैसे—24.375 यहाँ दी गयी संख्या में 24 पूर्णांक भाग तथा 375 एक भिन्नात्मक भाग है।

decimal representation (डेसीमल रिप्रज़न्टेशन) दशमलव निरूपण। A number between 0 and 1 can be expressed either in fraction form or in decimal form. The representation of a number in decimal form, is known as decimal representation.

e.g., A real positive number $\frac{3}{4}$ is in fraction form but 0.75 is its decimal form.

0 व 1 के बीच एक संख्या को या तो भिन्न रूप में या दशमलव रूप में व्यक्त किया जा

सकता है। संख्या का दशमलव रूप में निरूपण को दशमलव निरूपण कहते हैं। जैसे—एक वास्तविक धनात्मक संख्या $\frac{3}{4}$ भिन्न रूप में है परन्तु इसका दशमलव रूप 0.75 है।

decimetre (**डेसीमीटर**) डेसीमीटर। Decimetre is a unit of length. It is equal to tenth metre.

$$1 \text{ dm} = \frac{1}{10} \text{m}$$

डेसीमीटर लम्बाई का एक मात्रक है। यह दसवें मीटर के बराबर होता है।

$$1 \text{ डेसीमी} = \frac{1}{10} \text{ मी}$$

decomposition (**डिकम्पोजिशन**) वियोजन। The process of spliting a number or expression into simpler components is known as decomposition. *e.g.*, $(x + 3)$ and $(x - 2)$ are simpler component of expression $(x^2 + x - 6)$.

एक संख्या या व्यंजक को इसके सरल घटकों में वियोजित करने की प्रक्रिया को वियोजन कहते हैं। जैसे—व्यंजक $(x^2 + x - 6)$ के सरल घटक $(x + 3)$ तथा $(x - 2)$ हैं।

decreasing function (**डिकरिजिंग फंक्शन्**) ह्रासमान फलन। A function $f(x)$ is known as decreasing function in the domain, if $x_1 < x_2$ $\Rightarrow f(x_1) > f(x_2)$ or $f(x_1) \geq f(x_2)$

Therefore, for the smaller input we have higher output and for higher input we have smaller output. *e.g.*, $f(x) = e^{-x}$ is a decreasing function in its domain, *i.e.*, R.

एक फलन को उसके प्रान्त में ह्रासमान फलन कहते हैं यदि $x_1 < x_2$
$\Rightarrow f(x_1) > f(x_2)$ या $f(x_1) \geq f(x_2)$

इसलिए छोटे निवेश के लिए बड़ा निर्गत तथा उच्च निवेश के लिए निम्न निर्गत प्राप्त होता है। जैसे—$f(x) = e^{-x}$, अपने ही प्रान्त R (वास्तविक संख्याओं का समुच्चय) में एक ह्रासमान फलन है।

decreasing sequence (**डिकरिजिंग सिक्वेन्स**) ह्रासमान अनुक्रम। A sequence $a_1, a_2, a_3, \ldots$ is known as decreasing sequence, if $a_i \geq a_{i+1}$, $\forall i$ and strictly decreasing, if $a_i > a_{i+i}$, $\forall i$.

एक अनुक्रम $a_1, a_2, a_3, \ldots$ को ह्रासमान अनुक्रम कहते हैं, यदि $a_i \geq a_{i+1}$, $\forall i$ तथा निरन्तर ह्रासमान होगी, यदि $a_i > a_{i+1}$, $\forall i$.

deduction (**डिडक्शन**) निग्मन। A valid argument in which the conclusion follows from the premises, is known as deduction.

एक वैद्य तर्क जिसमें पूर्व कथन से निष्कर्ष मिलता है, निग्मन कहलाता है।

deficient number (**डेफीसियेण्ट नम्बर**) अपूर्ण संख्या। A number is known as deficient number if the sum of proper divisor of a number is less than the number. *e.g.*, $6 = 2 \times 3$ sum $= 2 + 3 = 5$

एक संख्या को अपूर्ण संख्या कहते हैं यदि संख्या के उचित भाजकों का योग संख्या से कम है। जैसे— $6 = 2 \times 3$

योग $= 2 + 3 = 5$

definite integral (**डेफीनेट इण्टिग्रेल**) निश्चित समाकलन। Let $f(x)$ be a continuous function defined on a closed interval $[a, b]$ and

$$\int f(x)\, dx = F(x) + C,$$

then

$$\int_a^b f(x)\, dx = [F(x)]_a^b = F(b) - F(a)$$

The numbers a and b are called the limits of integration, a is called the lower limit and b is called the upper limit.

माना $f(x)$ एक सतत् फलन है जो संवृत्त अन्तराल $[a, b]$ में परिभाषित है तथा $\int f(x)\, dx = F(x) + C,$ तब

$$\int_a^b f(x)\, dx = [F(x)]_a^b = F(b) - F(a)$$

संख्याओं a व b को समाकलन की सीमाएँ कहते हैं। a को निम्न सीमा कहते हैं तथा b को उच्च सीमा कहते हैं।

definition (**डेफीनिशन**) परिभाषा। description of a thing by its qualities एक वस्तु को उसके गुणों के आधार पर वर्णित करना।

degenerate conic (**डिजनरेट कोनिक**) अपह्रासित शांकव। A conic is known as degenerate conic if it has a pair of straight lines. An equation $ax^2 + 2hxy + by^2 + 2gx + 2fy + c = 0$ represents a degenerate conic, if

$$\begin{vmatrix} a & h & g \\ h & b & f \\ g & f & c \end{vmatrix} = 0$$

एक शांकव को अपह्रासित शांकव कहते हैं यदि इसमें एक सरल रेखायुग्म हो। समीकरण $ax^2 + 2hxy + by^2 + 2gx + 2fy + c = 0$ एक अपह्रासित शांकव निरूपित करती है।

यदि $\begin{vmatrix} a & h & g \\ h & b & f \\ g & f & c \end{vmatrix} = 0$

degree (angular measure) {**डिग्री (एंगयूलर मेजर)**} अंश (कोणीय माप)। Degree is a unit of measure of an angle. A complete angle is divided into 360 degrees and is denoted by 360°. Each degree is divided into 60′ (min) and each minute is divided into 60′′ (seconds).

अंश कोण के माप का मात्रक है। एक पूरा कोण 360° अंश में विभाजित होता है तथा इसे 360° द्वारा निरूपित करते हैं। प्रत्येक अंश 60′ (मिनट) में विभाजित होता है तथा प्रत्येक मिनट 60′′ (सेकण्ड) में विभाजित होता है।

degree (of a differential equation) {**डिग्री (ऑफ ए डिफरेन्शियल इक्वेशन)**} घात (अवकल समीकरण की)। The power to which the highest order derivative is raised in a differential equation is known as degree of differential equation. *e.g.*, for the differential equation

$$\left(\frac{d^3y}{dx^3}\right)^{2/3} - \left(\frac{dy}{dx}\right) + x + y = 0,$$

degree is 2.

एक घात जोकि एक अवकल समीकरण में उच्चतम कोटि के अवकलज पर होती है, अवकल समीकरण की घात कहलाती है। जैसे—अवकल समीकरण

$$\left(\frac{d^3y}{dx^3}\right)^{2/3} - \left(\frac{dy}{dx}\right) + x + y = 0$$ के

लिए घात 2 है।

degree (of a polynomial) {**डिग्री (ऑफ ए पोलीनोमियल)**} घात (बहुपद की)। The exponent of a variable in a term is known as degree. *e.g.*, in $5x^7y^2z^5$, degree of x, y and z are 7, 2 and 5 respectively. The degree of whole term is sum of there exponents, *i.e.*, degree of whole term = 7 + 2 + 5 = 14.

The degree of a polynomial or equation is the degree of its highest degree term. *e.g.*, degree of the equation $x + 2xy + y = 0$ is 2.

एक पद के एक चर का घातांक घात कहलाता है। जैसे—$5x^7y^2z^5$ में x, y व z

की घात क्रमशः 7, 2 व 5 हैं। पूरे पद की घात इन तीनों घातांकों के योग के बराबर होती है अर्थात् पूरे पद की घात $= 7 + 2 + 5 = 14$.

एक समीकरण या बहुपद की घात उसकी उच्च कोटि वाले पद की घात ही होती है। जैसे—समीकरण $x + 2xy + y = 0$ की घात 2 है।

degree (of a vertex of a graph) {डिग्री (ऑफ ए वरटैक्स ऑफ ए ग्राफ)} घात (आलेख के शीर्ष का)। The number of edges joined to the vertex is known degree of a vertex of a graph.

शीर्ष से जुड़े हुए सिरों की संख्या आलेख के शीर्ष की घात कहलाती है।

degree of freedom (in statistics) {डिग्री ऑफ फ्रीडम (इन् स्टेटीस्टिक्स)} स्वतन्त्रता की कोटि (सांख्यिकी में)। Degree of freedom = Number of independent observations in a sample – number of population parameters to be estimated from the sample

स्वतन्त्रता की कोटि = प्रतिदर्श में स्वतन्त्र प्रेक्षणों की संख्या – प्रतिदर्श से माने गए जनसंख्या प्राचलों की संख्या

degree of freedom (in mechanics) {डिग्री ऑफ फ्रीडम (इन मैकनिक्स)} स्वतन्त्रता की कोटि (यान्त्रिकी में)। The degree of freedom of a body is the minimum number of independent coordinates which are required to describe the position of the body at any instant.

एक पिण्ड की स्वतन्त्रता की कोटि उन स्वतन्त्र निर्देशांकों की निम्नतम संख्या होती है जो किसी क्षण पिण्ड की स्थिति का वर्णन करने के लिए आवश्यक है।

del (डेल) See differential operation. अवकलन प्राचलक देखें।

delta (डेलटा) डेल्टा। Delta is a greek letter *d* written so δ or Δ. This is used to represent a small increment in the value of the variable *x* which is denoted by δ*x*.

डेल्टा एक ग्रीक अक्षर *d* है जो δ या Δ लिखा जाता है। एक चर *x* के मान में छोटी वृद्धि को निरूपित करने के लिए प्रयुक्त किया जाता है। जोकि δ*x* द्वारा निरूपित किया जाता है।

denominator (डिनोमिनेटर) हर। The divisor of a fraction is known as denominator. If $\frac{a}{b}$ is a fraction, then b is a denominator. *e.g.*, denominator of the fraction $\frac{5}{7}$ is 7.

एक भिन्न का भाजक हर कहलाता है। यदि $\frac{a}{b}$ एक भिन्न है, तब b, भिन्न का हर है।

जैसे— $\frac{5}{7}$ का हर 7 है।

density (डेनसिटी) घनत्व। The mass per unit volume of a material is known as density. Its units are g/cm^3 or kg/m^3.

$$\text{Density} = \frac{\text{Mass}}{\text{Volume}}$$

एक तत्व के प्रति इकाई आयतन पर द्रव्यमान घनत्व कहलाता है। इसका मात्रक ग्राम/सेमी^{3} या किग्रा/मी^{3} होता है।

$$\text{घनत्व} = \frac{\text{द्रव्यमान}}{\text{आयतन}}$$

denumerable (डिन्यूमरेबल) गणनीय। A set *A* is known as denumerable if there is a one-to-one correspondence between *A* and the set of natural numbers.

एक समुच्चय A को गणनीय कहते हैं, यदि A व प्राकृतिक संख्याओं के समुच्चय के बीच एकैकी प्रतिचित्रण हो।

dependent equations (डिपेन्डेण्ट इक्वेशन्स्) परतन्त्र समीकरणें। An equation is dependent on a set of equations, if it is satisfied by every set of values of the variable.

A set of equations is dependent if one of them is dependent on the others.

एक समीकरण, समीकरणों के समुच्चय पर परतन्त्र होगी। यदि यह चर के मानों के प्रत्येक समुच्चय द्वारा सन्तुष्ट होती है।

समीकरणों का एक समुच्चय परतन्त्र होता है, यदि इसमें से एक अन्य पर निर्भर हो।

dependent events (डिपेन्डेण्ट इवेन्ट्स) आश्रित घटनाएँ। Two events A and B are known as dependent events, if the occurrence of either affect the probability of the occurrence of the other.

दो घटनाओं A व B को आश्रित घटनाएँ कहते हैं। यदि एक के घटित होने से अन्य के घटित होने की प्रायिकता पर प्रभाव हो।

dependent variable (डिपेन्डेण्ट वेरियेबल) आश्रित चर। Let $y = f(x)$, *i.e.*, y is a function of x, then here y is known as dependent variable.

माना $y = f(x)$ अर्थात् y, x का फलन है, तब यहाँ y को आश्रित चर कहते हैं।

deposit (डिपोजिट) जमा। A sum of money that is paid into a bank account.

एक जमा राशि जो बैंक खातों में अदा की जाती है।

depression (डेपरेशन) अवनमन। The acute angle between the horizontal and a given line measured positively in the direction of the downwards vertical is known as angle of depression.

नीचे की ओर ऊर्ध्वाधर दिशा में धनात्मक रूप में मापी गई दी गई रेखा तथा क्षैतिज के बीच बना न्यून कोण अवनमन होगा।

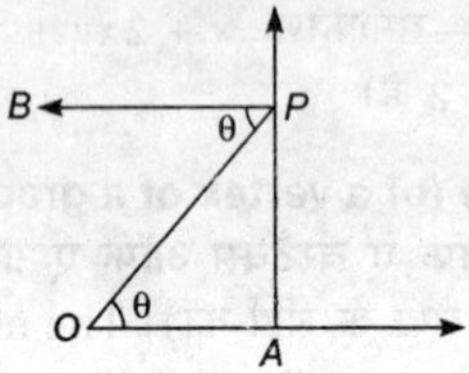

$\angle OPB$ = angle of depression

अवनमन कोण

derivative (डेरिवेटीव) निगमन। For a function f of a single variable x, the derivative is defined as the limit of the difference quotient.

$$\lim_{\Delta x \to 0} \frac{f(x + \Delta x) - f(x)}{\Delta x},$$ provided this limit exist.

यदि x का कोई फलन $f(x)$ और $x + \Delta x$ का वही फलन $f(x + \Delta x)$ हो, तो $\lim_{\Delta x \to 0} \frac{f(x + \Delta x) - f(x)}{\Delta x}$ का सीमान्त मान, x के सापेक्ष $f(x)$ का निगमन कहलाता है।

descending order (डेस्केडिंग ऑर्डर) अवरोही क्रम। A sequence or arbitrary ordered set of one dimensional array of number's 'a' is said to be of descending order, if each $a_n > a_{n+1}$.

e.g., 19, 18, 17, 16, 15, ...

'a' संख्याओं की एक विमीय सारणी अथवा एक स्वेच्छिक क्रमित समुच्चय अथवा अनुक्रम को अवरोही क्रम कहा जाता है। यदि प्रत्येक $a_n > a_{n+1}$ होता है।

जैसे—19, 18, 17, 16, 15, ...

determinant (डेटरमीनेन्ट) सारणिक। To every square matrix $A = [a_{ij}]$ of order n. We can associate a number called determinant of the square matrix A, where $a_{ij} = ij$th element of A. It is also denoted by $|A|$ or Δ or det (A).

If $A = \begin{bmatrix} a_{11} & b_{12} \\ c_{21} & d_{22} \end{bmatrix}$, then

determinant of A, is written as

$$|A| = \begin{vmatrix} a_{11} & b_{12} \\ c_{21} & d_{22} \end{vmatrix}$$

$$|A| = \Delta = \det A$$
$$= a_{11}d_{22} - c_{21}b_{12}$$

सारणिक का रूप वर्गाकार आव्यूह होता है। अत: किसी सारणिक में पंक्तियों तथा स्तम्भों की संख्या सदैव समान होती है। इसको $|A|$ अथवा Δ अथवा det A से प्रदर्शित किया जाता है।

यदि $A = \begin{bmatrix} a_{11} & b_{12} \\ c_{21} & d_{22} \end{bmatrix}$, तब A के

सारणिक का मान इस तरह लिखा जाता है

$$|A| = \begin{vmatrix} a_{11} & b_{12} \\ c_{21} & d_{22} \end{vmatrix}$$

$$|A| = \Delta = \det A$$
$$= a_{11}d_{22} - c_{21}b_{12}$$

diagonal (डायगोनल) विकर्ण। A line joining any two vertices of polygon that are not connected by an edge, and which does not go outside the polygon.

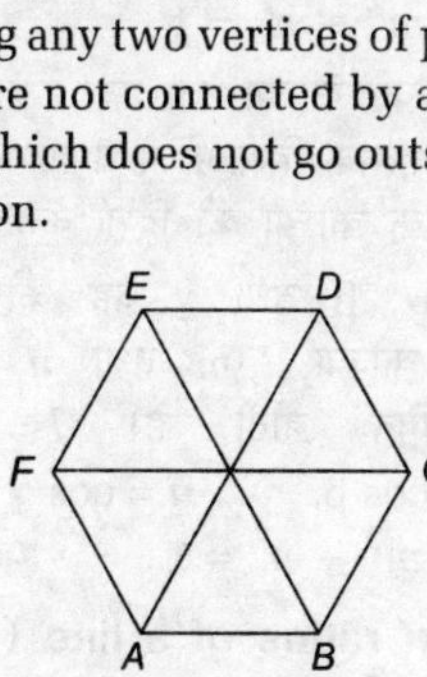

Here, *AD*, *BE* and *CF* are diagonal's of hexagon.

एक बहुभुज के दो सिरों को मिलाने वाली रेखाएँ जोकि एक भुजा द्वारा जुड़ी नहीं होती है तथा जो बहुभुज के बाहर नहीं जाती है। चित्र में, *AD*, *BE* तथा *CF* षट्भुज के विकर्ण हैं।

D

diagonal matrix (डायगोनल मैट्रिक्स) विकर्ण आव्यूह। A square matrix is said to be diagonal matrix if all its non-diagonal element are zero.

i.e., $a_{ij} \neq 0 \Rightarrow i = j$

and $a_{ij} = 0, \forall\, i, j \Rightarrow i \neq j$

e.g., $\begin{bmatrix} 4 & 0 \\ 0 & 2 \end{bmatrix}, \begin{bmatrix} 1 & 0 & 0 \\ 0 & 1 & 0 \\ 0 & 0 & 1 \end{bmatrix}$

यदि किसी वर्ग आव्यूह में मुख्य विकर्ण के तत्वों को छोड़कर सभी तत्व शून्य हों, तो उसे विकर्ण आव्यूह कहते हैं।

अर्थात् $a_{ij} \neq 0 \Rightarrow i = j$ तथा $a_{ij} = 0$
$\Rightarrow \quad i \neq j$

जैसे $\begin{bmatrix} 4 & 0 \\ 0 & 2 \end{bmatrix}, \begin{bmatrix} 1 & 0 & 0 \\ 0 & 1 & 0 \\ 0 & 0 & 1 \end{bmatrix}$

difference sets (डिफ्फरेन्स् सैट्स) समुच्चयों का अन्तर। The difference of sets A and B (subset of a universal set) is the set consisting of all elements of A that are not elements of B. The notation $A - B$ is also used. The set is represented by the shaded region of the Venn diagram shown in figure.

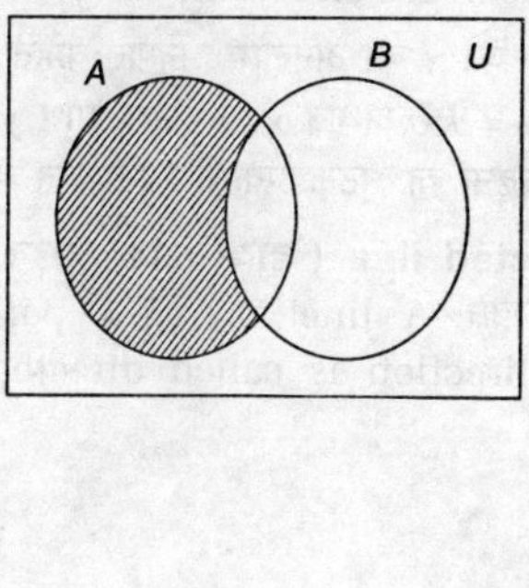

समुच्चयों A व B का अन्तर वह समुच्चय होता है जिसमें A के वे अवयव होते हैं जो B में नहीं होते हैं। इनको संकेतन $A - B$ से भी निरूपित किया जाता है। चित्र में, एक अंक वैन आरेख के छायांकित भाग द्वारा इस समुच्चय को व्यक्त किया जाता है।

digit (डिजिट) अंक। Any one of the ten arabic numerals from 0 to 9.

कोई भी दस अरबी अंकों में एक अंक, शून्य से 9 तक के अंक।

dimension (डाईमेंशन) विमा। The minimum number of coordinates required to represent a point in a plane or space. We require two coordinates to represent a point in a plane. Hence, a plane figure is two dimensional. Similarly, a point in space requires three coordinates. A solid is a three dimensional figure.

समतल अथवा समष्टि में एक बिन्दु दो निर्देशांकों को निरूपित करने के लिए आवश्यक निर्देशांकों की न्यूनतम संख्या विमा कहलाती है। अतः एक समतल आकृति द्विविमीय होती है। जबकि एक ठोस आकृति त्रिविमीय होती है क्योंकि इनको निरूपित करने हेतु तीन निर्देशांकों की आवश्यकता होती है।

directly proportional (डायरेक्टली प्रोपोर्शनल्)। अनुलोम अनुपात। y is directly proportional to x if $y = kx$. *i.e.,* both quantity increase or decrease simultaneously.

y को x का अनुलोम अनुपात कहते हैं, यदि $y = kx$ अर्थात् x के साथ-साथ y का भी बढ़ना या घटना एकसाथ निश्चित हो।

directed line (डायरेक्टीड लाईन) सीधी रेखा। A line having a particular direction is called directed line, positive in one direction and negative in opposite direction.

वह रेखा जिसकी एक निश्चित दिशा हो, सीधी रेखा कहलाती है। जो एक दिशा में धनात्मक तथा उसके विपरीत दिशा में ऋणात्मक होती है।

direction (डायरेक्शन) दिशा। A property of vector quantities, usually defined in reference to a fixed origin and axes. The direction of a point is the angle from the x-axis to the tangent at the point.

सदिश राशि का वह गुण जो किसी निश्चित बिन्दु और अंशों पर प्रदर्शित किया जाए। किसी बिन्दु की दिशा वह कोण है जो उस बिन्दु पर खींची गई स्पर्श रेखा x-अक्ष से बनाती है।

direction cosines of a line (डायरेक्शन कोसाइन ऑफ ए लाईन) रेखा की दिक् कोज्याओं की दिशा। The cosines of the angles, which a line make with the positive directions of the coordinates axes, are called the direction cosines of the line. If α, β and γ are the angles, then direction cosines l, m and n will be given by $l = \cos\alpha$, $m = \cos\beta$, $n = \cos\gamma$ and $l^2 + m^2 + n^2 = 1$.

कोणों की कोज्या, जो एक रेखा द्वारा अक्षों की धनात्मक दिशाओं में बनाए जाते हैं, रेखा की दिक् कोज्या की दिशा कहते हैं।

यदि α, β तथा γ वह कोण है, तब दिक् कोज्या l, m तथा n इस प्रकार परिभाषित होती है। $l = \cos\alpha$, $m = \cos\beta$, $n = \cos\gamma$ तथा $l^2 + m^2 + n^2 = 1$

direction ratios of a line (डायरेक्शन रेशों ऑफ ए लाइन) रेखा के दिक् अनुपात। A set of any three number

a, b and c which are proportional to l, m and n are called the direction ratios of the line. We have, $\frac{l}{a} = \frac{m}{b} = \frac{n}{c}$ and

$$l = \pm \frac{a}{\sqrt{a^2 + b^2 + c^2}},$$

$$m = \pm \frac{b}{\sqrt{a^2 + b^2 + c^2}},$$

$$n = \pm \frac{c}{\sqrt{a^2 + b^2 + c^2}}$$

तीन संख्याओं a, b तथा c का एक समुच्चय जो l, m तथा n के समानुपाती हों, तो इन्हें रेखा का दिक् अनुपात कहते हैं।

माना $\frac{l}{a} = \frac{m}{b} = \frac{n}{c}$

तथा $$l = \pm \frac{a}{\sqrt{a^2 + b^2 + c^2}},$$

$$m = \pm \frac{b}{\sqrt{a^2 + b^2 + c^2}},$$

$$n = \pm \frac{c}{\sqrt{a^2 + b^2 + c^2}}$$

director circle (डायरेक्टर सर्किल)

नियामक वृत्त। It is the locus of the point of intersection of a pair of tangents to a central conic which are at right angles to each other for the central conic

$$ax^2 + 2hxy + by^2 + 2gx + 2fy + c = 0$$

The equation of the director circle is

$$(ab - h^2)(x^2 + y^2) - 2(hf - bg)x - 2(gh - af)y + c(a + b) - (f^2 + g^2) = 0$$

यह किसी केन्द्रीय शांकव के एक रेखायुग्म के प्रतिच्छेद बिन्दुओं का बिन्दुपथ है, जो केन्द्रीय शांकव के लिए एक-दूसरे पर लम्बवत् है।

$$ax^2 + 2hxy + by^2 + 2gx + 2fy + c = 0$$

नियामक वृत्त का समीकरण

$$(ab - h^2)(x^2 + y^2) - 2(hf - bg)x - 2(gh - af)y + c(a + b) - (f^2 + g^2) = 0$$

Dirichlet theorem (डिरिचलेट थ्योरम)

डिरिचलेट प्रमेय। Every arithmetic progression $a, (a + b), (a + 2b), \ldots$ in which a and b are integers. No common divisor greater than unity contains an infinity at primes.

प्रत्येक अंकगणितीय श्रेणी $a, (a + b), (a + 2b), \ldots$ जिसमें a तथा b पूर्णांक हैं तथा 1 से बड़ा कोई भी उभयनिष्ठ भाज्य नहीं होता है जो अपरिमित अभाज्य रखता है।

discontinuity (डिस्कोन्टिन्यूटी)

असतत्ता। A function is considered to possess a discontinuity at a point, if it is not continuous at that point.

For a function $f(x)$ there is a discontinuity at x_0, if $f(x_0)$ is not defined or if the values $f(x_0)$ from the right side and left side are different.

e.g., $f(x) = \frac{1}{1 - x}$ has a discontinuity at $x = 1$.

एक फलन किसी बिन्दु पर असतत्ता रखता है यदि वह उस बिन्दु पर सतत् नहीं होता है।

एक फलन $f(x)$ के लिए x_0 पर असतत्ता होती है, यदि $f(x_0)$ का मान परिभाषित् नहीं होता है अथवा $f(x_0)$ के दाएँ पक्ष व बाएँ पक्ष के मान बराबर नहीं होते हैं।

जैसे— $f(x) = \frac{1}{1 - x}$, $x = 1$ पर असतत् है।

divergence (**डाईवरजैन्स**) विचलन। For a vector function of position $\phi(r) = \phi_x \mathbf{i} + \phi_y \mathbf{j} + \phi_z \mathbf{k}$, the divergence of ϕ is the scalar product of the operator del.

$$\nabla = \left(\mathbf{i}\frac{\partial}{\partial x} + \mathbf{j}\frac{\partial}{\partial y} + \mathbf{k}\frac{\partial}{\partial z}\right)$$

Hence, div $\phi = \nabla \cdot \phi$

$$= \left(\mathbf{i}\frac{\partial}{\partial x} + \mathbf{j}\frac{\partial}{\partial y} + \mathbf{k}\frac{\partial}{\partial z}\right) \cdot \phi$$

$$= \frac{\partial \phi_x}{\partial x} + \frac{\partial \phi_y}{\partial y} + \frac{\partial \phi_z}{\partial z}$$

स्थिति सदिश फलन $\phi(r) = \phi_x \mathbf{i} + \phi_y \mathbf{j} + \phi_z \mathbf{k}$, विचलन ϕ तथा पूर्वतक डेल का अदिश गुणन होता है।

$$\nabla = \left(\mathbf{i}\frac{\partial}{\partial x} + \mathbf{j}\frac{\partial}{\partial y} + \mathbf{k}\frac{\partial}{\partial z}\right)$$

अत: div $(\phi) = \nabla \cdot \phi$

$$= \left(\mathbf{i}\frac{\partial}{\partial x} + \mathbf{j}\frac{\partial}{\partial y} + \mathbf{k}\frac{\partial}{\partial z}\right) \cdot \phi$$

$$= \frac{\partial \phi_x}{\partial x} + \frac{\partial \phi_y}{\partial y} + \frac{\partial \phi_z}{\partial z}$$

discount (**डिस्काउण्ट**) बट्टा। The difference between the issue price of a stock or share and its nominal value when its issue is less than the nominal value.

अंकित मूल्य और विक्रय मूल्य के अन्तर को बट्टा कहते हैं।

discriminant (**डिसक्रीमिनेन्ट**) विविक्तकर। The discriminant of the quadratic equation $ax^2 + bx + c = 0$ is $b^2 - 4ac$ which decides the nature of roots of the equation

द्विघात समीकरण $ax^2 + bx + c = 0$ का विविक्तकर $b^2 - 4ac$ होता हैं, जो समीकरण के मूलों की प्रकृति निश्चित करता है।

distance (**डिस्टेन्स**) दूरी। A measure of linear dimension between two points.

दो बिन्दुओं के मध्य एक रेखीय विमा की माप।

dividend (**डिवाइडेण्ड**) भाज्य। A number that is being divided. *e.g.*, In $\frac{20}{4}$ the dividend is 20.

वह संख्या जिसमें भाग दिया जाता है, भाज्य कहलाती है। जैसे—संख्या $\frac{20}{4}$ में 20 भाज्य है।

division (**डिविजन**) भाग। The operation inverse to multiplication, the finding of a quantity. The quotient, that we multiply it by a given quantity, the divisor, we get another quantity, the dividend.

गुणन की प्रतिलोम संक्रिया, एक राशि, भागफल को प्राप्त करना, जिसे एक दूसरी भाजक संख्या से गुणा करते हैं, जिससे हमें एक और दूसरी संख्या भाज्य प्राप्त होती है।

division algorithm theorem (**डिविजन एल्गोरिथम थ्योरम**) विभाजन एलगोरिथम प्रमेय। For integers a and b, with $b > 0$, there exist unique integers q and r such that $a = bq + r$, where $0 \le r < b$.

पूर्णांकों a व b के लिए, जहाँ $b > 0$, q व r अद्वितीय पूर्णांक इस प्रकार स्थित होते हैं कि $a = bq + r$, जहाँ $0 \le r < b$।

divisor of zero (**डिवाइजर ऑफ जीरो**) शून्य का विभाजक। It is a ring there are non-zero elements a and b such that $a \times b = 0$, then a and b are divisor of zero. *e.g.*, In the ring of 2×2 real matrices

$$\begin{bmatrix} 0 & 1 \\ 0 & 0 \end{bmatrix}\begin{bmatrix} 1 & 0 \\ 0 & 0 \end{bmatrix} = \begin{bmatrix} 0 & 0 \\ 0 & 0 \end{bmatrix}$$

each of the matrices on the left hand side is a divisor of zero.

यदि a और b दो ऐसे अशून्य तत्व के वलय हैं कि $a \times b = 0$ तो a व b शून्य विभाजक होते हैं। जैसे—2×2 वास्तविक आव्यूह के वलय में

$$\begin{bmatrix} 0 & 1 \\ 0 & 0 \end{bmatrix}\begin{bmatrix} 1 & 0 \\ 0 & 0 \end{bmatrix} = \begin{bmatrix} 0 & 0 \\ 0 & 0 \end{bmatrix}$$

इनमें बाएँ तरफ का प्रत्येक आव्यूह शून्य विभाजक है।

divisor (**डिवाइजर**) भाजक। In the expression '*a*' is dividend by '*b*', *b* is divisor. *e.g.,* In $\frac{4}{3}$; '3' is divisor.

जो भाज्य को पूर्ण विभाजित करे भाजक कहलाती है। जैसे—$\frac{4}{3}$ में, 3 एक भाजक है।

domain (**डोमेन**) प्रान्त। The domain of a function $f(x)$ is the set at x value for which the function is defined. *e.g.,* $f(x) = \frac{1}{1 - x}$, where domain of $f(x)$ is $R - \{1\}$.

$f(x)$ के क्रमित युग्मों के सभी प्रथम अवयवों का समुच्चय प्रान्त कहलाता है।

जैसे—$f(x) = \frac{1}{1 - x}$, जहाँ $f(x)$ का प्रान्त $R - \{1\}$।

dynamics (**डायनामिक्स**) गति विज्ञान। The branch of Mathematics which studies the way in which forces produces motion.

गणित की वह शाखा, जिसमें किसी वस्तु के बल के द्वारा उत्पन्न गति का अध्ययन किया जाता है।

E

e (ई) ई। A number which is base of natural logarithms. The value of e lies between 2 and 3.

$$e = 1 + \frac{1}{1\,!} + \frac{1}{2\,!} + \ldots + \frac{1}{n\,!} + \ldots$$

This expansion of e is drived from e^x.

$$e^x = 1 + \frac{x}{1\,!} + \frac{x^2}{2\,!} + \ldots + \frac{x^n}{n\,!} + \ldots$$

एक संख्या जोकि प्राकृतिक लघुगणक का आधार है। e का मान 2 व 3 के बीच होता है।

$$e = 1 + \frac{1}{1\,!} + \frac{1}{2\,!} + \ldots + \frac{1}{n\,!} + \ldots$$

e का यह मान e^x से व्युत्पत्ति है।

$$e^x = 1 + \frac{x}{1\,!} + \frac{x^2}{2\,!} + \ldots + \frac{x^n}{n\,!} + \ldots$$

e (in conics) {ई (इन् कोनिक्स)} e (शांकव में)। The symbol used for eccentricity in conics

शांकव में उत्केन्द्रता के लिए प्रयुक्त चिन्ह

e (in group theory) {ई (इन् ग्रुप थ्योरी)} e (समूह सिद्धान्त में)। The symbol used for identity in group theory.

समूह सिद्धान्त में तत्समक के लिए प्रयुक्त चिन्ह

E (ई) ई। The symbol used for 14 in Hexadecimal representation.

हेक्साडेसीमल निरूपण में 14 के लिए प्रयुक्त चिन्ह या संकेत।

eccentric angle (इसेन्ट्रिक एंगल) उत्केन्द्र कोण। Let P be any point on the ellipse $\frac{x^2}{a^2} + \frac{y^2}{b^2} = 1$. Draw PM perpendicular from P on the major axis of the ellipse and produce MP to meet the auxiliary circle in Q. Join CQ. The angle $ACQ = \phi$ is called the eccentric angle of the point P on the ellipse.

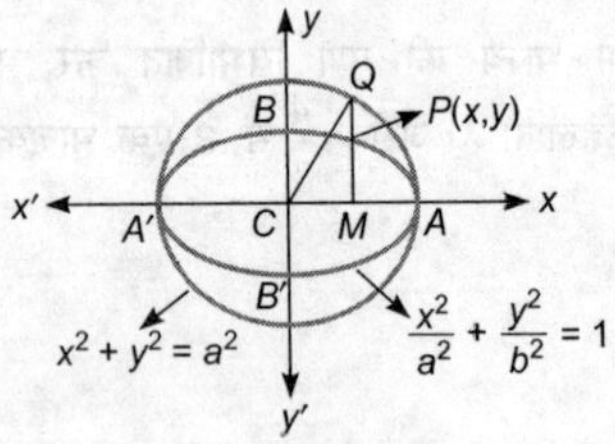

माना दीर्घवृत्त $\frac{x^2}{a^2} + \frac{y^2}{b^2} = 1$ पर एक बिन्दु P है। P से लम्ब PM दीर्घवृत्त के दीर्घअक्ष पर खींचा तथा MP को बढ़ाकर सहायक वृत्त पर बिन्दु Q तक बढ़ाया। CQ को मिलाया। कोण $ACQ = \phi$ को दीर्घवृत्त के बिन्दु P का उत्केन्द्र कोण कहते हैं।

eccentric circle (इसेन्ट्रिक सर्किल) उत्केन्द्र वृत्त। A circle whose centre is centre of conic and its diameter is axis of conic, is known as eccentric circle.

एक वृत्त जिसका केन्द्र शांकव का केन्द्र है। तथा इसका व्यास शांकव का अक्ष है। उत्केन्द्र वृत्त कहलाता है।

eccentricity (इसेन्ट्रिसिटी) उत्केन्द्रता। The ratio of the distances between a point on a conic and the focus and between the point and the directrix, is known as eccentricity. Eccentricity is denoted by *e*.

Let P be a point on the conic and S be the focus of the conic and M be a point on the directrix of the conic, then

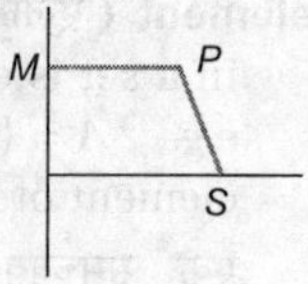

$$\frac{PS}{PM} = e$$

Eccentricity	Shapes
$e = 0$	Circle
$0 < e < 1$	Ellipse
$e = 1$	Parabola
$e > 1$	Hyperbola
$e = \infty$	Pair of straight lines

शांकव के एक बिन्दु व नाभि के बीच की दूरी तथा बिन्दु की नियता से दूरी का अनुपात उत्केन्द्रता कहलाता है। उत्केन्द्रता को e से निरूपित करते हैं।

माना शांकव पर कोई बिन्दु P है तथा शांकव की नाभि S है तथा शांकव की नियता पर कोई बिन्दु M है, तब

$$\frac{PS}{PM} = e$$

उत्केन्द्रता	आधार
$e = 0$	वृत्त
$0 < e < 1$	दीर्घवृत्त
$e = 1$	परवलय
$e > 1$	अतिपरवलय
$e = \infty$	सरल रेखा का युग्म

echelon form (ऐशेलॉन फॉर्म) ऐशेलॉन रूप। A matrix A is said to be in Echelon form if either A is the null matrix or A satisfies the following conditions.

(i) Every non-zero row in A precedes every-zero row.

(ii) The number of zeros before the first non-zero element in a row is less than the number of such zeros in the next row.

The rank of a matrix in Echelon form is equal to the number of non-zero rows of the matrix.

e.g., $A = \begin{bmatrix} 0 & 3 & 2 & 1 \\ 0 & 0 & 2 & 5 \\ 0 & 0 & 0 & 0 \end{bmatrix}$ is a matrix in Echelon form whose rank is 2.

एक आव्यूह A को ऐशेलॉन रूप में कहा जा सकता है। यदि या तो A एक रिक्त आव्यूह है या A निम्न प्रतिबन्ध सन्तुष्ट करता है।

(i) A में प्रत्येक अशून्य पंक्ति प्रत्येक शून्य पंक्ति से पहले हो।

(ii) एक पक्ति में पहले अशून्य अवयव से पहले शून्यों की संख्या अगली पंक्ति में ऐसे शून्यों की संख्या से कम हो।

ऐशेलॉन रूप में आव्यूह की कोटि आव्यूहों की अशून्य पंक्तियों की संख्या के बराबर होती है। जैसे—$A = \begin{bmatrix} 0 & 3 & 2 & 1 \\ 0 & 0 & 2 & 5 \\ 0 & 0 & 0 & 0 \end{bmatrix}$ एक आव्यूह ऐशेलॉन रूप में है। जिसकी कोटि 2 है।

edge (एज्) भुजा। A line joining two vertices of a geometric figure or graph is known as edge.

एक ज्यामितीय आकृति आलेख के दो शीर्षों को मिलाने वाली रेखा भुजा कहलाती है।

effort (एफर्ट) प्रयास। The force applied to a particular part of a machine to produce an effective force of different magnitude at same other part, in known as effort.

एक मशीन के विशिष्ट भाग पर लगाया गया बल जो मशीन के अन्य भाग पर भिन्न परिमाण का प्रभावी बल उत्पन्न करे, प्रयास कहलाता है।

eigen value (आइगन वैल्यू) अभिलाक्षणिक मान। Let $A = [a_{ij}]$ is a square matrix and λ is indeterminate. The equation $| A - \lambda I | = 0$ is called the characteristic equation of A and roots of this equation are called characteristic roots or eigen values.

माना $A = [a_{ij}]$ एक वर्ग आव्यूह है तथा λ एक अपरिमित है। समीकरण $| A - \lambda I | = 0$ को A का अभिलाक्षणिक समीकरण कहते हैं तथा इस समीकरण के मूल अभिलाक्षणिक मूल या मान कहलाते हैं।

eigen vector (आइगन वेक्टर) अभिलाक्षणिक सदिश। If λ is a characteristic root of a square matrix A, then a non-zero vector X such that $AX = \lambda X$ is called a characteristic vector or eigen vector of A corresponding to the characteristic root λ.

यदि एक वर्ग आव्यूह A का अभिलाक्षणिक मूल λ है, तब एक अशून्य सदिश X इस प्रकार है कि $AX = \lambda X$ को A का अभिलाक्षणिक मूल λ के संगत अभिलाक्षणिक सदिश कहलाता है।

elastic collision (इलास्टिक कोलाइजन) प्रत्यास्थ संघट्। A collision in which there is no loss of kinetic energy, is called elastic collision. For elastic collision $e = 0$.

एक संघट् जिसमें कोई गतिज ऊर्जा की हानि न हों, प्रत्यास्थ संघट् कहलाता है। पूर्ण प्रत्यास्थ संघट् के लिए $e = 0$

element (एलीमेण्ट) अवयव। An object in a set is called element of a set. *e.g.*, $A = \{1, 2, 3\}$ here 1 is a element of A.

एक समुच्चय में किसी वस्तु को उस समुच्चय का अवयव कहते हैं।

जैसे— $A = \{1, 2, 3\}$ यहाँ 1, A का एक अवयव है।

elementary column operation (ऐलीमेण्टरी कॉलम ऑपरेशन) प्रारम्भिक स्तम्भ संक्रिया। The following three operations applied on the columns of a matrix are called elementary column operations or transformations.

(i) Interchanging of any two columns. *i.e.*, $C_i \leftrightarrow C_j$.

(ii) Multiplying all elements of a column of a matrix. *i.e.*, $C_i = kC_i$

(iii) Adding to the elements of a column the corresponding elements of any other column. *i.e.*, $C_i = C_j + C_k$

एक आव्यूह के स्तम्भों पर लागू होने वाली तीन संक्रियाओं को प्रारम्भिक स्तम्भ संक्रियाएँ या रूपान्तरण कहते हैं।

(i) किन्हीं दो स्तम्भों को परस्पर प्रतिस्थापित करना। अर्थात् $C_i \leftrightarrow C_j$

(ii) एक आव्यूह के एक स्तम्भ के सभी अवयवों से गुणा। अर्थात् $C_i = kC_i$

(iii) एक स्तम्भ के सभी अवयवों को किसी दूसरे स्तम्भ के संगत सभी अवयवों से जोड़ना। अर्थात् $C_i = C_j + C_k$

elementary function (**ऐलीमेण्टरी फंक्शन्**) प्रारम्भिक फलन। Rational functions, trigonometric functions, logarithmic functions, exponential functions etc. are known as elementary functions. These are obtained using addition, subtraction, etc.

परिमेय फलनों, त्रिकोणमितीय फलनों, लघुगणकीय फलनों, चरघातांकीय फलनों, इत्यादि को प्रारम्भिक फलन कहते हैं। इन फलनों का योग, अन्तर इत्यादि संक्रियाओं का प्रयोग करके प्राप्त करते हैं।

elementary matrix (**ऐलीमेण्टरी मैट्रिक्स**) प्रारम्भिक आव्यूह। A square matrix which is obtained from the identity matrix I using elementary row operation, is called elementary matrix. *e.g.*, $I = \begin{bmatrix} 1 & 0 \\ 0 & 1 \end{bmatrix}$ and $A = 4I \begin{bmatrix} 4 & 0 \\ 0 & 4 \end{bmatrix}$

here A is an elementary matrix.

एक वर्ग आव्यूह जोकि इकाई आव्यूह I पर प्रारम्भिक पंक्ति संक्रिया का प्रयोग करके प्राप्त किया जाता है, प्रारम्भिक आव्यूह कहलाता है। जैसे— $I = \begin{bmatrix} 1 & 0 \\ 0 & 1 \end{bmatrix}$ तथा $A = 4I = \begin{bmatrix} 4 & 0 \\ 0 & 4 \end{bmatrix}$ यहाँ A एक प्रारम्भिक आव्यूह है।

elementary operation (**ऐलीमेण्टरी ऑपरेशन**) प्रारम्भिक संक्रिया। Addition, subtraction, multiplication and division etc. are called elementary operations.

योग, अन्तर, गुणा व भाग, इत्यादि प्रारम्भिक संक्रियाएँ कहलाती हैं।

elementary row operation (**एलीमेण्टरी रॉ ऑपरेशन**) प्रारम्भिक पंक्ति संक्रिया। The following three operations applied on the rows of a matrix are called elementary row operations or transformations.

(i) Interchanging of any two rows. *i.e.*, $R_i \leftrightarrow R_j$
(ii) Multiplying all elements of a row of a matrix. *i.e.*, $R_i = kR_i$
(iii) Adding to the elements of a row the corresponding elements of any other row. *i.e.*, $R_i = R_j + R_k$

एक आव्यूह की पंक्तियों पर लागू होने वाली तीन संक्रियाओं को प्रारम्भिक पंक्ति संक्रियाएँ या रूपान्तरण कहते हैं।

(i) किन्हीं दो पंक्तियों को परस्पर प्रतिस्थापित करना। अर्थात् $R_i \leftrightarrow R_j$
(ii) एक आव्यूह के एक पंक्ति के सभी अवयवों से गुणा। अर्थात् $R_i = kR_i$
(iii) एक पंक्ति के सभी अवयवों को दूसरी पंक्ति के संगत अवयवों से जोड़ना। अर्थात् $R_i = R_j + R_k$

elevation (**एलीवेशन**) उन्नयन। The height of a point above a plane is known as elevation.

एक बिन्दु की एक तल से ऊँचाई को उनन्यन कहते हैं।

elimination method (**एलीमिनेशन मैथॉड**) विलोपन विधि। The method in which variables are removed from a set of simultaneous equations, is known as elimination method.

वह विधि जिसमें युगपत समीकरणों के समुच्चय में से चरों का विलोपन करते हैं, विलोपन विधि कहलाती है।

ellipse (**ईलिप्स**) दीर्घवृत्त। It is the locus of all points, the sum whose distances from two fixed points is constant (equal to the major axis of the ellipse) the general equation of ellipse is

$$\frac{x^2}{a^2}+\frac{y^2}{b^2}=1$$

दीर्घवृत्त उस बिन्दु का पथ है जिसका दो निश्चित बिन्दुओं से दूरियों का योग नियतांक रहता है। (दीर्घवृत्त के दीर्घाक्ष के बराबर होता है।) दीर्घवृत्त की व्यापक समीकरण $\frac{x^2}{a^2}+\frac{y^2}{b^2}=1$ होती है।

ellipsoid (**ईलीप्सोइड**) दीर्घवृत्ताज। A closed surface such that its plane sections are ellipse or circles, is known as ellipsoid. The equation of ellipsoid in cartesian coordinates is

$$\frac{x^2}{a^2}+\frac{y^2}{b^2}+\frac{z^2}{c^2}=1.$$

एक परिबद्ध पृष्ठ इस प्रकार है कि इसका तलीय खण्ड दीर्घवृत्त या वृत्त है, दीर्घवृत्ताज कहलाता है। कातीय निर्देशांक में दीर्घवृत्ताज का समीकरण $\frac{x^2}{a^2}+\frac{y^2}{b^2}+\frac{z^2}{c^2}=1$ होता है।

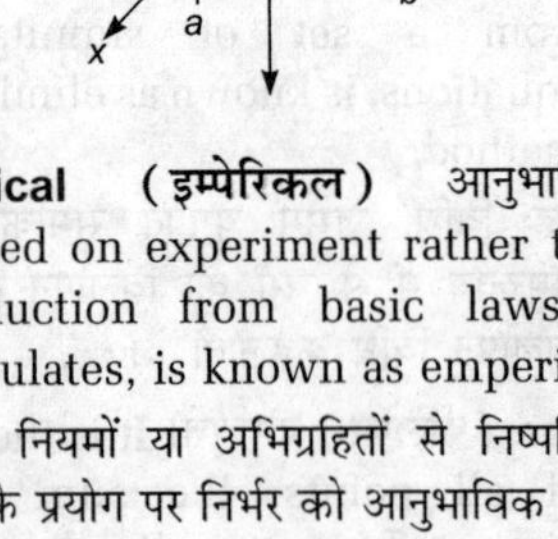

emperical (**इम्पेरिकल**) आनुभाविक। Based on experiment rather than deduction from basic laws or posulates, is known as emperical.

मूल नियमों या अभिग्रहितों से निष्पत्ति न करके प्रयोग पर निर्भर को आनुभाविक कहते हैं।

empty set (**एमप्टी सेट**) रिक्त समुच्चय। X is a set known as empty set if it has no element and empty set is denoted by ϕ or $\{\}$ *e.g.*, $\{x : x \in R, x^2 = -2\}$ is an empty set.

एक समुच्चय को रिक्त समुच्चय कहते हैं। यदि इसमें कोई अवयव न हो तथा रिक्त समुच्चय को ϕ या $\{\}$ से निरूपित करते हैं। जैसे—$\{x : x \in R, x^2 = -2\}$ एक रिक्त समुच्चय है।

end point (**एण्ड प्वाइन्ट**) अन्त्य बिन्दु। Each of the number which defines an interval, is known as end point, *e.g.*, $(a, b), [a, b], (a, b], [a, b)$ has two end points a and b. While $[a, \infty)$, (a, ∞), $(-\infty, a]$, $(-\infty, a]$ etc. has one end point a.

प्रत्येक संख्या जो एक अन्तराल को परिभाषित करती है, अंत्य बिन्दु कहलाता है। जैसे— $(a, b), [a, b], (a, b], [a, b)$ के दो अन्त्य बिन्दु a व b हैं जबकि $[a, \infty), (a, \infty)$, $(-\infty, a]$, $(-\infty, a]$ इत्यादि का एक अन्त्य बिन्दु a है।

energy (**एनर्जी**) ऊर्जा। The capacity of body to do work is defined as its energy. The unit of energy and work is same which is joule. Energy are of two types.

(i) **Kinetic energy** Kinetic energy of a body is its capacity of doing work by virtue of its motion.

$$\text{KE} = \frac{1}{2}mv^2$$

(ii) **Potential energy** The capacity of a body to do work by virtue of its position is known as potential energy.

$$\text{PE} = mgh$$

एक पिण्ड के काम करने की क्षमता को उसकी ऊर्जा कहते हैं। ऊर्जा व कार्य का मात्रक समान है। जोकि जूल है। ऊर्जा दो प्रकार की होती है।

(i) **गतिज ऊर्जा** एक पिण्ड की गति के कारण कार्य करने की क्षमता को गतिज ऊर्जा कहते हैं।

$$\text{गतिज ऊर्जा} = \frac{1}{2} mv^2$$

(ii) **स्थितिज ऊर्जा** एक पिण्ड की उसकी स्थिति के कारण कार्य करने की क्षमता को स्थितिज ऊर्जा कहते हैं।

$$\text{स्थितिज ऊर्जा} = mgh$$

entry (एण्ट्री) प्रविष्टि। The elements of a matrix which are integers or real numbers, or complex numbers, or polynomials or other expressions are called entries.

एक आव्यूह के अवयव जोकि पूर्णांक या वास्तविक संख्याएँ या सम्मिश्र संख्याएँ या बहुपद या अन्य व्यंजक है, प्रविष्टि कहलाते हैं।

envelope (एनवेलोप) अन्वालोप, आवरण। A curve which touches every member of a given family of curves is known as envelope, *e.g.*, for a family of circle of radius r each of which has centre on the circle of radius r_1, then the envelope will have circles of radius $r_1 + r$ and $r_1 - r$.

एक वक्र जो दिए गए वक्रों के कुल के प्रत्येक सदस्य को स्पर्श करता है, अन्वालोप या आवरण कहलाता है। जैसे—r त्रिज्या के वक्रों के कुल के लिए प्रत्येक वृत्त का केन्द्र r_1 त्रिज्या वाले वृत्त पर स्थित है, तब अन्वालोप या आवरण में $r_1 + r$ व $r_1 - r$ त्रिज्या के वृत्त होंगे।

enumerable (एन्यूमेरेबल) गणनीय। Another name of countable.

गणना करने योग्य का दूसरा नाम

epsilon (एप्सायलन) एप्सायलन। Epsilon is a greek letter e which is written as ε. This is used to represent a small positive quantity near to zero.

एप्सायलन एक ग्रीक अक्षर e है जोकि ε के रूप में लिखा जाता है। इसका प्रयोग छोटी धनात्मक राशि को निरूपित करने के लिए किया जाता है। जो शून्य के करीब होती है।

equality (of complex number) {इक्वलिटि (ऑफ काम्प्लैक्स नम्बर)} समानता (सम्मिश्र संख्याओं की)। Two complex numbers $z_1 = x_1 + iy_1$ and $z_2 = x_2 + iy_2$ are equal, if $x_1 = x_2$ and $y_1 = y_2$,

i.e., corresponding real and imaginary parts are equal.

दो सम्मिश्र संख्याएँ $z_1 = x_1 + iy_1$ व $z_2 = x_2 + iy_2$ समान होंगी, यदि $x_1 = x_2$ व $y_1 = y_2$ अर्थात् संगत वास्तविक व काल्पनिक भाग बराबर हों।

equality (of matrices) {इक्वलिटि (ऑफ मैट्रिसेस)} समानता (आव्यूहों की)। This matrices $A = [a_{ij}]_{m \times n}$ and $B = [b_{ij}]_{r \times s}$ are equal, if

(i) The number of rows in A equals the number of rows in B, *i.e.*, $m = r$.

(ii) The number of columns in A equals the number of columns in B, *i.e.*, $n = s$

(iii) $a_{ij} = b_{ij}$, $\forall\ i = 1, 2, \ldots, m$ and $j = 1, 2, \ldots, n$

दो आव्यूह $A = [a_{ij}]_{m \times n}$ तथा $B = [b_{ij}]_{r \times s}$ बराबर हैं, यदि

(i) A में पंक्तियों की संख्या B में पंक्तियों की संख्या के बराबर हो। अर्थात् $m = r$

(ii) A में स्तम्भों की संख्या B में स्तम्भों की संख्या के बराबर हो अर्थात् $n = s$

(iii) $a_{ij} = b_{ij}$, $\forall\ i = 1, 2, \ldots, m$ तथा $j = 1, 2, \ldots, n$.

equality (of sets) {**इक्वलिटि (ऑफ सेट्स)**} समानता (समुच्चयों की)। Two sets A and B are said to be equal, if every element of A is a member of B and every element of B is a member of A. *i.e.*, $A = B$

दो समुच्चयों A व B को बराबर कहते हैं, यदि A का प्रत्येक अवयव B का सदस्य हो तथा B का प्रत्येक अवयव A का सदस्य हो। अर्थात् $A = B$

equality (of vectors) {**इक्वलिटि (ऑफ वेक्टर्स)**} समानता (सदिशों की)। Two vectors **a** and **b** are said to be equal, if they have same magnitude and the same direction.

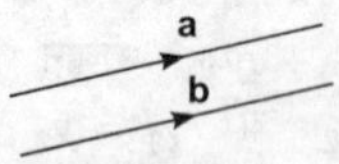

$$|\mathbf{a}| = |\mathbf{b}|$$

दो सदिशों **a** व **b** को समान सदिश कहते हैं। यदि उनका परिमाण समान तथा समान दिशा हो।

equal's sign (इक्वल'स साइन) बराबर का चिन्ह। The symbol '=' is said to be equal's sign and it is used between two expression to show that they have equal values. *e.g.*,

$$f(x) = \left(x + \frac{1}{x}\right)^2 - 2$$

$$g(x) = x^2 + \frac{1}{x^2} \Rightarrow f(x) = g(x)$$

चिन्ह '=' को बराबर का चिन्ह कहते हैं तथा इसका प्रयोग दो व्यंजनों के बीच यह दर्शाने के लिए किया जाता है कि उनका मान बराबर है। जैसे—

$$f(x) = \left(x + \frac{1}{x}\right)^2 - 2$$

$$g(x) = x^2 + \frac{1}{x^2} \Rightarrow f(x) = g(x)$$

equate (इक्वेट) बराबर करना। The process in which two expression are joined using an equal's sign to form an equation.

एक प्रक्रिया जिसमें दो व्यंजकों को बराबर का चिन्ह प्रयोग करके एक समीकरण बनाने के लिए जोड़ा जाता है।

equation (इक्वेशन) समीकरण। A statement which shows that two mathematical expressions are equal in value. The values for to which the equation is true, are known as roots of the equation. If the equation is satisfied for all values of the variable which are envolved in the equation, then the equation is called an identity. *e.g.*, $x^2 - 5x + 6 = 0$ is an equation which is satisfied for the values 3 and 2. These values are roots of the equation while $3(x - 6) = 3x - 18$ is an identity.

एक कथन जो यह दर्शाता है कि दो गणितीय व्यंजकों के मान समान हैं। वे मान जिनके लिए समीकरण सत्य होती है, समीकरण के मूल कहलाते हैं। यदि समीकरण, चरों के सभी मानों के लिए सत्य हो जो समीकरण से सम्बद्ध होते हैं, तब समीकरण सर्वसमिका कहलाती है। जैसे—$x^2 - 5x + 6 = 0$ एक समीकरण है जोकि 3 व 2 के लिए सन्तुष्ट होती है। ये मान समीकरण के मूल कहलाते हैं। जबकि $3(x - 6) = 3x - 18$ एक सर्वसमिका है।

equation of motion (इक्वेशन ऑफ मोशन) गति का समीकरण। An equation which is based on the second law of newton, is known as equation of motion. The equation of motion in vector form is $\mathbf{F} = m\dfrac{d^2\mathbf{r}}{dt^2}$.

एक समीकरण जोकि न्यूटन के दूसरे नियम पर आधारित है, गति का समीकरण कहलाती है। सदिश रूप में गति का समीकरण $\mathbf{F} = m \dfrac{d^2\mathbf{r}}{dt^2}$ है।

equation of normal (इक्वेशन ऑफ नॉर्मल) अभिलम्ब का समीकरण। The equation of normal at point $P(x_1, y_1)$ to the curve $y = f(x)$ is

$$(y - y_1) = -\frac{1}{\left(\frac{dy}{dx}\right)_{(x_1, y_1)}} (x - x_1)$$

where, $-\dfrac{1}{\left(\frac{dy}{dx}\right)_{(x_1, y_1)}}$ is the slope of the normal.

वक्र $y = f(x)$ के बिन्दु $P(x_1, y_1)$ पर अभिलम्ब समीकरण निम्न है

$$(y - y_1) = -\frac{1}{\left(\frac{dy}{dx}\right)_{(x_1, y_1)}} (x - x_1)$$

जहाँ, $-\dfrac{1}{\left(\frac{dy}{dx}\right)_{(x_1, y_1)}}$ अभिलम्ब की प्रवणता है।

equation of tangent (इक्वेशन ऑफ टेन्जेन्ट्) स्पर्श रेखा का समीकरण। The equation of tangent at point $P(x_1, y_1)$ to the curve $y = f(x)$ is

$$(y - y_1) = \left(\frac{dy}{dx}\right)_{(x_1, y_1)} (x - x_1)$$

where, $\left(\frac{dy}{dx}\right)_{(x_1, y_1)}$ is the slope of the tangent.

वक्र $y = f(x)$ के बिन्दु $P(x_1, y_1)$ पर स्पर्श रेखा का समीकरण अग्र है

$$(y - y_1) = \left(\frac{dy}{dx}\right)_{(x_1, y_1)} (x - x_1)$$

जहाँ, $\left(\frac{dy}{dx}\right)_{(x_1, y_1)}$ स्पर्श रेखा की प्रवणता है।

equiangular (इक्वीएंग्यूलर) समकोणीय। A geometrical figure which has equal angles, *e.g.,* regular polygon, equilateral triangle.

एक ज्यामितीय आकृति जिसके सभी कोण समान है। जैसे—समबहुभुज, समबाहु त्रिभुज।

equiangular spiral (इक्वीएंग्यूलर स्पायरल) समकोणीय सर्पिल। A curve whose polar equation is $r = ae^{kx}$ where $a(> 0)$ and k are constant, is known as equiangular spiral.

एक वक्र जिसका ध्रुवीय समीकरण $r = ae^{kx}$ है जहाँ $a(> 0)$ तथा k अचर है, को समकोणीय सर्पिल कहते हैं।

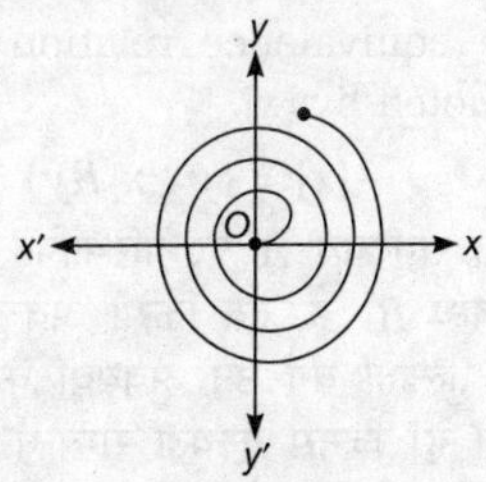

equidistant (इक्वीडिस्टेण्ट) समदूरस्थ। If the distances of two or more points are same from a point, then those points are known as equidistant. *e.g.,* if the distance of points A and B are same from a point P, *i.e.,* $PA = PB$, then A and B are equidistant.

यदि एक बिन्दु से दो या अधिक बिन्दुओं की दूरियाँ समान हो, तब वे बिन्दु समदूरस्थ कहलाते हैं। जैसे—यदि बिन्दुओं A व B की दूरी एक बिन्दु P से बराबर है अर्थात् $PA = PB$, तब A व B समदूरस्थ हैं।

equilateral (**इक्वीलेटेरल**) समबाहु। A polygon having equal sides, is known as equilateral.

एक बहुभुज जिसकी समान भुजा हो, समबाहु कहलाता है।

E

equilateral triangle (**इक्वीलेटेरल ट्राइएंगल**) समबाहु त्रिभुज। A triangle whose sides are of equal length is known as equilateral triangle. All angles of a equilateral triangle are 60°.

एक त्रिभुज जिसकी भुजाओं की लम्बाई बराबर है, समबाहु त्रिभुज कहलाता है। समबाहु त्रिभुज के सभी कोण 60° के होते हैं।

equivalence class (**इक्वीवेलेन्स क्लास**) समतुल्यता वर्ग। Let R be an equivalence relation defined on the set A, then equivalence class of any element $x \in A$ is a set of elements for which A is related by the equivalence relation R. It is denoted by $[x]$.

$$[x] = \{y : x\,Ry\}$$

माना समुच्चय A पर परिभाषित समतुल्यता सम्बन्ध R है, तब किसी अवयव $x \in A$ का तुल्यता वर्ग उन अवयवों का समुच्चय होता है। जिनसे तुल्यता सम्बन्ध R द्वारा x सम्बन्धित होता है। इसे $[x]$ द्वारा निरूपित करते हैं।

$$[x] = \{y : x\,Ry\}$$

equivalence relation (**इक्वीवेलेन्स रिलेशन**) समतुल्यता सम्बन्ध। A relation R on a set A is said to be an equivalence relation on A iff

(i) It is reflexive, *i.e.*, $(a, a) \in R, \forall a \in A$.

(ii) It is symmetric, *i.e.*, $(a, b) \in R \Rightarrow (b, a) \in R, \forall a, b \in A$.

(iii) It is transitive, *i.e.*, $(a, b) \in R$ and $(b, c) \in R \Rightarrow (a, c) \in R, \forall a, b, c \in A$.

समुच्चय A पर एक सम्बन्ध R को A पर समतुल्यता सम्बन्ध कहा जाता है यदि और केवल यदि

(i) यह स्वतुल्य है अर्थात् $(a, a) \in R, \forall a \in A$

(ii) यह सममित है अर्थात् $(a, a) \in R \Rightarrow (b, a) \in R, \forall a, b \in A$

(iii) यह संक्रमक है अर्थात् $(a, b) \in R$ तथा $(b, c) \in R \Rightarrow (a, c) \in R, \forall a, b, c \in A$

equivalent (**इक्वीवेलेन्ट**) तुल्य। Two sets A and B are equivalent if there exists an one to one or injective mapping between A and B.

दो समुच्चयों A व B को तुल्य कहते हैं। यदि A व B के बीच एकैकी प्रतिचित्रण का अस्तित्व हो।

equivalent matrix (**इक्वीवेलेण्ट मैट्रिक्स**) तुल्य आव्यूह। A matrix which is equivalent to a given matrix, is known as equivalent matrix.

एक आव्यूह जोकि एक दिए गए आव्यूह के तुल्य होता है, तुल्य आव्यूह कहलाता है।

equivalent rational numbers (**इक्वीवेलेण्ट रेशनल नम्बर्स**) तुल्य परिमेय संख्याएँ। If the resultant rational number of two or more rational numbers, is same, then two or more rational numbers are known as equivalent rational numbers.

e.g., $\frac{13}{52}, \frac{12}{48}$ has $\frac{1}{4}$ as simplest form

then $\frac{13}{52}$ and $\frac{12}{48}$ are equivalent rational numbers.

यदि दो या अधिक परिमेय संख्याओं का परिणामी परिमेय संख्या समान है, तब दो या अधिक परिमेय संख्याओं को तुल्य परिमेय संख्याएँ कहते हैं।

जैसे— $\frac{13}{52}, \frac{12}{48}$ का सरलतम रूप $\frac{1}{4}$ है, तब $\frac{13}{52}$ व $\frac{12}{48}$ तुल्य परिमेय संख्याएँ हैं।

escribed circle (एसक्राइबड सर्किल) बहिर्वृत्त। The circle which touches the side BC and two sides AB and AC produced of a ΔABC is called the escribed circle opposite to the angle A.

Its radius is denoted by r_1. Similarly, r_2 and r_3 denote the radii of the escribed circles opposite to the angles B and C respectively. The centres of the escribed circles are called the excentres. The centre of the escribed circle opposite to the $\angle A$ is the point of intersection of the external bisectors of $\angle B$ and $\angle C$. This centre is denoted by I_1.

$r_1 = \frac{\Delta}{s-a}, r_2 = \frac{\Delta}{s-b}$ and $r_3 = \frac{\Delta}{s-c}$

एक वृत्त जो ΔABC की भुजा BC व दो बढ़ी हुई भुजाओं AB व AC को स्पर्श करता है, कोण A के सम्मुख बहिर्वृत्त कहलाता है। इसकी त्रिज्या को r_1 से निरूपित करते हैं। इसी प्रकार, कोणों B व C के सम्मुख बहिर्वृत्तों की त्रिज्याओं को क्रमश: r_2 व r_3 से निरूपित करते हैं। बहिर्वृत्तों के केन्द्रों को बहिकेन्द्र कहते हैं। कोण A के सम्मुख बहिर्वृत्त का केन्द्र $\angle B$ व $\angle C$ के बाह्य समद्विभाजकों का प्रतिच्छेद बिन्दु होता है। इस केन्द्र को I_1 से निरूपित करते हैं।

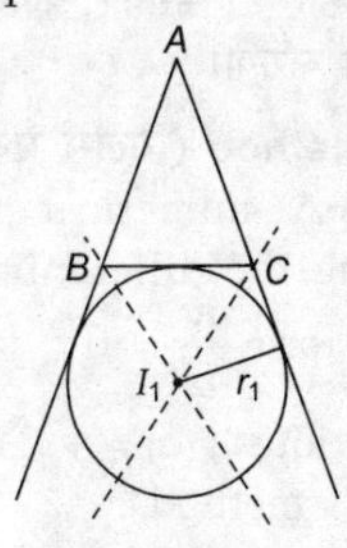

$$r_1 = \frac{\Delta}{s-a}, \quad r_2 = \frac{\Delta}{s-b} \quad \text{तथा}$$
$$r_3 = \frac{\Delta}{s-c}$$

estimate (एस्टीमेट) अनुमान या आकलन। The value of an estimator calculated from a particular sample, is known as estimate.

एक विशेष प्रतिदर्श से परिकलित आकलक का मान, आकलन या अनुमान कहलाता है।

estimation (एस्ट्रीमेशन) अनुमान करना या आकलन करना। The process in which the value of an estimator which is calculated from a particular sample, is called estimation.

प्रक्रिया जिसमें एक अनुपालक का मान विशेष प्रतिदर्श से परिकलित किया जाता है, आकलन करना कहलाता है।

Euclidean algorithm (यूक्लीडियन एल्गोरिथम) यूक्लिडीय कलन विधि। Euclidean algorithm states that for any two given positive integers a and b there exist unique whole numbers q and r such that $a = bq + r$, where $0 \le r < b$.

Here, a is dividend, b is divisor, q is quotient and r is remainder.

This algorithm is used to find LCM of two or more positive integers.

यूक्लिडीय कलन विधि के अनुसार किन्हीं दो दिए गए धनात्मक पूर्णांकों a व b के लिए अद्वितीय पूर्ण संख्याओं q व r का अस्तित्व इस प्रकार है कि $a = bq + r$ जहाँ $0 \le r < b$.

यहाँ a भाज्य, b भाजक, q भागफल है तथा r शेषफल है।

इस कलन विधि का प्रयोग दो या अधिक धनात्मक पूर्णांकों का ल. स. ज्ञात करने में करते हैं।

Euclidean distance (यूक्लिडीयन डिस्टेन्स) यूक्लिडीय दूरी। The distance between two points in a cartesian space is called Euclidean distance. In two dimensional space, the distance between two points $A(x_1, y_1)$ and $B(x_2, y_2)$ is

$$AB = \sqrt{(x_2 - x_1)^2 + (y_2 - y_1)^2}$$

and in three-dimensional space, the distance between two points $A(x_1, y_1, z_1)$ and $B(x_2, y_2, z_2)$ is

$$AB = \sqrt{(x_2 - x_1)^2 + (y_2 - y_1)^2 + (z_2 - z_1)^2}$$

कार्तीय समष्टि में दो बिन्दुओं के बीच की दूरी को यूक्लिडीय दूरी कहते हैं। द्विविमीय समष्टि में दो बिन्दुओं $A(x_1, y_1)$ व $B(x_2, y_2)$ के बीच की दूरी निम्न है

$$AB = \sqrt{(x_2 - x_1)^2 + (y_2 - y_1)^2}$$

तथा त्रिविमीय समष्टि में दो बिन्दुओं $A(x_1, y_1, z_1)$ व $B(x_2, y_2, z_2)$ के बीच की दूरी निम्न है

$$AB = \sqrt{(x_2 - x_1)^2 + (y_2 - y_1)^2 + (z_2 - z_1)^2}$$

Euclidean geometry (यूक्लिडीयन ज्योमैट्री) यूक्लिडीय ज्यामिति। The branch of mathematics which is related to the study of geometry based on definition and axioms written in the euclid's book 'Elements' is known as Euclidean Geometry.

गणित की वह शाखा जोकि यूक्लिड की पुस्तक 'ऐलीमेण्टस' में लिखी परिभाषाओं व अभिगृहितयों पर आधारित है, यूक्लिडीय ज्यामिति कहलाती है।

Euclidean space (यूक्लिडीयन स्पेस) यूक्लिडीय समष्टि। Cartesian space is known as Euclidean space. *e.g.*, 2-D space, 3-D space are Euclidean space.

कार्तीय समष्टि को यूक्लिडीय समष्टि कहते हैं। जैसे—द्विविमीय तथा त्रिविमीय समष्टि, कार्तीय समष्टि है।

Euler line (यूलर लाइन) यूलर रेखा। A straight line on which the centroid, orthocentre and circumcentre of a triangle lie is called Euler line. The centre of nine point circle also lies on this line.

एक सरल रेखा जिस पर एक त्रिभुज के केन्द्रक लम्ब केन्द्र व परिकेन्द्र स्थित होते हैं, यूलर रेखा कहलाती है। नव बिन्दु वृत्त का केन्द्र भी इस रेखा पर स्थित होता है।

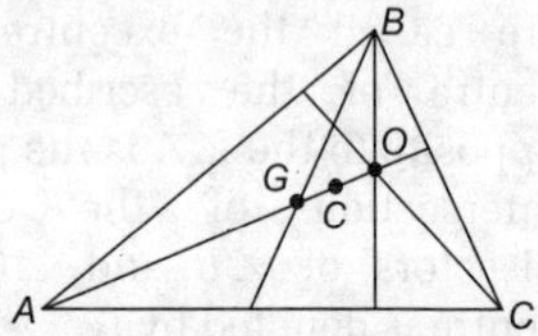

Euler number (यूलर नम्बर) यूलर संख्या। The base of natural logarithm (e) is known as Euler number.

e.g., $\log_e x$

प्राकृतिक लघुगणक के आधार e को यूलर संख्या कहते हैं। जैसे—$\log_e x$

Euler's formula (यूलर्स फॉर्मूला) यूलर का सूत्र। The formula $e^{ix} = \cos x + i \sin x$ is known as Euler's formula. It was introduced by Euler in 1748.

सूत्र $e^{ix} = \cos x + i \sin x$ को यूलर का सूत्र कहते हैं। इसको यूलर ने 1748 में परिचित कराया।

Euler's method (यूलर्स मैथोड) यूलर की विधि। A numerical method for solving the differential equations of the form $\frac{dy}{dx} = f(x, y)$ with initial conditions $y(a) = y_a$, is known as Euler's method.

प्रारम्भिक प्रतिबन्धों $y(a) = y_a$ के साथ $\frac{dy}{dx} = f(x, y)$ रूप की अवकल समीकरणों को हल करने के लिए संख्यात्मक विधि को यूलर की विधि कहते हैं।

evaluate (**इवेल्यूयेट**) मान निकालना या मूल्यांकन करना। To find the value of a function at a particular value of independent variables is known as evaluate.

स्वतन्त्र चरों के विशेष मान पर फलन का मान ज्ञात करने को मान निकालना कहते हैं।

evaluation (**इवेल्यूयेशन**) मूल्यांकन। The process in which the value of a function is calculated at a particular value of variables, is known as evaluation.

e.g., Let $f(x) = x + 2$, then $f(2) = 2 + 2 = 4$ for $x = 2$.

एक प्रक्रिया जिसमें फलन का मान चरों की विशेष मान पर ज्ञात करते हैं, मूल्यांकन कहलाता है। जैसे—माना $f(x) = x + 2$, तब $f(2) = 2 + 2 = 4$, $x = 2$ के लिए।

even function (**इवन फंक्शन्**) सम फलन। A function $f(x)$ is known as an even function, if $f(-x) = f(x)$, $\forall x$. The graph of an even function is always symmetrical about y-axis. *e.g.*, $f(x) = x\left(\frac{a^x - 1}{a^x + 1}\right)$ is an even function.

एक फलन $f(x)$ को सम फलन कहते हैं, यदि $f(-x) = f(x)$, $\forall x$. एक सम फलन का आलेख सदैव y-अक्ष के सममित होता है। जैसे—$f(x) = x\left(\frac{a^x - 1}{a^x + 1}\right)$ एक सम फलन है।

even number (**इवन नम्बर**) सम संख्या। A number which is divisible by 2, is known as even number. A number which has 0, 2, 4, 6 or 8 at unit place is always divisible by 2.

एक संख्या जोकि 2 से भाज्य है, सम संख्या कहलाती है। एक संख्या जिसके इकाई स्थान पर 0, 2, 4, 6 या 8 होता है, सदैव 2 से भाज्य होती है।

even permutation (**इवन परम्यूटेशन**) सम क्रमचय। A permutation is said to be an even permutation if it can be expressed as a product of an even number of transposition. *e.g.*, $h = (1\ 2)(1\ 3)(1\ 4)(2\ 5)$ here the number of transpositions is 4, *i.e.*, even $\therefore$ h is an even permutation.

एक क्रमचय को सम क्रमचय कहते हैं यदि यह पक्षान्तरण की सम संख्या के गुणनफल के रूप में व्यक्त किया जा सके।

जैसे — $h = (1\ 2)(1\ 3)(1\ 4)(2\ 5)$ यहाँ पक्षान्तर की संख्या 4 अर्थात् सम है। $\therefore$ h एक सम क्रमचय है।

event (**इवेन्ट**) घटना। Let a random experiment be repeated under identical conditions. Then the experiment is called a trial and the possible outcomes of the experiment are known as events.

e.g., on tossing a coin getting head or tail is an event.

माना एक यादृच्छिक प्रयोग की समान प्रतिबन्धों के अन्तर्गत पुनर्रावृत्ति की जाती है। जब प्रयोग को ट्रायल कहते हैं तथा प्रयोग के सम्भव परिणामों को घटनाएँ कहते हैं। जैसे—एक सिक्के को उछालने पर शीर्ष या पुच्छ प्राप्त करना, घटना है।

Exact (**एक्जक्ट**) यथार्थ, यर्थाथता। Actual value. *e.g.*, the solution of $x^2 = 2$ can be said 1.414 which is correct to three places of decimal but the exact value is $\sqrt{2}$.

वास्तविक मान जैसे—समीकरण $x^2 = 2$ का हल 1.414 कहा जा सकता है जोकि दशमलव के तीन स्थान तक सही है परन्तु यथार्थ मान $\sqrt{2}$ है।

E

exact differential (**एक्जक्ट डिफरेन्शियल**) यथार्थ अवकलन। Let $z = f(x, y)$ is a function of two independent variables, then $dz = \frac{\partial z}{\partial x} dx + \frac{\partial z}{\partial y} dy$ is the exact differential.

माना $z = f(x, y)$ दो स्वतन्त्र चरों का फलन है, तब $dz = \frac{\partial z}{\partial x} dx + \frac{\partial z}{\partial y} dy$ एक यथार्थ अवकल है।

exact differential equation (**एक्जक्ट डिफरेन्शियल इक्वेशन**) यथार्थ अवकल समीकरण। Let $z = f(x, y)$ is a function of two independent variables, then the equation $\frac{\partial z}{\partial x} dx + \frac{\partial z}{\partial y} dy = 0$ is known as exact differential equation.

or

An ordinary differential equation $M\,dx + N\,dy = 0$ to be exact if and only if $\frac{\partial M}{\partial y} = \frac{\partial N}{\partial x}$

माना $z = f(x, y)$ दो स्वतन्त्र चरों का फलन है, तब समीकरण $\frac{\partial z}{\partial x} dx + \frac{\partial z}{\partial y} dy = 0$ को यथार्थ अवकल समीकरण कहते हैं। या, एक साधारण अवकलन समीकरण $M\,dx + N\,dy = 0$ यथार्थ होगी यदि और केवल यदि $\frac{\partial M}{\partial y} = \frac{\partial N}{\partial x}$

exact divisor (**एक्जक्ट डिविजर**) यथार्थ भाजक। A factor of a given integer is known as exact divisor. *e.g.*, 5 is an exact divisor of 15.

एक दिए गए पूर्णांक का गुणनखण्ड यथार्थ भाजक कहलाता है। जैसे—15 का यथार्थ भाजक 5 है।

example (**एक्जाम्पल**) उदाहरण। A particular instance of a generalized statement is known as example.

एक व्यापक कथन के एक विशेष दृष्टान्त को उदाहरण कहते हैं।

excentre (**एक्ससेन्टर**) बहिकेन्द्र। The centre of an excircle is known as excentre. Which is denoted by I.

बहिर्वृत्त का केन्द्र बहिकेन्द्र कहलाता है। जिसे I से प्रदर्शित करते हैं।

excircle (**एक्ससर्किल**) बहिर्वृत्त। Another name of escribed circle.

बहिर्वृत्त का दूसरा नाम है।

exclusive disjunction (**एक्सक्लूसिव डिसजंक्शन**) अपवर्जित तर्क संगत योग। A compound sentence formed by two simple sentences p and q using connective 'or' is called exclusive disjunction of p and q. It is represented by $p \vee q$.

e.g., $p \vee q$ = Bus left early or my watch is going slow.

एक मिश्र कथन जोकि दो सरल कथनों p व q में संयोजक 'या' का प्रयोग करके बना है, p व q का अपवर्जित तर्क—संगत योग कहलाता है। इसे $p \vee q$ द्वारा निरूपित करते हैं। जैसे— $p \vee q$ = बस जल्दी चली गई या मेरी घड़ी धीरे चल रही है।

exhaustive events (**ऐग्ज़ास्टिव इवेन्टस्**) निश्शेष घटनाएँ। A set of events $A_1, A_2, \ldots, A_n$ is known as exhaustive events if $A_1 \cap A_2 \cap \ldots \cap A_n = S$, where S is sample space and $A_1, A_2, \ldots, A_n$ are subsets of S.

घटनाओं $A_1, A_2, ..., A_n$ निश्शेष घटनाएँ कहलाती हैं यदि $A_1 \cap A_2 \cap ... \cap A_n = S$, जहाँ S प्रतिदर्श समष्टि है तथा $A_1, A_2, ..., A_n, S$ के उपसमुच्चय हैं।

expand (**एक्सपैण्ड**) प्रसार। To express an expression in an extended equivalent form.

e.g.,
$(x + y)^3 = x^3 + 3x^2y + 3xy^2 + y^3$

एक व्यंजक को उसके समतुल्य प्रसारित रूप में व्यक्त करना।

जैसे—
$(x + y)^3 = x^3 + 3x^2y + 3xy^2 + y^3$.

expansion (**एक्सपेन्सन**) प्रसार। Same as expand.

प्रसार के जैसा

expectation (**एक्सपेक्टेशन**) प्रत्याशा। The first moment about the origin for a random variable is known as expectation. It is denoted by $E(x)$.

यादृच्छिक चर के लिए मूलबिन्दु के परित: प्रथम घूर्णन को प्रत्याशा कहते हैं। इसे $E(X)$ से निरूपित करते हैं।

experiment (**एक्सपेरिमेण्ट**) प्रयोग। An operation which can produce some well defined outcomes, is known as experiment. There are two types of experiment.

(i) **Deterministic experiment** Those experiments which when repeated under indentical conditions produce the same result, are known as deterministic experiments.

(ii) **Random experiment** Those experiments which when repeated under identical conditions, do not produce the same outcome every time but the outcome in a trial is one of the several possible outcome, are known as random experiment.

एक क्रिया जोकि सुपरिभाषित एक समान परिणाम दे सके, प्रयोग कहलाती है। प्रयोग दो प्रकार के होते हैं।

(i) **निर्धारणात्मक प्रयोग** वे प्रयोग जो कि जब एक समान प्रतिबन्धों में पुनरावृत्ति की जाती है, एक समान परिणाम देते हैं, निर्धाराणात्मक प्रयोग कहलाते हैं।

(ii) **यादृच्छिक प्रयोग** वे प्रयोग जिन्हें जब एक समान प्रतिबन्धों में पुनरावृत्ति करते हैं, तो एक समान परिणाम नहीं देते हैं, परन्तु परिणाम विभिन्न सम्भव परिणामों में से एक ही होता है, यादृच्छिक प्रयोग कहलाते हैं।

explicit function (**एक्सप्लीसिट फंक्शन्**) स्पष्ट फलन। A function of the form $y = f(x)$ is said to be a explicit function, *e.g.*, $y = 2x + 1$ is an explicit function.

$y = f(x)$ रूप का एक फलन स्पष्ट फलन कहलाता है। जैसे $y = 2x + 1$ एक स्पष्ट फलन है।

exponent (**एक्सपोनेन्ट**) घातांक। Let $a \times a \times a \times ...$ n times $= a^n$, then n is called exponent of a, *i.e.*, exponent shows the repeated multiplication of a number.

माना $a \times a \times a \times ...$ n बार $= a^n$, तब n को a का घातांक कहते हैं अर्थात् घातांक एक संख्या की पुनरावृत्ति गुणा को प्रदर्शित करता है।

exponential curve (**एक्सपोनेन्सियल क्रव**) चरघातांकीय वक्र। A curve of the equation of the form $y = a^x$ is known as exponential curve. *e.g.*, $y = e^x$

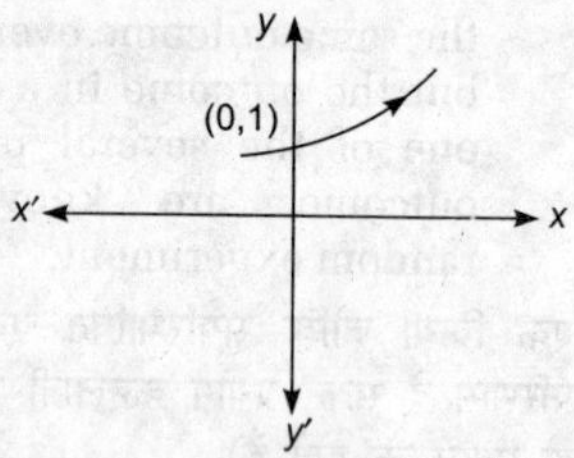

$y = a^x$ रूप की समीकरण का वक्र चरघातांकीय वक्र कहलाता है।

exponential decay (**एक्सपोनेन्शियल डिके**) चरघातांकी ह्रास।

Let $y = Ae^{kt}$, where $A(>0)$ and k are constants and t is time. When $k < 0$, y is said to be exhibiting exponential decay.

माना $y = Ae^{kt}$, जहाँ $A(>0)$ तथा k अचर है तथा t समय है। जब $k < 0$, y को चरघातांकीय ह्रास करना कहते हैं।

exponential distribution (**एक्सपोनेन्शियल डिस्ट्रीब्यूशन**) चरघातांकीय बंटन। The continuous probability distribution with probability density function $f(x) = \lambda e^{-\lambda x}$ where λ is a positive parameter and $x \geq 0$ is known as exponential distribution. The time between events that occur randomly but at a constant rate, has an exponential distribution.

प्रायिकता घनत्व फलन $f(x) = \lambda e^{-\lambda x}$ जहाँ λ एक धनात्मक प्राचल है, तथा $x \geq 0$, के साथ सतत् प्रायिकता बंटन को चरघातांकीय बंटन कहते हैं। घटनाएँ जो यादृच्छिक रूप से घटती हैं, परन्तु एक अचर दर से घटती है, के बीच वा समय चरघातांकीय बंटन रखता है।

exponential function (**एक्सपोनेन्शियल फंक्शन्**) चरघातांकी फलन। If a is a positive real number, then the function which associates every real number x to a^x, *i.e.*, $f(x) = a^x$ is called an exponential function. The domain of exponential function is R and the range is the set of all positive real numbers.

यदि a एक धनात्मक वास्तविक संख्या है, तब एक फलन जो प्रत्येक वास्तविक संख्या x को a^x से सम्बन्धित करता है अर्थात् $f(x) = a^x$ को चरघातांकी फलन कहते हैं। चरघातांकी फलन का प्रान्त R है तथा परास सभी धनात्मक वास्तविक संख्याओं का समुच्चय है।

exponential growth (**एक्सपोनेन्शियल ग्रोवथ**) चरघातांकी वृद्धि। Let $y = Ae^{kt}$, where $A(>0)$ and k are constants and t is time. When $k > 0$, y is said to be exhibiting exponential growth.

माना $y = Ae^{kt}$, जहाँ $A(>0)$ तथा k अचर है तथा t समय है। जब $k > 0$, y को चरघातांकी वृद्धि करना कहते हैं।

exponential series (**एक्सपोनेन्शियल सीरिज**) चरघातांकी श्रेणी The series $e^x = 1 + x + \dfrac{x^2}{2\,!} + \dfrac{x^3}{3\,!} + \ldots \infty$ is known as exponential series.

श्रेणी $e^x = 1 + x + \dfrac{x^2}{2\,!} + \dfrac{x^3}{3\,!} + \ldots \infty$ को चरघातांकी श्रेणी कहते हैं।

expression (**एक्सप्रेशन**) व्यंजक। A mathematical form expressed symbolically, *e.g.*, equation, polynomial etc.

संकेतों के रूप में व्यक्त गणितीय रूप जैसे—समीकरण, बहुपद इत्यादि।

extension (**एक्सटेनशन**) विस्तार, प्रसार। The difference $x - l$ between the actual length of the string or spring and its natural length l, is known as extension. The extension of spring or string is negative when the spring or string is compressed.

एक धागे या स्प्रिंग की वास्तविक लम्बाई x व इसकी प्राकृतिक लम्बाई l के बीच का अन्तर $x - l$ विस्तार या प्रसार कहलाता है। स्प्रिंग या धागे का प्रसार ऋणात्मक होता है जब स्प्रिंग या धागा दबाया जाता है।

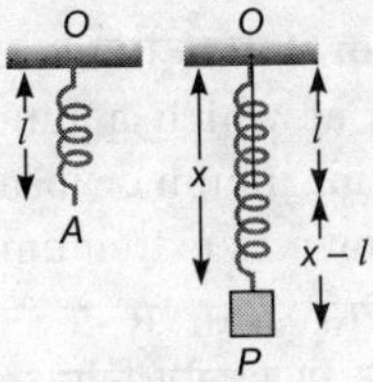

exterior (**एक्सटीरियर**) बाह्य। See Jorden Curve Theorem.

जार्डन वक्र प्रमेय देखें।

exterior angle (**एक्सटीरियर एंगल**) बाह्य कोण। The angle between one side and the extension of an adjacent side of a polygon, is known as exterior angle. *e.g.,* $\theta \rightarrow$ exterior angle (बाह्य कोण)

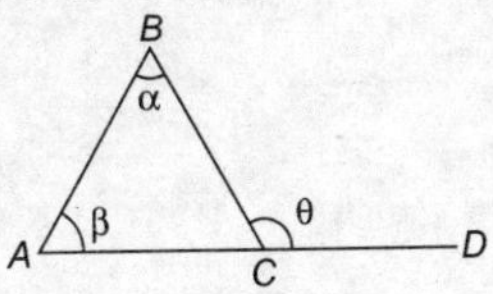

Exterior angle = sum of interior angle

i.e., $\theta = \alpha + \beta$

एक बहुभुज की एक भुजा व संलग्न भुजा के विस्तार के बीच का कोण बाह्य कोण कहलाता है।

बाह्य कोण = अन्त: कोणों का योग

$\Rightarrow \quad \theta = \alpha + \beta$

external bisector (**एक्सटरनल बाइसेक्टर**) बाह्य समद्विभाजक। The bisector of an exterior cycle of a polygon (or a triangle) is known as external bisector of the angle of polygon (or a triangle).

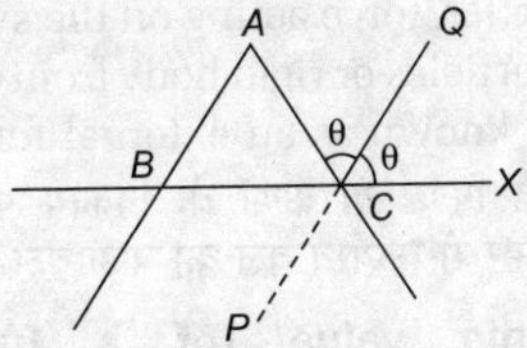

Here, PQ is external bisector of an exterior of an exterior angle $\angle ACX = 2\theta$

एक बहुभुज (या एक त्रिभुज) के बाह्य कोण के समद्विभाजक को बहुभुज (या त्रिभुज) के कोण का बाह्य समद्विभाजक कहते हैं।

उपरोक्त में, PQ, बाह्य कोण $\angle ACX = 2\theta$ का बाह्य समद्विभाजक है।

external division (**एक्सटरनल डिविजन**) बाह्य विभाजन। Let AB be a line segment. A point C divides AB externally if $AC : BC = m : n$.

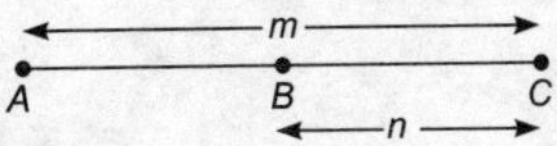

This division is known as external division. Let coordinates of A and B are (x_1, y_1) and (x_2, y_2), then coordinates of C are

$$\left(\frac{mx_2 - nx_1}{m - n}, \frac{my_2 - ny_1}{m - n} \right)$$

माना AB एक रेखाखण्ड है। एक बिन्दु C, AB को बाह्यत: विभाजित करता है, यदि $AC : BC = m : n$.

इस विभाजन को बाह्य विभाजन कहते हैं। माना A बिन्दु के निर्देशांक (x_1, y_1) व (x_2, y_2) हैं, तब C के निर्देशांक $\left(\frac{mx_2 - nx_1}{m - n}, \frac{my_2 - ny_1}{m - n}\right)$ हैं।

E

external force (एक्सटरनल फोर्स) बाह्य बल। A force acting on the system of particles or rigid body from outside, is known as an external force.

दृढ़ पिण्ड या कणों के निकाय पर कार्यरत् बाहर से कार्यरत् बल को बाह्य बल कहते हैं।

extreme value (of a function) {एक्स्ट्रीम वैल्यू (ऑफ ए फंक्शन्)} चरम मान (एक फलन के)। The maximum and minimum values of a function are known as extreme values of function.

एक फलन के उच्चिष्ठ या निम्निष्ठ मान को फलन के चरम मान कहते हैं।

extreme value (of a series) {एक्सट्रीम वैल्यू (ऑफ ए सीरिज)} चरम मान (एक श्रेणी के)। The first or last term of a series are known as extreme value of a series.

एक श्रेणी के प्रथम या अन्तिम पद को श्रेणी का चरण मान कहते हैं।

extremum (एक्सट्रीमम) चरम बिन्दु। A point at which a function has a local maximum or local minimum is known as extremum.

एक बिन्दु जिस पर फलन का स्थानीय उच्चिष्ठ या स्थानीय निम्निष्ठ मान हो, चरम बिन्दु कहलाता है।

F

f (एफ्) एफ्। f is used as a symbol for a function.

e.g., $f(x) = x^3 + 3x^2 + 3$

फलन के लिए चिन्ह के रूप में f को प्रयुक्त किया जाता है।

जैसे–$f(x) = x^3 + 3x^2 + 3$

F (एफ्) एफ्। F is used to represent the number 15 in hexadecimal system.

हेक्साडेसीमल निकाय में संख्या 15 को निरूपित करने के लिए F को प्रयुक्त करते हैं।

face (फेस) फलक। A plane surface of a polyhedron is known as face.

e.g., a cube has 6 faces.

एक बहुभुज का समतल पृष्ठ फलक कहलाता है। जैसे—एक घन के 6 फलक होते हैं।

factor (फेक्टर) गुणनखण्ड। Let a and b be two integers and if a divides b, then a is known as a factor by b.

e.g., if 4 divides 12, then 4 is a factor of 12.

माना a व b दो पूर्णांक हैं तथा यदि b को a विभाजित करता है, तब a को b का गुणनखण्ड कहते हैं। जैसे—12 को 4 विभाजित करता है, तब 4 को 12 का गुणनखण्ड कहते हैं।

factor theorem (फेक्टर थ्योरम) गुणनखण्ड प्रमेय। Factor theorem states that

"If a polynomial $f(x)$ is divisible by a linear function $x-a$, then remainder is zero, *i.e.*, if on dividing a polynomial $f(x)$ by $x-a$, the remainder is zero, then $f(x)$ is divisible by $x-a$ or $x-a$ is a factor of $f(x)$".

e.g., Let $f(x) = x^2 + 3x + 2$, is divisible by a linear function $x + 1$, then remainder is zero or $x + 1$ is a factor of $x^2 + 3x + 2$.

Factor theorem is a special case of remainder theorem.

गुणनखण्ड प्रमेय के अनुसार,

"यदि एक बहुपद $f(x)$ रैखिक फलन $x-a$ से विभाजित हो जाता है, तब शेषफल शून्य होगा अर्थात् यदि बहुपद $f(x)$ को $x-a$ से विभाजित करते हैं तथा शेषफल शून्य होता है, तब $f(x)$, $(x-a)$ से विभाजित हो जाता है या $(x-a)$, $f(x)$ का एक गुणनखण्ड है।

जैसे— माना $f(x) = x^2 + 3x + 2$, रैखिक फलन $x+1$ से भाज्य है, तब शेषफल शून्य है या $x+1$, x^2+3x+2 का एक गुणनखण्ड है।

गुणनखण्ड प्रमेय शेषफल प्रमेय की विशेष दशा है।

factorable (फेक्टरेबल) गुणनखण्डनीय। An integer is said to be factorable, if it has factors other than itself and unity.

e.g., $8 = 4 \times 2$

$\therefore$ 8 is factorable.

Prime numbers are not factorable.

An expression (a polynomial) is said to be factorable, if it has factors other than itself and a constant.

e.g., $x^2 + 3x + 2 = (x+1)(x+2)$

i.e., $x^2 + 3x + 2$ is factorable.

एक पूर्णांक को गुणनखण्डनीय कह सकते हैं यदि स्वयं व इकाई के अतिरिक्त इसके गुणनखण्ड हो।

जैसे—$8 = 4 \times 2$

$\therefore 8$ गुणनखण्डनीय है।

अभाज्य संख्याएँ गुणनखण्डनीय नहीं होती हैं।

एक व्यंजक (एक बहुपद) को गुणनखण्डनीय कह सकते हैं यदि स्वयं व अचर के अतिरिक्त इसके गुणनखण्ड हों।

जैसे—$x^2 + 3x + 2 = (x+1)(x+2)$

अर्थात् $x^2 + 3x + 2$ गुणनखण्डनीय है।

factorial (फेक्टोरियल) क्रमगुणित। The product of first n natural numbers is denoted by $n!$ and read as factorial n.

Thus, $n! = n(n-1)(n-2) \ldots 3 \cdot 2!$

e.g., $5! = 5 \times 4 \times 3 \times 2 \times 1 = 120$

Factorial notation follows the following properties

(i) $0! = 1! = 1$

(ii) factorials of negative integers and fractions are not defined.

(iii) $n! = n(n-1)! = n(n-1)(n-2)!$

प्रथम n प्राकृतिक संख्याओं के गुणनफल को $n!$ से निरूपित करते हैं तथा इसे 'क्रमगुणित n' पढ़ते हैं।

इस प्रकार, $n! = n(n-1)(n-2) \ldots 3 \cdot 2!$

जैसे — $5! = 5 \times 4 \times 3 \times 2 \times 1 = 120$

क्रमगुणित निरूपण निम्न गुणों को सन्तुष्ट करता है

(i) $0! = 1! = 1$

(ii) ऋणात्मक पूर्णांकों तथा भिन्नों के क्रमगुणित परिभाषित नहीं होते हैं।

(iii) $n! = n(n-1)! = n(n-1)(n-2)!$

factorisation (फेक्टोराइजेशन) गुणनखण्डन। Factorisation is a process to split an integer or a polynomial into the factors.

एक पूर्णांक या एक बहुपद को गुणनखण्डों में विभक्त करने की प्रक्रिया को गुणनखण्डन कहते हैं।

factorize (फेक्टोराइज) गुणनखण्डन। To represent a number or a polynomial as a product of factors.

एक संख्या या एक बहुपद को गुणनखण्डों की गुणा के रूप में निरूपित करना।

fallacy (फॉल्सी) हेत्वाभास। An invalid argument or a false conclusion from plausible reasoning, is known as fallacy.

तर्क शक्ति से प्राप्त अवैद्य तर्क या झूठे निष्कर्ष को हेत्वाभास कहते हैं।

family (फैमिली) कुल। A set whose elements are themselves sets, is known as family.

or

A set of curves (or surfaces) that are related by a common equation so that all the curves (or surfaces) are generated by varying one or more parameters in the equation, is known as family.

e.g., The equation $x^2 + y^2 = r^2$ represents a family of circles whose centres are (0, 0) and those can be generated by varying the parameter 'r'.

एक समुच्चय जिसके अवयव स्वयं समुच्चय हो, कुल कहलाता है।

या

वक्रों (या पृष्ठों) का समुच्चय जोकि एक उभयनिष्ठ समीकरण द्वारा सम्बन्धित होते हैं ताकि सभी वक्रों (या पृष्ठों) को समीकरण में एक या अधिक प्राचलों में परिवर्तन करके प्राप्त किया जा सकता है, कुल कहलाता है।

जैसे—समीकरण $x^2 + y^2 = r^2$ वृत्तों के एक कुल को निरूपित करती है जिनका केन्द्र (0, 0) पर होता है तथा जिन्हें प्राचल r में परिवर्तन करके जनित किया जा सकता है।

farthest point (फारदेस्ट प्वाइन्ट) दूरस्थ बिन्दु। A point is known as farthest point if its distance from nearest point is greater than that of other points.

एक बिन्दु को दूरस्थ बिन्दु कहा जाता है यदि इसकी निकटतम बिन्दु से दूरी अन्य बिन्दुओं की दूरी से अधिक है।

feasible (फिजीबल) सुसंगत। A constrained optimization problem for which the constraints can be satisfied simultaneously is said to be feasible.

एक व्यवरुदध इष्टतमीकरण समस्या जिसके लिए व्यवरोध साथ-साथ सन्तुष्ट होती है, सुसंगत कहलाती है।

feasible region (फिजीबल रिजन) सुसंगत क्षेत्र। The limited (bounded) region of the graph made by two inequations is called feasible region. All the points in feasible region constitute the solution of a system of inequations.

The feasible solution of a LPP belongs to only first quadrant. If feasible region is empty, then there is no solution for the problem.

दो असमीकरणों द्वारा बने आलेख का सीमान्त (परिबद्ध) क्षेत्र सुसंगत क्षेत्र कहलाता है। सुसंगत क्षेत्र के सभी बिन्दु असमीकरणों के निकाय का हल बनाते हैं। एक रेखीय प्रक्रमन समस्या का सुसंगत हल केवल प्रथम चतुर्थांश में होता है। यदि सुसंगत क्षेत्र रिक्त है, तब समस्या का कोई हल नहीं होता है।

fibonacci numbers (फिबोनकी नम्बर्स) फिबोनाशी संख्या। A sequence is known as fibonacci sequence if the each number after the second is the sum of the two preceding numbers in the sequence.

e.g., 1, 1, 2, 3, 5, 8, 13, ... is a fibonacci sequence.

Each number of the fibonacci sequence is known as fibonacci number.

एक अनुक्रम को फिबोनाशी अनुक्रम कहते हैं यदि दूसरी संख्या के बाद की प्रत्येक संख्या उससे पहली दो संख्याओं के योग के बराबर होती है।

जैसे—1, 1, 2, 3, 5, 8, 13, ... एक फिबोनाशी अनुक्रम है।

फिबोनाशी अनुक्रम की प्रत्येक संख्या फिबोनाशी संख्या कहलाती है।

fibonacci sequence (फिबोनकी सिक्वेन्स) फिबोनाशी अनुक्रम। See fibonacci number

फिबोनाशी संख्या देखें।

field (फिल्ड) क्षेत्र। A ring R with atleast two elements is called a field, if it

(i) is commutative

(ii) has identity

(iii) is such that each non-zero element possesses multiplicative inverse.

e.g., the ring of rational numbers $(Q, +, \cdot)$ is a field, since it is a commutative ring with unity and each non-zero element is inversible.

कम-से-कम दो अवयवों के साथ वलय R को क्षेत्र कहते हैं, यदि यह

(i) क्रम विनिमेय हो

(ii) का तत्समक हो

(iii) इस प्रकार हो कि प्रत्येक अशून्य अवयव का गुणात्मक प्रतिलोम हो।

जैसे—परिमेय संख्याओं का वलय $(Q, +, \cdot)$ एक क्षेत्र है चूँकि यह क्रमविनिमेय वलय इकाई के साथ है तथा प्रत्येक अशून्य अवयव व्युत्क्रमणीय है।

field of integration (**फिल्ड ऑफ इन्टीग्रेशन**) समाकलन का क्षेत्र। The set of values is known as field of integration over which a multiple integral is defined.

मानों के समुच्चय जिस पर बहु समाकल परिभाषित होता है, समाकलन का क्षेत्र कहलाता है।

figure (in geometry) {**फीगर (इन् ज्योमैट्री)**} चित्र (ज्यामिति में)। In a geometrical shape, a combination of points, lines or surfaces, is called figure.

ज्यामितीय आकृति में, बिन्दुओं, रेखाओं या पृष्ठों का संग्रह (या संचय) चित्र कहलाता है।

figure (in number) {**फीगर (इन् नम्बर)**} अंक (संख्या में)। A digit is known as figure.

एक अंक (digit) को अंक (figure) कहते हैं।

finite (**फाइनाइट्**) परिमित। Not infinite अपरिमित नहीं

See Finite अनन्त देखें

finite discontinuity (**फाइनाइट् डिस्कोनटिन्यूटी**) परिमित असतत्ता। A function f may not have a finite left or right rand limit at $x = a$ or the function is undefined at $x = a$. If f remains finite at $x = a$, then it is said to have a finite discontinuity at $x = a$, e.g., $f(x) = \cos(1/x)$ has a finite discontinuity.

A finite discontinuity is a discontinuity (removable, ordinary or neither) such that there is an interval about the point in which the function is bounded.

e.g., $\sin\frac{1}{x}$ has a finite discontinuity at $x = 0$ which is neither removable nor ordinary.

A discontinuity of a function that lies at the centre of an interval or which the function is bounded, is known as finite discontinuity.

एक फलन f का $x = a$ पर परिमित दाईं सीमा या बाईं सीमा न हो तथा $x = a$ पर फलन अपरिभाषित हो। यदि f, $x = a$ पर परिमित है, तब यह कहा जा सकता है कि $x = a$ पर परिमित असतत्ता है।

जैसे—$f(x) = \cos(1/x)$ की परिमित असतत्ता है।

परिमित असतत्ता एक असतत्ता (विलोपनीय, सरल या दोनों नहीं) होती है जो इस प्रकार है कि एक बिन्दु के परित: एक अन्तराल हो जिसमें फलन परिबद्ध हो।

जैसे—$x = 0$ पर $\sin\frac{1}{x}$ की परिमित असतत्ता है जोकि न तो विलोपनीय है और न ही सरल है।

एक फलन की असतत्ता जोकि अन्तराल के केन्द्र पर हो तथा अन्तराल पर फलन परिबद्ध हो, परिमित असतत्ता कहलाती है।

finite group (**फाइनाइट् ग्रुप**) परिमित समूह। If in a group G the underlying set G consists of a finite number of distinct elements, then the group is called a finite group. The number of elements in a finite group is called the order of the group and is denoted by $O(G)$.

यदि समूह G में समुच्चय G में विभिन्न अवयवों की परिमित संख्या है, तब समूह को परिमित समूह कहते हैं। परिमित समूह में अवयवों की संख्या को समूह की कोटि कहते हैं तथा $O(G)$ से निरूपित करते हैं।

finite sequence (फाइनाइट् सिक्वेन्स) परिमित अनुक्रम। A sequence which has n terms $a_1, a_2, \ldots, a_n$ corresponding to integers 1, 2, ..., n where $n \in I^+$, is known as finite sequence.

एक अनुक्रम जिसमें n पद $a_1, a_2, \ldots, a_n$ पूर्णांकों $1, 2, 3, \ldots, n$ जहाँ $n \in I^+$ के संगत हों, को परिमित अनुक्रम कहते हैं।

finite series (फाइनाइट् सीरिज) परिमित श्रेणी। A series that has a finite number of terms, is known as finite series.

e.g., a series $a_1 + a_2 + \ldots + a_n$ is a finite series.

एक श्रेणी जिसमें पदों की संख्या परिमित हो, परिमित श्रेणी कहलाती है।

जैसे—श्रेणी $a_1 + a_2 + \ldots + a_n$ एक परिमित श्रेणी है।

finite set (फाइनाइट् सैट) परिमित समुच्चय। A set in which counting of elements come to an end is known as finite set or in other words a set which has a finite number of elements, is known as a finite set. The number of distinct elements in a finite set is order of finite set and is denoted by $n(A)$ where A is any finite set.

e.g., A = Set of all natural numbers less than 11.

$= \{1, 2, 3, 4, 5, 6, 7, 8, 9, 10\}$

Here, $n(A) = 10$

एक समुच्चय जिसमें अवयव की गणना का अन्त होता है, परिमित समुच्चय कहलाता है या दूसरे शब्दों में, एक समुच्चय जिसमें परिमित संख्या में अवयव हो, परिमित समुच्चय कहलाता है। परिमित समुच्चय में विभिन्न अवयवों की संख्या को परिमित संख्या की कोटि कहते हैं तथा $n(A)$ से निरूपित करते हैं जहाँ A एक परिमित समुच्चय है।

जैसे—A = 11 से छोटी प्राकृतिक संख्याओं का समुच्चय

$= \{1, 2, 3, 4, 5, 6, 7, 8, 9, 10\}$

यहाँ, $n(A) = 10$

finite dimensional (फाइनाइट् डाइमेन्शनल) परिमित विमीय। A vector space is said to be finite dimensional, if it can be defined by a finite set of linearly independent vectors.

एक सदिश समष्टि को परिमित विमीय कहते हैं यदि यह रैखिक स्वतन्त्र सदिशों के परिमित समुच्चय द्वारा परिभाषित हो सकता है।

first derivative (फर्स्ट डेरीवेटिव) प्रथम अवकलज। Let $y = f(x)$, then $\frac{dy}{dx} = f'(x)$ is known as first derivative of y with respect to x.

e.g., $y = e^x$, then $\frac{dy}{dx} = e^x$

माना $y = f(x)$, तब $\frac{dy}{dx} = f'(x)$ को y का x के सापेक्ष प्रथम अवकलज कहते हैं।

जैसे—$y = e^x$, तब $\frac{dy}{dx} = e^x$

first derivative test (फर्स्ट डेरीवेटिव टेस्ट) प्रथम अवकलज परीक्षण।

See derivative test

अवकलज परीक्षण देखें।

F

first order differential equation (फर्स्ट ऑर्डर डिफरेन्शियल इक्वेशन) प्रथम कोटि की अवकल समीकरण। A differential equation which has only first order differential coefficient, is known as first order differential equation.

e.g., $\frac{dy}{dx} = 5x$ is a first order differential equation.

एक अवकल समीकरण जिसमें केवल प्रथम कोटि का अवकल गुणांक होता है, प्रथम कोटि की अवकल समीकरण कहलाती है।

जैसे— $\frac{dy}{dx} = 5x$ एक प्रथम कोटि की अवकल समीकरण है।

first principle (फर्स्ट प्रिंसीपल) प्रथम सिद्धान्त। This principle is related to differentiation of a function. According to first principle,

"In the process of finding differentiation of a function only definition must be used and it known that no one differentiation of a function is given."

यह सिद्धान्त एक फलन के अवकलन से सम्बन्धित होता है। इस सिद्धान्त के अनुसार,

''एक फलन का अवकलन ज्ञात करने के लिए केवल परिभाषा का उपयोग किया जाना चाहिए तथा यह माना जाए कि किसी भी फलन का अवकलन ज्ञात नहीं है।''

fixed point (फिक्स्ड प्वाइन्ट) निश्चित बिन्दु। If the position of a point does not changed in any transformation, then point is known as fixed point.

यदि किसी भी रूपान्तरण में एक बिन्दु की स्थिति में कोई परिवर्तन नहीं होता है, तब बिन्दु को निश्चित बिन्दु कहते हैं।

floor function (फ्लोर फंक्शन्) फ्लोर फलन। See greatest integer function.

महत्तम पूर्णांक फलन देखें।

flow chart (फ्लो चार्ट) प्रवाह संचित्र। A flow chart is a pictorial representation of the steps involved in solving a problem.

In other words, a flow chart is a step-by-step diagrammatic representation of the logic paths contained within a solution to the given problem.

एक समस्या को हल करने में समाहित चरणों का चित्रात्मक निरूपण प्रवाह संचित्र कहलाता है।

दूसरे शब्दों में, एक प्रवाह संचित्र एक दी गई समस्या के हल में लॉजिक पथों का चरणबद्ध चित्रात्मक निरूपण होता है।

focal (फोकल) नाभीय। Related to going through or measured from the focus.

नाभि से होकर जाने या मापे जाने से सम्बन्धित।

focal chord (फोकल कोर्ड) नाभीय जीवा। A chord of a conic passing through the focus is called a focal chord.

शांकव की एक जीवा जो नाभि से होकर जाती है, नाभीय जीवा कहलाती है।

focal distance (फोकल डिस्टेन्स) नाभीय दूरी। The distance of a point from the focus of the conic is known as focal distance of that point.

e.g., focal distance of any point $P(h, k)$ on the parabola $y^2 = 4ax$ is $h + a$.

एक बिन्दु की शांकव की नाभि से दूरी को उस बिन्दु की नाभीय दूरी कहते हैं।

जैसे—परवलय $y^2 = 4ax$ पर कोई बिन्दु $P(h, k)$ की नाभीय दूरी $h + a$ है।

focal radius (**फोकल रेडियस**) नाभीय त्रिज्या। A line segment between the focus of a conic and any point on the conic is known as focal radius.

शांकव की नाभि तथा शांकव पर स्थित बिन्दु के बीच के रेखाखण्ड को नाभीय त्रिज्या कहते हैं।

focus (**फोकस**) नाभि। The locus of a point P which moves in a plane such that its distance from a fixed point is always in a constant ratio to its perpendicular distance from a fixed straight line, is known as a conic section.

The fixed point is known as focus of the conic.

The coordinates of a focus of a parabola $y^2 = 4ax$ are $(\pm a, 0)$.

The coordinates of foci of an ellipse $\frac{x^2}{a^2} + \frac{y^2}{b^2} = 1$ are $(\pm ae, 0)$ where $e = \sqrt{1 - \frac{b^2}{a^2}}$.

The coordinates of foci of a hyperbola $\frac{x^2}{a^2} - \frac{y^2}{b^2} = 1$ are $(\pm ae, 0)$ where $e = \sqrt{1 + \frac{b^2}{a^2}}$.

एक बिन्दु P जो इस प्रकार गमन करता है कि इसकी निश्चित बिन्दु से दूरी सदैव इसकी एक निश्चित सरल रेखा के लम्बवत् दूरी का अनुपात अचर होता है, के बिन्दुपथ को शांकव कहते हैं।

निश्चित बिन्दु को शांकव की नाभि कहते हैं। परवलय $y^2 = 4ax$ की नाभि के निर्देशांक $(\pm a, 0)$ होते हैं।

दीर्घवृत्त $\frac{x^2}{a^2} + \frac{y^2}{b^2} = 1$ की नाभि के निर्देशांक $(\pm ae, 0)$ जहाँ $e = \sqrt{1 - \frac{b^2}{a^2}}$ होते हैं।

अतिपरवलय $\frac{x^2}{a^2} - \frac{y^2}{b^2} = 1$ की नाभि के निर्देशांक $(\pm ae, 0)$, जहाँ $e = \sqrt{1 + \frac{b^2}{a^2}}$ होते हैं।

foot of the perpendicular (**फुट ऑफ द परपेन्डीक्यूलर**) लम्ब का पाद। The point at which a line perpendicular to another line or to a plane meets that line or plane is known as foot of the perpendicular.

एक बिन्दु जिस पर एक रेखा जो अन्य रेखा या तल पर लम्बवत् है, उस रेखा या तल को मिलती है, लम्ब का पाद कहलाता है।

force (**फोर्स**) बल। The product of mass of the body and its acceleration is known as force. SI unit of force is Newton.

एक पिण्ड के द्रव्यमान व इसके त्वरण के गुणनफल को बल कहते हैं। बल का एस.आई. मात्रक न्यूटन है।

formula (**फॉर्मूला**) सूत्र। Any identity, general rule or law of mathematics is known as formula.

किसी तत्समक, व्यापक नियम या गणितीय नियम को सूत्र कहते हैं।

fourth root of unity (**फोर्थ रूट ऑफ यूनिटि**) इकाई का चतुर्थ मूल। A complex number z such that $z^4 = 1$ is known as fourth root of unity. The fourth root of unity which are $1, i, -1$ and $-i$.

एक सम्मिश्र संख्या z जो इस प्रकार है कि $z^4 = 1$ को इकाई का चतुर्थ मूल कहते हैं। यहाँ 4 इकाई के चतुर्थ मूल होते हैं जोकि $1, i, -1$ व $-i$ होते हैं।

fraction (**फ्रैक्शन्**) भिन्न। A number which is in the form of $\frac{a}{b}$ is known as fraction here a is the numerator of fraction while b is the denominator of fraction. If $a < b$, then fraction is proper otherwise it is improper. An improper fraction $\frac{a}{b}$ can be written as $c\frac{d}{e}$ which is known as mixed fraction.

e.g., $\frac{7}{12}$ is a fraction and $3\frac{1}{2}$ is a mixed fraction.

एक संख्या जोकि $\frac{a}{b}$ रूप की होती है, भिन्न कहलाती है। a को भिन्न का अंश तथा b को भिन्न का हर कहते हैं। यदि $a < b$ तब भिन्न उचित होता है अन्यथा अनुचित भिन्न होता है। एक अनुचित भिन्न $\frac{a}{s}$ को $c\frac{d}{e}$ के रूप में व्यक्त कर सकते हैं जोकि मिश्र भिन्न कहलाता है।

जैसे — $\frac{7}{12}$ एक भिन्न है तथा $3\frac{1}{2}$ एक मिश्र भिन्न है।

fractional part (**फ्रैक्शनल पार्ट**) भिन्नात्मक भाग। The number $x - [x], \forall\ x \in R$ where $[x]$ is a greatest integer is known as fractional part of x and is denoted by $\{x\}$.

संख्या $x - [x], \forall\ x \in R$ जहाँ $[x]$ एक महत्तम पूर्णांक फलन है, को x का भिन्नात्मक भाग कहते हैं तथा $\{x\}$ से प्रदर्शित करते हैं।

freely hinged (**फ्रीली हिन्जड**) स्वतन्त्र रूप से लटका हुआ। See smoothly hinged. स्मूथली हिन्जड देखें।

frequency (in mechanics) {**फ्रिक्वेन्सी (इन् मैकेनिक्स**)} आवृत्ति (यांत्रिकी में)। Frequency is the number of vibrations (or oscillations) completed by an oscillator in one second. It is denoted by P. SI unit of frequency is hertz (Hz). Thus, the time taken to complete one fraction is $\frac{1}{\nu}$ and is known as time of vibration.

$$\therefore \quad T = \frac{1}{\nu} \quad \Rightarrow \quad \nu = \frac{1}{T} = T^{-1}$$

एक दोलक द्वारा एक सेकण्ड में पूरे किए गए कम्पनों (या दोलनों) की संख्या को आवृत्ति कहते हैं। इसे ν से निरूपित करते हैं। आवृत्ति का SI मात्रक हर्ट्ज (Hz) है। इस प्रकार, एक दोलन पूरा करने में लगा समय $\frac{1}{\nu}$ होता है तथा इसे आवर्तकाल कहते हैं।

$$\therefore \quad T = \frac{1}{\nu} \quad \Rightarrow \quad \nu = \frac{1}{T} = T^{-1}$$

frequency (in statistics) {**फ्रिक्वेन्सी (इन् स्टेटिस्टिक्स**)} बारम्बारता (सांख्यिकी में)। For individual data, the number of times that a particular value occurs as an observation, is known as frequency.

For grouped data, the frequency corresponding to a group is the number of observations that lie in that group.

वैयक्ति आँकड़ों में, एक विशेष मान जितनी बार प्रेक्षण के रूप में आता है। वह संख्या उसकी बारम्बारता कहलाती है।

वर्गीकृत आँकड़ों के लिए एक समूह के संगत बारम्बारता उस वर्ग में आँकड़ों की संख्या होती है।

frequency curve (**फ्रिक्वेन्सी कर्व**) बारम्बारता वक्र। A smoothed frequency polygon for data that can take a continuous set of values.
आँकड़ों के लिए एक सरल बारम्बारता बहुभुज जो सतत् समुच्चय के मानों को ग्रहण करता है।

frequency distribution (**फ्रिक्वेन्सी डिस्ट्रीब्यूशन**) बारम्बारता बंटन। The tabular arrangement of data, showing the frequency of each observation, is called a frequency distribution.

(i) **Exclusive form** A frequency distribution in which each upper limit of each class is excluded and lower limit is included, is called an exclusive form.

(ii) **Inclusive form** A frequency distribution in which each upper limit as well as lower limit is included, is called an inclusive form.

प्रत्येक प्रेक्षण की बारम्बारंता को प्रदर्शित करने वाला, आँकड़ों की सारणीयन व्यवस्था बारम्बारता बंटन कहलाती है।

बारम्बारता बंटन दो प्रकार के होते हैं

(i) **अपवर्जित रूप** एक बारम्बारता बंटन जिसमें प्रत्येक वर्ग की उपरि सीमा को छोड़ दिया जाता है तथा निम्न सीमा को लिया जाता है, अपवर्जित रूप में कहलाती है।

(ii) **अन्त:विष्ट रूप** एक बारम्बारता बंटन जिसमें उपरि सीमा के साथ-साथ निम्न सीमा को भी लिया जाता है, अन्त:विष्ट रूप में कहलाती है।

frequency polygon (**फ्रिक्वेन्सी पॉलीगॉन**) बारम्बारता बहुभुज। Let $x_1, x_2, \ldots, x_n$ be the class mark (*i.e.*, mid-points) of the given frequency distribution and let $f_1, f_2, \ldots, f_n$ be the corresponding frequencies. We plot the points $(x_1, f_1), (x_2, f_2), \ldots, (x_n, f_n)$ on a graph paper and join these points by line segments. We complete the diagram in the form of a polygon. This polygon is known as frequency polygon of the given frequency distribution.

e.g., the daily pocket expenses of 206 students in a school are given below

Pocket expenses	Number of students
0–5	10
5–10	16
10–15	30
15–20	42
20–25	50
25–30	30
30–35	16
35–40	12

A frequency polygon representing the above data is as shown in the figure.

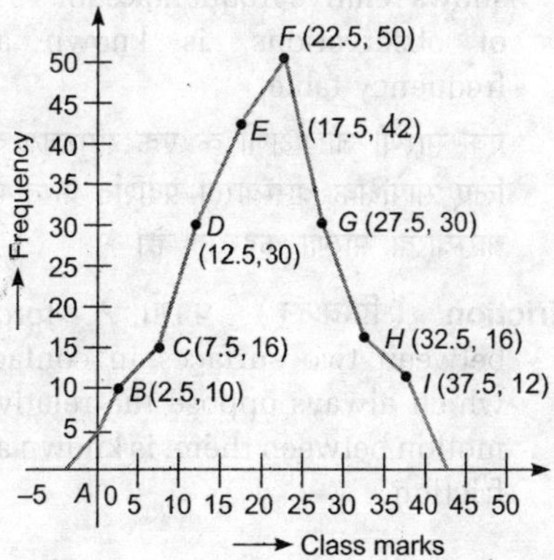

माना दिए गए बारम्बारता बंटन के वर्ग चिन्ह $x_1, x_2, \ldots, x_n$ हैं तथा माना इनके संगत बारम्बारताएँ $f_1, f_2, \ldots, f_n$ हैं। हम आलेख पेपर पर बिन्दुओं $(x_1, f_1), (x_2, f_2), \ldots, (x_n, f_n)$ निर्धारित करते हैं तथा इन बिन्दुओं को रेखाखण्डों से मिलाते हैं। इस चित्र को बहुभुज के रूप में पूरा करते हैं।

इस बहुभुज को दिए गए बारम्बारता बंटन का बारम्बारता बहुभुज कहते हैं।

जैसे—एक विद्यालय में 206 छात्रों के प्रतिदिन के पॉकेट खर्च नीचे दिए गए हैं

पॉकेट खर्च	छात्रों की संख्या
0–5	10
5–10	16
10–15	30
15–20	42
20–25	50
25–30	30
30–35	16
35–40	12

उपरोक्त आँकड़ों को प्रदर्शित करने वाला बारम्बारता बहुभुज चित्रानुसार है।

frequency table (**फ्रिक्वेन्सी टेबल**) बारम्बारता सारणी। A table which shows relative frequencies for a set of observations, is known as frequency table.

एक सारणी जो प्रेक्षणों के एक समुच्चय के लिए सापेक्षिक बारम्बारता प्रदर्शित करते हैं, बारम्बारता सारणी कहलाती है।

friction (**फ्रिक्शन्**) घर्षण। A force between two surfaces in contact which always oppose the relative motion between them, is known as friction.

दो सम्पर्क तलों के मध्य लगने वाला बल जो दोनों तलों के मध्य सापेक्ष गति का विरोध करता है, घर्षण कहलाता है।

frictional couple (**फ्रिक्शनल कपल**) घर्षण बलयुग्म। A couple created by a pair of equal and opposite frictional forces is known as frictional couple.

एक बलयुग्म जो बराबर तथा विपरीत घर्षण बलों के युग्मों द्वारा बनता है, घर्षण बलयुग्म कहलाता है।

frictional force (**फ्रिक्शनल फॉर्स**) घर्षण बल। Force of friction is a contact force and is always directed along the surface in contact in the opposite direction of motion.

घर्षण बल एक सम्पर्क बल है जो हमेशा इसके सम्पर्क में आई सतहों के बीच गति की विपरीत दिशा में लगता है।

frustum (**फ्रस्टम**) छिन्नक। A part of a right circular cone between two parallel planes perpendicular to the axis, is known as frustum.

Let the distance between two parallel planes is h and upper and lower circles of frustum are respectively r_1 and r_2, then

Volume of frustum

$$= \frac{1}{3}\pi h(r_1^2 + r_1 r_2 + r_2^2)$$

and curved surface area of frustum

$$= \pi(r_1 + r_2)\, l$$

where slant height of frustum is l.

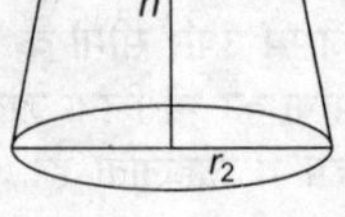

दो समान्तर तलों जो अक्ष के लम्बवत् हैं, के बीच का लम्बवृत्तीय शंकु का भाग छिन्नक कहलाता है।

माना दोनों समान्तर तलों के बीच की दूरी h है तथा छिन्नक के ऊपर व नीचे के वृत्तों की त्रिज्याएँ क्रमशः r_1 व r_2 हैं, तब

छिन्नक का आयतन

$$= \frac{1}{3} \pi h(r_1^2 + r_1 r_2 + r_2^2)$$

तथा छिन्नक का वक्रपृष्ठ $= \pi(r_1 + r_2) l$

जहाँ l छिन्नक की तिरछी ऊँचाई है।

function (फंक्शन्) फलन। Let A and B be two non-empty sets. Then a function f from set A to B is a rule which associates elements of set A to elements of B such that all elements of set A are associated to elements of set B in unique way.

If f associates $x \in A$ to $y \in B$, then we say that y is the image of the element x and denote it by $f(x)$ and write as $y = f(x)$. The element x is called the pre-image in A.

A function is denoted by $f : A \to B$.

Here, A is known as domain of f while B is known as codomain of f.

Set $f(A) = \{f(x) : x \in A\}$ is known as range of f.

माना A व B दो अरिक्त समुच्चय हैं। तब एक फलन f समुच्चय A से B पर एक नियम है जोकि समुच्चय A के अवयवों को B के अवयवों से इस प्रकार सम्बन्धित करता है कि समुच्चय A के सभी अवयव समुच्चय B के अवयवों से अद्वितीय रूप से सम्बन्धित होता है।

यदि f, $x \in A$ को $y \in B$ से सम्बन्धित करता है, तब हम कहते हैं कि अवयव x का प्रतिबिम्ब y है तथा इसे $f(x)$ द्वारा निरूपित करते हैं तथा $y = f(x)$ लिखते हैं। अवयव x को A में पूर्व प्रतिबिम्ब कहते हैं।

एक फलन को $f : A \to B$ द्वारा निरूपित करते हैं।

यहाँ A को f का प्रान्त कहते हैं जबकि B को f का सहप्रान्त कहते हैं।

समुच्चय $f(A) = \{f(x) : x \in A\}$ को f की परास कहते हैं।

fundamental theorem of algebra (फन्डामेन्टल थ्योरम ऑफ एल्जैब्रा) बीजगणित की आधारभूत प्रमेय। According to the fundamental theorem of Algebra,

"Every polynomial equation whose some coefficients are complex and which of degree greater than or equal to 1, has atleast one complex root."

In other words,

"Every polynomial equation

$a_n x^n + a_{n-1} x^{n-1} + \ldots + a_0 = 0$

where $a_i \in R$ or C and $a_n \neq 0$, has a complex root."

बीजगणित की आधारभूत प्रमेय से,

''प्रत्येक बहुपद समीकरण जिसके कुछ गुणांक सम्मिश्र हैं तथा जिसकी कोटि 1 के बराबर या उससे बड़ी है, का कम-से-कम एक सम्मिश्र मूल होता है।''

दूसरे शब्दों में,

"प्रत्येक बहुपद समीकरण

$$a_n x^n + a_{n-1} x^{n-1} + \ldots + a_0 = 0$$

जहाँ $a_i \in R$ या C तथा $a_n \neq 0$ का एक सम्मिश्र मूल है।

fundamental theorem of arithmetic
(फन्डामेन्टल थ्योरम ऑफ अर्थमैटिक)
अंकगणित की आधारभूत प्रमेय।

According to this theorem,

"Every natural number (other than 1) or every integer (except 0 and ± 1) can be uniquely expressed as a product of prime numbers or prime integers."

e.g., $16 = 2 \times 2 \times 2 \times 2$

$= (-2) \times (-2) \times (-2) \times (-2)$

इस प्रमेय के अनुसार,

"प्रत्येक प्राकृतिक संख्या (1 के अतिरिक्त) या प्रत्येक पूर्णांक (0 तथा ± 1 के अतिरिक्त) को अभाज्य संख्याओं या अभाज्य पूर्णांकों के गुणनफल के रूप में अद्वितीय रूप से व्यक्त किया जा सकता है।"

जैसे—$16 = 2 \times 2 \times 2 \times 2$

$= (-2) \times (-2) \times (-2) \times (-2)$

fundamental theorem of calculus
(फन्डामेन्टल थ्योरम ऑफ कैलकुलस)
कैलकुलस (फलन) की आधारभूत प्रमेय।

According to this theorem,

"If f is continuous on $[a, b]$ and F is a function such that $F'(x) = f(x), \forall\ x \in [a, b]$, then

$$\int_a^b f(x)\,dx = F(b) - F(a)$$

इस प्रमेय के अनुसार,

"यदि $[a, b]$ पर f सतत् है तथा F इस प्रकार है, कि $F'(x) = f(x), \forall\ x \in [a, b]$, तब

$$\int_a^b f(x)\,dx = F(b) - F(a)$$

G

g (**जी**) जी। g is to represent the acceleration due to gravity. गुरुत्व के कारण उत्पन्न त्वरण को निरूपित करने के लिए g का प्रयोग करते हैं।

gamma distribution (**गामा डिस्ट्रीब्यूशन**) गामा बंटन। If x is a random variable whose p.d.f. is $f(x) = \frac{\lambda^{\nu} x^{\nu-1} e^{-\lambda x}}{\Gamma\nu}$, where $\Gamma\nu$ is a gamma function and $\lambda, \nu, x > 0$, then it can be say that x has a gamma distribution with parameters λ, ν.

यदि x एक यादृच्छिक चर है जिसका p.d.f. $f(x) = \frac{\lambda^{\nu} x^{\nu-1} e^{-\lambda x}}{\Gamma\nu}$, है जहाँ $\Gamma\nu$ एक गामा फलन है तथा $\lambda, \nu, x > 0$, तब यह कहा जा सकता है कि x का प्राचल λ, ν के साथ गामा बंटन है।

gamma funtion (**गामा फंक्शन्**) गामा फलन। The definite integral $\int_0^{\infty} e^{-x} x^{n-1} dx, \forall n > 0$ is called the Gamma function and is denoted by Γn. Thus, $\Gamma n = \int_0^{\infty} e^{-x} x^{n-1} dx$ $\forall n > 0$

Gamma function is also called Eulerian integral of the second kind.

Also, $\Gamma(n+1) = n\,\Gamma n, \ \forall n > 0$

and $\Gamma n = (n-1)!, \quad \forall n \in I^+$,

$\Gamma \frac{1}{2} = \sqrt{\pi}$

The relation between beta and gamma function is

$$B(m, n) = \frac{\Gamma m\, \Gamma n}{\Gamma(m+n)}, \forall m > 0, n > 0$$

निश्चित समाकलन $\int_0^{\infty} e^{-x} x^{n-1} dx$, $\forall n > 0$ को गामा फलन कहते हैं तथा Γn द्वारा निरूपित करते हैं।

इस प्रकार, $\Gamma n = \int_0^{\infty} e^{-x} x^{n-1} dx$ $\forall n > 0$,

गामा फलन को दूसरी प्रकार का यूलरीय समाकलन भी कहते हैं।

तथा $\Gamma(n+1) = n\,\Gamma n, \forall n > 0$

तथा $\Gamma n = (n-1)!, \quad \forall n \in I^+$,

$\Gamma \frac{1}{2} = \sqrt{\pi}$

बीटा तथा गामा फलन में निम्न सम्बन्ध है

$$B(m, n) = \frac{\Gamma m\, \Gamma n}{\Gamma(m+n)}, \forall m > 0, n > 0$$

Gaussian curvature (**गौसियन करवेचर**) गौसीय वक्रता। See curvature वक्रता देखें।

Gaussian distribution (**गौसियन डिस्ट्रीब्यूशन**) गौसीय बंटन। See normal distribution. प्रसामान्य बंटन देखें।

Gaussian elimination (**गौसियन ऐलीमेशन**) गौसीय विलोपन। Gaussian elimination is a particular systematic procedure for solving a set of linear equations in several unknowns.

This procedure is carried out by applying elementary row operation to the augmented matrix to transform it to Echelon form.

गौसीय विलोपन एक विशेष क्रमानुसार प्रक्रिया है जो बहुत से अज्ञातों की रैखिक समीकरणों के समुच्चयों को हल करने में प्रयुक्त होती है।

यह प्रक्रिया संवर्धित आव्यूह पर प्रारम्भिक पंक्ति संक्रिया लगाकर ऐशेलॉन रूप में परिवर्तित करके की जाती है।

Gaussian function (गौसियन फंक्शन्) गौसीय फलन। Function e^{-x^2} is known as gaussian function, if $\int_{-\infty}^{\infty} e^{-x^2}\, dx = \sqrt{\pi}$

फलन e^{-x^2} गौसीय फलन कहलाता है, यदि $\int_{-\infty}^{\infty} e^{-x^2}\, dx = \sqrt{\pi}$

Gaussian integer (गौसियन इन्टीजर) गौसीय पूर्णांक। A complex number $z = a + ib$ is said to be a gaussian integer, if both real and imaginary parts (a and b) are integers.

e.g., $z = 3 + 4i$ is a gaussian integer

एक सम्मिश्र संख्या $z = a + ib$ को गौसीय पूर्णांक कहते हैं, यदि दोनों वास्तविक व काल्पनिक भाग (a व b) पूर्णांक हैं।

जैसे—$z = 3 + 4i$ एक गौसीय पूर्णांक है।

Gaussian plane (गौसियन प्लेन) गौसीय तल। Gaussian plane is another name of complex plane.

सम्मिश्र तल का दूसरा नाम गौसीय तल है।

GCD (जी.सी.डी.) जी.सी.डी.। GCD is an abbreviation for greatest common divisior.

GCD महत्तम समापवर्तक के लिए शब्द संक्षेप है।

general solution (जनरल सोल्यूशन) व्यापक हल। A solution of a linear differential equation containing the same number of arbitrary constants as the order of the equation, is known as general solution. *e.g.*, general solution of linear differential equation $\frac{dy}{dx} + 2xy = e^{-x^2}$ is $ye^{x^2} = x + c$.

एक रैखिक अवकल समीकरण का हल जिसमें उतने स्वेच्छ अचर हो जितनी अवकल समीकरण की कोटि है, व्यापक हल कहलाता है।

जैसे—अवकल समीकरण $\frac{dy}{dx} + 2xy = e^{-x^2}$ का व्यापक हल $ye^{x^2} = x + c$ है।

general term (जनरल टर्म) व्यापक पद। See sequence and series. श्रेणी देखें

generalized eign values and eigen vectors (जनरलाईज्ड् आइगन वैल्यू एण्ड आइगन वेक्टर्स) व्यापीकृत आइगन मान तथा आइगन सदिश। Let A be a square matrix. Then, the generalized eigen values (λ_i) and eigen vectors (x_i) are the scalars and vectors respectively for which $Ax_i = \lambda_i x_i$. The values of λ_i can be obtained by solving det $(A - \lambda_i I) = 0$.

माना A एक वर्ग आव्यूह है। तब व्यापीकृत आइगन मान (λ_i) व आगइन सदिश (x_i) क्रमशः अदिश व सदिश हैं जिनके लिए $Ax_i = \lambda_i x_i$

λ_i का मान det $(A - \lambda_i I) = 0$ को हल करके ज्ञात किया जा सकता है।

generator (जनरेटर) जनक। A line that generates a surface is known as generator. *e.g.*, in a cone, cylinder a line generates the surface.

एक रेखा जो पृष्ठ को जनित करती है, जनक कहलाती है। जैसे—शंकु, बेलन में एक रेखा पृष्ठ को जनित करती है।

geometric distribution (**ज्योमैट्रिक डिस्ट्रीब्यूशन**) गुणोत्तर बंटन। The discrete probability distribution for which the number of experiments required to achieve the first success in a sequence of independent experiments whose probability of success is same, is known as geometric distribution

असतत् प्रायिकता बंटन जिसके लिए स्वतन्त्र प्रयोगों के क्रम में प्रथम सफलता प्राप्त करने के लिए कुछ प्रयोगों की आवश्यकता होती है जिनमें प्रत्येक प्रयोग की सफलता की प्रायिकता समान है, गुणोत्तर बंटन कहलाता है।

geometric mean (**ज्योमैट्रिक मीन**) गुणोत्तर माध्य। If $x_1, x_2, \ldots, x_n$ are n observations all of which are non-zero, then

Geometric mean = GM

$$= (x_1 \cdot x_2 \ldots x_n)^{1/n}$$

$$= \text{antilog}\left(\frac{1}{n}\sum_{i=1}^{n} \log x_i\right)$$

and if $x_1, x_2, \ldots, x_n$ are n observations whose corresponding frequencies are $f_1, f_2, \ldots, f_n$ respectively, then

Geometric mean = GM

$$= (x_1^{f_1} \cdot x_2^{f_2} \ldots x_n^{f_n})^{1/N}$$

$$= \text{antilog}\left(\frac{1}{N}\sum_{i=1}^{n} f_i \log x_i\right)$$

where $N = f_1 + f_2 + \ldots + f_n$

यदि $x_1, x_2, \ldots, x_n$ प्रेक्षण हैं जिनमें सभी अशून्य हैं, तब

गुणोत्तर माध्य = GM

$$= (x_1 \cdot x_2 \ldots x_n)^{1/n}$$

$$= \text{antilog}\left(\frac{1}{n}\sum_{i=1}^{n} \log x_i\right)$$

तथा यदि $x_1, x_2, \ldots, x_n$, n प्रेक्षण हैं जिनके संगत बारम्बारताएँ $f_1, f_2, \ldots, f_n$ क्रमशः हैं, तब गुणोत्तर माध्य = GM

$$= (x_1^{f_1} \cdot x_2^{f_2} \ldots x_n^{f_n})^{1/N}$$

$$= \text{antilog}\left(\frac{1}{N}\sum_{i=1}^{n} f_i \log x_i\right)$$

जहाँ $N = f_1 + f_2 + \ldots + f_n$

geometric progression (**ज्योमैट्रिक प्रोग्रेशन**) गुणोत्तर श्रेणी। A sequence of non-zero numbers is called a geometric progression, if the ratio of a term and the term preceding to it, is always a constant quantity. The constant ratio is called the common ratio of the GP.

If $a_1, a_2, \ldots, a_n$ are in GP, then

$$\frac{a_2}{a_1} = \frac{a_3}{a_2} = \ldots = \frac{a_n}{a_{n-1}} = r.$$

r is known as common ratio of GP.

i.e., $a, ar, ar^2, \ldots$ are in GP, here a is first term and r is common ratio.

nth term of GP $= T_n = ar^{n-1}$

Last term of GP $= l = ar^{n-1}$

Sum of n terms of GP

$$= S_n = \begin{cases} \dfrac{a(r^n - 1)}{r - 1}, & r > 1 \\ \dfrac{a(1 - r^n)}{1 - r}, & r < 1 \end{cases}$$

Sum of infinite terms of GP,

$$= S_\infty = \frac{a}{1 - r}, |r| < 1$$

अशून्य संख्याओं का एक अनुक्रम गुणोत्तर श्रेणी कहलाता है यदि एक पद का उससे अगले पद से अनुपात सदैव एक अचर राशि हो।

अचर अनुपात को गुणोत्तर श्रेणी का सार्वानुपात कहते हैं।

G

यदि $a_1, a_2, ..., a_n$ गुणोत्तर श्रेणी में हैं, तब

$$\frac{a_2}{a_1} = \frac{a_3}{a_2} = ... = \frac{a_n}{a_{n-1}} = r$$

r को गुणोत्तर श्रेणी का सार्वानुपात कहते हैं।

अर्थात् $a, ar, ar^2, ...$ गुणोत्तर श्रेणी में हैं। यहाँ a प्रथम पद व r सार्वानुपात है, तब

गुणोत्तर श्रेणी का n वाँ पद $= T_n = ar^{n-1}$

गुणोत्तर श्रेणी का अन्तिम पद $= l = ar^{n-1}$

गुणोत्तर श्रेणी के n पदों का योग

$$S_n = \begin{cases} \dfrac{a(r^n - 1)}{r - 1}, r > 1 \\ \dfrac{a(1 - r^n)}{1 - r}, r < 1 \end{cases}$$

गुणोत्तर श्रेणी के अनन्त पदों का योग

$$S_\infty = \frac{a}{1 - r}, |\, r \,| < 1$$

geometric sequence (**ज्योमैट्रिक सिक्वेंन्स**) गुणोत्तर अनुक्रम। See geometric progression गुणोत्तर श्रेणी देखें।

geometric series (**ज्योमैट्रिक सीरिज**) गुणोत्तर श्रेणी। A series $a_1 + a_2 + a_3 + ...$ is said to be geometric series, if $a_1, a_2, ...$ is a geometric sequence.

एक श्रेणी $a_1 + a_2 + a_3 + ...$ को गुणोत्तर श्रेणी कहते हैं, यदि $a_1, a_2, ...$ गुणोत्तर अनुक्रम है।

geometrical representation (of a vector) ज्योमैट्रिकल रिप्रेजन्टेशन (ऑफ ए वेक्टर) ज्यामितीय निरूपण (एक सदिश का)। A vector quantity can be represented by directed line segment because this line segment has both magnitude and direction. This representation of a vector is known as geometrical representation. On joining O and P, we get a line segment OP whose length is its magnitude and its direction is from O to P. The direction is represented by an arrow. On this line segment O is called origin and P is called end point or terminal point. Vector **OP** is denoted by **a**. Modulus of vector **OP** is denoted by | **OP** |, which is the magnitude of the vector **OP**.

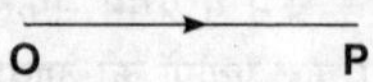

एक सदिश राशि को निर्देशित रेखाखण्ड द्वारा निरूपित किया जा सकता है क्योंकि इस रेखाखण्ड के दोनों परिमाण व दिशा होती है। सदिश का यह निरूपण ज्यामितीय निरूपण कहलाता है। O व P को मिलाने पर एक रेखाखण्ड OP मिलता है जिसकी लम्बाई इसका परिमाण तथा दिशा O से P तक होती है। दिशा को एक तीर द्वारा निरूपित करते हैं। इस रेखाखण्ड पर O को मूलबिन्दु तथा P को अन्तस्थ बिन्दु कहते हैं। सदिश **OP** को **a** से निरूपित करते हैं।

सदिश **OP** का मापांक | **OP** | द्वारा निरूपित किया जाता है जोकि सदिश **OP** का परिमाण है।

geometry (**ज्योमैट्रि**) ज्यामिति। Geometry is a branch of Mathematics which deals in the study of points, figures and their properties.

ज्यामिति गणित की वह शाखा है जिसके अन्तर्गत बिन्दु, आकृतियों तथा उनके गुणों का अध्ययन किया जाता है।

given (**गीवन**) दिया है। Something which is already known independently or something which is to be used in the course of a proof.

कुछ जोकि स्वतन्त्र रूप से पहले से ही ज्ञात है या कुछ जोकि उपपत्ति की प्रक्रिया में प्रयोग किया जाता है।

Gold Bach's conjecture (गोल्ड बैच'स कन्जक्चर) गोल्ड बैक का अनुमान। In 1742, the famous mathematician Gold Bach had a conjecture (guess) for which he could not provide a proof so far no mathematician could provide a proof or contradict it by finding even one example. So, it still remains a conjecture and is known as Gold Bach's conjecture and may be stated as under.

"Every even number greater than 2 can be expressed as the sum of two odd prime numbers."

e.g., $6 = 3 + 3$, $10 = 3 + 7$,
$16 = 3 + 13$ and so on.

1742 में, प्रसिद्ध गणितज्ञ गोल्ड बैक ने एक अनुमान लगाया जिसके लिए उन्होंने कोई उपपत्ति नहीं दी। अब तक किसी भी गणितज्ञ ने न तो कोई उपपत्ति दी और न ही एक भी उदाहरण प्रस्तुत करके विरोधाभास उत्पन्न किया। इसलिए यह अब भी एक अनुमान है तथा इसे गोल्ड बैक का अनुमान कहते हैं तथा इसे निम्न प्रकार लिखा जा सकता है

''प्रत्येक 2 से बड़ी सम संख्या को दो विषम अभाज्य संख्याओं के योग के रूप में व्यक्त किया जा सकता है।''

जैसे — $6 = 3 + 3$, $10 = 3 + 7$,
$16 = 3 + 13$ तथा इसी प्रकार।

golden rectangle (गोल्डन रेक्टएंगल) गोल्डन आयत। A rectangle is said to be golden rectangle if its sides are in the golden ratio, *i.e.*, in the ratio $1 : \dfrac{1+\sqrt{5}}{2}$ or approximately $1 : 1.618$.

A distinctive feature of this shape is that when a square section is removed, the remainder is another golden rectangle.

एक आयत को गोल्डन आयत कहते हैं यदि इसकी भुजाएँ गोल्डन अनुपात अर्थात् $1 : \dfrac{1+\sqrt{5}}{2}$ या लगभग $1 : 1.618$ अनुपात में है।

इस आकृति का एक अभिन्न गुण यह है कि जब एक वर्ग खण्ड हटाया जाता है, तब शेष भाग दूसरा गोल्डन आयत होता है।

grad (ग्रेड) ग्रेड। grad is an abbreviation used for gradient.

grad ग्रेडियेन्ट के लिए शब्द संक्षेप के रूप में प्रयुक्त किया जाता है।

grade (ग्रेड) ग्रेड। Grade is an angular measure which is one-hundred'th part of a right angle.

ग्रेड एक कोणीय माप है जोकि एक समकोण का सौवाँ भाग होता है।

gradient (ग्रेडियेन्ट) ग्रेडियेन्ट। Let $f(x, y, z)$ be defined and differentiable at each point (x, y, z) in a certain region of space. Then, the gradient of f is defined as

$$\text{grad } f = \nabla f = \left(\frac{\partial}{\partial x}\mathbf{i} + \frac{\partial}{\partial y}\mathbf{j} + \frac{\partial}{\partial z}\mathbf{k}\right) f$$

$$= \frac{\partial f}{\partial x}\mathbf{i} + \frac{\partial f}{\partial y}\mathbf{j} + \frac{\partial f}{\partial z}\mathbf{k}$$

It is written as ∇f or grad f. It is a vector quantity.

grad f has following properties

(i) grad $(f \pm g)$ = grad $f \pm$ grad g

(ii) f is a constant function, if $\nabla f = 0$

(iii) grad $(fg) = f$ grad $g + g$ grad f

(iv) $\text{grad}\left(\frac{f}{g}\right) = \frac{g \,\text{grad}\, f - f \,\text{grad}\, g}{g^2}$

माना समष्टि के एक निश्चित क्षेत्र के प्रत्येक बिन्दु (x, y, z) पर $f(x, y, z)$ अवकलनीय व परिभाषित है। तब, f का ग्रेडियेन्ट निम्न प्रकार परिभाषित है

$$\text{grad } f = \nabla f = \left(\frac{\partial}{\partial x}\mathbf{i} + \frac{\partial}{\partial y}\mathbf{j} + \frac{\partial}{\partial z}\mathbf{k}\right) f$$

$$= \frac{\partial f}{\partial x}\mathbf{i} + \frac{\partial f}{\partial y}\mathbf{j} + \frac{\partial f}{\partial z}\mathbf{k}$$

इसे ∇f या grad f से निरूपित करते हैं। यह एक सदिश राशि है।

grad f के निम्न गुण हैं

(i) $\text{grad}(f \pm g) = \text{grad}\, f \pm \text{grad}\, g$

(ii) f एक अचर फलन होगा, यदि $\nabla f = 0$

(iii) $\text{grad}(fg) = f \,\text{grad}\, g + g \,\text{grad}\, f$

(iv) $\text{grad}\left(\frac{f}{g}\right) = \frac{g \,\text{grad}\, f - f \,\text{grad}\, g}{g^2}$

gradient (of a curve) {ग्रेडियेन्ट (ऑफ ए कर्व)} प्रवणता (वक्र की)। The gradient of a curve at a point P is equal to gradient of the tangent to the curve at P.

In case of a graph $y = f(x)$, the gradient is equal to $f'(x)$.

एक बिन्दु P पर वक्र की प्रवणता बिन्दु P पर खींची गई स्पर्श रेखा की प्रवणता के बराबर होती है। आलेख $y = f(x)$ की दशा में, प्रवणता $f'(x)$ के बराबर होती है।

graph (ग्राफ) आलेख। A drawing that shows the relationship between numbers or quantities. Graphs are generally drawn with coordinate axes at right angles.

एक चित्रकला जो संख्याओं या राशियों के मध्य एक सम्बन्ध को दर्शाती है। आलेखों को व्यापक रूप से समकोणीय कार्तीय निर्देशांकों पर खींचा जाता है।

great circle (ग्रेट सर्किल) नियामक वृत्त। A circle on the surface of a sphere that has the same radius as the sphere.

एक वृत्त जो गोले के पृष्ठ पर होता है तथा उसी के तरह समान त्रिज्या रखता है।

greatest common divisor (ग्रेटेस्ट कॉमन डिवाइजर) महत्तम समापवर्तक। The greatest common divisor of a sequence of integer, is the largest integer that divides each of them exactly.

e.g., the GCD of 25 and 30 is 5.

वह बड़ी-से-बड़ी संख्या जो सभी में उभयनिष्ठ हो तथा संख्या सभी को पूर्ण विभाजित कर दे।

जैसे—25 तथा 30 का महत्तम समापवर्तक 5 है।

H

half-angle formula (**हॉफ-एंगल फॉर्मूला**) अर्द्ध कोण सूत्र। Following formulae are known as half-angle formulae.

1. $\sin\frac{A}{2} = \sqrt{\frac{(s-b)(s-c)}{bc}}$

2. $\sin\frac{B}{2} = \sqrt{\frac{(s-c)(s-a)}{ca}}$

3. $\sin\frac{C}{2} = \sqrt{\frac{(s-a)(s-b)}{ab}}$

4. $\cos\frac{A}{2} = \sqrt{\frac{s(s-a)}{bc}}$

5. $\cos\frac{B}{2} = \sqrt{\frac{s(s-b)}{ac}}$

6. $\cos\frac{C}{2} = \sqrt{\frac{s(s-c)}{ab}}$

7. $\tan\frac{A}{2} = \sqrt{\frac{(s-b)(s-c)}{s(s-a)}}$

8. $\tan\frac{B}{2} = \sqrt{\frac{(s-a)(s-c)}{s(s-b)}}$

9. $\tan\frac{C}{2} = \sqrt{\frac{(s-a)(s-b)}{s(s-c)}}$

निम्न सूत्रों को अर्द्ध कोण सूत्र कहते हैं।

1. $\sin\frac{A}{2} = \sqrt{\frac{(s-b)(s-c)}{bc}}$

2. $\sin\frac{B}{2} = \sqrt{\frac{(s-c)(s-a)}{ca}}$

3. $\sin\frac{C}{2} = \sqrt{\frac{(s-a)(s-b)}{ab}}$

4. $\cos\frac{A}{2} = \sqrt{\frac{s(s-a)}{bc}}$

5. $\cos\frac{B}{2} = \sqrt{\frac{s(s-b)}{ac}}$

6. $\cos\frac{C}{2} = \sqrt{\frac{s(s-c)}{ab}}$

7. $\tan\frac{A}{2} = \sqrt{\frac{(s-b)(s-c)}{s(s-a)}}$

8. $\tan\frac{B}{2} = \sqrt{\frac{(s-a)(s-c)}{s(s-b)}}$

9. $\tan\frac{C}{2} = \sqrt{\frac{(s-a)(s-b)}{s(s-c)}}$

half-closed interval (**हॉफ-क्लोज्ड् इन्टरवल**) अर्द्ध संवृत्त अन्तराल। An interval which includes one end but not the other end, is known as half-closed interval. This is of the form $[a, b)$ or $(a, b]$ where a and b are two numbers.
e.g., $[-3, \sqrt{2})$ and $(3, \sqrt{17}]$ are two half closed interval.

एक अन्तराल जिसमें एक सिरा सम्मिलित होता है परन्तु दूसरा सिरा सम्मिलित नहीं होता है, अर्द्ध संवृत्त अन्तराल कहलाता है।

यह अन्तराल $[a, b)$ या $(a, b]$ रूप का होता है जहाँ a व b दो संख्याएँ होती हैं।

जैसे—$[-3, \sqrt{2})$ व $(3, \sqrt{17}]$ दो अर्द्ध संवृत्त अन्तराल हैं।

half-open interval (**हॉफ-ओपन इन्टरवल**) अर्द्ध विवृत्त अन्तराल। It is equivalent to half closed interval.
यह अर्द्ध संवृत्त अन्तराल के समतुल्य है।

half-plane (**हॉफ-प्लेन**) अर्द्ध तल। In coordinate geometry, for a line $ax + bx + c = 0$, the set of points (x_1, y_1) forms the open half-plane in one side, if $ax_1 + by_1 + c > 0$ and the set of points (x_2, y_2) forms the open half-plane on the other side of the line, if $ax_2 + by_2 + c < 0$

For the line $ax + by + c = 0$, the set of points (x, y) form the closed half-plane, if $ax + by + c \geq 0$ or $ax + by + c \leq 0$.

Open half-plane and closed half plane are used in linear programming.

निर्देशांक ज्यामिति में, रेखा $ax + by + c = 0$ के लिए बिन्दुओं (x_1, y_1) का समुच्चय रेखा के एक ओर विवृत्त अर्द्ध तल बनाता है, यदि $ax_1 + by_1 + c > 0$ तथा रेखा के दूसरी ओर बिन्दु (x_2, y_2) का समुच्चय विवृत्त अर्द्ध तल बनाता है यदि $ax_2 + by_2 + c < 0$

रेखा $ax + by + c = 0$ के लिए बिन्दु (x, y) का समुच्चय संवृत्त अर्द्ध तल बनाता है, यदि $ax + by + c \geq 0$ या $ax + by + c \leq 0$

विवृत्त अर्द्ध तल तथा संवृत्त अर्द्ध तल का प्रयोग रेखीय प्रक्रमन में करते हैं।

half-space (**हॉफ-स्पेस**) अर्द्ध समष्टि। If a plane divides a 3 dimensional space into two regions, then each region is known as half-space.

In three dimensional space for a plane $ax + by + cz + d = 0$ the set of points (x_1, y_1, z_1) forms an open half space, if $ax_1 + by_1 + cz_1 + d > 0$ or $ax_1 + by_1 + cz_1 + d < 0$ and this forms a closed half plane, if $ax_1 + by_1 + cz_1 + d \geq 0$ or $ax_1 + by_1 + cz_1 + d \leq 0$.

यदि एक तल त्रिविमीय समष्टि को दो भागों में विभाजित करता है, तब प्रत्येक भाग को अर्द्ध समष्टि कहते हैं।

त्रिविमीय समष्टि में तल $ax + by + cz + d = 0$ के लिए बिन्दुओं (x_1, y_1, z_1) का समुच्चय विवृत्त अर्द्ध समष्टि बनाता है, यदि $ax_1 + by_1 + cz_1 + d > 0$ या $ax_1 + by_1 + cz_1 + d < 0$ तथा यह समुच्चय संवृत्त अर्द्ध समष्टि बनाता है यदि $ax_1 + by_1 + cz_1 + d \geq 0$ या $ax_1 + by_1 + cz_1 + d \leq 0$

harmonic mean (**हारमोनिक मीन**) हरात्मक माध्य। If a and b are two non-zero numbers, then harmonic mean (H) between a and b is given by

$$H = \frac{2ab}{a+b}$$

If a and b are two non-zero numbers and there are n harmonic means, between a and b, then $(H_1, H_2, \ldots, H_n)$

$$H_1 = \frac{ab(n+1)}{a+nb}, H_2 = \frac{ab(n+1)}{2a+b(n-1)}$$

....

....

....

$$H_n = \frac{ab(n+1)}{na+b}$$

यदि a व b दो अशून्य संख्याएँ हैं, तब a व b के बीच का हरात्मक माध्य (H) निम्न सूत्र द्वारा दिया जाता है

$$H = \frac{2ab}{a+b}$$

यदि a व b दो अशून्य संख्याएँ हैं तथा a व b के बीच n हरात्मक माध्य $(H_1, H_2, \ldots, H_n)$ हैं, तब

$$H_1 = \frac{ab(n+1)}{a+nb}, H_2 = \frac{ab(n+1)}{2a+b(n-1)}$$

$$H_n = \frac{ab(n+1)}{na+b}$$

harmonic progression (**हारमोनिक प्रोग्रेशन**) हरात्मक श्रेणी। A progression $a_1, a_2, \ldots, a_n$ is known as harmonic progression, if $\frac{1}{a_1}, \frac{1}{a_2}, \ldots, \frac{1}{a_n}$ is an arithmetic progression.

e.g., $1, \frac{1}{2}, \frac{1}{3}, \frac{1}{4}, \ldots$ is a harmonic progression since 1, 2, 3, ... is an arithmetic progression.

एक श्रेणी $a_1, a_2, \ldots, a_n$ को हरात्मक श्रेणी कहते हैं। यदि $\frac{1}{a_1}, \frac{1}{a_2}, \ldots, \frac{1}{a_n}$ एक समान्तर श्रेणी हो।

जैसे—$1, \frac{1}{2}, \frac{1}{3}, \frac{1}{4}, \ldots$ एक हरात्मक श्रेणी है। चूँकि 1, 2, 3, ... एक समान्तर श्रेणी है।

harmonic range (**हारमोनिक रेन्ज**) हरात्मक परास। If the cross ratio of four points is –1, then there four points are said to form a harmonic range.

यदि चार बिन्दुओं का वज्रानुपात –1 है, तब कह सकते हैं कि चार बिन्दु एक हरात्मक परास बनाते हैं।

harmonic ratio (**हारमोनिक रेशो**) हरात्मक अनुपात। When cross ratio is –1, then ratio is known as harmonic ratio.

जब वज्रानुपात –1 है, तब अनुपात को हरात्मक अनुपात कहते हैं।

harmonic sequence (**हारमोनिक सिक्वेन्स**) हरात्मक अनुक्रम। See harmonic progression.

हरात्मक श्रेणी देखें।

harmonic series (**हारमोनिक सीरिज**) हरात्मक श्रेणी। A series $a_1 + a_2 + \ldots + a_n$ is known as harmonic series, if $a_1, a_2, \ldots, a_n$ is a harmonic sequence.

एक श्रेणी $a_1 + a_2 + \ldots + a_n$ को हरात्मक श्रेणी कहते हैं।

यदि $a_1, a_2, \ldots, a_n$ एक हरात्मक अनुक्रम हो।

HCF (**एच.सी.एफ.**) एच.सी.एफ.। HCF is an abbreviation for highest common factor. एच.सी.एफ., महत्तम समापवर्तक के लिए शब्द संक्षेप है।

hectare (**हेक्टेअर**) हेक्टेअर In metric unit system, hectare is an unit for area one hectare is equal to 10000 m^2.

1 Hectare = 10000 m^2

= 2.5 acres (approx)

मीट्रिक इकाई पद्धति में क्षेत्रफल की इकाई हेक्टेअर है। एक हेक्टेअर 10000 मी^{2} के बराबर है।

1 हेक्टेअर = 10000 मी^{2}

= 2.5 एकड़ (लगभग)

height (of a triangle) {**हाइट** (**ऑफ ए ट्राईएंगल**)} ऊँचाई (एक त्रिभुज की)। The length of perpendicular drawn from a vertex to the base is known as height of a triangle. Let in ΔABC, $AD \perp BC$, then AD is height of a ΔABC.

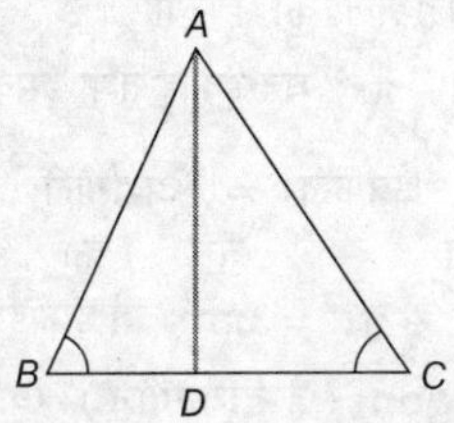

शीर्ष से त्रिभुज के आधार पर खींचे गये लम्ब की लम्बाई त्रिभुज की ऊँचाई कहलाती है। माना ΔABC में, $AD \perp BC$, तब ΔABC की ऊँचाई AD है।

helix (**हेलिक्स**) हेलिक्स, कुंडालिनी। A curve on the surface of a right circular cylinder that cuts the generations of the cylinder at a constant angle, is known as helix. लम्बवृत्तीय बेलन के पृष्ठ पर एक वक्र जो बेलन के जनकों को एक अचर कोण पर प्रतिच्छेदित करता है, हेलिक्स कहलाता है।

hemisphere (**हेमीस्फियर**) गोलार्द्ध, अर्द्धगोला। If a sphere is divided into two equal parts, then each part is known as hemisphere.

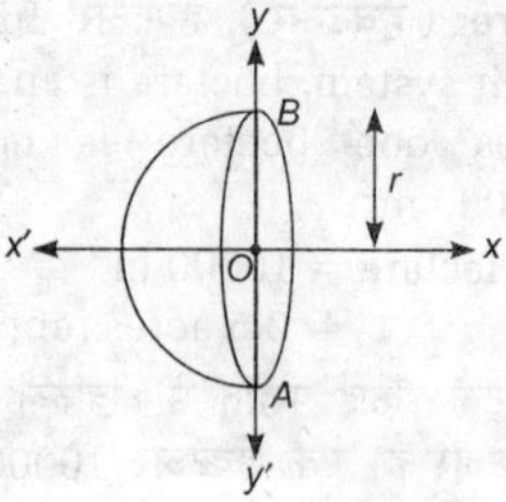

If r be the radius of hemisphere, then its volume is $\frac{2}{3}\pi r^3$ units and its total surface area = surface area of hemisphere + area of circle $= 2\pi r^2 + \pi r^2 = 3\pi r^2$ sq units.

यदि एक गोले को दो बराबर भागों में विभाजित किया जाता है, तब प्रत्येक भाग को अर्द्धगोला कहते हैं।

यदि अर्द्धगोले की त्रिज्या r है, तब इसका आयतन $\frac{2}{3}\pi r^3$ घन इकाई तथा इसका सम्पूर्ण पृष्ठीय क्षेत्रफल = अर्द्धगोले का पृष्ठ क्षेत्रफल + वृत्त का क्षेत्रफल $= 2\pi r^2 + \pi r^2 = 3\pi r^2$ वर्ग इकाई होता है।

hendecagon (**हेन्डीकागोन**) ग्यारह भुज। A polygon which has eleven sides, is known as hendecagon. एक बहुभुज जिसकी ग्यारह भुजाएँ होती हैं, ग्यारह भुज कहलाता है।

heptagon (**हेप्टागोन**) सप्तभुज। A polygon which has seven sides, is known as heptagon. बहुभुज जिसकी सात भुजाएँ होती हैं, सप्तभुज कहलाता है।

e.g.,

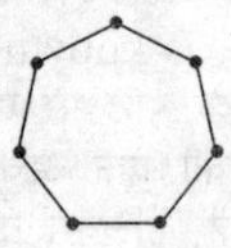

Hermitian matrix (**हरमीशियन मैट्रिक्स**) हरमीशियन आव्यूह। A square matrix $A = [a_{ij}]$ is said to be Hermitian if the (i, j)th element of A is equal to the conjugate complex of the (j, i)th element of A, *i.e.*, if $a_{ij} = \overline{a_{ji}}$, $\forall i, j$. Also, every diagonal element of a Hermitian matrix x must be real.

e.g., $\begin{bmatrix} a & b+ic \\ b-ic & d \end{bmatrix}$ is Hermitian matrix.

एक वर्ग आव्यूह $A = [a_{ij}]$ को हरमीशियन आव्यूह कहते हैं, यदि A का (i, j)वाँ अवयव, इसी के (j, i)वाँ अवयव के संयुग्मी सम्मिश्र के बराबर हो, अर्थात् यदि $a_{ij} = \overline{a_{ji}}$, $\forall i, j$ तथा हरमीशियन आव्यूह के विकर्ण के सभी अवयव वास्तविक होने चाहिए। जैसे— $\begin{bmatrix} a & b+ic \\ b-ic & d \end{bmatrix}$ हरमीशियन आव्यूह है।

Hero's formula (**हीरो'स फॉर्मूला**) हीरो का सूत्र। To find the area of a triangle a formula is used which is generated by Hero of Alexandria. This formula is known as Hero's formula.

According to this formula, if a, b, c are the sides of a ΔABC, then area of

$$\Delta ABC = \sqrt{s(s-a)(s-b)(s-c)}$$

where s be the semi-perimeter of triangle.

त्रिभुज का क्षेत्रफल ज्ञात करने के लिए एक सूत्र प्रयोग किया जाता है जिसको एलक्सेकेन्ड्रीरिया के हीरो ने प्रतिपादित किया। इस सूत्र को हीरो का सूत्र कहते हैं। इस सूत्र के अनुसार, यदि ΔABC की भुजाएँ a, b, c हैं, तब

ΔABC का क्षेत्रफल

$$= \sqrt{s(s-a)(s-b)(s-c)}$$

जहाँ s, त्रिभुज का अर्द्ध परिमाप है।

hexadecimal representation (हेक्साडेसीमल रिप्रेजेन्टेशन) हेक्साडेसीमल निरूपण। A representation in which a number in decimal system is represented in hexadecimal system (to base 16), is known as hexadecimal representation.
एक निरूपण जिसमें दशमलव पद्धति की एक संख्या को हेक्साडेसीमल पद्धति (आधार 16) पर निरूपित करते हैं, हेक्साडेसीमल निरूपण कहलाता है।

hexagon (हेक्सागोन) षट्भुज। A polygon which has six sides, is known as hexagon. एक बहुभुज जिसकी छः भुजाएँ होती हैं, षट्भुज कहलाता है।

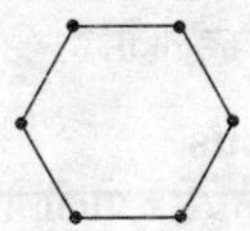

hexahedron (हेक्साईड्रान) षट्फलक। A solid figure which has six faces, is known as hexahedron. *e.g.*, cyboid, cube, etc.

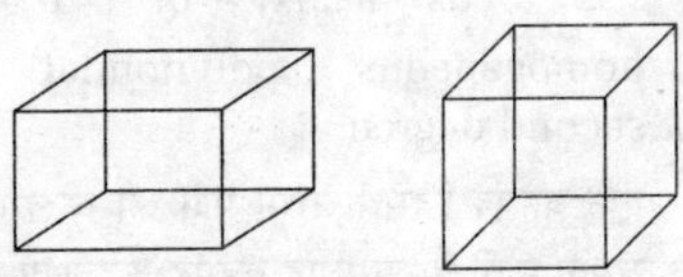

एक ठोस आकृति जिसके छः पृष्ठ (फलक) होते हैं, षट्फलक कहलाता है। जैसे—घनाभ, घन आदि।

higher derivative (हाइयर डेरिवेटिव) उच्चतर अवकलज। If f be a differentiable function on an interval. Its differentation f' is defined and if it is also differentiable, then its differentiation f'' is defined and is also differentiable, then its differentiation is f''' and so on. If nth derivative of f is $f^{(n)}(x)$ then, nth derivative, $n \geq 2$, are called higher derivatives of f.
यदि एक अन्तराल पर f अवकलनीय फलन है। इसका अवकलन f' परिभाषित होता है तथा यदि यह भी अवकलनीय है, तब इसका अवकलन f'' परिभाषित होता है तथा यह भी अवकलनीय है, तब इसका अवकलन f''' होता है तथा इसी प्रकार यदि f का nवाँ अवकलज $f^{(n)}(x)$ है, तब nवाँ अवकलज $n \geq 2, f$ का उच्चतर अवकलज कहलाते हैं।

highest common factor (हाईऐस्ट कॉमन फेक्टर) महत्तम समापवर्तक। The highest common factor of two or more numbers is the greatest number among common factors.
In other words, the highest common factor of two or more number is the greatest number that divides all the given numbers exactly. *e.g.*, HCF of 144 and 192 is 48.
The highest common factor is also called greatest common divisor.
दो या अधिक संख्याओं का महत्तम समापवर्तक उभयनिष्ठ गुणनखण्डों में महत्तम संख्या होती है।
दूसरे शब्दों में, दो या अधिक संख्याओं का महत्तम समापवर्तक वह महत्तम संख्या होती है जो सभी दी गई संख्याओं को पूर्णत विभाजित करता है।
जैसे—144 व 192 का म.स. 48 है।

histogram (हिस्टोग्राम) आयत चित्र। The graphical representation of a frequency distribution in the form of rectangles with class intervals as bases and the corresponding frequencies as heights and there being no gap between any two successive rectangles, is called a histogram.

एक बारम्बारता बंटन का आलेखीय निरूपण जो आयतों के रूप में किया जाता है, जिनमें वर्ग अन्तराल आधार में तथा संगत बारम्बारताएँ ऊँचाई होती हैं तथा दो क्रमागत आयतों के बीच में रिक्त स्थान नहीं होता है, आयत चित्र कहलाते हैं।

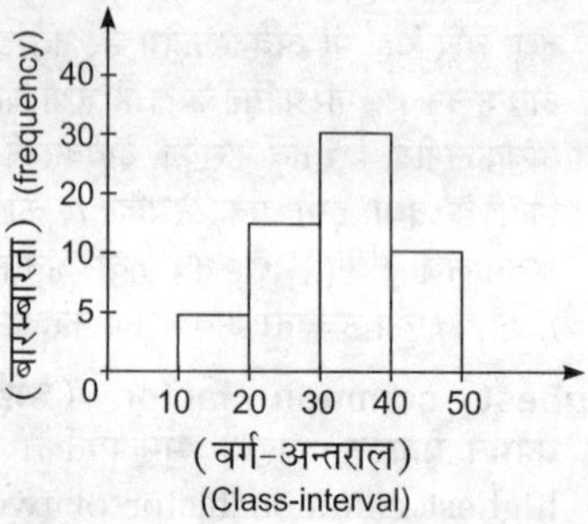

homogeneous (होमोजिनियस) समघात। of the same kind or nature.

e.g., a homogeneous population means the members are similar in nature.

एक प्रकार या प्रकृति के

जैसे—समघात जनसंख्या का तात्पर्य है कि सदस्य प्रकृति में एक समान है।

homogeneous first order differential equation (होमोजिनियस फर्स्ट ऑर्डर डिफरेन्शियल इक्वेशन) समघात प्रथम कोटि की अवकल समीकरण।

Let f be a function of two variables x and y, then the equation, $\frac{dy}{dx} = f(x, y)$ is known as homogeneous first order differential equation if $f(x, y) = f(kx, ky), \forall k$.

e.g., $\frac{dy}{dx} = \frac{x}{\sqrt{x^2 + y^2}}$ etc. are homogeneous first order differential equation.

माना दो चरों x व y का फलन f है, तब समीकरण $\frac{dy}{dx} = f(x, y)$ को समघात प्रथम कोटि की अवकल समीकरण कहते हैं, यदि $f(x, y) = f(kx, ky), \forall k$.

जैसे—$\frac{dy}{dx} = \frac{x}{\sqrt{x^2 + y^2}}$ इत्यादि समघात प्रथम कोटि की अवकल समीकरण है।

homogeneous linear differential equation (होमोजिनियस लिनियर डिफरेन्शियल इक्वेशन) समघात रैखिक अवकल समीकरण। An equation of the form such as $a\frac{d^2y}{dx^2} + b\frac{dy}{dx} + cy = 0$ is known as homogeneous linear differential equation. एक समीकरण जो $a\frac{d^2y}{dx^2} + b\frac{dy}{dx} + cy = 0$ के जैसे रूप की होती है, समघात रैखिक अवकल समीकरण कहलाती है।

homogeneous polynomial (होमोजिनियस पोलीनोमियल) समघात बहुपद। A polynomial where all terms are of the same total degree, is known as homogeneous polynomial.

e.g., $ax^2 + 2hxy + by^2 = 0$ a homogeneous polynomial of second degree.

एक बहुपद जिसके सभी पदों की कुल कोटि समान होती है, समघात बहुपद कहलाता है।

जैसे—$ax^2 + 2hxy + by^2$ द्वितीय कोटि का समघात बहुपद है।

homomorphism (हॉमोमोरफिज़्म) समाकारिता। A mapping f from a group G into (onto) a group G' is known as homomorphism, if

$$f(ab) = f(a)f(b), \forall a, b \in G$$

समूह G से समूह G' पर अन्त:क्षेपी (आच्छादक) प्रतिचित्रण f समाकारिता कहलाता है, यदि

$$f(ab) = f(a)\,f(b),\ \forall\ a, b \in G$$

horizontal (होरिजोनटल) क्षैतिज। A line which is parallel to or along horizon, is known as horizontal. It is perpendicular to vertical.
एक रेखा जोकि क्षैतिज के समान्तर या उसके अनुदिश होती है, क्षैतिज कहलाती है। यह ऊर्ध्वाधर के लम्बवत् होती है।

hour (ऑवर) घण्टा Hour is an unit of measuring time, one hour is equal to 60 min and one day is equal to 24 h. समय मापने की एक इकाई घण्टा है। 1 घण्टा 60 मिनट के बराबर होता है तथा 1 दिन 24 घण्टों के बराबर होता है।

hyperbola (हाइपरबोला) अतिपरवलय। A hyperbola is the set of points in a plane where distances from two fixed points in the plane have a constant difference. The two fixed points are the foci of the hyperbola.
In other words, a hyperbola is the locus of a point in a plane which moves in a plane in such a way that the ratio of its distance from a fixed point (*i.e.*, focus) to the distance from a fixed line (*i.e.*, directrix) is greater than unity.
Mathematically,

$$\frac{PS}{PM} = e \quad \text{where } e > 1$$

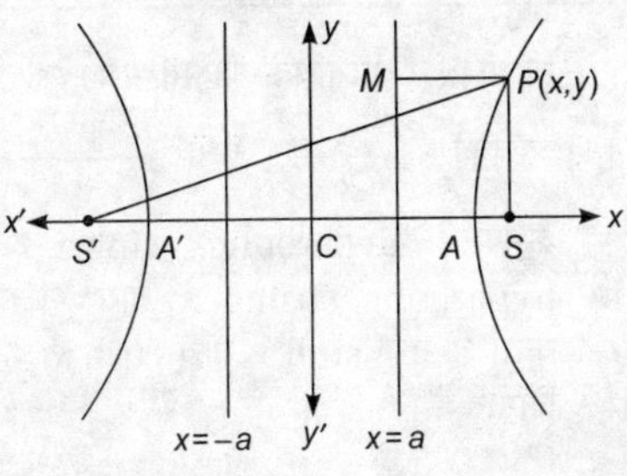

e is known as eccentricity whose value is always greater than 1 for hyperbola.
The points A and A' are vertices of hyperbola whose coordinates are $(a, 0)$, $(-a, 0)$ respectively.
S and S' are foci whose coordinates are $(\pm\, ae, 0)$ respectively.
The mid-point of A and A' is known as centre of the hyperbola. The lines passing through the foci are known as. Latusrectum whose length is $\frac{2b^2}{a}$. The equation of this hyperbola is

$$\frac{x^2}{a^2} - \frac{y^2}{b^2} = 1\ (a > b)$$

एक तल में, बिन्दुओं का समुच्चय जिनका दो निश्चित बिन्दुओं से दूरियों का अन्तर अचर होता है, अतिपरवलय कहलाता है। दो निश्चित बिन्दुओं को अतिपरवलय की नाभि कहते हैं।

दूसरे शब्दों में अतिपरवलय तल में उस बिन्दु का बिन्दुपथ है जो तल में इस प्रकार गमन करता है कि एक निश्चित बिन्दु (अर्थात् नाभि) से इसकी दूरी का, निश्चित रेखा (अर्थात् नियत) से दूरी का अनुपात एक से बड़ा है।
गणितीय रूप में,

$$\frac{PS}{PM} = e \text{ जहाँ } e > 1$$

e को उत्केन्द्रता कहते हैं जिसका मान अतिपरवलय के लिए 1 से बड़ा होता है।
बिन्दुओं A व A' को अतिपरवलय के शीर्ष कहते हैं जिनके निर्देशांक क्रमशः $(a, 0)$, $(-a, 0)$ हैं।
S व S' को नाभियाँ कहते हैं जिनके निर्देशांक $(\pm\, ae, 0)$ क्रमशः हैं।

A व A' के मध्य-बिन्दु को अतिपरवलय का मध्य-बिन्दु कहते हैं।

नाभि से होकर जाने वाली रेखा को नाभिलम्ब कहते हैं। जिसकी लम्बाई $\frac{2b^2}{a}$ होती है।

इस अतिपरवलय का समीकरण निम्न है

$$\frac{x^2}{a^2}-\frac{y^2}{b^2}=1\,(a>b)$$

hyperbolic cylinder (**हाइपरबोलिक सिलेण्डर**) अतिपरवलयिक बेलन। In a cylinder the fixed curve is a hyperbola and the fixed line to which the generators are parallel, is perpendicular to the plane of the hyperbola. This cylinder is known as hyperbolic cylinder. Its equation is $\frac{x^2}{a^2}-\frac{y^2}{b^2}=1$ in a suitable coordinate system.

एक बेलन में निश्चित वक्र अतिपरवलय होता है तथा निश्चित रेखा जिसके समान्तर जनक होते हैं, अतिपरवलय के तल लम्बवत् होती है। यह बेलन अतिपरवलयिक बेलन कहलाता है। इसका समीकरण योग्य निर्देशांक निकाय में $\frac{x^2}{a^2}-\frac{y^2}{b^2}=1$ होता है।

hyperbolic function (**हाइपरबोलिक फंक्शन्**) अतिपरवलयिक फलन। For any x (real or complex) the expressions $\frac{e^x-e^{-x}}{2}$ and $\frac{e^x+e^{-x}}{2}$ are respectively defined as hyperbolic sine x and hyperbolic cosine x and are written as $\sinh x$ and $\cosh x$ respectively.

$$\sinh x=\frac{e^x-e^{-x}}{2}$$

and $$\cosh x=\frac{e^x+e^{-x}}{2}$$

Other four hyperbolic functions are as follows

$$\tanh x=\frac{e^x-e^{-x}}{e^x+e^{-x}},$$

$$\coth x=\frac{e^x+e^{-x}}{e^x-e^{-x}}$$

$$\operatorname{cosech} x=\frac{2}{e^x-e^{-x}},$$

$$\operatorname{sech} x=\frac{2}{e^x+e^{-x}}$$

Clearly,

$$\tanh x=\frac{\sinh x}{\cosh x}=\frac{1}{\coth x}$$

$$\coth x=\frac{\cosh x}{\sinh x}=\frac{1}{\tanh x}$$

$$\operatorname{cosech} x=\frac{1}{\sinh x}$$

and $$\operatorname{sech} x=\frac{1}{\cosh x}$$

Domain and range of real hyperbolic functions are as follows

Hyperbolic function	Domain	Range
$\sinh x$	R	R
$\cosh x$	R	$(1, \infty]$
$\tanh x$	R	$(-1, 1)$
$\coth x$	$R-\{0\}$	$R-[-1, 1]$
$\operatorname{cosech} x$	$R-\{0\}$	$R-\{0\}$
$\operatorname{sech} x$	R	$(0, 1]$

किसी x (वास्तविक या सम्मिश्र) के लिए, व्यंजकों $\frac{e^x-e^{-x}}{2}$ तथा $\frac{e^x+e^{-x}}{2}$ को क्रमशः hyperbolic $\sinh x$ तथा hyperbolic cosine x द्वारा परिभाषित करते हैं तथा $\sinh x$ तथा $\cosh x$ क्रमशः लिखते हैं।

$$\sinh x = \frac{e^x - e^{-x}}{2}$$

तथा $$\cosh = \frac{e^x + e^{-x}}{2}$$

अन्य चार अतिपरवलयिक फलन निम्न प्रकार हैं

$$\tanh x = \frac{e^x - e^{-x}}{e^x + e^{-x}},$$

$$\coth x = \frac{e^x + e^{-x}}{e^x - e^{-x}}$$

$$\text{cosech } x = \frac{2}{e^x - e^{-x}},$$

$$\text{sech } x = \frac{2}{e^x + e^{-x}}$$

स्पष्टत: $$\tanh x = \frac{\sinh x}{\cosh x} = \frac{1}{\coth x}$$

$$\coth x = \frac{\cosh x}{\sinh x} = \frac{1}{\tanh x}$$

$$\text{cosech } x = \frac{1}{\sinh x}$$

तथा $$\text{sech } x = \frac{1}{\cosh x}$$

वास्तविक अतिपरवलयिक फलनों के प्रान्त व परास निम्न हैं

अतिपरवलयिक फलन	प्रान्त	परास
$\sinh x$	R	R
$\cosh x$	R	$(1, \infty]$
$\tanh x$	R	$(-1, 1)$
$\coth x$	$R - \{0\}$	$R - [-1, 1]$
$\text{cosech } x$	$R - \{0\}$	$R - \{0\}$
$\text{sech } x$	R	$(0, 1]$

hypotenuse (**हाइपोटेन्यूस**) कर्ण। In a right angled triangle longest side is known as hypotenuse.

In other words, in a right angled triangle side opposite to right angle, is known hypotenuse.

In the right angled ΔABC which is right angle at B, AC is hypotenuse.

where, $AC = \sqrt{AB^2 + BC^2}$

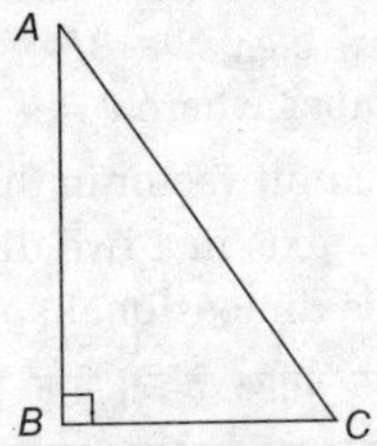

समकोण त्रिभुज में सबसे बड़ी भुजा को कर्ण कहते हैं।

दूसरे शब्दों में, समकोण त्रिभुज में समकोण के सम्मुख भुजा को कर्ण कहते हैं।

समकोण ΔABC में, जोकि B पर समकोण है, AC कर्ण है जहाँ

$$AC = \sqrt{AB^2 + BC^2}$$

hypothesis (**हाइपोथिसिस्**) परिकल्पना। A theory or formula that has to be proved but is assumed to be true for the purpose of the argument, is known as hypothesis. एक सिद्धान्त या सूत्र जिसकी उत्पत्ति होनी है परन्तु तर्क के लिए उसे सत्यमान लिया जाता है, परिकल्पना कहलाती है।

I

i (आई) आई। i is a symbol used to represent an iota in complex number whose value is equal to $\sqrt{-1}$. *e.g.*, $2 + 3i$ is a complex number where $i = \sqrt{-1}$.

i is a unit vector in the direction of the x-axis in a two dimensional or three dimensional space.

i एक प्रतीक है जो एक सम्मिश्र संख्या में आयोटा को निरूपित करने के लिए प्रयुक्त किया जाता है। जिसका मान $\sqrt{-1}$ होता है जैसे—$2 + 3i$ एक सम्मिश्र संख्या है, जहाँ $i = \sqrt{-1}$.

द्विविमीय या त्रिविमीय समष्टि में x-अक्ष के समान्तर इकाई सदिश i होता है।

I (आई) आई। I is a numeral to represent a one number in roman system.

रोमन पद्धति में संख्या एक को निरूपित करने के लिए I एक संख्यांक है।

icosahedron (आइसोसाहेड्रॉन) विंशफलक। A polyhedron which has 20 faces is known as icosahedron. The faces of a regular icosahedron are equilateral triangles. It has 12 vertices and 30 edges.

एक बहुफलक जिसमें 20 फलक होते हैं, विंशफलक कहलाता है। एक सम विंशफलक के फलक समबाहु त्रिभुज होते हैं। इसके 12 शीर्ष व 30 भुजा होते हैं।

ideal (आइडियल) गुणजावली। A non-empty subset S of a ring R is said to be an ideal if and only if it is both a left ideal and a right ideal.

In other words, "a non-empty subset S of a ring R is said to be an ideal of R" if,

(i) S is a subgroup of R under addition.

(ii) $rs \in S$ and $sr \in S, \forall\, r \in R$ and $s \in S$.

Every ring R always possesses two improper ideals, *viz* one R itself and other consisting of 0 only. These are known as the unit ideal and null ideal respectively. Any other ideals of R are called proper ideals. A ring having no proper ideals is called a simple ring.

An arbitrary intersection of left ideals of a ring is a left ideal of the ring.

एक वलय R का एक अरिक्त उपसमुच्चय S एक गुणजावली कहलाता है, यदि और केवल यदि यह दायाँ तथा बायाँ गुणजावली दोनों हैं।

दूसरे शब्दों, में एक वलय R के एक अरिक्त उपसमुच्चय S को R का गुणजावली कहते हैं, यदि

(i) योग के अन्तर्गत R का उपसमूह S है।

(ii) $rs \in S$ तथा $sr \in S, \forall\, r \in R$ तथा $s \in S$.

प्रत्येक वलय R के दो अनुचित गुणजावली होते हैं, एक R स्वयं तथा दूसरा वह जिसमें केवल शून्य होता है। इन्हें क्रमशः इकाई गुणजावली तथा शून्य या रिक्त गुणजावली कहते हैं। इसके अतिरिक्त R के अन्य सभी

गुणजावली उचित गुणजावली कहलाती है। एक वलय जिसके कोई उचित गुणजावली नहीं होते हैं, सरल वलय कहलाते हैं। एक वलय के बाएँ गुणजावली के स्वेच्छ प्रतिच्छेदन वलय का बायाँ गुणजावली होता है।

ideal element **(आइडियल ऐलीमेण्ट)** आदर्श अवयव। An element added to a mathematical structure to the purpose of eliminating exception. *e.g.*, if $i = \sqrt{-1}$ is defined as a number, then the set of real numbers is extended to the set of all complex numbers.

अपवादों के विलोपन करने के उद्देश्य से गणितीय संरचना में जोड़ा गया एक अवयव। जैसे—यदि $i = \sqrt{-1}$ एक संख्या के रूप में परिभाषित है, तब वास्तविक संख्याओं के समुच्चय को सभी सम्मिश्र संख्याओं के समुच्चय तक बढ़ाया जा सकता है।

ideal point **(आइडियल प्वाइन्ट)** आदर्श बिन्दु। An ideal element or point at infinity

एक आदर्श अवयव या अनन्त बिन्दु

idempotent matrix **(आइडियमपोटेण्ट मैट्रिक्स)** वर्गसम आव्यूह। A square matrix A is said to be an idempotent matrix, if $A^2 = A$.

e.g., $A = \begin{bmatrix} 2 & -2 & -4 \\ -1 & 3 & 4 \\ 1 & -2 & -3 \end{bmatrix}$ is an idempotent matrix because $A^2 = A$.

एक वर्ग आव्यूह A को वर्गसम आव्यूह कहते हैं। यदि $A^2 = A$.

जैसे—$A = \begin{bmatrix} 2 & -2 & -4 \\ -1 & 3 & 4 \\ 1 & -2 & -3 \end{bmatrix}$ एक वर्गसम आव्यूह है क्योंकि $A^2 = A$.

identical **(आयडेण्टिकल)** एक समान। same as एक जैसे See symmetrical समरूपता देखें।

identically distributed **(आयडेण्टिकली डिस्ट्रीब्यूटिड)** सर्वधा बंटित। Same random variables are identically distributed, if they have the same distribution.

कुछ यादृच्छिक चरों को सर्वधा बंटित कहते हैं। यदि उनका बंटन समान हो।

identity **(आइडेण्टिटी)** सर्वसमिका। A statement that two mathematical expressions are equal for all values of their variables is known as identity.

e.g., $x^2 - y^2 = (x + y)(x - y)$.

Sometimes sign '≡' is used instead of '='.

एक कथन कि दो गणितीय व्यंजक उनके चरों के सभी मानों के लिए बराबर है, सर्वसमिका कहलाता है।

जैसे— $x^2 - y^2 = (x + y)(x - y)$

कभी-कभी '=' के स्थान पर '≡' चिन्ह का प्रयोग करते हैं।

identity element **(आइडेण्टिटी ऐलीमेण्ट)** तत्समक अवयव। An element e of set S is known as identity element, if for a given binary operation

$$eox = xoe = x, \forall\ x \in S$$

e.g., identity element for multiplication is 1 while it is for addition is 0.

समुच्चय के एक अवयव e को तत्समक अवयव कहते हैं यदि एक दी गई द्विआधारी संक्रिया के लिए

$$eox = xoe = x, \forall\ x \in S$$

जैसे—गुणा के लिए तत्समक अवयव 1 है। जबकि योग के लिए यह शून्य (0) है।

identity function **(आइडेण्टिटी फंक्शन्)** तत्समक फलन। Let A be a non-empty set. Then the function defined by $I_A : A \to A, I_A(x) = x \, \forall \, x \in A$, is called an identity function on A.

This is clearly a one-one onto function with domain A and range A.

माना A एक अरिक्त समुच्चय है। तब $I_A : A \to A, I_A(x) = x \, \forall \, x \in A$ द्वारा परिभाषित फलन A पर तत्समक फलन कहलाता है।

स्पष्टत: यह एकैकी आच्छादक फलन है जिसका प्रान्त A तथा परास A है।

identity mapping **(आइडेण्टिटी मैपिंग)** तत्समक प्रतिचित्रण। It is another name of identity function यह तत्समक फलन का दूसरा नाम है।

identity matrix **(आइडेण्टिटी मैट्रिक्स)** तत्समक आव्यूह। A square matrix $A = [a_{ij}]$ is said to be an identity matrix, if

(a) $a_{ij} = 0, \forall \, i \neq j$

(b) $a_{ij} = 1, \forall \, i = j$

i.e., a diagonal matrix whose elements of principal diagonal are equal to 1 and all remaining elements are zero, is known as identity matrix. Lets another name is unit matrix. It is denoted by I.

e.g., $I = \begin{bmatrix} 1 & 0 & 0 \\ 0 & 1 & 0 \\ 0 & 0 & 1 \end{bmatrix}$ is a unit matrix of order 3.

एक वर्ग आव्यूह $A = [a_{ij}]$ को तत्समक आव्यूह कहते हैं, यदि

(a) $a_{ij} = 0, \forall \, i \neq j$

(b) $a_{ij} = 1, \forall \, i = j$

अर्थात् एक विकर्ण आव्यूह जिसके मुख्य विकर्ण के अवयव 1 के बराबर हैं तथा सभी शेष अवयव 0 हैं, तत्समक आव्यूह कहलाता है। इसका दूसरा नाम इकाई आव्यूह है। इसे I से निरूपित करते हैं।

जैसे—$I = \begin{bmatrix} 1 & 0 & 0 \\ 0 & 1 & 0 \\ 0 & 0 & 1 \end{bmatrix}$ कोटि 3 का एक इकाई या तत्समक आव्यूह है।

if and only if **(ईफ एण्ड ऑनली ईफ)** यदि और केवल यदि।

See condition प्रतिबन्ध देखें।

image **(इमेज)** प्रतिबिम्ब। Let A and B be two non-empty sets. The function associates $x \in A$ to $y \in B$, then y is the image of the element x and it is denoted by $f(x)$ and write as $y = f(x)$. The element x is called the pre-image in A.

माना A व B दो अरिक्त समुच्चय हैं। फलन f, $x \in A$ को $y \in B$ से सम्बन्धित करता है, तब y को अवयव x का प्रतिबिम्ब कहते हैं तथा इसे $f(x)$ द्वारा निरूपित करते हैं तथा $y = f(x)$ के रूप में लिखते हैं। A में अवयव x को पूर्व प्रतिबिम्ब कहते हैं।

imaginary axis **(इमेजीनरी ऐक्सिस्)** काल्पनिक अक्ष। In a complex plane the axis of y is known as imaginary axis.

सम्मिश्र तल में, y-अक्ष को काल्पनिक अक्ष कहते है।

imaginary circle **(इमेजीनरी सर्किल)** काल्पनिक वृत्त। A circle whose radius is imaginary is known as imaginary circle.

A circle whose equation is $x^2 + y^2 + 2gx + 2fy + c = 0$, is known as imaginary circle, if $g^2 + f^2 - c < 0$.

एक वृत्त जिसकी त्रिज्या काल्पनिक होती है, काल्पनिक वृत्त कहलाता है।

एक वृत्त जिसका समीकरण $x^2 + y^2 + 2gx + 2fy + c = 0$ है काल्पनिक वृत्त कहलाता है। यदि $g^2 + f^2 - c < 0$.

imaginary number (**इमेजीनरी नम्बर**) काल्पनिक संख्या। The numbers of the form $\sqrt{-p}$, where p is a real number are known as imaginary numbers. *e.g.*, $\sqrt{-3}$, $\sqrt{-5}$, $\sqrt{-7}$ etc., are imaginary numbers.

$\sqrt{-p}$ जहाँ p एक वास्तविक संख्या है, रूप की संख्याएँ काल्पनिक संख्याएँ कहलाती हैं। जैसे—$\sqrt{-3}, \sqrt{-5}, \sqrt{-7}$ इत्यादि काल्पनिक संख्याएँ हैं।

imaginary part (**इमेजीनरी पार्ट**) काल्पनिक भाग। The part b of a complex number $z = a + ib$ is known as imaginary part. It is denoted by Im (z).

e.g., in a complex number $3 + 2i$, 2 is a imaginary part.

एक सम्मिश्र संख्या $z = a + ib$ का भाग b काल्पनिक भाग कहलाता है। इसे Im (z) द्वारा निरूपित करते हैं।

जैसे—सम्मिश्र संख्या $3 + 2i$ में 2 काल्पनिक भाग है।

imaginary roots (**इमेजीनरी रूट्स**) काल्पनिक मूल। If the roots of an equation are imaginary numbers, then those roots are known as imaginary roots. A quadratic equation $ax^2 + bx + c = 0$ has imaginary roots, if $b^2 - 4ac < 0$. Imaginary roots of an equation are always in pairs, *i.e.*, if $a + ib$ is a root of an equation, then $a - ib$ will also be the another root of that equation.

यदि एक समीकरण के मूल काल्पनिक संख्याएँ हैं, तब वे मूल काल्पनिक मूल कहलाते हैं। एक द्विघात समीकरण के मूल काल्पनिक होते हैं, यदि $b^2 - 4ac < 0$. एक समीकरण के काल्पनिक मूल युग्म में होते हैं अर्थात् यदि समीकरण का एक मूल $a + ib$ है, तब इस समीकरण का दूसरा मूल $a - ib$ भी होगा।

implication (**इम्प्लीकेशन**) निहितार्थ। A proposition (statement) p logically implies a proposition q or q is a logical consequence of p, if the implication $p \to q$ is true for all possible assignments of the truth values of p and q, *i.e.*, $p \to q$ is a tautology.

एक कथन p तार्किक निहितार्थ है कथन q के या q तार्किक परिणाम है p का, यदि निहितार्थ $p \to q$, p तथा q के सत्य मानों के सभी सम्भव कार्य के लिए सत्य हो, अर्थात् $p \to q$ एक पुनरुक्ति हों।

implicit (**इम्पलीसिट**) अस्पष्ट। When the independent variables is not the only term on one side of an equation.

e.g., $xy + x + y + 3x^2y = 0$ is an implicity.

जब स्वतन्त्र चर एक समीकरण के एक ओर का केवल पद न हो।

जैसे—$xy + x + y + 3x^2y = 0$ एक अस्पष्ट पद है।

implicit differentiation (**इम्प्लीसिट डिफ्रेंशियेशन**) अस्पष्ट अवकलन। The method to find the differentiation of a such function where x and y satisfy a single equation and there is no explicit formula for y, is known as implicit differentiation. Let x and y satisfy the equation of the form $\phi(x, y) = 0$ and it is not possible to express y as a function of x in the form $y = \phi(x)$. In such a case to find $\frac{dy}{dx}$, differentiate both sides of the given relation w.r.t. x, keeping in mind that the derivative of $f(y)$ w.r.t. x is $\frac{d\phi}{dy} \cdot \frac{dy}{dx}$.

e.g., $\frac{d}{dx}(xy^4) = 4xy^3 \frac{dy}{dx} + y^4$.

एक ऐसा फलन जहाँ x व y एक समीकरण को सन्तुष्ट करते हैं तथा y के लिए कोई स्पष्ट सूत्र नहीं है, के अवकलन ज्ञात करने की विधि को अस्पष्ट अवकलन कहते हैं। माना x व y, $\phi(x, y) = 0$ रूप की समीकरण को सन्तुष्ट करते हैं तथा यह सम्भव नहीं है कि y को x के फलन के रूप में $y = \phi(x)$ के रूप में व्यक्त कर सके। इस दशा में $\frac{dy}{dx}$ ज्ञात करने के लिए दिए सम्बन्ध का x के सापेक्ष अवकल यह ध्यान में रखते हुए करते हैं कि x के सापेक्ष $f(y)$ का अवकलज $\frac{d\phi}{dy} \cdot \frac{dy}{dx}$ है।

जैसे—$\frac{d}{dx}(xy^4) = 4xy^3 \frac{dy}{dx} + y^4$.

implicit function (**इम्प्लीसिट फंक्शन्**) अस्पष्ट फलन। If the relation between the variables x and y is given by an equation containing both in the form $\phi(x, y) = 0$ and this equation is not immediately solvable for y. *i.e.*, it is not possible to express y as a function of x in the form $y = \phi(x)$, then y is called an implicit function of x.

e.g., $2 + xy + x^2y + 3xy^2 = 0$ is an implicit function.

यदि चरों x व y के बीच सम्बन्ध एक समीकरण जिसमें दोनों $\phi(x, y) = 0$ के रूप में है, द्वारा दिया गया है तथा यह समीकरण तुरन्त y के लिए हल नहीं हो सकती है। अर्थात् यह सम्भव नहीं है कि y को x के फलन के रूप में $y = \phi(x)$ के रूप में व्यक्त किया जा सके। तब y को x का अस्पष्ट फलन कहते हैं।

जैसे—$2 + xy + x^2y + 3xy^2 = 0$ एक अस्पष्ट फलन है।

imply (**इम्प्लाई**) संकेत करना। To enable a conclusion to be valid inferred.

एक निष्कर्ष को वैद्य अनुमानित करने योग्य बनाना।

improper fraction (**इम्परोपर फ्रेक्शन्**) अनुचित भिन्न। A fraction is known as improper fraction, if the numerator is greater than or equal to the denominator.

e.g., $\frac{7}{5}$, $\frac{35}{17}$ etc., are improper fractions.

एक भिन्न को अनुचित भिन्न कहते हैं, यदि अंश हर के बराबर या उससे बड़ा हो।

जैसे—$\frac{7}{5}, \frac{35}{17}$ इत्यादि अनुचित भिन्न हैं।

improper integral (**इम्प्रोपर इन्टीग्रेल**) अनुचित समाकल। An integral is said to be an improper integral, if either interval of integration is infinite or the function becomes infinite at same points.

e.g., $\int_a^\infty f(x)\,dx$ and $\int_0^1 \frac{1}{\sqrt{x}}\,dx$ are improper integrals.

एक समाकल को अनुचित समाकल कहते हैं यदि या तो समाकलन का अन्तराल अनन्त हो या फलन कुछ बिन्दुओं पर अनन्त हो।

जैसे—$\int_a^\infty f(x)\,dx$ तथा $\int_0^1 \frac{1}{\sqrt{x}}\,dx$ अनुचित समाकल हैं।

Incentre (**इन्सेन्टर**) अन्तःकेन्द्र। The centre of an incircle of a triangle is known as incentre. At incentre, all three internal bisectors of the angles of triangle are concurrent.

एक त्रिभुज के अन्तःवृत्त का केन्द्र अन्तःकेन्द्र कहलाता है। अन्तःकेन्द्र पर त्रिभुज के कोणों के तीनों अन्तःसमद्विभाजक संगामी होते हैं।

inch (इन्च) इन्च। Inch is a british unit of length which is equal to $\frac{1}{12}$ foot.

$$1 \text{ inch} = 0.0254 \text{ m}$$

इन्च लम्बाई की ब्रिटिश इकाई है जोकि $\frac{1}{12}$ फुट के बराबर होता है।

$$1 \text{ इन्च} = 0.0254 \text{ मी}$$

incidence (इन्सीडेन्स) आपतन। The partial intersection of two or more geometric figures is known as incidence. *e.g.*, a line is a tangent to a curve which is incident to the curve at one point.

दो या अधिक ज्यामितीय आकृतियों का आंशिक प्रतिच्छेदन आपतन कहलाता है। जैसे—एक रेखा वक्र पर स्पर्श रेखा है जोकि वक्र के एक बिन्दु पर आपतित है।

incircle (इन्सर्किल) अन्तःवृत्त। The circle which can be inscribed within the triangle so as to touch each of its sides is called its incircle the radius of this circle is denoted by r and is known as inradius.

$$r = \frac{\Delta}{s} = 4R \sin \frac{A}{2} \sin \frac{B}{2} \sin \frac{C}{2}$$

एक वृत्त जो एक त्रिभुज के अन्दर इस प्रकार बना है कि वृत्त इसकी भुजाओं को स्पर्श करे अन्तःवृत्त कहलाता है। इस वृत्त की त्रिज्या को r से निरूपित करते हैं तथा इसे अन्तःत्रिज्या कहते हैं।

$$r = \frac{\Delta}{s} = 4R \sin \frac{A}{2} \sin \frac{B}{2} \sin \frac{C}{2}$$

inclination (इन्क्लाइनेशन) आनति। The acute angle between the horizontal and a given line is known as inclination. It is measured positively in the direction of the upward vertical.

क्षैतिज तथा दी गई रेखा के बीच का न्यून कोण आनति कहलाता है। इसे ऊपर की ओर उर्ध्वाधर दिशा में धनात्मक रूप से मापा जाता है।

inclined plane (इन्क्लान्इड प्लेन) आनत समतल। A plane which is not horizonal, is called inclined plane

एक तल जो क्षैतिज नहीं है, आनत समतल कहलाता है।

included (इन्क्लूडिड) अन्तर्विष्ट। See subset or inclusion उपसमुच्चय या अन्तर्वेश देखें।

inclusion (इन्क्लूजन) अन्तर्वेश। A set A is included in a set B, is denoted by $A \subseteq B$ if and only if A is a subset of B.

एक समुच्चय A को समुच्चय B में अन्तर्विष्ट कहा जाता है। $A \subseteq B$ द्वारा निरूपित करते हैं, यदि और केवल यदि A, B का उपसमुच्चय है।

inclusion-exclusion principle (इन्क्लूजन-एक्सक्लूजन प्रिंसिपल) अन्तर्वेशन-अपवर्जन सिद्धान्त। In combinations, the inclusion-exclusion principle is an equation relating the size of two sets and their union. It states that if A and B are two finite sets, then

$$n(A \cup B) = n(A) + n(B) - n(A \cap B)$$

Similarly, for three sets A, B and C,

$$n(A \cup B \cup C) = n(A) + n(B) + n(C) - n(A \cap B) - n(A \cap C) - n(B \cap C) + n(A \cap B \cap C)$$

This can be seen by counting how many times each region in the figure to the right included in the right hand side.

For, the general case of the principle, let $A_1, A_2, ..., A_n$ be finite sets. Then

$$n(\bigcup_{i=1}^{n} A_i) = \sum_{i=1}^{n} n(A_i)$$

$$- \sum_{[i, j] = 1 \le i < j \le n} n(A_i \cap A_j)$$

$$+ \sum_{[i, j, k] = 1 \le i < j < k \le n} n(A_i \cap A_j \cap A_k)$$

$$+ (-1)^{n-1} n(A_1 \cap A_2 \cap, ... \cap A_n)$$

This principle is also known as *sieve* principle.

In probability for $A_1, A_2, ..., A_n$, n events the inclusion-exclusion principle states that

$$P(\bigcup_{i=1}^{n} A_i) = \sum_{i=1}^{n} P(A_i)$$

$$- \sum_{[i, j] = i < j} P(A_i \cap A_j)$$

$$+ \sum_{[i, j, k] = i < j < k} P(A_i \cap A_j \cap A_k)$$

$$- ... + (-1)^{n-1}$$

$$P(A_1 \cap A_2 \cap ... \cap A_n)$$

संचय में, अन्तर्वेशन-अपवर्जन सिद्धान्त एक समीकरण होता है जो दो समुच्चयों के आकार व उनके संघ के आकार को सम्बन्धित करता है। इसके अनुसार, यदि A व B दो परिमित समुच्चय हैं, तब

$$n(A \cup B) = n(A) + n(B) - n(A \cap B)$$

इसी प्रकार, तीन समुच्चयों A, B व C के लिए

$$n(A \cup B \cup C) = n(A) + n(B) + n(C)$$
$$- n(A \cap B) - n(A \cap C) - n(B \cap C)$$
$$+ n(A \cap B \cap C)$$

अवयवों को गिनकर यह देखा जा सकता है कि चित्र के प्रत्येक क्षेत्र में कितनी बार दायीं ओर सम्मिलित है।

सिद्धान्त की व्यापक दशा के लिए, माना $A_1, A_2, ..., A_n$ परिमित समुच्चय है, तब

$$n(\bigcup_{i=1}^{n} A_i) = \sum_{i=1}^{n} n(A_i)$$

$$- \sum_{[i, j] = 1 \le j < j \le n} n(A_i - A_j)$$

$$+ \sum_{[i, j, k] = 1 \le i < j < k \le n} n(A_i \cap A_j \cap A_k)$$

$$+ (-1)^{n-1} n(A_1 \cap A_2 \cap, ... \cap A_n)$$

इस सिद्धान्त को सइवी सिद्धान्त भी कहते हैं। प्रायिकता में $A_1, A_2, ..., A_n$ घटनाओं के लिए अन्तर्वेशन-अपवर्जन सिद्धान्त के अनुसार,

$$P(\bigcup_{i=1}^{n} A_i) = \sum_{i=1}^{n} P(A_i)$$

$$- \sum_{[i, j] = i < j} P(A_i \cap A_j)$$

$$+ \sum_{[i, j, k] = i < j < k} P(A_i \cap A_j \cap A_k)$$

$$- ... + (-1)^{n-1}$$

$$P(A_1 \cap A_2 \cap ... \cap A_n)$$

inclusive disjunction **(इन्क्लूसिव डिसजंक्शन)** अन्तर्वेशित वियोजन।

Inclusive disjunction is an operation on two logical values that produces a value of false if and only if both of its operations are false. It is denoted by $A \vee B$. Its truth table is as follows.

Input		Output
A	B	$A \vee B$
0	0	0
0	1	1
1	0	1
1	1	1

अन्तर्वेशित वियोजन दो तर्कीय मानों पर एक संक्रिया है जो एक असत्य मान उत्पन्न करता है यदि और केवल यदि इसके दोनों निवेशित मान असत्य हैं। इसे $A \vee B$ द्वारा निरूपित करते हैं। इसकी सत्य सारणी निम्न है

निवेश		निर्गत
A	B	$A \vee B$
0	0	0
0	1	1
1	0	1
1	1	1

incompatible (इन्कम्पेटिबिल) असंगत। A function which is not consistent is known as incompatible.

एक फलन जोकि संगत नहीं होता है, असंगत कहलाता है।

incommensurable quantities (इन्कमेन्सयूरेबल क्वान्टीटिज) असम्मेय राशियाँ। Two or more quantities are said to be incommensurable quantities, if they cannot be expressed as integral multiples of the same number.

e.g., 6 and $\sqrt{3}$ are incommensurable numbers.

दो या अधिक राशियों को असम्मेय राशियाँ कहते हैं यदि उनको एक समान संख्या के पूर्ण गुणांकों के रूप में व्यक्त नहीं किया जा सकता है। जैसे— 6 व $\sqrt{3}$ असम्मेय संख्याएँ हैं।

inconsistent (इन्कंसीसटेण्ट) असंगत। A set of equations is inconsistent, if its solution set is empty.

समीकरणों के एक समुच्चय को असंगत कहते हैं, यदि इसका हल समुच्चय रिक्त होता है।

increasing function (इन्क्रिजिंग फंक्शन्) वर्द्धमान फलन। A function $f(x)$ is said to be an increasing function in its domain, if $x_1 < x_2$

$\Rightarrow \quad f(x_1) \leq f(x_2)$

and function $f(x)$ is said to be strictly increasing function in its domain, if $x_1 < x_2$

$\Rightarrow \quad f(x_1) < f(x_2)$

A function is an increasing function, if $f'(x) \geq 0$

e.g., $f(x) = 2x^3 + 3x^2 - 12x + 1$ is an increasing function in the domain $(-\infty, -2] \cup [1, \infty)$.

एक फलन $f(x)$ को इसके प्रान्त में वर्द्धमान फलन कहते हैं, यदि $x_1 < x_2$

$\Rightarrow \quad f(x_1) \leq f(x_2)$

तथा $f(x)$ को इसके प्रान्त में निरन्तर वर्द्धमान फलन कहते हैं, यदि $x_1 < x_2$

$\Rightarrow \quad f(x_1) < f(x_2)$

एक फलन को वर्द्धमान फलन कहते हैं, यदि $f'(x) \geq 0$

जैसे—$f(x) = 2x^3 + 3x^2 - 12x + 1$ प्रान्त $(-\infty, -2] \cup [1, \infty)$ में वर्द्धमान फलन है।

increasing sequence (इन्क्रिजिंग सिक्वेन्स) वर्द्धमान अनुक्रम। A sequence $a_1, a_2, \ldots, a_n$ is said to be an increasing sequence, if $a_i \leq a_{i+1}, \forall i$ and is said to be a strictly increasing sequence, if $a_i < a_{i+1}, \forall i$.

एक अनुक्रम $a_1, a_2, \ldots, a_n$ को वर्द्धमान अनुक्रम कहते हैं, यदि $a_i \leq a_{i+1}, \forall i$ तथा निरन्तर वर्द्धमान अनुक्रम कहते हैं, यदि $a_i < a_{i+1}, \forall i$.

increment (इनक्रिमेण्ट) वृद्धि। The amount by which a certain quantity or variable is increased, is known as increment.

वह मान जिसके द्वारा एक निश्चित राशि या चर का मान बढ़ता है, वृद्धि कहलाती है।

indefinite integral (**इन्डेफीनेट इन्ट्रीग्रेल**) अनिश्चित समाकल। See integral समाकल देखें।

independent (**इन्डीपेन्डेण्ट**) स्वतन्त्र। Describing an axiom of a formal system that is not a formal consequence of any other axioms.

एक पूर्व निकाय की अभिगृहित जो वर्णित करती है यह अन्य दूसरी अभिगृहितियों का पूर्व अनुगामी नहीं है।

independent equations (**इन्डीपेण्डेण्ट इक्वेशनस**) स्वतन्त्र समीकरणें। A set of equations is said to be independent equations, if they are not linearly dependent.

समीकरणों का एक समुच्चय स्वतन्त्र समीकरणें कहलाती है यदि वे एक घात संचय नहीं है।

independent events (**इन्डीपेण्डेण्ट इवेन्टस**) स्वतन्त्र घटनाएँ। Two events A and B are said to be independent events, if the occurrence of either does not affect the probability of others occurring.

$$P(A \cap B) = P(A)\,P(B)$$

e.g., the probability of obtaining head on first toss is $\frac{1}{2}$ and that of the second toss is $\frac{1}{2}$. These events are independent events.

दो घटनाओं A व B को स्वतन्त्र घटनाएँ कहते हैं, यदि किसी एक के घटित होने पर उसका प्रभाव दूसरे के घटित होने की प्रायिकता पर न हो।

$$P(A \cap B) = P(A)\,P(B)$$

जैसे—एक बार उछालने पर शीर्ष आने की प्रायिकता $\frac{1}{2}$ है तथा दूसरी बार उछालने पर उसकी प्रायिकता $\frac{1}{2}$ है। ये घटनाएँ स्वतन्त्र घटनाएँ हैं।

independent random variables (**इन्डीपेण्डेण्ट रेण्डम वेरियेबलस**) स्वतन्त्र यादृच्छिक चर। Two random variables X and Y are said to be independent, if the value of either does not affect the value of the other and then

$$P(X, Y) = P(X)P(Y)$$

दो यादृच्छिक चरों X व Y को स्वतन्त्र कहते हैं, यदि किसी एक के मान का प्रभाव दूसरे के मान पर न हो, तब

$$P(X, Y) = P(X)P(Y)$$

independent variable (in regression) {**इन्डीपेण्डेण्ट वेरियेबल (इन् रेग्रेशन्)**} स्वतन्त्र चर (समाश्रयण में) In regression, the variable whose value can affect the value of another dependent variable, is known as independent variable.

समाश्रयण में, वह चर जिसका मान अन्य परतन्त्र चर के मान को प्रभावित कर सकता है, स्वतन्त्र चर कहलाता है।

indeterminate equation (**इन्डिटरमिनेट इक्वेशन**) अनिर्धार्य समीकरण। An equation in two or more variables which has infinite set of solutions, is known as indeterminate equation.

e.g., $5x + 3y = 50$ is an indeterminate equation.

दो या अधिक चरों में एक समीकरण जिसके हलों के समुच्चयों की संख्या असंख्य हो, अनिर्धार्य समीकरण कहलाती है।

जैसे—$5x + 3y = 50$ एक अनिर्धार्य समीकरण है।

indeterminate form (इन्डिटरमिनेट फॉर्म) अनिर्धार्य रूप। An undefined expression or form is known as indeterminate form.

e.g., $\frac{0}{0}, \frac{\infty}{\infty}, 0 \times \infty, \infty - \infty$ etc., are indeterminate forms.

एक अपरिभाषित व्यंजक या रूप अनिर्धार्य रूप कहलाता है।

जैसे—$\frac{0}{0}, \frac{\infty}{\infty}, 0 \times \infty, \infty - \infty$ इत्यादि अपरिभाषित रूप है।

index (इन्डेक्स) घातांक। Let a be a real number, then $a \times a \times a \times \ldots n$ times, is expressed in the form of a^n, where a is known as base and n is known as index.

There are some postulates which are satisfied by a^n.

(i) $a^m \times a^n = a^{m+n}$

(ii) $\frac{a^m}{a^n} = a^{m-n}$

(iii) $(a^m)^n = a^{mn}$

(iv) $a^0 = 1$

(v) $(ab)^m = a^m b^m$

(vi) $a^{m/p} = (a^m)^{1/p}$

(vii) $a^{-n} = \frac{1}{a^n}$

माना a एक वास्तविक संख्या है, तब $a \times a \times a \times \ldots n$ (n बार) को a^n के रूप में व्यक्त कर सकते हैं, जहाँ a को आधार तथा n को घातांक कहते हैं।

यहाँ कुछ नियम हैं जो a^n द्वारा सन्तुष्ट होते हैं

(i) $a^m \times a^n = a^{m+n}$

(ii) $\frac{a^m}{a^n} = a^{m-n}$

(iii) $(a^m)^n = a^{mn}$

(iv) $a^0 = 1$

(v) $(ab)^m = a^m b^m$

(vi) $a^{m/p} = (a^m)^{1/p}$

(vii) $a^{-n} = \frac{1}{a^n}$

index determination (इन्डेक्स ऑफ डिटरमिनेशन) निर्धारण सूचकांक। In Statistics, the index of determination is used in the context of Statistical models whose main purpose is the prediction of future outcomes on the basis of other related information.

सांख्यिकी में, निर्धारण सूचकांक का प्रयोग सांख्यिकीय आँकड़ों के परिपेक्ष्य में होता है जिनका मुख्य उद्देश्य भविष्य के परिणामों की दूसरी सम्बन्धित जानकारियों के आधार पर भविष्यवाणी करना होता है।

index numbers (इन्डेक्स नम्बर्स) सूचकांक। Index numbers are used to measure the changes in same quantities which we cannot observe directly.

A value which is used to show the variation in some quantities such as wages, cost of living, share prices etc., with respect to time, relative to some base value is known as index number.

e.g., if the prices of an item is ₹ 50 in the base year and ₹ 55 and ₹ 70 in the next two years, then price index number for that item would be 100, 110 and 140 respectively. Indices are often calculated by using a weighted mean.

सूचकांक कुछ संख्याओं में उन परिवर्तनों की माप ज्ञात करने में प्रयोग किए जाते हैं जिनको हम प्रत्यक्ष रूप से न माप सके। एक मान जोकि कुछ राशियों जैसे—किराया निर्वाह,

शेयर मूल्य इत्यादि में समय के सापेक्ष कुछ आधार मूल्य के प्रति हुए परिवर्तन को प्रदर्शित करने में किया जाता है। सूचकांक कहलाता है।

जैसे—यदि आधार वर्ष में एक वस्तु का मूल्य ₹50 है तथा दो क्रमागत अगले वर्षों के क्रमश: ₹55 तथा ₹70 हैं, तब उस वस्तु के लिए मूल्य सूचकांक 100, 110 तथा 140 क्रमश: होगा। सूचकांकों को प्राय: भारित माध्य द्वारा गणना करके ज्ञात किया जाता है।

indirect proportions (इन्डायरेक्ट प्रोपॉरशन) परोक्ष अनुपात। See inverse proportion व्युत्क्रमानुपात देखें।

induction (इन्डक्शन्) आगमन। See mathematical induction गणितीय आगमन देखें।

inequality (इनईक्वलिटि) असमता, असमिका। An expression which contains the sign of greater than or of less than or of is not equal to, is known as inequality.

An inequality statement is one of the forms $a \neq b, a < b, a > b, a \leq b, a \geq b$, where a and b are suitable quantities.

The set of values which satisfies the inequality is known as solution of inequality. There are two types of inequalities

(i) An inequality which is hold for all values of the variables, is known as unconditional inequality.

e.g., $x^2 + 1 > x - 1$ is unconditional inequality.

(ii) An inequality which is hold for certain values of the variables, is known as conditional inequality.

e.g., $3x + 1 > 11$ is true for $x \geq 3$, is a conditional inequality.

एक व्यंजक जिसमें से अधिक या कम या बराबर नहीं का चिन्ह होता है, असमिका कहलाता है।

एक असमिका कथन $a \neq b, a < b, a > b, a \leq b, a \geq b$ रूप का होता है, जहाँ a व b उपयुक्त राशियाँ हैं। मानों, वह समुच्चय जोकि असमिका को सन्तुष्ट करता है असमिका का हल कहलाता है। असमिका दो प्रकार की होती है

(i) एक असमिका जोकि चरों के सभी मानों के लिए वैद्य है, अप्रतिबन्धित असमिका कहलाती है।

जैसे—$x^2 + 1 > x - 1$ एक अप्रतिबन्धित असमिका है।

(ii) एक असमिका जोकि चरों के कुछ निश्चित मानों के लिए वैद्य है, प्रतिबन्धित असमिका कहलाती है। जैसे—$3x + 1 > 11, x \geq 3$ के लिए सत्य है, एक प्रतिबन्धित असमिका है।

inertia (इनेरशिया) जड़त्व। Inertia is the resistance of any physical object to a change in its state of motion or rest or the tendency of an object to resist any change in its motion. It is proportional to an object's mass.

किसी भी भौतिक राशि/वस्तु का उसकी गति या विरामावस्था में परिवर्तन या वस्तु की गति में किसी भी परिवर्तन की प्रवृत्ति का विरोधाभास जड़त्व कहलाता है। यह वस्तु के द्रव्यमान के अनुक्रमानुपाती होता है।

inextensible string (इनएक्सटेन्सिबल स्ट्रींग) अवितान्य डोरी। A string whose length is constant and this length is not affected by any amount of tension in the string, is known as inextensible string.

एक डोरी जिसकी लम्बाई अचर होती है तथा डोरी में कितना भी तनाव होने पर यह लम्बाई प्रभावित नहीं होती है, अवितान्य डोरी कहलाती है।

inf (**ईंफ**) निम्न। Abbreviation used for infimum. निम्नक के लिए प्रयुक्त शब्द संक्षेप

infeasible (**इन्फिजिबल**) असंगत। A constrained optimization problem for which the constraints cannot be satisfied simultaneously, is known as infeasible.

एक व्यवरोध इष्टतमीकरण समस्या जिसके लिए व्यवरोधों को एकसाथ सन्तुष्ट नहीं किया जा सकता है, असंगत कहलाती है।

inference (**इन्फेरेन्स**) अनुमिति। The process of coming to some conclusion about a population based on a sample, is known as inference.

एक प्रतिदर्श के आधार पर एक जनसंख्या के बारे में किसी निष्कर्ष तक आने की प्रक्रिया को अनुमिति कहते हैं।

infimum (**इन्फिमम्**) निम्नक। See Bound परिबद्ध देखें

infinite (**इनफाइनाइट्**) असंख्य या अनन्त या अपरिमित। An absolute value which is greater than any natural number, is known as infinite.

एक निरपेक्ष मान जोकि किसी भी प्राकृतिक संख्या से बड़ा है, अनन्त कहलाता है।

infinite discontinuity (**इन्फाइनाइट् डिसकोन्टीन्यूटि**) अनन्त असतत्। If either or both of $f(\alpha + 0)$ and $f(\alpha - 0)$ be infinite ($+\infty$ or $-\infty$), then $f(x)$ has infinite discontinuity at $x = \alpha$.

यदि या तो $f(\alpha + 0)$ या $f(\alpha - 0)$ या दोनों अनन्त ($-\infty$ या $+\infty$) हो, तब $f(x)$ की $x = \alpha$ पर अनन्त असतत् होती है।

infinite product (**इन्फाइनाइट् प्रोडक्ट**) अनन्त गुणनफल। A continued product of an infinite number of terms is known as infinite product.

An infinite product of terms

$$= T_1 \times T_2 \times \ldots \times T_n \times \ldots$$

$$= \prod_{i=1}^{\infty} T_i$$

पदों की अनन्त सख्याओं की सतत् गुणा अनन्त गुणनफल कहलाती है।

पदों का अनन्त गुणनफल

$$= T_1 \times T_2 \times \ldots \times T_n \times \ldots$$

$$= \prod_{i=1}^{\infty} T_i.$$

infinite sequence (**इन्फाइनाइट् सिक्वेन्स**) अनन्त अनुक्रम। A sequence which has infinite number of terms or unlimited number of terms is known as infinite sequence.

एक अनुक्रम जिसके पदों की संख्या अनन्त हो या पदों की संख्या असीमित हो, अनन्त अनुक्रम कहलाती है।

infinite series (**इन्फाइनाइट् सीरिज**) अनन्त श्रेणी। A series which has infinite number of terms, is known as infinite series.

एक श्रेणी जिसमें पदों की संख्या अनन्त हो, अनन्त श्रेणी कहलाती है।

infinite set (**इन्फाइनाइट् सेट**) अनन्त समुच्चय। If the process of counting of elements of a set does not come to an end, then set is known as infinite set.

e.g., $A = \{x : x \in N; x > 5\}$ is an infinite set.

यदि एक समुच्चय में अवयवों की गिनती खत्म नहीं होती है, तब समुच्चय को अपरिमित समुच्चय या अनन्त समुच्चय कहते हैं।

जैसे— $A = \{x : x \in N; x > 5\}$ एक अपरिमित समुच्चय है।

I

infinitesimal (**इन्फाइनाइटेसीमल**) अनन्त सूक्ष्म। A variable whose limit is zero, is known as infinitesimal.

एक चर जिसकी सीमा शून्य होती है, अनन्त सूक्ष्म कहलाता है।

infinity (**इन्फीनिटि**) अनन्त। A value which is unlimited, is known as infinity. It is denoted by ∞.

एक मान जो अपरिमित हो, अनन्त कहलाता है। इसे ∞ से निरूपित करते हैं।

I

inflection (**इन्फ्लेक्शन्**) नतिपरिवर्ती। See point of inflection नति परिवर्तन बिन्दु देखें

inflexion (**इन्फ्लेक्शन्**) नतिपरिवर्तन। Another form of inflection.

नतिपरिवर्ती का दूसरा रूप

information (**इन्फॉर्मेशन्**) सूचना। The conclusion of the content of a statement or data is known as information.

एक कथन या आँकड़ों की सूची का निष्कर्ष सूचना कहलाता है।

initial conditions (**इनिशियल कण्डीशन्स्**) प्रारम्भिक प्रतिबन्ध। When differential equations are to be solved with respect to time, the given informations at a specified time are called initial conditions.

जब अवकल समीकरणों को समय के सापेक्ष हल करते हैं, तब एक विशिष्ट समय पर दी गई सूचनाएँ प्रारम्भिक प्रतिबन्ध कहलाती है।

initialize (**इनीशियलाइज**) प्रारम्भ। To set the variables and parameters at the start of an algorithm.

एक एल्गोरिथम के प्रारम्भ में चर व प्रांचल निर्धारित करना।

initial line (**इनिशियल लाइन**) प्रारम्भिक रेखा। A line which is used to form an angle as a fixed line, is known as initial line.

In polar coordinates the single axis used from which the angle is measured is known as initial line.

एक रेखा जो एक कोण बनाने में निश्चित रेखा के रूप में प्रयुक्त होती है, प्रारम्भिक रेखा कहलाती है।

ध्रुवीय निर्देशांकों में प्रयुक्त एक अक्ष जिससे एक कोण मापा जाता है, प्रारम्भिक रेखा कहलाती है।

initial value (**इनिशियल वैल्यू**) प्रारम्भिक मान। The value of any physical quantity at a starting point, is known as initial value.

किसी भौतिक राशि का प्रारम्भिक बिन्दु पर मान प्रारम्भिक मान कहलाता है।

injection (**इन्जेक्शन**) एकैकी प्रतिचित्रण। Another name of one to one mapping.

एकैकी प्रतिचित्रण का दूसरा नाम।

injective mapping (**इन्जेक्टिव मैपिंग**) एकैकी प्रतिचित्रण। Let $f : A \to B$, then f is said to be injective mapping or one to one mapping, if different elements of A have different images in B. *e.g.* Let $A = \{1, 2, 3\}$ and $B = \{2, 4, 6\}$. Consider $f : A \to B$ such that $f(x) = 2x$. Then, $f(1) = 2$, $f(2) = 4$ and $f(3) = 6$. Clearly, f is a one-one function from A to B such that different elements in A have different images in B.

माना $f : A \to B$, तब f को एकैकी प्रतिचित्रण कहते हैं, यदि A के विभिन्न अवयवों का B में विभिन्न प्रतिचित्रण हो। जैसे—माना $A = \{1, 2, 3\}$ तथा $B = \{2, 4, 6\}$. माना $f : A \to B$ इस

प्रकार है कि $f(x) = 2x$. तब, $f(1) = 2$, $f(2) = 4$ तथा $f(3) = 6$. स्पष्ट है कि A से B पर f एक एकैकी फलन इस प्रकार है कि A के विभिन्न अवयवों का B में भिन्न प्रतिबिम्ब है।

inradius **(इन्रेडियस)** अन्त:त्रिज्या। The radius of an incircle of a triangle is known as inradius. Generally it is denoted by r and is equal to $\frac{\Delta}{s}$.

एक त्रिभुज के अन्त:वृत्त की त्रिज्या को अन्त:त्रिज्या कहते हैं। सामान्यत: इसे r द्वारा निरूपित करते हैं तथा यह $\frac{\Delta}{s}$ के बराबर होती है।

inscribe **(इन्सक्राइब)** अन्त:आकृति। Construction of a geometrical figure inside the another and no part of inner figure lies outside of the outer figure.

एक ज्यामितीय आकृति की दूसरी ज्यामितीय आकृति में रचना करना तथा अन्दर वाली आकृति का कोई भी भाग बाहर वाली आकृति के बाहर नहीं है।

inscribed circle **(इन्सक्राइबड सर्किल)** अन्त:वृत्त। The circle touching all the sides of a triangle internally is known as an incircle of the triangle. Its centre is known as incentre and its radius r is known as inradius. Incentre is the point of intersection of bisectors of the angles of the triangle.

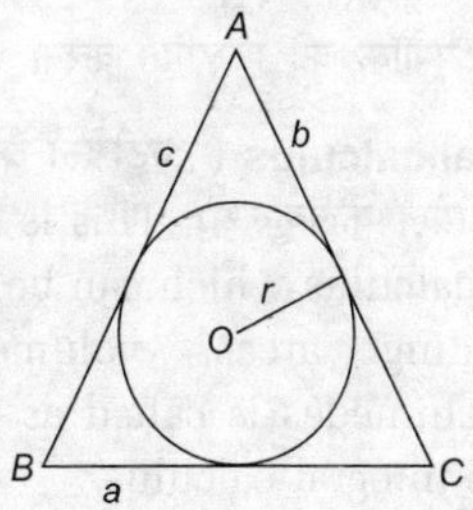

एक वृत्त जो एक त्रिभुज की सभी भुजाओं को अन्दर से स्पर्श करता है, त्रिभुज का अन्त:वृत्त कहलाता है। इसके केन्द्र को अन्त:केन्द्र तथा इसकी त्रिज्या r है, जिसे अन्त:त्रिज्या कहते हैं। अन्त:केन्द्र त्रिभुज के कोणों के समद्विभाजको का प्रतिच्छेदन बिन्दु है।

insolvable **(इन्सोल्वेबल)** हल सम्भव नहीं। Sometimes the solution of an equation is not possible. *e.g.*, $x^2 + 1 = 0$ is insolvable with in the set of real numbers while it is solvable with in the set of complex numbers.

कभी-कभी समीकरण का हल सम्भव नहीं है। जैसे—$x^2 + 1 = 0$ का हल वास्तविक संख्याओं के समुच्चय के साथ सम्भव नहीं है जबकि इसका हल सम्मिश्र संख्याओं के समुच्चय के साथ सम्भव है।

instance **(इन्स्टेन्स)** दृष्टान्त। A particular case derived from a general expression.

व्यापक व्यंजक से व्युत्पन्नित विशेष दशा

instantaneous value **(इन्स्टेन्टनियस् वैल्यू)** क्षणिक मान। The value of varying quantity at a particular time.

e.g., value of velocity of a moving particle at $t = 0$, is 5 km/h.

विशेष समय पर चर राशि का मान जैसे—एक गतिमान कण की गति का मान $t = 0$ पर 5 किमी/घण्टा है।

integer **(इण्टिजर)** पूर्णांक। All natural numbers, their negatives and zero form a set of integers. It is often denoted by I.

$I = \{\ldots, -5, -4, -3, -2, -1, 0, 1, 2, 3, 4, 5, \ldots\}$

There are two types of integers.

I

(i) All natural numbers are positive integers. It's set is denoted by I^+.

$I^+ = \{1, 2, 3, \ldots\}$

(ii) All negatives of natrual numbers are negative integers. It's set is denoted by I^-.

$I^- = \{-1, -2, -3, \ldots\}$

Zero is neither positive nor negative integers.

सभी प्राकृतिक संख्याएँ उनके ऋणात्मक तथा शून्य मिलकर पूर्णांकों का समुच्चय बनाते हैं। प्राय: इसे I से निरूपित करते हैं।

$I = \{\ldots, -5, -4, -3, -2, -1, 0, 1, 2, 3, 4, 5, \ldots\}$

पूर्णांक दो प्रकार के होते हैं

(i) सभी प्राकृतिक संख्याएँ धनात्मक पूर्णांक होती हैं। इसके समुच्चय को I^+ से निरूपित करते हैं।

$I^+ = \{-1, 2, 3, \ldots\}$

(ii) सभी प्राकृतिक संख्याओं के ऋणात्मक मान ऋणात्मक पूर्णांक होते हैं। इनके समुच्चय को I^- से निरूपित करते हैं।

$I^- = \{-1, -2, -3, \ldots\}$

शून्य न तो धन पूर्णांक है और न ही ऋण पूर्णांक।

integer part (इण्टिजर पार्ट) पूर्णांक भाग। For every real number $x \exists a$ unique number n such that $n \le x < n + 1$. This number n is known as integer part or integral part of real number and it is denoted by the symbol [ ].

e.g., $\left[\frac{5}{2}\right] = 2, \left[-\frac{5}{2}\right] = -3.$

This is also known as greatest integer and it follows the following properties.

(i) $[x] = x$ holods, if x is integer.

(ii) $[-x] = -[x]$, if $x \in I$.

(iii) $[-x] = -[x] - 1$, if $x \notin I$.

(iv) $[x + y] \ge [x] + [y]$.

प्रत्येक वास्तविक संख्या x के लिए $\exists$ एक अद्वितीय संख्या n इस प्रकार है कि $n \le x < n + 1$. संख्या n को वास्तविक संख्या का पूर्णांक भाग कहते हैं तथा इसे चिन्ह [ ] द्वारा प्रदर्शित किया जाता है।

जैसे— $\left[\frac{5}{2}\right] = 2, \left[-\frac{5}{2}\right] = -3.$

इसे महत्तम पूर्णांक भी कहते हैं तथा यह निम्न गुणों को सन्तुष्ट करता है

(i) $[x] = x$ वैध है, यदि x एक पूर्णांक है।

(ii) $[-x] = -[x]$, यदि $x \in I$

(iii) $[-x] = -[x] - 1$, यदि $x \notin I$

(iv) $[x + y] \ge [x] + [y]$

integrability (इन्ट्रेग्रेबिलिटि) समाकलनीयता। The property of having an integral is called integrability. समाकलन होने का गुण समकलनीयता कहलाता है।

integrable (इन्टीग्रेबल) समाकलनीय। A function is said to be integrable, if its integral is defined.

एक फलन को समाकलनीय कहते हैं, यदि इसका समाकल परिभाषित है।

integral (इन्टीग्रेल) समाकल, पूर्णांक।

1. See integration.
2. Denoting an integer.

1. समाकलन देखें
2. पूर्णांक को निरूपित करना

integral calculus (इण्टीग्रेल कैलकुलस) इण्टीग्रेल कैलकुलस। This is a branch of calculus which can be used for finding areas, volumes, etc. Archimedes is called as father of the integral calculus.

यह कैलकुलस की एक शाखा है जिसका प्रयोग क्षेत्रफल, आयतन इत्यादि ज्ञात करने में किया जा सकता है। आर्कमीडिज को इण्ट्रीगल कैलकुलस का पिता कहा जाता है।

integral domain (**इण्टीग्रेल डोमेन**) पूर्णांकीय प्रान्त। A ring is called an integral domain, if it (i) is commutative (ii) has unit element, (iii) is without zero divisors.

e.g., Algebraic structures $(C, +, \cdot)$ $(R, +, \cdot)$ are all integral domain

Any field is an integral domain.

एक रिंग (वलय) को पूर्णांकीय प्रान्त कहते हैं। यदि यह (i) क्रमविनिमेय है (ii) इकाई अवयव रखता है। (iii) बिना शून्य भाजकों के है।

जैसे—बीजगणितीय संरचनाएँ $(C, +, \cdot)$, $(R, +, \cdot)$ को पूर्णांकीय प्रान्त कहते हैं।

कोई भी क्षेत्र एक पूर्णांकीय प्रान्त होता है।

integral equation (**इण्टीग्रेल इक्वेशन**) समाकल समीकरण। An equation which has integration of functions, is known as integral equation.

एक समीकरण जिसमें फलनों का समाकलन होता है, समाकल समीकरण कहलाती है।

integral function (**इण्टीग्रेल फंक्शन्**) पूर्णांकीय फलन या सर्वत्र वैश्लेषिक फलन। A function f of a complex variable z that is an analytic function for all finite values of z, is called integral function. It is also known as entire function.

e.g., e^z, $\sin z$ etc are integral function.

एक सम्मिश्र चर z के एक फलन को पूर्णांकीय फलन या सर्वत्र वैश्लेषिक फलन कहते है। यदि यह z के सभी परिमित मानों के लिए एक वैश्लेषिक फलन है।

इसे पूर्ण फलन भी कहते हैं।

जैसे—e^z, $\sin z$, इत्यादि सर्वत्र वैश्लेषिक फलन है।

integral part (**इण्टीग्रेल पार्ट**) पूर्ण भाग। See integral part. पूर्णांक भाग देखें।

integrand (**इण्टीग्रेण्ड**) समाकल्य। An expression which is to be integrated or an expression $f(x)$ in the integral $\int f(x)\,dx$ is known as integrand.

एक व्यंजक जिसका समाकलन होना है या समाकल $\int f(x)\,dx$ में एक व्यंजक $f(x)$ को समाकल्य कहते हैं।

integrating factor (**इण्टीग्रेटिंग फेक्टर**) समाकलन गुणक। In a linear first order differential equation $\frac{dy}{dx} + Py = Q$, an expression $e^{\int P\,dx}$ is known as integrating factor.

एक रैखिक प्रथम कोटि की अवकल समीकरण $\frac{dy}{dx} + Py = Q$ में व्यंजक $e^{\int P\,dx}$ को समाकलन गुणक कहते हैं।

integration (**इण्टीग्रेशन**) समाकलन। If the differentiation of a function $g(x)$ is $f(x)$. Then, the reverse process of differentiation is known as integration. Thus, the integration of $f(x)$ is $g(x)$.

e.g., if $\frac{d}{dx}\{g(x)\} = f(x)$,

then $\int f(x)\,dx = g(x) + C$.

Where C is known as coefficient of integration.

यदि एक फलन $g(x)$ का अवकलन $f(x)$ है, तब अवकलन की विलोम प्रक्रिया समाकलन कहलाती है। इस प्रकार $f(x)$ का समाकलन $g(x)$ है।

जैसे—यदि $\frac{d}{dx}\{g(x)\} = f(x)$,

I

तब $\int f(x)\,dx = g(x) + C$

जहाँ C को समाकलन गुणांक कहते है।

integration by partial fraction (इण्टीग्रेशन बाई पारशियल फ्रेक्शन्) आंशिक भिन्न द्वारा समाकलन। The method of integrating rational fractions in which the denominator has a higher degree than that of numerator.

परिमेय फलनों जिनमें हर की घात अंश की घात से अधिक होती है, के समाकलन करने की विधि।

integration by parts (इण्टीग्रेशन बाई पार्ट्स) खण्डश: समाकलन। If the integrand is a function such that the integrand is a product or divison of two or more functions in which one function is derivative of another function. Then, the process of integrating such a function is known as integration by parts.

The rule which is followed in this process is as follows

If u and v are two functions of x such that v is derivative of u, then

$$\int \underset{\text{I}}{u} \cdot \underset{\text{II}}{v}\,dx = u \int v\,dx - \int \left[\frac{du}{dx} \int v\,dx\right] dx.$$

In the given integrand u is selected with the help of word "ILATE". Here I stands for inverse function, L stands for logarithmic function, A stands for algebraic function, T stands for trigonometric function and E stands for exponential function.

यदि समाकल्य एक फलन इस प्रकार है कि समाकल्य दो या अधिक फलनों का गुणनफल या भागफल है जिनमें एक फलन दूसरे फलन का अवकलज है। तब इस प्रकार के फलन का समाकलन ज्ञात करने की प्रक्रिया को खण्डश: समाकलन कहते हैं।

इस प्रक्रिया में जिस नियम का पालन होता है वह निम्न है

यदि u व v, x के फलन इस प्रकार है कि u का अवकलज v है, तब

$$\int \underset{\text{I}}{u} \cdot \underset{\text{II}}{v}\,dx = u \int v\,dx - \int \left[\frac{du}{dx} \int v\,dx\right] dx.$$

दिए गए समाकलय में शब्द "ILATE" की सहायता से u का चयन किया जाता है। यहाँ प्रतिलोम वृत्तीय फलन के लिए I लघुगणकीय फलन के लिए L, बीजगणितीय फलन के लिए A, त्रिकोणमितीय फलन के लिए T तथा चरघातांकीय फलन के लिए E होता है।

integration by substitution (इण्टीग्रेशन बाई सब्स्टीट्यूशन) प्रतिस्थापन द्वारा समाकलन। When integrand is a function of any function or integrand is such that $f'(x)\ f(x)$, then the process of integration is known as integration by substitution, *i.e.*, in integration $\int f\{\phi(x)\}\ \phi'(x)\,dx$, we substitute $\phi(x)$ with t and then we integrate and in integration $\int f(x)\ f'(x)\,dx$ we substitute $f(x)$ with t and then integrate.

जब समाकल्य एक अन्य फलन का फलन हो या समाकल्य इस प्रकार है कि $f'(x)\ f(x)$, तब समाकलन करने की प्रक्रिया को खण्डश: समाकलन कहते हैं अर्थात् $\int$ समाकलन $\int f\{\phi(x)\}\ \phi'(x)\,dx$ में हम $\phi(x)$ को t के साथ प्रतिस्थापित करते हैं तथा हम समाकलन करते हैं तथा समाकलन $\int f(x)\ f'(x)\,dx$ में हम $f(x)$ को x के साथ प्रतिस्थापित करते हैं तथा तब समाकलन करते हैं।

intercept (**इण्टरसेप्ट**) अन्त:खण्ड। The line $y = mx + c$ has a gradient m and it cuts the y-axis at the point $(0, c)$. The value of c is called the intercept.

रेखा $y = mx + c$ की प्रवणता m है तथा यह y अक्ष को बिन्दु $(0, c)$ पर काटती है। c का मान अन्त:खण्ड कहलाता है।

intercept form (**इण्टरसेप्ट फॉर्म**) अन्त:खण्ड रूप। The equation $\frac{x}{a} + \frac{y}{b} = 1$ represents a line. This form of line is known as intercept form.

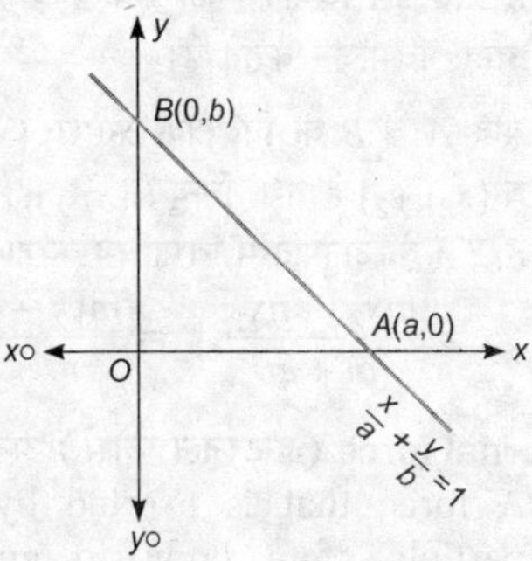

समीकरण $\frac{x}{a} + \frac{y}{b} = 1$ एक रेखा को निरूपित करती है। रेखा का यह रूप अन्त:खण्ड रूप कहलाता है।

interest (**इण्टरेस्ट**) ब्याज। Money paid to an investor or by a borrower against the use of money. The amount invested or borrowed is known as principal and interest calculated on principal is known as simple interest. If SI is a simple interest on ₹P at a rate of interest R% for T years, then

$$\text{SI} = \frac{P \times R \times T}{100}.$$

If interest of a particular year is added to the principal and interest calculated for next year, is known as compound interest. The formula for compound interest is

$$\text{CI} = P\left\{\left(1 + \frac{R}{100}\right)^n - 1\right\}$$

where P is principal and R and n are rate of interest and time respectively.

धनराशि का प्रयोग करने के एवज में निवेश किया गया या उधार लिया गया धन मूलधन कहलाता है तथा मूलधन पर गणना करके प्राप्त ब्याज को साधारण ब्याज कहते हैं। यदि ₹ P पर R% ब्याज की दर से T वर्षों के लिए साधारण ब्याज SI है, तब

$$\text{SI} = \frac{P \times R \times T}{100}$$

यदि एक विशेष वर्ष का ब्याज मूलधन में जोड़ दिया जाता है तथा अगले वर्ष के लिए ब्याज की गणना की जाती हैं, तब प्राप्त ब्याज को चक्रवृद्धि ब्याज कहते हैं।

चक्रवृद्धि ब्याज के लिए प्रयुक्त सूत्र निम्न है

$$\text{CI} = P\left\{\left(1 + \frac{r}{100}\right)^n - 1\right\}$$

जहाँ P मूलधन है तथा R व n क्रमश: ब्याज की दर तथा समय है।

interior (**इन्टिरियर**) अन्त:। See jordon curve theorem जॉर्डन वक्र प्रमेय देखें।

interior angle (**इन्टिरियर एंगल**) अन्त:कोण। Inside a polygon the angle between two adjacent sides of a polygon, is known as interior angle.

If AB and CD are two parallel lines and a transversal line EF intersect AB and CD at M and N respectively, then angles AMN,

MNC, BMN, MND are known as interior angles.

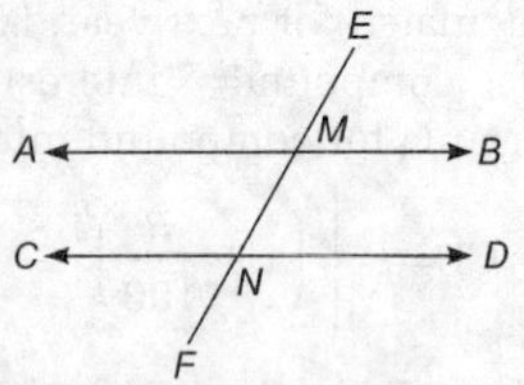

एक बहुभुज में, बहुभुज की दो संलग्न भुजाओं के बीच के कोण को अन्त:कोण कहते है।

यदि AB व CD दो समान्तर रेखाएँ हैं तथा एक तिर्यक रेखा EF, AB व CD को क्रमश: M व N पर प्रतिच्छेदित करती हैं, तब कोण *AMN, MNC, BMN* व *MND* को अन्त:कोण कहते हैं।

interior point **(इन्टिरियर प्वाइन्ट)** अन्त:बिन्दु। On a number line, point x is known as interior point of a set S of real numbers if there exists an open interval $(x - \delta, x + \delta)$, where $\delta > 0$.

A point is said to be an interior point of a circle if its distance from the centre is less than the radius of the circle.

संख्या रेखा पर बिन्दु x को वास्तविक संख्याओं के समुच्चय का अन्त:बिन्दु कहते हैं यदि एक विवृत्त अन्तराल $(x - \delta, x + \delta)$ का अस्तित्व हो जहाँ $\delta > 0$।

एक बिन्दु को एक वृत्त का अन्त: बिन्दु कहते हैं यदि इसकी केन्द्र से दूरी वृत्त की त्रिज्या से कम है।

internal bisector **(इन्टरनल बाइसेक्टर)** अन्त:समद्विभाजक। A bisector of an interior angle of a triangle or a polygon is known as internal bisector.

एक त्रिभुज या बहुभुज के अन्त: कोण के समद्विभाजक को अन्त:समद्विभाजक कहते हैं।

internal division **(इन्टरनल डिविजन)** अन्त: विभाजन। A point C on a line segment AB, divides the line segment in the ratio $m : n$ internally. Then, this division is known as internal division of line segment AB. If coordinates of A and B are respectively (x_1, y_1) and (x_2, y_2) and point $C(x, y)$ divides AB in the ratio $m : n$, then,

$$x = \frac{mx_2 + nx_1}{m + n}, y = \frac{my_2 + ny_1}{m + n}$$

रेखाखण्ड AB पर बिन्दु C रेखाखण्ड को $m : n$ के अनुपात में अन्त:विभाजित करता है, तब इस विभाजन को रेखाखण्ड AB का अन्त: विभाजन कहते हैं।

यदि A व B के निर्देशांक क्रमश: (x_1, y_1) व (x_2, y_2) है तथा बिन्दु $C(x, y), AB$ को $m : n$ के अनुपात में विभाजित करता है, तब

$$x = \frac{mx_2 + nx_1}{m + n}, y = \frac{my_2 + ny_1}{m + n}$$

internal force **(इन्टरनल फोर्स)** अन्त:बल। A force that is exerted by one particle of a body to another particle of that body and to which there is an equal opposite reaction by this another particle, is known as internal force.

Internal forces occur in pairs whose individual resultants are zero.

एक बल जोकि पिण्ड के एक कण द्वारा उस पिण्ड के दूसरे कण पर लगाया जाता है तथा जिसके बराबर तथा विपरीत प्रतिक्रिया उस दूसरे कण द्वारा होती है अन्त:बल कहलाता है।

अन्त:बल युग्म में होते हैं जिनके व्यवतैयिक परिणामी शून्य होते हैं।

intersect (**इण्टरसेक्ट**) प्रतिच्छेद। Two geometrical figures are said to be intersect, if they have atleast one common point.

दो ज्यामितीय आकृतियों को प्रतिच्छेदित कहा जाता है यदि उनका कम-से-कम एक उभयनिष्ठ बिन्दु हो।

intersecting lines (**इण्टरसेक्टिंग लाइन्स**) प्रतिच्छेदी रेखाएँ। Two lines are said to be intersecting lines, if they have one common point. *e.g.*, two lines AOB and COD are said to be intersecting lines since they have point O as common point.

दो रेखाओं को प्रतिच्छेदी रेखाएँ कहते हैं, यदि उनका एक उभयनिष्ठ बिन्दु हो।

जैसे—दो रेखाओं AOB व COD को प्रतिच्छेदी रेखाएँ कहते हैं चूँकि उनमें एक बिन्दु O उभयनिष्ठ बिन्दु के रूप में है।

intersection (**इण्टरसेक्शन**) प्रतिच्छेदन। The intersection of two sets A and B is a set whose elements are common in A and B. It is denoted by $A \cap B$.

e.g., If $A =$ set of all natural numbers and $B =$ set of all integers.

$\therefore A \cap B =$ set of all natural numbers.

The intersection of two sets A and B holds the following property.

(i) $A \cap A = A$

(ii) $A \cap \phi = \phi$

(iii) $A \cap U = A$

(iv) $A \cap B = B \cap A$

(v) $A \cap (B \cap C) = (A \cap B) \cap C$

(vi) $A \cap (B \cup C)$
$= (A \cap B) \cup (A \cap C)$

(vii) $(A \cap B)' = A' \cup B'$

दो समुच्चयों A व B का प्रतिच्छेदन एक समुच्चय है जिसमें A व B के उभयनिष्ठ अवयव हैं। इसे $A \cap B$ द्वारा निरूपित करते हैं।

जैसे—यदि $A =$ सभी प्राकृतिक संख्याओं का समुच्चय तथा $B =$ सभी पूर्णांकों का समुच्चय।

$\therefore A \cap B =$ सभी प्राकृतिक संख्याओं का समुच्चय

दो समुच्चयों A व B का प्रतिच्छेदन निम्न गुणों को सन्तुष्ट करता है

(i) $A \cap A = A$

(ii) $A \cap \phi = \phi$

(iii) $A \cap U = A$

(iv) $A \cap B = B \cap A$

(v) $A \cap (B \cap C) = (A \cap B) \cap C$

(vi) $A \cap (B \cup C)$
$= (A \cap B) \cup (A \cap C)$

(vii) $(A \cap B)' = A' \cup B'$

interval (**इण्टरवल**) अन्तराल। A subset of R on a real number line with end points a and b is known as a finite interval.

There are four types of finite interval.

(i) **Closed interval** An interval in which end points a and b are included, is known as closed interval. It is denoted by $[a, b]$ or $a \le x \le b, \forall x \in R$.

(ii) **Open interval** An interval in which end points a and b are not included, is known as open interval. It is denoted by (a, b) or $a < x < b, \forall x \in R$.

(iii) **Closed-open interval** An interval in which lower end point a is included but upper end point b is excluded, is known as closed-open interval. It is denoted by $[a, b)$ or $a \le x < b, \forall x \in R$.

(iv) **Open-closed interval** An interval in which lower end point

a is excluded but upper end point b is included, is known as open-closed interval. It is denoted by $(a, b]$ or $a < x \leq b, \forall x \in R$.

An interval which has ∞ or $-\infty$ as either lower or upper end point, is known infinite interval.

वास्तविक संख्याओं के समुच्चय R के एक उपसमुच्चय जो एक वास्तविक संख्या रेखा पर है तथा जिसके अनत्य बिन्दु a व b हैं, को परिमित अन्तराल कहते हैं।

परिमित अन्तराल चार प्रकार के होते हैं

(i) **संवृत्त अन्तराल** एक अन्तराल जिसमें अनत्य बिन्दु a व b सम्मिलित है, संवृत अन्तराल कहलाता है। इसे $[a, b]$ $a \leq x \leq b, \forall x \in R$ द्वारा निरूपित करते हैं या इसे बन्द अन्तराल भी कहते हैं।

(ii) **विवृत्त अन्तराल** एक अन्तराल जिसमें अनत्य बिन्दु a व b सम्मिलित नहीं होते हैं, विवृत्त अन्तराल कहलाता है। इसे (a, b) या $a < x < b, \forall x \in R$ द्वारा निरूपित करते हैं। इसे खुला अन्तराल भी कहते हैं।

(iii) **संवृत्त-विवृत्त अन्तराल** एक अन्तराल जिसमें निम्न अनत्य बिन्दु a सम्मिलित होता है परन्तु उच्च अनत्य बिन्दु b सम्मिलित नहीं होता हैं, को संवृत्त-विवृत्त अन्तराल कहते है। इसे $[a, b)$ या $a \leq x < b, \forall x \in R$ द्वारा निरूपित करते हैं।

(iv) **विवृत-संवृत्त अन्तराल** एक अन्तराल जिसमें निम्न अनत्य बिन्दु a सम्मिलित नहीं होता है परन्तु उच्च अनत्य बिन्दु b सम्मिलित होता है, विवृत्त-संवृत्त अन्तराल कहलाता है। इसे $(a, b]$ या $a < x \leq b, \forall x \in R$ द्वारा निरूपित करते हैं।

एक अन्तराल जिसकी या तो निम्न या उच्च अनत्य बिन्दु $-\infty$ या ∞ हो, अपरिमित अन्तराल कहलाता हैं।

into mapping (इनटू मैंपिग) अन्त:क्षेपी प्रतिचित्रण। A mapping from a set A to set B is said to be an into mapping if range of mapping is a proper subset of set B, *i.e.*, B has some elements which are not the image of any element of first set under the mapping.

समुच्चय A से समुच्चय B पर एक प्रतिचित्रण को अन्त:क्षेपी प्रतिचित्रण कहते हैं यदि प्रतिचित्रण की परास समुच्चय B का उचित उपसमुच्चय है अर्थात् B में कुछ अवयव ऐसे होते है जो प्रतिचित्रण के अन्तर्गत पहले समुच्चय के किसी अवयव का प्रतिबिम्ब नहीं है।

intrinsic equation (इन्ट्रीन्सिक इक्वेशन) नैज समीकरण। An equation which gives a relation between s and ψ, is called intrinsic equation.

एक समीकरण जो s व ψ के बीच सम्बन्ध बताती है। नैज समीकरण कहलाती है।

invalid (इनवैलिड) अवैध। A conclusion is said to invalid if it is not a necessary consequency the conditions.

एक निष्कर्ष को अवैध कहते हैं यदि यह आवश्यक रूप से प्रतिबन्ध का परिणाम नहीं हो।

invariant (इन्वैरियेण्ट) निश्चर। A property or quantity which is not changed by one or more transformations. *e.g.*, the discriminant of a conic is invariant under rotation of axes.

एक गुण या राशि जोकि एक या अधिक रूपान्तरणों में परवर्तित नहीं होता है।

जैसे—अक्षों के परिक्रमण के अन्तर्गत शांकव का विविक्तर निश्चर है।

invariant subgroup (इनवैरियण्ट सबग्रुप) निश्चर उपसमूह। Normal subgroup is also known as invariant subgroup.

प्रसामान्य उपसमूह को निश्चर उपसमूह भी कहते हैं।

inverse correlation (**इनवरस कोरिलेशन**) प्रतिलोम सहसम्बन्ध। Negative correlation is known as inverse correlation.

ऋणात्मक सहसम्बन्ध को प्रतिलोम सहसम्बन्ध कहते हैं।

inverse element (**इनवरस एलीमेण्ट**) प्रतिलोम अवयव। For a binary operation o on the set S, there is an element e. The element a' is known as inverse element of a if $aoa' = a'oa = e$.

For multiplication 1 is multiplicative identity and a^{-1} is a multiplicative inverse element of a if $a \times a^{-1} = 1 = a^{-1} \times a$.

For addition, 0 is additive identity and $-a$ is known as additive inverse element of a, if $a + (-a) = -a + a = 0$.

समुच्चय S पर द्विआधारी संक्रिया में अवयव e हैं। अवयव a' को a का प्रतिलोम अवयव कहते हैं यदि $aoa' = a'oa = e$.

गुणा के लिए, 1 गुणात्मक तत्समक है तथा a^{-1}, a का गुणात्मक प्रतिलोम अवयव है यदि $a \times a^{-1} = 1 = a^{-1} \times a$

योग के लिए, 0 योगात्मक तत्समक है तथा $-a$ को a का योगात्मक प्रतिलोम अवयव कहते हैं यदि $a + (-a) = -a + a = 0$.

inverse function (**इनवरस फंक्शन्**) प्रतिलोम फलन। Let A and B be two sets and let $f : A \to B$ be a functions and it is bijection. Then, a function from B to A which associates each element $y \in B$ to its pre-image $f^{-1}(y) \in A$. Such a function is known as the inverse of function f and is defined by f^{-1}.

e.g., if $A = \{1, 2, 3, 4\}$ and $B = \{2, 4, 6, 8\}$ and $f : A \to B$ such that $f(x) = 2x$, then

$$f = \{(1, 2), (2, 4), (3, 6), (4, 8)\}$$

and $f^{-1} = \{(2, 1), (4, 2), (6, 3), (8, 4)\}$

माना A व B दो समुच्चय हैं तथा माना $f : A \to B$ एक फलन है तथा यह एकैकी आच्छादन है। तब एक फलन B से A पर जोकि प्रत्येक अवयव $y \in B$ को इसके पूर्व प्रतिबिम्ब $f^{-1}(y) \in A$ से सम्बन्धित करता है। ऐसे फलन को फलन f का प्रतिलोम कहते हैं तथा f^{-1} से परिभाषित है।

जैसे—यदि $A = \{1, 2, 3, 4\}$ तथा $B = \{2, 4, 6, 8\}$ तथा $f : A \to B$ इस प्रकार है कि $f(x) = 2x$, तब

$$f = \{(1, 2), (2, 4), (3, 6), (4, 8)\}$$

तथा $f^{-1} = \{(2, 1), (4, 2), (6, 3), (8, 4)\}$

inverse hyperbolic function (**इनवरस हायपरबोलिक फंक्शन्**) प्रतिलोम अतिपरवलयिक फलन। If $\sinh y = x$, then y is said to be in the inverse hyperbolic sine of x and it is written as $\sinh^{-1} x = y$

Similarly, $\cosh^{-1} x$, $\tanh^{-1} x$ are defined.

$$\sinh^{-1} x = \log (x + \sqrt{x^2 + 1})$$

$$\cosh^{-1} x = \log (x + \sqrt{x^2 - 1})$$

and $\tanh^{-1} x = \frac{1}{2} \log \left(\frac{1 + x}{1 - x}\right)$

यदि $\sinh x = y$ तब y, x के प्रतिलोम अतिपरवलियक ज्या फलन में है तथा इसे $\sinh^{-1} x = y$ के रूप में लिखते हैं।

इसी प्रकार $\cosh^{-1} x$, $\tanh^{-1} x$ परिभाषित है।

$$\sinh^{-1} x = \log (x + \sqrt{x^2 + 1})$$

$$\cosh^{-1} x = \log (x + \sqrt{x^2 - 1})$$

तथा $\tanh^{-1} x = \frac{1}{2} \log \left(\frac{1 + x}{1 - x}\right)$

I

inversely proportional (**इनवरसली परपोर्शनल**) व्युत्क्रमणीय अनुपातिक। If there is a relation between two quantities in such a way that one is decreased when another is increased and one is increased when another is decreased, then those quantities are called inversely proportional to each other.

e.g., if the speed of a car is increased, then the time taken to cover a distance is decreased. Then, speed and time taken are inversely proportional to each other.

यदि दो राशियों के बीच में एक सम्बन्ध इस प्रकार हो कि जब एक संख्या में वृद्धि की जाती है, तो दूसरी संख्या में कमी होती है तथा एक संख्या में वृद्धि करने पर दूसरी संख्या में कमी होती है, तब उन राशियों को परस्पर एक-दूसरे का व्युत्क्रम अनुपातिक कहते हैं।

जैसे—यदि एक कार की चाल में वृद्धि की जाती है, तब एक दूरी को तय करने में लिया गया समय घट जाता है, तब चाल व लिया गया समय परस्पर एक-दूसरे के व्युत्क्रम अनुपातिक है।

inverse mapping (**इनवरस मैपिंग**) प्रतिलोम प्रतिचित्रण। Let $f: A \to B$ is a mapping which is both a one to one mapping and onto mapping. Then, a mapping f^{-1} from B to A is defined as for $b \in B$, $f^{-1}(B)$ is a unique element a in A such that $f(a) = b$. The mapping $f^{-1}: B \to A$ is also both one to one mapping and onto mapping, is the inverse mapping of f.

माना $f: A \to B$ एक प्रतिचित्रण है जोकि दोनों एकैकी प्रतिचित्रण व आच्छादक प्रतिचित्रण है, तब एक प्रतिचित्रण f^{-1}, B से A पर निम्न प्रकार परिभाषित है $b \in B$ के लिए $f^{-1}(B)$ एक अद्वितीय फलन a(A में) इस प्रकार है कि $f(a) = b$ प्रतिचित्रण $f^{-1}: B \to A$ एकैकी प्रतिचित्रण व आच्छादक प्रतिचित्रण दोनों है, f का प्रतिलोम प्रतिचत्रण होता है।

inverse matrix (**इनवरस मैट्रिक्स**) प्रतिलोम आव्यूह। A square matrix A of order n is invertible if there exists a square matrix B of the same order such that

$$AB = I_n = BA.$$

In such a case inverse matrix of A is B and we write $A^{-1} = B$.

Every invertible matrix possesses a unique inverse.

A square matrix is invertible, iff it is non-singular.

If A, B and C are invertible matrices, then

(i) $(AB)^{-1} = B^{-1}A^{-1}$

(ii) $(ABC)^{-1} = C^{-1}B^{-1}A^{-1}$

(iii) $(A^T)^{-1} = (A^{-1})^T$

(iv) $|\text{adj } A| = |A|^{n-1}$

(v) $\text{adj }(AB) = \text{adj }(B) \cdot \text{adj }(A)$

(vi) $\text{adj }(A^T) = (\text{adj } A)^T$

(vii) $\text{adj }(\text{adj } A) = |A|^{n-2} A$

n कोटि का एक वर्ग आव्यूह A व्युत्क्रमणीय कहलाता है, यदि उसी कोटि के एक वर्ग आव्यूह B का अस्तित्व इस प्रकार हो कि

$$AB = I_n = BA.$$

इस दशा में, A का प्रतिलोम आव्यूह B है तथा $A^{-1} = B$ लिखते हैं।

प्रत्येक व्युत्क्रमणीय आव्यूह का अद्वितीय प्रतिलोम होता है।

एक वर्ग आव्यूह व्युत्क्रमणीय होता है यदि और केवल यदि यह व्युत्क्रमणीय हो।

यदि A, B व C व्युत्क्रमणीय आव्यूह है, तब

(i) $(AB)^{-1} = B^{-1}A^{-1}$

(ii) $(ABC)^{-1} = C^{-1}B^{-1}A^{-1}$

(iii) $(A^T)^{-1} = (A^{-1})^T$

(iv) $|\text{adj } A| = |A|^{n-1}$

(v) $\text{adj }(AB) = \text{adj }(B) \cdot \text{adj }(A)$

(vi) $\text{adj } A^T = (\text{adj } A)^T$

(vii) $\text{adj }(\text{adj } A) = |A|^{n-2} A$

inverse of a complex number **(इनवरस ऑफ ए काम्प्लैक्स नम्बर)** एक सम्मिश्र संख्या का प्रतिलोम। Let z is a non-zero complex number such that $z = x + iy$ where x and $y \in R$, then inverse of a complex number z is z^{-1} or $\frac{1}{z}$ which is equal to $\frac{x}{x^2+y^2} - \frac{y}{x^2+y^2} i$.

यदि z एक अशून्य सम्मिश्र संख्या इस प्रकार है कि $z = x + iy$ जहाँ x व $y \in R$, तब एक सम्मिश्र संख्या z का प्रतिलोम z^{-1} या $\frac{1}{z}$ है जोकि $\frac{x}{x^2+y^2} - \frac{y}{x^2+y^2} i$ के बराबर होता है।

inverse ratio **(इनवरस रेशो)** व्युत्क्रमानुपात। The inverse ratio of $a : b$ is $b : a$.

$a : b$ का व्युत्क्रमानुपात $b : a$ होता है।

inverse relation **(इनवरस रिलेशन)** प्रतिलोम सम्बन्ध। Let A and B be two sets and R is a relation from a set A to set B. Then, the inverse of R is a relation from B to A and is denoted by R^{-1}. R^{-1} is defined as

$$R^{-1} = \{(b, a) : (a, b) \in R\}$$

Clearly, $(a, b) \in R \Leftrightarrow (b, a) \in R^{-1}$

Also, Dom (R) = Range (R^{-1}) and Range (R) = Dom (R^{-1})

e.g., Let R is a relation from a set $A = \{1, 2, 3\}$ to a set $B = \{a, b, c, d\}$ and $R = \{(1, a), (1, c), (2, d), (2, c)\}$

Then, R^{-1} is a relation from B to A such that

$$R^{-1} = \{(a, 1), (c, 1), (d, 2), (c, 2)\}$$

माना A व B दो समुच्चय हैं तथा R एक सम्बन्ध समुच्चय A से समुच्चय B पर है। तब R का प्रतिलोम एक सम्बन्ध B से A पर है तथा R^{-1} द्वारा निरूपित करते हैं। R^{-1} निम्न प्रकार परिभाषित है

$$R^{-1} = \{(b, a) : (a, b) \in R\}$$

स्पष्टत: $(a, b) \in R \Leftrightarrow (b, a) \in R^{-1}$

तथा Dom (R) = Range (R^{-1}) तथा Range (R) = Dom (R^{-1})

जैसे—माना R एक सम्बन्ध समुच्चय $A = \{1, 2, 3\}$ में समुच्चय $B = \{a, b, c, d\}$ पर है तथा $R = \{(1, a), (1, c), (2, d), (2, c)\}$ तब B से A पर एक सम्बन्ध R इस प्रकार है कि

$$R^{-1} = \{(a, 1), (c, 1), (d, 2), (c, 2)\}$$

inverse trigonometric function **(इनवरस ट्रिगोनोमैट्रिक फंक्शन्)** प्रतिलोम त्रिकोणमितीय फलन। The inverse of all trigonometric functions are known as inverse trigonometric functions, *e.g.*, if $\sin\theta = x$, then $\theta = \sin^{-1} x$

Similarly, $\cos\theta = x$, then $\theta = \cos^{-1} x$ and $\tan\theta = x$, then $\theta = \tan^{-1} x$.

सभी त्रिकोणमितीय फलनों के प्रतिलोमों, के प्रतिलोम त्रिकोणमितीय फलन कहते हैं।

जैसे—यदि $\sin\theta = x$, तब $\theta = \sin^{-1} x$

इसी प्रकार, $\cos\theta = x$, तब, $\cos^{-1} x$ तथा $\tan\theta = x$, तब $\theta = \tan^{-1} x$

invertible matrix **(इनवरटिएबल मैट्रिक्स)** व्युत्क्रमणीय आव्यूह। See inverse matrix प्रतिलोम आव्यूह देखें।

irrational number **(इर्रेशनल नम्बर)** अपरिमेय संख्या। A number which can not be expressed in the form $\frac{p}{q}$

where $p, q \in I$ and $q \neq 0$, is known as irrational number. *e.g.*, $\sqrt{2}$, 0.01001 ... etc are irrational numbers.

एक संख्या जोकि $\frac{p}{q}$ जहाँ $p, q \in I$ तथा $q \neq 0$ के रूप में व्यक्त नहीं किया जा सकता है, अपरिमेय संख्या कहलाती है।

जैसे—$\sqrt{2}$, 0.01011 ... इत्यादि अपरिमेय संख्याएँ हैं।

irreducible (**इर्रेड्यूशिबल**) अखण्डनीय। Unable to factorized.

Thus, all prime numbers are irreducible and expression $x^2 + 1$ is irreducible for a real number system.

गुणनखण्ड सम्भव नहीं

इस प्रकार सभी अभाज्य संख्याएँ अखण्डनीय हैं तथा व्यंजक $x^2 + 1$ वास्तविक संख्याओं के निकाय के लिए अखण्डनीय है।

irreducible fraction (**इर्रेडयूशिबल फ्रैक्शन्**) अलघुकरणीय भिन्न। A fraction is said to be an irreducible fraction, if it cannot be possible to convert it into its lowest form.

e.g., $\frac{13}{17}$ is an irreducible fraction.

एक भिन्न को अलघुकरणीय भिन्न कहते हैं, यदि इसे इसके लघुत्तम रूप में व्यक्त करना सम्भव न हो। जैसे— $\frac{13}{17}$ एक अलघुकरणीय भिन्न है।

irreducible polynomial (**इररिडयूशेबल पॉलीनोमियम**) अखण्डनीय बहुपद। A polynomial whose factors are not possible for a particular system, is known as an irreducible polynomial.

e.g., $x^2 + 2$ is an irreducible polynomial for a real number system.

एक बहुपद जिसके गुणनखण्ड किसी विशेष निकाय के लिए सम्भव ना हो, अखण्डनीय बहुपद कहलाता है।

जैसे—वास्तविक संख्याओं के निकाय के लिए $x^2 + 2$ अखण्डनीय है।

irreducible radical (**इर्रेड्यूशिबल रेडिकल**) अखण्डनीय करणी A radical which cannot be written a rationalized form. *e.g.*, $\sqrt{3}$ is irreducible radical.

एक करणी जिसे परिमेय रूप में नहीं लिखा जा सकता है। जैसे—$\sqrt{3}$ अखण्डनीय करणी है।

irreflexive relation (**इर्रेफ्लेक्सिव रिलेशन**) अस्वतुल्य सम्बन्ध। See reflexive relation.

स्वतुल्य सम्बन्ध देखें

isosceles trapezium (**आइसोसेलेस ट्रेपेजियम**) समद्विबाहु समलम्ब। A trapezium whose two non-parallel sides are of equal lengths, is known as isosceles trapezium.

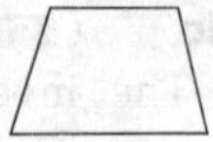

एक समलम्ब जिसकी दो असमान्तर रेखाएँ बराबर लम्बाई की हों, समद्विबाहु समलम्ब कहलाता है।

Isosceles triangle (**आइसोसेलेस ट्राइएंगल**) समद्विबाहु त्रिभुज। A triangle in which two sides are of equal lengths, is known as isosceles triangle.

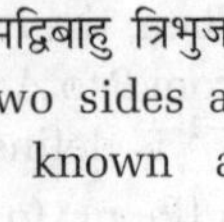

एक त्रिभुज जिसकी दो भुजाएँ समान लम्बाई की होती हैं, समद्विबाहु त्रिभुज कहलाता है।

j (unit vector) {**जे (यूनिट वेक्टर)**} जे (इकाई सदिश)। **j** is a unit vector in the direction of *y*-axis. *y*-अक्ष की दिशा में **j** एक इकाई सदिश होता है।

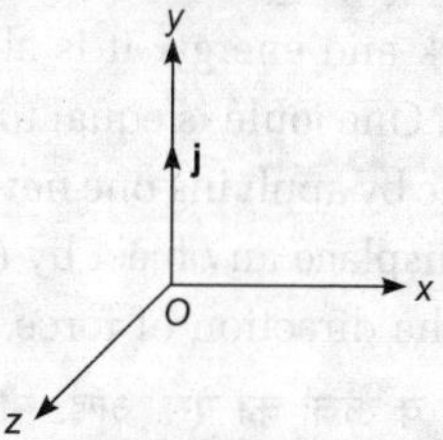

J (symbol for joule) {**जे (सिम्बल फॉर जूल)**} जे (जूल के लिए प्रतीक)। *j* is used as a symbol to represent joule which is a unit of work or we can say that '*j*' is an abbrevation for joule. जे का प्रयोग प्रतीक के रूप में जूल को निरूपित करने के लिए किया जाता है जोकि कार्य की एक इकाई है या हम कह सकते हैं कि जूल के लिए शब्द संक्षेप 'जे' है।

Jacobian (जैकोबियन) जैकोबियन। If $u_1, u_2, \ldots, u_n$ are functions of n independent variables $x_1, x_2, \ldots, x_n$, then the determinant.

$$\begin{vmatrix} \frac{\partial u_1}{\partial x_1} & \frac{\partial u_1}{\partial x_2} & \cdots & \frac{\partial u_1}{\partial x_n} \\ \frac{\partial u_2}{\partial x_2} & \frac{\partial u_2}{\partial x_2} & \cdots & \frac{\partial u_2}{\partial x_n} \\ \vdots & \vdots & \cdots & \vdots \\ \frac{\partial u_n}{\partial x_1} & \frac{\partial u_n}{\partial x_2} & \cdots & \frac{\partial u_n}{\partial x_n} \end{vmatrix}$$

is called the jacobian of $u_1, u_2, \ldots, u_n$ with respect to $x_1, x_2, \ldots, x_n$. Jacobian is denoted either by $\frac{\partial (u_1, u_2, \ldots, u_n)}{\partial (x_1, x_2, \ldots, x_n)}$ or by $J(u_1, u_2, \ldots, u_n)$.

Thus, if u and v are functions of two independent variables x and y, then

$$J(u, v) = \begin{vmatrix} \frac{\partial u}{\partial x} & \frac{\partial u}{\partial y} \\ \frac{\partial v}{\partial x} & \frac{\partial v}{\partial y} \end{vmatrix} = \frac{\partial (u, v)}{\partial (x, y)}$$

यदि n स्वतन्त्र चरों $x_1, x_2, \ldots, x_n$ के फलन $u_1, u_2, \ldots, u_n$ हैं, तब सारणिक

$$\begin{vmatrix} \frac{\partial u_1}{\partial x_1} & \frac{\partial u_1}{\partial x_2} & \cdots & \frac{\partial u_1}{\partial x_n} \\ \frac{\partial u_2}{\partial x_1} & \frac{\partial u_2}{\partial x_2} & \cdots & \frac{\partial u_2}{\partial x_n} \\ \vdots & \vdots & \cdots & \vdots \\ \frac{\partial u_n}{\partial x_1} & \frac{\partial u_n}{\partial x_2} & \cdots & \frac{\partial u_n}{\partial x_n} \end{vmatrix}$$

को $x_1, x_2, \ldots, x_n$ के सापेक्ष $u_1, u_2, \ldots, u_n$ का जैकोबियन कहते हैं। जैकोबियन को या तो $\frac{\partial (u_1, u_2, \ldots, u_n)}{\partial (x_1, x_2, \ldots, x_n)}$ या $J(u_1, u_2, \ldots, u_n)$ से निरूपित करते हैं।

इस प्रकार, यदि दो स्वतन्त्र चरों x व y के फलन u व v हैं, तब

$$J(u, v) = \begin{vmatrix} \frac{\partial u}{\partial x} & \frac{\partial u}{\partial y} \\ \frac{\partial v}{\partial x} & \frac{\partial v}{\partial y} \end{vmatrix} = \frac{\partial (u, v)}{\partial (x, y)}$$

Jacobian matrix (जैकोबियन मैट्रिक्स) जैकोबियन आव्यूह। For m functions $u_1, u_2, \ldots, u_m$ of n independent variables $x_1, x_2, \ldots, x_n$, a $m \times n$ matrix whose element in the ith row and jth column is $\frac{\partial u_i}{\partial x_j}$, is called jacobian matrix.

$$\begin{vmatrix} \frac{\partial u_1}{\partial x_1} & \frac{\partial u_1}{\partial x_2} & \cdots & \frac{\partial u_1}{\partial x_n} \\ \frac{\partial u_2}{\partial x_1} & \frac{\partial u_2}{\partial x_2} & \cdots & \frac{\partial u_2}{\partial x_n} \\ \vdots & \vdots & \cdots & \vdots \\ \frac{\partial u_m}{\partial x_1} & \frac{\partial u_m}{\partial x_2} & \cdots & \frac{\partial u_m}{\partial x_n} \end{vmatrix}_{m \times n}$$

n स्वतन्त्र चरों $x_1, x_2, \ldots, x_n$ के m फलनों $u_1, u_2, \ldots, u_m$ के लिए एक आव्यूह जिसकी iवीं पंक्ति तथा jवे स्तम्भ का अवयव $\frac{\partial u_i}{\partial x_j}$ है, जैकोबियन आव्यूह कहलाता है।

Jordon curve (जॉर्डन कर्व) जोरदाँ वक्र। A simple closed curve, *i.e.*, a curve which has no ends and does not intersect itself, is known as jordon curve, *e.g.*, circle, ellipse etc. are jordon curve because they have no ends and don't intersect itself.

एक सरल संवृत्त वक्र अर्थात् एक वक्र जिसका कोई सिरा नहीं है तथा स्वयं को प्रतिच्छेदित नहीं करता है, जोरदाँ वक्र कहलाता है। जैसे—वृत्त, दीर्घवृत्त इत्यादि जोरदाँ वक्र हैं क्योंकि इनका कोई सिरा नहीं है तथा ये स्वयं को प्रतिच्छेदित नहीं करते हैं।

Jordon curve theorem (जॉर्डन कर्व थ्योरम) जोरदाँ वक्र प्रमेय। This theorem state that

"A jordon curve divides the plane into two regions, the interior and the exterior of the curve".

इस प्रमेय के अनुसार,

"एक जोरदाँ वक्र तल को दो भागों, वक्र के अन्त: तथा वाह्य, में विभाजित करता है।"

joule (जूल) जूल। Joule is SI unit of work and energy. It is abbriviated as J. One joule is equal to the work done by applying one newton force to displace an object by one meter in the direction of force.

कार्य व ऊर्जा का एस. आई. मात्रक जूल है। यह शब्द संक्षेप के रूप में J द्वारा निरूपित किया जाता है। एक न्यूटन बल लगाकर किसी वस्तु को बल की दिशा में 1 मी विस्थापित करने में किया गया कार्य 1 जूल होता है।

jump (जम्प) प्लुति। The absolute value of the difference between the left hand and right hand limits of a given function *i.e.*, if $f(x)$ is a function, then $|f(x^+) - f(x^-)|$ is known as jump.

एक दिए गए फलन की दायीं सीमा व बायीं सीमा के बीच के अन्तर का निरपेक्ष मान अर्थात् यदि $f(x)$ एक फलन है, तब $|f(x^+) - f(x^-)|$ को प्लुति कहते हैं।

jump discontinuity (**जम्प डिस्कोन्टिन्यूटि**) प्लुति असततता। If left hand and right hand limits of a function exists but are not equal to each other. Then, the function is not continuous at that point. This type of discontinuity at that point is known as jump discontinuity.

e.g., for a function

$$f(x) = \begin{cases} \dfrac{a^{[x]+x} - 1}{[x] + x}, & x \neq 0 \\ \log_e a, & x = 0 \end{cases} \quad a > 0$$

at $x = 0$, RHL $= \log_e a$
and LHL $= 1 - a^{-1}$

$\Rightarrow$ LHL $\neq$ RHL

$\Rightarrow f(x)$ is discontinuous at $x = 0$

This type of discontinuity is known as jump discontinuity.

यदि एक फलन की दायीं सीमा व बायीं सीमा दोनों का अस्तित्व हो परन्तु दोनों परस्पर बराबर नहीं होते हैं। तब, फलन उस बिन्दु पर सतत् नहीं होता है। इस प्रकार की असतत्ता को उस बिन्दु पर प्लुति असतत्ता कहते हैं।

जैसे—फलन

$$f(x) = \begin{cases} \dfrac{a^{[x]+x}}{[x] + x}, & x \neq 0 \\ \log_e a, & x = 0 \end{cases} \quad a > 0 \text{ के}$$

लिए, $x = 0$ पर

RHL $= \log_e a$ तथा LHL $= 1 - a^{-1}$

$\Rightarrow$ LHL $\neq$ RHL

$\Rightarrow f(x)$, $x = 0$ पर असतत् है।

इस प्रकार की असतत्ता को प्लुति असतत्ता कहते हैं।

J

K

k unit vector (k यूनिट वेक्टर) k इकाई सदिश। k is a unit vector in the direction of *z*-axis. *z*-अक्ष की दिशा में k एक इकाई सदिश है।

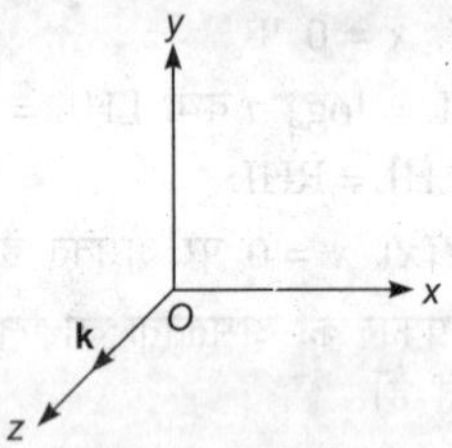

Kelvin (केल्विन) केल्विन। Kelvin is a temperature scale and unit of measurement of temperature. The symbol used for kelvin is K. 0K is an absolute zero temperature. This temperature is lowest possible temperature. केल्विन एक तापमापी है तथा मापने की एक इकाई है। केल्विन के लिए प्रतीक K का प्रयोग किया जाता है। 0K एक निरपेक्ष शून्य ताप है। यह ताप न्यूनतम सम्भव ताप है।

kg (केजी) किग्रा। kg is an abbreviation and symbol used for kilogram.

$$1 \text{ kg} = 1000 \text{ g}$$

किलोग्राम के लिए प्रयुक्त किये जाने वाले शब्द संक्षेप तथा प्रतीक किग्रा है।

$$1 \text{ किग्रा} = 1000 \text{ ग्राम}$$

kilogram (किलोग्राम) किलोग्राम। Kilogram is a unit of measuring mass in SI units. One kilogram is approximately equal to the mass of 1000 cm^3 of water. Kilogram is abbreviated as kg.

$\therefore$ Mass of 1000 cm^3 of water = 1 kg (approx)

एस. आई. मात्रकों में द्रव्यमान मापने की इकाई किलोग्राम है। एक किग्रा लगभग 1000 सेमी^{3} पानी के द्रव्यमान के बराबर होता है। किलोग्राम को शब्द संक्षेप रूप में किग्रा लिखते हैं।

$\therefore$ 1000 सेमी^{3} पानी का द्रव्यमान = 1 किग्रा (लगभग)

kilometre (किलोमीटर) किलोमीटर। It is an unit of measuring distance. One kilometre is equal to 1000 metres. Kilometre is abbreviated as km.

$$\therefore \quad 1 \text{ km} = 1000 \text{ m}$$

यह दूरी मापने की एक इकाई है। एक किलोमीटर 1000 मीटर के बराबर होता है। किलोमीटर को शब्द संक्षेप में किमी लिखते हैं।

$$\therefore \quad 1 \text{ किमी} = 1000 \text{ मी}$$

kinematics (काइनेमेटिक्स) गति विज्ञान। The branch of mathematics which deals in the study of motion of bodies without reference to the force causing the motion. Kinematics is concerned with positions, velocities, acceleration etc., of the bodies. गणित की वह शाखा जिसमें पिण्डों की गति का बल जिसके कारण गति होती है, के बिना सन्दर्भ किए, का अध्ययन करते हैं। गति विज्ञान का सम्बन्ध पिण्डों की स्थिति, वेगों तथा त्वरणों इत्यादि से होता है।

kinetic energy (काइनेटिक एनर्जी) गतिज ऊर्जा। The energy possessed by an object due to its motion. The kinetic energy of an object increases with its speed. The kinetic energy possessed by an object of mass *m* and moving with a velocity *v*, is

$$KE = \frac{1}{2}mv^2$$

किसी वस्तु में उसकी गति के कारण निहित ऊर्जा। किसी वस्तु की गतिज ऊर्जा उसकी चाल के साथ बढ़ती है। *m* द्रव्यमान की वस्तु जो वेग *v* से गतिशील है, की गतिज ऊर्जा निम्न होती है

$$KE = \frac{1}{2}mv^2$$

knot (नॉट) नॉट Knot is an unit of speed. One knot is equal to one nautical mile per hour.

$$\begin{aligned}1 \text{ knot} &= 1 \text{ nautical mile per hour}\\ &= 0.51444 \text{ m/s}\end{aligned}$$

यह चाल का मात्रक है। एक नॉट, एक नॉटिकल मील प्रति घण्टा के बराबर होता है।

1 नॉट = 1 नॉटिकल मील/घण्टा

= 0.51444 मी/से

kurtosis (कुर्टोसिस) ककुदता। The degree of peakedness of a frequency function near the mode is known as kurtosis. If μ_i is the *i*th moment about the mean. Then, the coefficient of kurtosis is

$$\gamma_2 = \frac{\mu_4}{\mu_2^2} - 3$$

बहुलक के पास बारम्बारता फलन की चरमता की कोटि को ककुदता कहते हैं। यदि माध्य के परितः moment μ_i है। तब, ककुदता का गुणांक $\gamma_2 = \frac{\mu_4}{\mu_2^2} - 3$ है।

K

L

L (एल) A symbol used to represent 50 in Roman number system.

रोमन संख्या पद्धति में 50 को निरूपित करने का एक प्रतीक।

L' Hospital's rule (एल' हॉस्पीटल'स रुल) एल हॉस्पीटल का नियम। This rule is applicable to only two indeterminate forms $\frac{0}{0}$ or $\frac{\infty}{\infty}$.

Let $f(x)$ and $g(x)$ be two functions such that $f(a) = 0$ and $g(a) = 0$, then

$$\lim_{x \to a} \frac{f(x)}{g(x)} = \lim_{x \to a} \frac{f'(x)}{g'(x)}$$

If $\lim_{x \to a} \frac{f'(x)}{g'(x)}$ also assumes indeterminate form, then again apply this rule.

For other indeterminate forms, we have to convert them into either $\frac{0}{0}$ or $\frac{\infty}{\infty}$ form and then we apply L' Hospital's rule.

यह नियम केवल दो अपरिमित दशाओं $\frac{0}{0}$ या $\frac{\infty}{\infty}$ में लागू होता है।

माना $f(x)$ व $g(x)$ दो फलन इस प्रकार हैं कि $f(a) = 0$ तथा $g(a) = 0$, तब

$$\lim_{x \to a} \frac{f(x)}{g(x)} = \lim_{x \to a} \frac{f'(x)}{g'(x)}$$

यदि $\lim_{x \to a} \frac{f'(x)}{g'(x)}$ भी अपरिमित रूप प्राप्त करती है, तब इस नियम को पुन: लगाते हैं।

अन्य अपरिमित रूपों के लिए पहले उनको या तो $\frac{0}{0}$ या $\frac{\infty}{\infty}$ के रूप में व्यक्त करते हैं, तब एल हॉस्पीटल का नियम लगाते हैं।

lamina (लेमिना) पटल। An object which has 2-dimensional shape and density but does not have thickness is known as lamina.

एक वस्तु जिसका दो विमीय आकार तथा घनत्व होता है परन्तु इसकी मोटाई नहीं होती है, पटल कहलाता है।

lami's theorem (लॉमी'स थ्योरम) लॉमी का प्रमेय। According to this theorem,

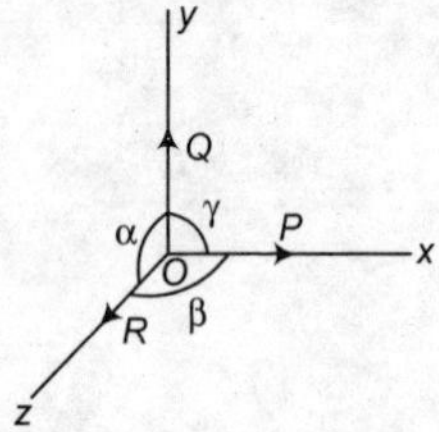

"If three forces acting at a point be in equilibrium, then each force is proportional to the sine of the angle between the other two."

Let P, Q and R be three forces which are acting at a point O, be in equilibrium, then

$$\frac{P}{\sin\alpha} = \frac{Q}{\sin\beta} = \frac{R}{\sin\gamma}$$

इस प्रमेय के अनुसार,

''यदि तीन बल एक बिन्दु पर कार्यरत् हैं, साम्यावस्था में हैं, तब प्रत्येक बल अन्य दो

के बीच कोण की ज्या के अनुक्रमानुपाती होता है।''

माना P, Q तथा R तीन बल जो एक बिन्दु O पर कार्यरत् हैं, साम्यावस्था में हैं, तब

$$\frac{P}{\sin\alpha} = \frac{Q}{\sin\beta} = \frac{R}{\sin\gamma}$$

Laplace's equation (लाप्लास'स इक्वेशन) लाप्लास का समीकरण। The partial differential equation

$$\nabla^2 V = \frac{\partial^2 V}{\partial x^2} + \frac{\partial^2 V}{\partial y^2} + \frac{\partial^2 V}{\partial z^2} = 0$$

where ∇ is the differential operator del, is known as Laplace's equation.

आंशिक अवकल समीकरण $\nabla^2 V = \frac{\partial^2 V}{\partial x^2} + \frac{\partial^2 V}{\partial y^2} + \frac{\partial^2 V}{\partial z^2} = 0$ जहाँ ∇ अवकल संकारक del है, को लाप्लास का समीकरण कहते हैं।

latent root (लेटेण्ट रूट) अभिलक्षणिक मूल। See characteristic root or eigen value

अभिलक्षिणक मूल या आइगेन मान देखें।

latent vector (लेटेण्ट वेक्टर) अभिलक्षणिक सदिश। See characteristic vector or eigen vector.

अभिलक्षणिक सदिश या आइगेन सदिश देखें।

leteral face (लेटेरल फेस) पार्श्वीय फलक। Any side of a solid figure which is not the base, is known as lateral face, *e.g.*, is a cube, all are lateral faces except shades face. Which is base of a cube.

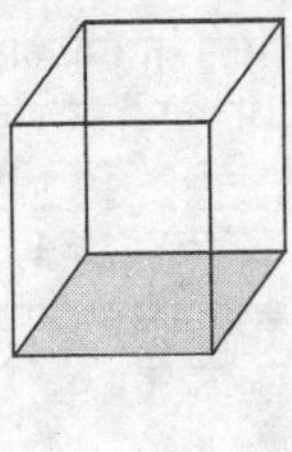

ठोस आकृति का कोई पृष्ठ जोकि आधार नहीं है, पार्श्वीय फलक कहलाता है।

जैसे—एक घन में छायांकित फलक, जोकि घन का आधार है को छोड़कर सभी पार्श्वीय फलक हैं।

latitude (लेटिट्यूड) अक्षांश। The name of an angular distance towards North or South pole of any place from equator, is known as latitude

अक्षांश, भूमध्यरेखा से किसी भी स्थान की उत्तरी अथवा दक्षिणी ध्रुव की ओर की कोणीय दूरी का नाम है।

latusrectum (लेटस्रेक्टम) नाभिलम्ब।

A chord which passes through the focus of a conic and perpendicular to axis, is known as latusrectum.

For a parabola $y^2 = 4ax$ extrimities of latusrectum are $(a, \pm 2a)$ and its length is $4a$.

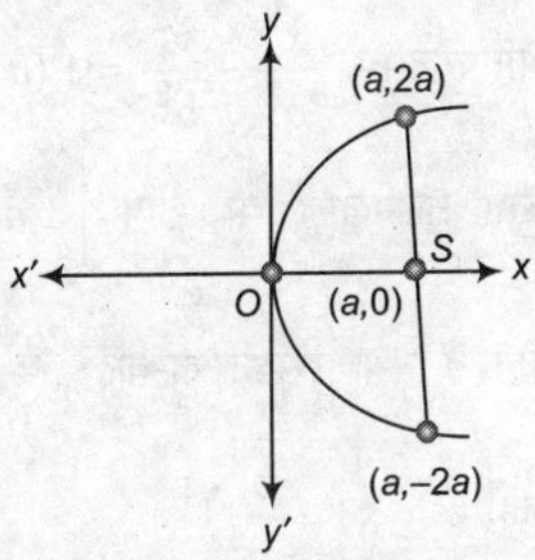

Parabola (परवलय)

For an ellipse $\frac{x^2}{a^2} + \frac{y^2}{b^2} = 1 \ (a > b)$, extrimities of letusrectum are $\left(\pm ae, \pm \frac{b^2}{a}\right)$ and its length is $\frac{2b^2}{a}$, where $e = \sqrt{1 - \frac{b^2}{a^2}}$

For a hyperbola $\frac{x^2}{a^2} - \frac{y^2}{b^2} = 1$, extrimities of latusrectum are

$\left(\pm ae, \pm \frac{b^2}{a}\right)$ and its length is $\frac{2b^2}{a}$,

where $e = \sqrt{1 + \frac{b^2}{a^2}}$

एक जीवा, जो शांकव की नाभि से होकर जाती है तथा अक्ष के लम्बवत् होती है, नाभिलम्ब कहलाती है।

परवलय $y^2 = 4ax$ के लिए नाभिलम्ब के शीर्ष $(a, \pm 2a)$ होते हैं तथा इसकी लम्बाई $4a$ होती है।

दीर्घवृत्त $\frac{x^2}{a^2} + \frac{y^2}{b^2} = 1$ $(a > b)$ के नाभिलम्ब के शीर्ष $\left(\pm ae, \pm \frac{b^2}{a}\right)$ होते हैं तथा इसकी लम्बाई $\frac{2b^2}{a}$ होती है जहाँ $e = \sqrt{1 - \frac{b^2}{a^2}}$।

अतिपरलवय $\frac{x^2}{a^2} - \frac{y^2}{b^2} = 1$ $(a > b)$ के लिए नाभिलम्ब के शीर्ष $\left(\pm ae, \pm \frac{b^2}{a}\right)$ होते हैं तथा इसकी लम्बाई $\frac{2b^2}{a}$ होती है।

जहाँ $e = \sqrt{1 + \frac{b^2}{a^2}}$।

law (लॉ) नियम। A general theorem or principle, *e.g.*, Newton's laws of motion.

एक व्यापक प्रमेय या सिद्धान्त, जैसे—न्यूटन के गति के नियम।

LCM (एल सी एम) ल.स.। Abbreviation used for least common multiple.

लघुत्तम समापवर्त्य के प्रयुक्त शब्द संक्षेप।

leading coefficient (लीडिंग कोफीसियेन्ट) अग्रग गुणांक। The coefficient of the term of highest degree in a polynomial is known as leading coefficient.

e.g., let $f(x) = 3x^2 + 7x + 2$ is a polynomial there leading coefficient is 3.

एक बहुपद के उच्चतम कोटि के पद का गुणांक अग्रग गुणांक कहलाता है।

जैसे—माना $f(x) = 3x^2 + 7x + 2$ एक बहुपद है। यहाँ अग्रग गुणांक 3 है।

leading diagonal (लीडिंग डायगोनल) अग्रग विकर्ण। A main diagonal in a matrix is known as leading diagonal.

एक आव्यूह में मुख्य विकर्ण को अग्रग विकर्ण कहते हैं।

least (लीस्ट) लघुत्तम। Less than the every member of a set. *e.g.*, $N = \{1, 2, 3, \ldots\}$ here 1 is least element than rest element of set of natural number.

एक समुच्चय के प्रत्येक सदस्य से छोटा जैसे — $N = \{1, 2, 3, \ldots\}$ यहाँ 1 प्राकृतिक संख्याओं के समुच्चय में सबसे छोटा सदस्य है।

least common denominator (लीस्ट कॉमन डिनोमिनेटर) लघुत्तम उभयनिष्ठ हर। Least common denominator is least common multiple of denominators of given fractions.

e.g., $\frac{5}{8} + \frac{4}{12} = \frac{15 + 8}{24} = \frac{23}{24}$

Here 24 is least common denominator. Which is LCM of 8 and 12.

दिए गए भिन्नों के हरों का लघुत्तम समापवर्त्य लघुत्तम उभयनिष्ठ हर होता है।

जैसे—$\frac{5}{8} + \frac{4}{12} = \frac{15 + 8}{24} = \frac{23}{24}$

यहाँ 24 लघुत्तम उभयनिष्ठ हर है जोकि 8 व 12 का ल. स. है।

least common multiple (लीस्ट कॉमन मल्टीपल) लघुत्तम समापवर्त्य। We know that a multiple of a number is obtained by multiplying that number by a natural number. Thus, a number has infinitely many multiples. Two or more numbers have same multiples that are common. The smallest of these common multiple is called the least common multiple.

In other words, the least common multiple of two or more numbers is the smallest number which is divisible by all the given numbers. Least common multiple is abbreviated as LCM.

e.g., $\because$ $40 = 2 \times 2 \times 2 \times 5$

$36 = 2 \times 2 \times 3 \times 3$

$126 = 2 \times 3 \times 3 \times 7$

$\therefore$ LCM of 40, 36 and 126 $= 2 \times 2 \times 2 \times 3 \times 3 \times 5 \times 7$

$= 2520$

Thus, 2520 is a smallest number which is divisible by all the given numbers 40, 36 and 126.

हम जानते हैं कि एक संख्या के अपवर्त्य को उस संख्या की प्राकृतिक संख्या से गुणा करके प्राप्त किया जा सकता है। इस प्रकार एक संख्या के असंख्य अपवर्त्य होते हैं। दो या अधिक संख्याओं के कुछ अपवर्त्य होते हैं जोकि उभयनिष्ठ होते हैं। इन उभयनिष्ठ अपवर्त्य में सबसे छोटे अपवर्त्य को लघुत्तम समापवर्त्य कहते हैं।

दूसरे शब्दों में, दो या अधिक संख्याओं का लघुत्तम समापवर्त्य वह सबसे छोटी संख्या होती है जो दी गई सभी संख्याओं से भाज्य हो। लघुत्तम समापवर्त्य को शब्द संक्षेप में ल० स० लिखते हैं।

जैसे— $\because$ $40 = 2 \times 2 \times 2 \times 5$

$36 = 2 \times 2 \times 3 \times 3$

$126 = 2 \times 3 \times 3 \times 7$

$\therefore$ 40, 36 व 126 का ल० स०

$= 2 \times 2 \times 2 \times 3 \times 3 \times 5 \times 7$

$= 2520$

इस प्रकार 2520 वह छोटी-से-छोटी संख्या है जोकि दी गई संख्याओं 40, 36 व 126 से विभाज्य है।

least upper bound (लीस्ट अपर बाउण्ड) लघुत्तम उपरि परिबद्ध। If s is an upper bound of a subset S of R and any real number less than s is not an upper bound of S, then s is called the least upper bound of S. It is abbreviated as lub.

If a real number s is the lub of a subset S of real numbers, then for every $\varepsilon > 0$, there exists a real number $x \in S$ such that $s - \varepsilon < x \leq s$.

यदि R के उपसमुच्चय S का एक उपरि परिबद्ध s है तथा s से छोटी कोई वास्तविक संख्या s का उपरि परिबद्ध नहीं है, तब s को S का लघुत्तम उपरिपरिबद्ध कहते हैं। इसे शब्द संक्षेप में lub लिखते हैं।

यदि वास्तविक संख्याओं के एक उपसमुच्चय S का लघुत्तम उपरि परिबद्ध एक वास्तविक संख्या s है, तब प्रत्येक $\varepsilon > 0$ के लिए एक वास्तविक संख्या $x \in S$ का अस्तित्व इस प्रकार होगा कि $s - \varepsilon < x \leq s$

least value (लीस्ट वैल्यू) न्यूनतम मान। Let $f(x)$ is a real function which is defined in its domain. Then, a real number c in domain, $f(c) \leq f(x)$, then $f(c)$ is the least value of $f(x)$. It is also possible that there is no such point in the domain at which value of $f(x)$ is least. It is equivalent to minimum value.

माना $f(x)$ एक वास्तविक फलन है जोकि अपने प्रान्त में परिभाषित है, तब प्रान्त के एक वास्तविक संख्या c के लिए, $f(c) \le f(x)$, तब $f(c)$ को $f(x)$ का न्यूनतम मान कहते हैं। यह भी सम्भव है कि प्रान्त में कोई बिन्दु ना हो जिस पर $f(x)$ का मान न्यूनतम हो। यह निम्निष्ठ के समरूप है।

left and right derivative (लेफ्ट एण्ड राइट डेरीवेटिव) बायाँ तथा दायाँ अवकलज। Let $f(x)$ be a function and 'a' be a point in the domain of f. Then, left hand derivative is denoted by $Lf'(a)$ and is defined as

$$\text{LHD} = Lf'(a) = \lim_{h\to 0} \frac{f(a-h)-f(a)}{-h}$$

and right hand derivative is denoted by $Rf'(a)$ and is defined as

$$Rf'(a) = \text{RHD} = \lim_{h\to 0} \frac{f(a+h)-f(a)}{h}$$

If $Lf'(a) = Rf'(a)$, then function $f(x)$ is differentiable at $x = a$. While $Lf'(a) \ne Rf'(a)$, then $f(x)$ is not differentiable at $x = a$.

माना $f(x)$ एक फलन है तथा f के प्रान्त में एक बिन्दु a है, तब बाएँ अवकलज को $Lf'(a)$ द्वारा निरूपित करते हैं तथा निम्न प्रकार परिभाषित होता है

$$\text{LHD} = Lf'(a) = \lim_{h\to 0} \frac{f(a-h)-f(a)}{-h}$$

तथा दाएँ अवकलज को $Rf'(a)$ द्वारा निरूपित करते हैं तथा निम्न प्रकार परिभाषित होता है

$$Rf'(a) = \text{RHD} = \lim_{h\to 0} \frac{f(a+h)-f(a)}{h}$$

यदि $Lf'(a) = Rf'(a)$, तब $x = a$ पर $f(x)$ अवकलनीय होता है जबकि $Lf'(a) \ne Rf'(a)$, तब $x = a$ पर $f(x)$ अवकलनीय नहीं होता है।

left coset (लेफ्ट कोसेट) बायाँ सहसमुच्चय। Let subgroup of a group G is H and let a is any element of G. Then, set $aH = \{ah : h \in H\}$ is a left coset of H generated by a.

माना समूह G का उपसमूह H है। माना G का कोई अवयव a है। तब, समुच्चय $aH = \{ah : h \in H\}$ को a द्वारा जनित H का बायाँ सहसमुच्चय कहते हैं।

left hand limit (लेफ्ट हेण्ड लिमिट) बाईं सीमा। A function f is said to approach l as x approaches a from the left if corresponding to an arbitrary positive number ε, there exists a positive number δ such that

$|f(x) - l| < \varepsilon$ whenever $a - \delta < x < a$

It is written as $\lim\limits_{x\to a^-} = l$ or $f(a-0) = l$.

The working rule for finding the left hand limit is put $a - h$ for x in $f(x)$ where h is positive and very small and make h approaches to 0.

$$i.e., f(a-0) = \lim_{h\to a^-} f(a-h)$$

एक फलन f को l की ओर अग्रसरित कहा जाता है जब x बाईं ओर से a की ओर अग्रसरित हो। यदि एक स्वेच्छ धनात्मक संख्या ε के संगत एक धनात्मक संख्या δ इस प्रकार हो कि

$|f(x) - l| < \varepsilon$ जबकि $a - \delta < x < a$

इसे $\lim\limits_{x\to a^-} = l$ या $f(a-0) = l$ रूप में लिखा जाता है।

बायीं सीमा ज्ञात करने के लिए क्रिया विधि है कि $f(x)$ में x के स्थान पर $a - h$ रखें जहाँ h बहुत छोटा है तथा h को 0 की ओर अग्रसरित करें।

$$\text{अर्थात्}\ f(a-0) = \lim_{h\to 0} f(a-h)$$

leg (**लेग**) One of the sides containing the right angle in a right angled triangle.

समकोण त्रिभुज में समकोण बनाने वाली भुजाओं में से एक।

lemma (**लेमा**) प्रमेयिका। A theorem which is proved for use in the proof of another theorem is known as lemma.

एक प्रमेय जिसकी उपपत्ति दूसरी प्रमेय की उपपत्ति के लिए प्रयोग करने के लिए की जा चुकी है, प्रमेयिका कहलाती है।

length (**लेन्थ**) लम्बाई। The distance along a line, plane figure or solid.

एक रेखा, तल, आकृति या ठोस के अनुदिश दूरी

length of a line segment (**लेन्थ ऑफ ए लाइन सेगमेण्ट**) रेखाखण्ड की लम्बाई। The length of a line segment AB is equal to the distance between A and B. It is denoted by $|AB|$. If A and B coincide, then length of AB is zero. Otherwise it is always positive.

रेखाखण्ड AB की लम्बाई A व B के बीच की दूरी के बराबर होती है। इसे $|AB|$ द्वारा निरूपित करते हैं। यदि A व B सम्पाती हों, तब AB की लम्बाई शून्य होती है अन्यथा यह सदैव धनात्मक होती है।

length of a rectangle (**लेन्थ ऑफ एक रेक्टेन्गल**) आयत की लम्बाई। The largest side of a rectangle is known as length of a rectangle and other side is known as breadth of a rectangle.

एक आयत की सबसे लम्बी भुजा को आयत की लम्बाई कहते हैं तथा दूसरी भुजा को आयत की चौड़ाई कहते हैं।

length of a vector (**लेन्थ ऑफ ए वेक्टर**) सदिश की लम्बाई। See vector

सदिश देखें।

length of an arc (**लेन्थ ऑफ एन् अर्क**) चाप की लम्बाई। In cartesian coordinate system a curve has an arc of length ds which is given by $\sqrt{dx^2 + dy^2}$. The length of an arc of a curve between points $x = a$ and $x = b$ is given by

$$s = \int_a^b \sqrt{\left[1 + \left(\frac{dy}{dx}\right)^2\right]}\, dx$$

Length of an arc of curve where parametric equation is $x = f(x)$, $y = \phi(t)$ is given by

$$s = \int_{t_1}^{t_2} \sqrt{\left(\frac{dx}{dt}\right)^2 + \left(\frac{dy}{dt}\right)^2}\, dt$$

The length of an arc of a curve where polar equation is $r = f(\theta)$ is given by

$$s = \int_{\theta_1}^{\theta_2} \sqrt{r^2 + \left(\frac{dr}{d\theta}\right)^2}\, d\theta$$

and if the equation of curve is $\theta = f(r)$, then length of an arc of a curve is given by

$$s = \int_{r_1}^{r_2} \sqrt{1 + \left(\frac{r\, d\theta}{dr}\right)^2}\, dr$$

In pedal form the length of an arc of a curve $p = f(r)$ is given by

$$s = \int_{r_1}^{r_2} \frac{r}{\sqrt{r^2 - p^2}} dr$$

The process of finding the length of an arc of a curve between two points is known as rectification.

कार्तीय निर्देशांक निकाय में एक वक्र ds लम्बाई का चाप रखता है, जो $\sqrt{dx^2 + dy^2}$ द्वारा दिया गया है। बिन्दुओं $x = a$ व $x = b$ के बीच वक्र के चाप की लम्बाई अग्र प्रकार है।

$$s = \int_a^b \sqrt{\left[1 + \left(\frac{dy}{dx}\right)^2\right]} dx$$

एक वक्र जिसकी प्राचल समीकरण $f = x(t)$, $y = \phi(t)$ है, के चाप की लम्बाई निम्न प्रकार है

$$s = \int_{t_1}^{t_2} \sqrt{\left(\frac{dx}{dt}\right)^2 + \left(\frac{dy}{dt}\right)^2} dt$$

एक वक्र जिसका ध्रुवीय समीकरण $r = f(a)$ है, के चाप की लम्बाई निम्न प्रकार है

$$s = \int_{\theta_1}^{\theta_2} \sqrt{r^2 + \left(\frac{dr}{d\theta}\right)^2} d\theta$$

तथा यदि वक्र का समीकरण $\theta = f(r)$ है। तब, चाप की लम्बाई निम्न प्रकार है

$$s = \int_{r_1}^{r_2} \sqrt{1 + \left(\frac{r\,d\theta}{dr}\right)^2} dr$$

पाद रूप में वक्र $p = f(r)$ के चाप की लम्बाई निम्न प्रकार होगी

$$s = \int_{r_1}^{r_2} \frac{r}{\sqrt{r^2 - p^2}} dr$$

दो बिन्दुओं के बीच एक वक्र के चाप की लम्बाई ज्ञात करने की प्रक्रिया को चाप फलन कहते हैं।

length of major and minor axes (लेन्थ ऑफ मेजर एण्ड माइनर एक्सेस) दीर्घ तथा लघु अक्षों की लम्बाई। See ellipse and hyperbola.

दीर्घवृत्त तथा अतिपरवलय देखें।

lepokurtic (लेपोकरटिक) तुंगककुदी। See kurtosis.

ककुदता देखें।

light year (लाइट ईयर) प्रकाश वर्ष। Light year is a unit of length and is defined as "the distance travelled by light in one year." It is approximately equal to 9.4605×10^{15} m.

प्रकाश वर्ष, लम्बाई का एक मात्रक है तथा यह निम्न प्रकार परिभाषित है

''प्रकाश द्वारा एक वर्ष में तय की गई दूरी''

यह लगभग 9.4605×10^{15} मी के बराबर होती है।

like vectors (लाइक वेक्टर्स) समदिश सदिश। Two parallel vectors are said to be like vectors when they have same sence of direction, *i.e.*, angle between them is zero, *e.g.*, **a** and **b** are like vectors.

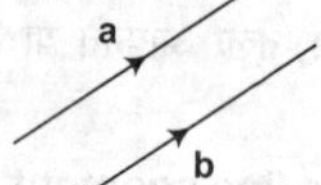

दो समान्तर सदिशों को समदिश सदिश कहते हैं जब उनकी दिशा एक ही हो अर्थात् उनके बीच का कोण शून्य हो, जैसे—**a** तथा **b** समदिश सदिश हैं।

lim sup (लिम सप) Abbreviation used for limit superior.

सीमान्त उच्च के लिए प्रयुक्त शब्द संक्षेप।

limit (लिमिट) सीमा If $f(x)$ is a function of x such that if x approaches to a constant value a, then the value of $f(x)$ also approaches to another constant k, then constant k is known as limit of $f(x)$ at $x = a$.

$$\lim_{x \to a} f(x) = k$$

or

A real number l is called the limit of the function of at $x = a$ if for every $\varepsilon > 0$, however small, there exists $\delta > 0$ such that

$|f(x)-l| < \varepsilon$ whenever $0 < |x-a| < \delta$

Thus, $\lim_{x \to a} f(x) = l$

If both right hand limit and left hand limit exist and are equal, then their common value will be the limit of $f(x)$ as $x \to a$, *i.e.*,

if $\lim_{x \to a^+} f(x) = \lim_{x \to a^-} f(x) = l$,

then $\lim_{x \to a} f(x) = l$

If however, either both of these limits do not exist or both there limits exist but not equal in value, then

$\lim_{x \to a} f(x)$ does not exist.

यदि $f(x)$, x का फलन इस प्रकार है कि यदि x का एक अचर मान a की ओर अग्रसरित होता है, तब $f(x)$ का मान अन्य अचर मान k की ओर अग्रसरित होता है, तब अचर k को $x = a$ पर $f(x)$ की सीमा कहते है।

$$\lim_{x \to a} f(x) = k$$

या

एक वास्तविक संख्या l को $x = a$ पर $f(x)$ की सीमा कहते हैं यदि प्रत्येक $\varepsilon > 0$ के लिए $\delta > 0$ का अस्तित्व इस प्रकार हो कि

$|f(x)-l| < \varepsilon$ जबकि $0 < |x-a| < \delta$

इस प्रकार $\lim_{x \to a} f(x) = l$

यदि दोनों बाईं सीमा तथा दाईं सीमा का अस्तित्व है तथा दोनों बराबर हैं, तब उनका उभयनिष्ठ मान $f(x)$ की सीमा होगी जबकि $x \to a$ अर्थात् यदि

$$\lim_{x \to a^+} f(x) = \lim_{x \to a^-} f(x) = l$$

तब $\lim_{x \to a} f(x) = l$

यदि फिर भी या तो दोनों सीमाओं का अस्तित्व न हो या दोनों सीमाओं का अस्तित्व हो परन्तु मान में दोनों बराबर न हों, तब $\lim_{x \to a} f(x)$ का अस्तित्व नहीं होता है।

limit (of a sequence) {**लिमिट (ऑफ ए सिक्वेन्स)**} सीमा (एक अनुक्रम की)।

The limit of an infinite sequence $a_1, a_2, a_3, \ldots$ is a real number l if $a_n \to l$ as $n \to \infty$.

i.e., $\lim_{n \to \infty} a_n = l$

The sequence $< a_n >$ has limit l, depends upon showing that all except a finite number of terms of the sequence must lie in the open interval $]l-\varepsilon, l+\varepsilon[$ whatever $\varepsilon > 0$, we take if we can find one ε for which infitiely many terms of the sequence lie, outside $]t-\varepsilon, l+\varepsilon[$, the sequence will not has limit l. The member of terms lying outside $]l-\varepsilon, l+\varepsilon[$ depends upon ε. Larger the number of terms which lie outside $]l-\varepsilon, l+\varepsilon[$. When the value of ε is smaller.

एक अपरिमित अनुक्रम $a_1, a_2, a_3, \ldots$ की सीमा वास्तविक संख्या l होगी, यदि $a_n \to l$ जब $n \to \infty$ अर्थात्

$$\lim_{n \to \infty} a_n = l$$

अनुक्रम $< a_n >$ भी सीमा l निर्भर करती है कि अनुक्रम के कुछ पद विवृत्त अन्तराल $]l-\varepsilon, l+\varepsilon[$ में स्थित हों जबकि $\varepsilon > 0$ का कुछ भी मान हो। यदि कम-से-कम एक ε ऐसा हो जिसके लिए अनुक्रम के अंसख्य पद $]t-\varepsilon, l+\varepsilon[$ के बाहर स्थित हों, तो अनुक्रम की सीमा l नहीं होगी। पदों की संख्या जो अन्तराल $]l-\varepsilon, l+\varepsilon[$ के बाहर स्थित होंगे, ε पर निर्भर करती हैं। ε का मान छोटा होने पर $]l-\varepsilon, l+\varepsilon[$ से बाहर रहने वाले पदों की संख्या ज्यादा होगी।

limit from the left and right (**लिमिट फ्रॉम द लेफ्ट एण्ड राइट**) बाईं तथा दाईं ओर से सीमा। See left and right hand limit
बाईं तथा दाईं सीमा देखें।

limit of integration (**लिमिट ऑफ इन्टीग्रेशन**) समाकलन की सीमा। In the definite integral $\int_a^b f(x)\,dx$ a and b are called limit of integration. Here a is called lower limit and b is called upper limit.
निश्चित समाकलन $\int_a^b f(x)\,dx$ में a व b को समाकलन की सीमा कहते हैं। यहाँ a को निम्न सीमा तथा b को उच्च सीमा कहते हैं।

limit of sum (**लिमिट ऑफ सम**) योग की सीमा। Let $f(x)$ be a continuous real valued function defined on the closed interval $[a, b]$ which is divided into n parts. The point of division on x-axis are a, $a+h, a+2h, \ldots, a+(n-1)h, a+nh$ where $h = \dfrac{b-a}{n}$

Let S_n denotes the area of there n rectangles. Then,

$$S_n = h\,f(a) + hf(a+h) + hf(a+2h) + \ldots + hf(a+\overline{n-1}h)$$

Clearly, S_n is area very close to the area of the region bounded by curve $y = f(x)$, x-axis and the ordinates $x = a$, $x = b$.

Hence, $$\int_a^b f(x)\,dx = \lim_{n\to\infty} S_n$$

$$= \lim_{n\to\infty} \sum_{r=0}^{n-1} hf(a+rh)$$

$$= \lim_{n\to\infty} \sum_{r=0}^{n-1} \left(\frac{b-a}{n}\right) f\left(\frac{an+(b-a)r}{n}\right)$$

In particular, if $a = 0, b = 1$, then

$$\int_0^1 f(x)\,dx = \lim_{n\to\infty} \sum_{r=0}^{n-1} \frac{1}{n} f\left(\frac{r}{n}\right)$$

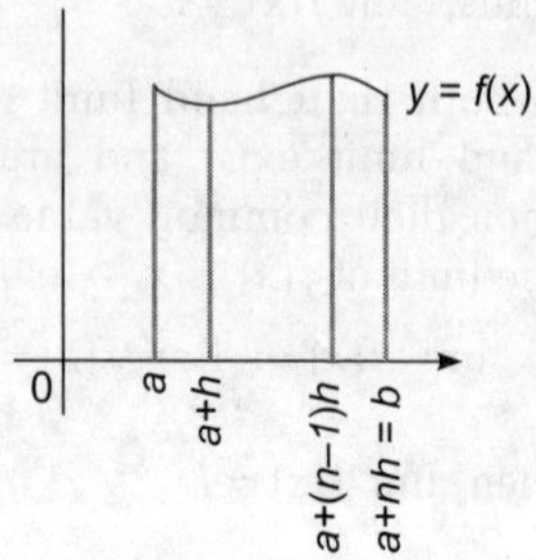

माना संवृत्त अन्तराल $[a, b]$ में $f(x)$ एक सतत् वास्तविक मान फलन है। अन्तराल को n भागों में विभक्त किया गया है। x-अक्ष पर विभाजन के बिन्दु $a, a+h, a+2h, \ldots, a+(n-1)h$, $a+nh$ हैं, जहाँ $h = \dfrac{b-a}{n}$

माना n आयतों के क्षेत्रफल को S_n से निरूपित करते हैं। तब,

$$S_n = h\,f(a) + hf(a+h) + hf(a+2h) + \ldots + hf(a+\overline{n-1}h)$$

स्पष्ट है कि S_n वक्र $y = f(x)$, x-अक्ष व कोटियों $x = a$ व $x = b$ द्वारा परिबद्ध क्षेत्र के क्षेत्रफल बहुत निकट हैं।

अतः $$\int_a^b f(x)\,dx = \lim_{n\to\infty} S_n$$

$$= \lim_{n\to\infty} \sum_{r=0}^{n-1} hf(a+rh)$$

$$= \lim_{n\to\infty} \sum_{r=0}^{n-1} \left(\frac{b-a}{n}\right) f\left(\frac{an+(b-a)r}{n}\right)$$

विशेष रूप में, यदि $a = 0, b = 1$, तब

$$\int_0^1 f(x)\,dx = \lim_{n\to\infty} \sum_{r=0}^{n-1} \frac{1}{n} f\left(\frac{r}{n}\right)$$

limit superior (**लिमिट सुपीरियर**) उर्ध्व सीमा। See bound
परिबद्ध देखें।

line (लाइन) रेखा। A line is formed by extending a line segment in both direction indefinitely. A line has only length without breadth.

एक रेखाखण्ड को दोनों दिशा में अनिश्चित लम्बाई एक बढ़ाने पर रेखा बनती है। बिना चौड़ाई के साथ एक केवल लम्बाई रखती है।

line (in three dimensional spaces) {लाइन (इन थ्री डाइमेन्शनल स्पेस)} रेखा (त्रिविमीय समष्टि में)। See straight line (in 3D).

सरल रेखा (3D में देखें।)।

line (in two dimensional space) {लाइन (इन टू डायमेन्शनल स्पेस)} रेखा (द्विविमीय समष्टि में)। See straight line (in 2D).

सरल रेखा (2D में) देखें।

line of action (लाइन ऑफ एक्शन) क्रिया रेखा। Line of action is a line through the point at which force **F** is applied and along the direction in which **F** is applied.

क्रिया रेखा एक रेखा होती है जो उस बिन्दु से होकर जाती है जिस पर **F** कार्यरत् है तथा जिस दिशा में **F** कार्यरत् है, उस दिशा के अनुदिश होती है।

line of symmetry (लाइन ऑफ सिमैट्री) समरूपता रेखा।

line segment (लाइन सेग्मेण्ट) रेखाखण्ड। Line segment is a part of line which joins two points. In other words if *A* and *B* are two points on a straight line, then the part *AB* of this line is known as line segment and is denoted by *AB* or *BA*. The distance between *A* and *B* is known as length of line segment *AB*. A line segment has two end points.

रेखाखण्ड एक रेखा का भाग है जो दो बिन्दुओं को मिलाता है। दूसरे शब्दों में, यदि एक सरल रेखा पर दो बिन्दु *A* व *B* हैं, तब इस रेखा के भाग *AB* को रेखाखण्ड कहते हैं तथा *AB* या *BA* द्वारा निरूपित करते हैं। *A* व *B* के बीच की दूरी को रेखाखण्ड *AB* की लम्बाई कहते हैं। एक रेखाखण्ड के दो अन्तः बिन्दु होते हैं।

linear algebra (लीनियर एल्जैब्रा) रैखिक बीजगणित। Linear Algebra is a branch of Mathematics which dealt in the study of linear equations, matrices, vector spaces and linear transformations.

रैखिक बीजगणित गणित की वह शाखा है जिसके अन्तर्गत रैखिक समीकरणों, आव्यूहों, सदिश समष्टियों तथा रैखिक रूपान्तरणों का अध्ययन करते हैं।

linear differential equation (लीनियर डिफरेन्शियल इक्वेशन) रैखिक अवकल समीकरण। A differential equation is said to be linear if the dependent variable and its differential coefficient occur in the first degree only and are not multiplied together.

The most general form of a linear differential equation of the first order is

$$\frac{dy}{dx} + Py = Q$$

where *P* and *Q* are any function of *x*.

The solution of this differential equation is

$$y(\text{IF}) = \int Q(\text{IF})\,dx + C$$

where $\text{IF} = e^{\int P\,dx}$

एक अवकल समीकरण को रैखिक कहते हैं यदि परतन्त्र चर तथा इसका अवकल गुणांक

प्रथम कोटि का हो तथा दोनों की परस्पर गुणा ना हो।

प्रथम कोटि रैखिक अवकल समीकरण का व्यापक रूप निम्न है

$$\frac{dy}{dx} + Py = Q$$

जहाँ P व Q, x के कोई फलन है।

इस अवकल समीकरण का हल निम्न है

$$y(\text{IF}) = \int Q(\text{IF})\,dx + C$$

जहाँ $\text{IF} = e^{\int P\,dx}$

linear differential equation with constant coefficient (**लीनियर डिफरेन्शियल इक्वेशन विद् कॉन्सटेन्ट कोफीसियेण्ट**) अचर गुणांकों के साथ रैखिक अवकल समीकरण।

A linear differential equation of order n of the form

$$\frac{d^n y}{dx^n} + a_1 \frac{d^{n-1} y}{dx^{n-1}} + a_2 \frac{d^{n-2} y}{dx^{n-2}} + \ldots + a_{n-1}\frac{dy}{dx} + a_n y = Q$$

where $a_1, a_2, \ldots, a_{n-1}, a_n$ are constants and Q is any function of x, is called a linear differential equation with constant coefficients.

This equation can be rewritten as

$$[D^n + a_1 D^{n-1} + \ldots + a_{n-1}D + a_n]\,y = Q$$

If $y = f(x)$ is the general solution of

$$[D^n + a_1 D^{n-1} + \ldots + a_{n-1}D + a_n]\,y = 0$$

and $y = \phi(x)$ is any particular solution of this equation, not containing any arbitrary constant, then $y = f(x) + \phi(x)$ is the complete solution. The general solution is called Complementary Function (CF). It must contain as many arbitrary constants as is the order of the given differential equation.

The particular solution is called Particular Integral (PI).

$$\frac{d^n y}{dx^n} + a_1 \frac{d^{n-1} y}{dx^{n-1}} + a_2 \frac{d^{n-2} y}{dx^{n-2}} + \ldots + a_{n-1}\frac{dy}{dx} + a_n y = Q$$

रूप की n कोटि की रैखिक अवकल समीकरण, जहाँ $a_1, a_2, \ldots, a_{n-1}, a_n$ अचर हैं तथा x का कोई फलन Q है, को अचर गुणांकों के साथ रैखिक अवकल समीकरण कहते हैं।

इस समीकरण को निम्न प्रकार लिखा जा सकता है

$$[D^n + a_1 D^{n-1} + \ldots + a_{n-1}D + a_n]\,y = Q$$

यदि

$[D^n + a_1 D^{n-1} + \ldots + a_{n-1}D + a_n]\,y = 0$ का व्यापक हल $y = f(x)$ है तथा इस समीकरण का कोई विशेष हल $y = \phi(x)$ है जिसमें कोई स्वेच्छ अचर नहीं है, तब सम्पूर्ण हल $y = f(x) + \phi(x)$ है। व्यापक हल $y = f(x)$ को पूरक फलन (CF) कहते हैं। इसमें स्वेच्छ अचरों की संख्या दी गई अवकल समीकरण की कोटि के बराबर होती है।

विशेष हल को विशेष समाकल (PI) कहते हैं।

linear equation (**लीनियर इक्वेशन**) रैखिक समीकरण। An equation is said to be linear equation if degree of equation is 1.

The linear equation in one variable is of the form $ax + b = 0$. If $a \neq 0$, then $x = -\frac{b}{a}$ is one solution of this equation.

The linear equation in two variables is of the form

$ax + by + c = 0$. If a and b are not equal to zero, then this equation represents a straight line in two dimensional space.

The linear equation in three variables is of the form $ax + by + cz + d = 0$. If a, b and c are not equal to zero, then this equation represents a plane in three dimensional space.

एक समीकरण को रैखिक समीकरण कहते हैं। यदि समीकरण की घात 1 होती है।

एक चर में रैखिक समीकरण $ax + b = 0$ रूप की होती है। यदि $a \neq 0$, तब इस समीकरण का हल $x = -b/a$ होता है।

दो चर में रैखिक समीकरण $ax + by + c = 0$ रूप की होती है। यदि a व b अशून्य हैं, तब यह समीकरण द्विविमीय समष्टि में एक सरल रेखा निरूपित करती है।

तीन चर में रैखिक समीकरण $ax + by + cz + d = 0$ रूप की होती है। यदि a, b व c अशून्य हैं, तब यह समीकरण त्रिविमीय समष्टि में एक तल निरूपित करती है।

linear expression (**लीनियर एक्सप्रेशन**) रैखिक व्यंजक। An expression is known as linear expression if its degree is one, *e.g.*, $x + 2, 3x + 7$. etc. are linear expression.

एक व्यंजक को रैखिक व्यंजक कहते हैं। यदि इसकी कोटि एक है। जैसे— $x + 2, 3x + 7$ इत्यादि रैखिक व्यंजक है।

linear function (**लीनियर फंक्शन्**) रैखिक फलन। A function f which is such that $f(x) = ax + b, \forall\ x \in R$ and $a \neq 0, a, b \in R$, is known as linear function.

एक फलन f जो इस प्रकार है कि $f(x) = ax + b, \forall\ x \in R$ तथा $a \neq 0, a, b \in R$ को रैखिक फलन कहते हैं।

linear pair (**लीनियर पेयर**) रेखीय युग्म। Two adjacent angles are said to form a linear pair of angles, if their non-common arms two opposite rays.

In the figure, $\angle AOC$ and $\angle BOC$ are two adjacent angles whose non-common arms OA and OB are two opposite rays.

$\therefore \angle AOC$ and $\angle BOC$ form a linear pair of angles.

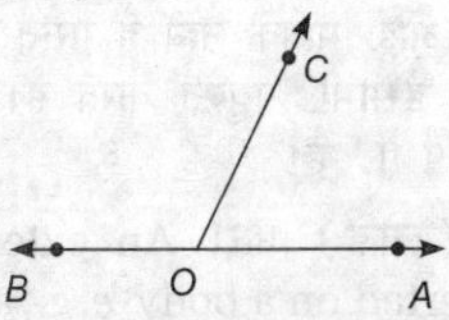

दो संलग्न कोण एक रेखीय युग्म बनाते हैं यदि उनकी अउभयनिष्ट भुजाएँ दो विपरीत किरणें हैं।

चित्र में, $\angle AOC$ व $\angle BOC$ दो संलग्न कोण हैं जिनकी उभयनिष्ट भुजाएँ OA व OB दो विपरीत किरण हैं।

$\therefore \angle AOC$ व $\angle BOC$ कोणों का एक रेखीय युग्म बनाते हैं।

linear programming (**लीनियर प्रोग्रामिंग**) रेखीय प्रक्रमन। Linear programming is the method used in decision making in business for obtaining the maximum or minimum value of a linear expression, subject to satisfying certain linear inequation.

The linear expression is known as objective function and the linear inequations are known as linear constraints.

रेखीय प्रक्रमन एक विधि है, जो व्यापार में निर्णय लेने में रैखिक व्यंजक को उच्चिष्ठ या निम्निष्ठ मान प्राप्त करने में प्रयुक्त होता है।

रेखीय व्यंजक कुछ रैखिक असमीकाओं को सन्तुष्ट करते हैं।

इस रैखिक व्यंजक को उद्देश्य फलन तथा रैखिक असमीकाओं को रैखिक प्रतिबन्ध कहते हैं।

litre (लीटर) लीटर। Litre is a metric unit of volume. It is not an SI unit but used for some purposes use cubic decimeter. It is abbreviated as 'L'.

लीटर आयतन का मीट्रिक मात्रक है। यह एस.आई. मात्रक नहीं हैं परन्तु कुछ दशा में घन डेसीमी. प्रयुक्त करते हैं। इसका शब्द संक्षेप 'L' है।

load (लोड) भार। An external force exerted on a body, *e.g.*, a weight is applied to a machine.

एक पिण्ड द्वारा सहने वाला बाह्य बल जैसे—एक भार एक मशीन पर लगाया जाता है।

L

local maximum (लोकल मैक्सिमम) स्थानीय उच्चिष्ठ। A function $f(x)$ is said to attain a local maximum at $x = a$, if there exists a neighbourhood $(a-\delta, a+\delta)$ of a such that

$f(x) < f(a), \forall\ x \in (a-\delta, a+\delta),$
$x \neq a$

or

$f(x) - f(a) < 0, \forall\ x \in (a-\delta, a+\delta),$
$x \neq a$

Here $f(a)$ is called the local maximum value of $f(x)$ at $x = a$.

एक फलन $f(x)$ को $x = a$ पर स्थानीय उच्चिष्ठ मान प्राप्त करना कहते हैं यदि a के प्रतिवेश $(a-\delta, a+\delta)$ का अस्तित्व इस प्रकार हो कि

$f(x) < f(a), \forall\ x \in (a-\delta, a+\delta),$
$x \neq a$

या $f(x) - f(a) < 0,$
$\forall\ x \in (a-\delta, a+\delta), x \neq a$

यहाँ $f(a)$ को $x = a$ पर $f(x)$ का स्थानीय उच्चिष्ठ मान कहते हैं।

local minimum (लोकल मिनिमम) स्थानीय निम्निष्ठ। A function $f(x)$ is said to attain a local minimum at $x = a$, if there exists a neighbourhood $(a-\delta, a+\delta)$ of a such that

$f(x) > f(a), \forall\ x \in (a-\delta, a+\delta),$
$x \neq a$

or

$f(x) - f(a) < 0, \forall\ x \in (a-\delta, a+\delta),$
$x \neq a$

Here $f(a)$ is called the local minimum value of $f(x)$ at $x = a$.

एक फलन $f(x)$ को $x = a$ पर स्थानीय निम्निष्ठ मान प्राप्त करना कहते हैं, यदि a के प्रतिवेश $(a-\delta, a+\delta)$ का अस्तित्व इस प्रकार हो कि

$f(x) > f(a), \forall\ x \in (a-\delta, a+\delta),$
$x \neq a$

या

$f(x) - f(a) < 0, \forall\ x \in (a-\delta, a+\delta),$
$x \neq a$

यहाँ $f(a)$ को $x = a$ पर $f(x)$ का स्थानीय निम्निष्ठ मान कहते हैं।

localized vector (लोकलाइजड वेक्टर) स्थानीकृत सदिश। A vector which is drawn parallel to a given vector through a specified point in a space is called a localized vector.

e.g., a force acting on a rigid body is a localized vector since its effect depends on the line of action of the force.

एक सदिश जोकि समष्टि में एक विशिष्ट बिन्दु से एक दिए गए सदिश के समान्तर खींचा जाता है, स्थानीकृत सदिश कहलाता है।

जैसे—एक दृढ़ पिण्ड पर कार्यरत् बल स्थानीकृत सदिश है। चूँकि इसका प्रभाव बल की क्रिया रेखा पर निर्भर करता है।

locus (लोकस) बिन्दुपथ। A locus is the set of points in the plane which satisfy some given conditions, *e.g.*, the locus of all points equidistant from two given points A and B is the perpendicular bisector of AB.

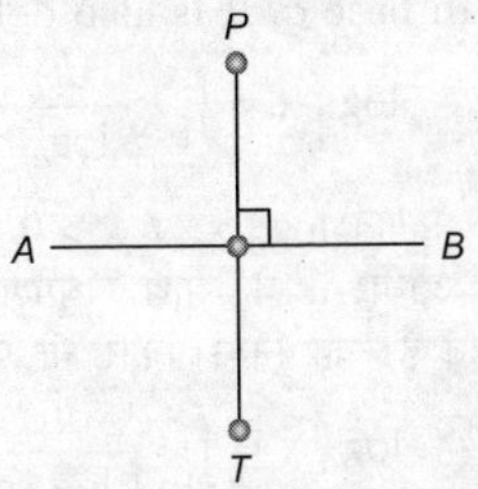

$PT \rightarrow$ perpendicular bisector of AB

एक बिन्दुपथ एक तल में स्थित बिन्दुओं का समुच्चय होता है जो कुछ दिए गए प्रतिबन्धों को सन्तुष्ट करता है। जैसे—दो बिन्दुओं A व B से सभी समदूरस्थ बिन्दुओं का बिन्दुपथ AB का लम्ब समद्विभाजक होता है।

log (लॉग) log is an abbreviation used for logarithm.

log एक शब्द संक्षेप है जो लघुगणक के लिए प्रयुक्त होता है।

logarithm (लॉगारिथम) लघुगणक। Let a be any positive number which is not equal to 1.

$$a^y = x$$

$$\Rightarrow \quad \log_a x = y$$

i.e., for a positive number x, the logarithm of x can be written as $\log x$. Here a is called the base of the logarithm

Logarithm follows the certain laws.

(i) $\log mn = \log m + \log n$

(ii) $\log \dfrac{m}{n} = \log m - \log n$

(iii) $\log m^n = n \log m$

(iv) $\log_n m = \dfrac{\log_a m}{\log_a n}$

Logarithms to base 10 are called simple logarithms. Logarithms to base e are called napierian (natural) logarithms. $\log_e x$ is written as $\ln x$ and $\log_{10} x$ is written as $\log x$ or $\lg x$.

Common logarithms for computation are used in the form of sum of an integer and a positive decimal. Integer is called characteristic and a positive decimal is called mantissa.

e.g., $\log 657.3 = 2.8178$

Here 2 is characteristic and 0.8178 is mantissa. In the tables of common logarithms, the mantissa are tabulated.

माना a कोई धनात्मक संख्या है जोकि 1 के बराबर नहीं है।

$$a^y = x \Rightarrow \log_a x = y$$

अर्थात् एक धनात्मक संख्या x के लिए, x के लघुगणक को $\log x$ लिखते हैं। यहाँ a को लघुगणक का आधार कहते हैं।

लघुगणक कुछ नियमों का अनुपालन करता है

(i) $\log mn = \log m + \log n$

(ii) $\log \dfrac{m}{n} = \log m - \log n$

(iii) $\log m^n = n \log m$

(iv) $\log_n m = \dfrac{\log_a m}{\log_a n}$

आधार 10 पर लघुगणक को साधारण लघुगणक कहते हैं। आधार e पर लघुगणक को नेपियर (प्राकृतिक) लघुगणक कहते हैं। $\log_e x$ को $\ln x$ लिखते हैं तथा $\log_{10} x$ को $\log x$ या $\lg x$ लिखते हैं।

साधारण लघुगणक को गणना के लिए एक पूर्णांक तथा एक धनात्मक दशमलव के योग के रूप में प्रयुक्त करते हैं। पूर्णांक को पूर्णांश कहते हैं तथा धनात्मक दशमलव को अपूर्णांश कहते हैं।

जैसे—$\log 657.3 = 2.8178$

यहाँ 2 पूर्णांश तथा 0.8178 अपूर्णांश हैं। साधारण लघुगणक की सारणियों में केवल अपूर्णांश ही सारणीकृत होता है।

logarithmic derivative (लॉगारिथमिक डेरिवेटिव) लघुगणकीय अवकलज। The derivative of the logarithm of the function is known as logarithmic derivative.

$$\frac{d}{dx}(\ln f(x)) = \frac{f'(x)}{f(x)}$$

एक फलन में लघुगणक का अवकलज लघुगणकीय अवकलज कहलाता है।

$$\frac{d}{dx}(\ln f(x)) = \frac{f'(x)}{f(x)}$$

logarithmic differentiation (लॉगारिथमिक डिफरेनशियेशन) लघुगणकीय अवकलन। The technique or process to find the logarithmic derivative.

लघुगणकीय अवकलज ज्ञात करने की प्रक्रिया या तकनीक

logarithmic function (लॉगारिथमिक फंक्शन्) लघुगणकीय फलन। The function $\log x$ for all $x > 0$ is known as logarithmic function. This is the inverse function of the exponential function. It is also defined as

$$\log x = \int_1^x \frac{dt}{t}$$

एक फलन $\log x, \forall\ x > 0$ को लघुगणकीय फलन कहते हैं। यह चरघातांकीय फलन का प्रतिलोम फलन है। यह निम्न प्रकार भी परिभाषित है

$$\log x = \int_1^x \frac{dt}{t}$$

logarithmic function with base a (लॉगारिथमिक फंक्शन् विद् बेस ए) आधार a के साथ लघुगणकीय फलन। The function $\log_a x, \forall\ x > 0$ and $a > 0$ is known as logarithmic function with base a. It is also defined as

$$\log_a x = \int_1^x \frac{dt}{t \log_e a}$$

एक फलन $\log_a x, \forall\ x > 0$ तथा $a > 0$ को आधार a के साथ लघुगणकीय फलन कहते हैं। यह निम्न प्रकार भी परिभाषित है

$$\log_a x = \int_1^x \frac{dt}{t \log_e a}$$

logarithmic graph (लॉगारिथमिक ग्राफ) लघुगणकीय आलेख। The graph of a logarithmic function is known as logarithmic graph. The graph of $y = \log x$ is as shown in the figure.

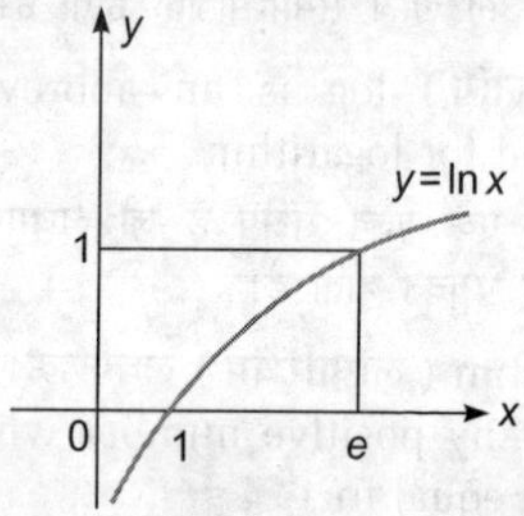

लघुगणकीय फलन का आलेख लघुगणकीय आलेख कहलाता है। $y = \log x$ का आलेख चित्रानुसार होता है।

logarithmic series (लॉगारिथमिक सीरिज) लघुगणकीय श्रेणी। An expression for $\log_e(1 + x)$ as a series of powers of x which is valid only when $|x| < 1$, is known as logarithmic series.

$$\log(1+x) = x - \frac{x^2}{2} + \frac{x^3}{3} - \frac{x^4}{4} + \ldots \infty$$

$\log_e(1+x)$ के लिए x की घातों की श्रेणी के रूप में एक व्यंजक जोकि वैध होता है जब $|x| < 1$; को लघुगणकीय श्रेणी कहते हैं।

$$\log(1+x) = x - \frac{x^2}{2} + \frac{x^3}{3} - \frac{x^4}{4} + \ldots \infty$$

logic (लॉजिक) तर्क। logic is the subject which deals with the principles of reasoning. Logic is sometimes defined as the Science of proofs. Every student of Mathematics and other Sciences should know the principles of logic. The main concern in logic is not whether a conclusion is in fact accurate but whether the process by which it is derived from a set of initial assumptions is correct.

तर्क एक विषय होता है जिसके अर्न्तगत तर्कशास्त्र के सिद्धान्तों का अध्ययन होता है। तर्क कई बार उपपत्तियों के विज्ञान के रूप में परिभाषित होता है। गणित तथा अन्य विज्ञानों के प्रत्येक छात्र को तर्क के सिद्धान्त जानने चाहिए। तर्क में मुख्य प्राय यह नहीं है कि एक निष्कर्ष यद्यपि सही है परन्तु वह प्रक्रिया जिसके द्वारा प्रारम्भिक पूर्वानुमानों के समुच्चय से व्युत्पत्ति करते हैं, सही है।

logic gate (लॉजिक गेट) तर्क द्वार। An electronic circuit that caries out logical operations. Logical operations are such operations as and, 'or', 'not' etc. Binary logic circuits are widely used in digital computers.

NOT gate changes a high input to a low output and *vice versa*.

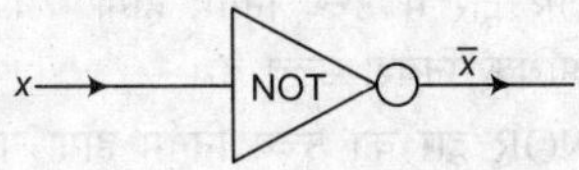

NAND gate changes both high inputs to a low output.

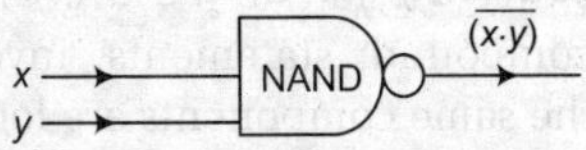

AND gate has two inputs and one output.

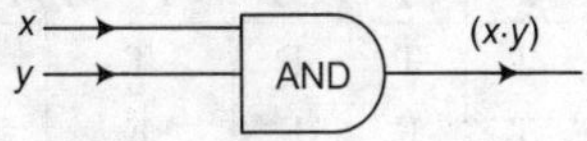

OR gate has a high output if one or more of the inputs are high.

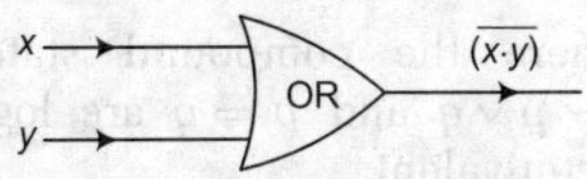

NOR gate has a high output only if all the inputs are low.

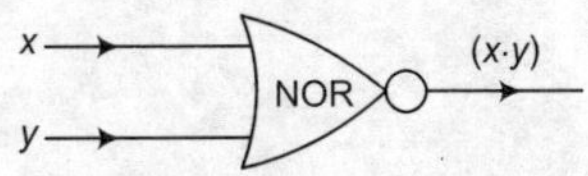

एक विद्युत परिपथ जो तर्कीय संक्रियाओं को करता है। तर्कीय संक्रियाएँ हैं, जैसे—'तथा' 'या', नहीं इत्यादि।

द्विआधारी तर्क परिपथ डिजिटल कम्प्यूटरों में बहुत प्रयुक्त होते हैं।

NOT द्वार उच्च निवेश को निम्न निगम में परिवर्तित करता है।

NAND द्वार दो उच्च निवेश को निम्न निर्गम में परिवर्तित करता है।

AND द्वार में दो निवेश व एक निर्गम होता है।

OR द्वार में उच्च निर्गम होगा यदि एक या अधिक निवेश उच्च हों।

NOR द्वार का उच्च निर्गम होगा यदि सभी निवेश निम्न हों।

logically equivalent (लॉजिकली इक्वेलेण्ट) तर्क की दृष्टि से तुल्य। Two compound statements involving the same components are logically equivalent if they have the same truth tables.

p	q	$\sim p$	$\sim p \vee q$	$p \Rightarrow q$
T	T	F	T	T
T	F	F	F	F
F	T	T	T	T
F	F	T	T	T

here the compound statement $\sim p \vee q$ and $p \Rightarrow q$ are logically equivalent.

दो संयोजित कथनों जिनमें समान अवयव हैं, तर्क की दृष्टि से तुल्य होते हैं यदि उनकी समान सत्य सारणी हो। सारणी में संयोजित कथन $\sim p \vee q$ तथा $p \Rightarrow q$ तुल्य है।

loss (लॉस) हानि। If the selling price (SP) of an article is less than the cost price (CP), the difference between the cost price (CP) and the selling price (SP) is called loss. Thus, if SP < CP,

then Loss = CP – SP

यदि किसी वस्तु को उसके क्रय मूल्य से कम पर बेचना पड़ता है, तो हानि कहलाती है। अतः यदि SP > CP

तब हानि = क्रय मूल्य – विक्रय मूल्य

loss percentage (लॉस परसैन्टेज)

$$\text{प्रतिशत हानि} = \left(\frac{\text{Loss}}{\text{CP}} \times 100\right)$$

$$= \left(\frac{\text{हानि}}{\text{क्रय मूल्य}} \times 100\right)$$

lower bound (लोअर बाउण्ड) निम्नबद्ध।

See bound

बाउण्ड देखें।

M

m (एम्) एम्। A symbol is used for a roman numeral 1000 and for metre.

एक रोमन संख्यांक 1000 तथा मीटर के लिए प्रयुक्त चिन्ह

Maclaurin's series (मैक्ल्यूलीरिन'स सीरीज) मैक्ल्यूलीरिन की श्रेणी। Let $f(x)$ has all derivatives of all orders in the interval $[0, x]$. Then, for every positive integral value of n

$$f(x) = f(0) + xf'(0) + \frac{x^2}{2!} f''(0) + \ldots + \frac{x^n}{n!} f^{(n)}(0) + \ldots$$

This series is known as Maclaurin's series. This series is a particular case of Taylor's series.

माना $f(x)$ के अन्तराल $[0, x]$ में सभी कोटि के अवकलज हैं। तब, n के प्रत्येक धनात्मक पूर्णांक मान के लिए

$$f(x) = f(0) + xf'(0) + \frac{x^2}{2!} f''(0) + \ldots + \frac{x^n}{n!} f^{(n)}(0) + \ldots$$

इस श्रेणी को मैक्यूलीरिन की श्रेणी कहते हैं। यह श्रेणी टेलर की श्रेणी की विशेष दशा है।

magnitude (of a vector) {मैग्नीट्यूड (ऑफ ए वेक्टर)} परिमाण (एक सदिश का)। Let **a** be a vector in the form $a_1\mathbf{i} + a_2\mathbf{j} + a_3\mathbf{k}$, then the value $\sqrt{a_1^2 + a_2^2 + a_3^2}$ is known as magnitude of **a**. It is denoted by $|\mathbf{a}|$.

$$\therefore \quad |\mathbf{a}| = \sqrt{a_1^2 + a_2^2 + a_3^2}$$

माना **a** एक सदिश $a_1\mathbf{i} + a_2\mathbf{j} + a_3\mathbf{k}$ रूप का है। तब, $\sqrt{a_1^2 + a_2^2 + a_3^2}$ का मान **a** का परिमाण कहलाता है। इसे $|\mathbf{a}|$ द्वारा निरूपित करते हैं।

$$\therefore \quad |\mathbf{a}| = \sqrt{a_1^2 + a_2^2 + a_3^2}$$

main diagonal (मेन डायगोनल) मुख्य विकर्ण। Let $[a_{ij}]$ be a square matrix of order n, then elements $a_{11}, a_{22}, a_{33}, \ldots, a_{nn}$ form a main diagonal of the matrix.

माना $[a_{ij}]$ कोटि n का एक वर्ग आव्यूह है। तब अवयवों $a_{11}, a_{22}, a_{33}, \ldots, a_{nn}$ आव्यूह का मुख्य विकर्ण बनाते हैं।

major arc (मेजर अर्क) दीर्घ चाप। A chord of a circle divides the circle in two parts, the arc of greater part is known as major arc of the circle.

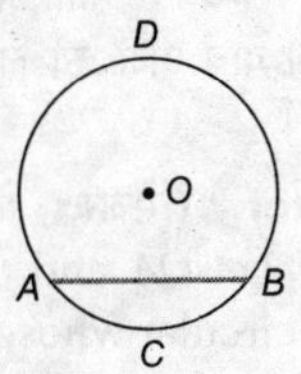

In the figure chord AB divides the circle in two unequal parts. The arc of greater part ADB is a major arc.

M

वृत्त की एक जीवा वृत्त को दो भागों में विभाजित करती है, तब बड़े भाग के चाप को दीर्घ चाप कहते हैं।

चित्र में, जीवा AB वृत्त को दो असमान भागों में विभाजित करती है। बड़े भाग के चाप ADB को दीर्घ चाप कहते हैं।

major axis (मेजर ऐक्सिस्) दीर्घ अक्ष।

For the ellipse $\frac{x^2}{a^2} + \frac{y^2}{b^2} = 1, a > b$.

The axis AA' is known as major axis.

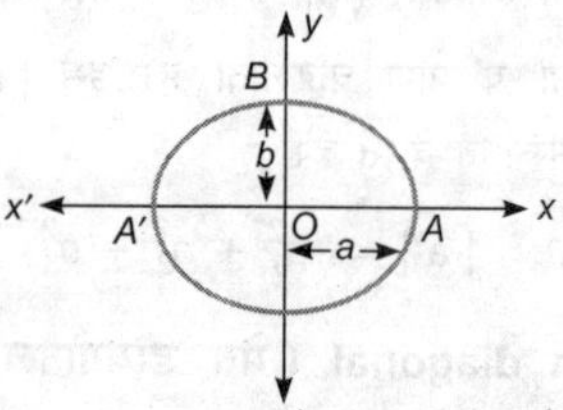

or

A line which passes through the focus and perpendicular to directrix is known as major axis. The length of the major axis is $2a$.

दीर्घवृत्त $\frac{x^2}{a^2} + \frac{y^2}{b^2} = 1, a > b$ के लिए, अक्ष AA' को दीर्घ अक्ष कहते हैं।

या

एक रेखा जोकि नाभि से होकर जाती है तथा नियता के लम्बवत् होती है, दीर्घ अक्ष कहलाती है। दीर्घ अक्ष की लम्बाई $2a$ होती है।

major sector (मेजर सेक्टर) दीर्घ त्रिज्यखण्ड। Let OA and OB are two radii of a circular whose centre is O and A and B lies on the circumference of the circle. These radii divides the circle in two parts. The greater part is known as the major sector.

माना OA व OB एक वृत्त की दो जीवाएँ हैं जिसका केन्द्र O है तथा A व B वृत्त की परिधि पर स्थित हैं। ये त्रिज्याएँ वृत्त को दो भागों में विभाजित करती हैं। बड़े भाग को दीर्घ त्रिज्यखण्ड कहते हैं।

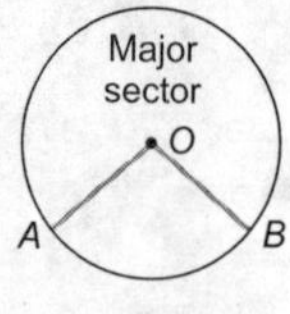

major segment (मेजर सेगमेण्ट) दीर्घ वृत्तखण्ड। A chord of a circle divides the circle in two unequal parts. The greater part of the circle is known as the major segment.

वृत्त की एक जीवा वृत्त को दो असमान भागों में विभाजित करती है। वृत्त के बड़े भाग को दीर्घ वृत्तखण्ड कहते हैं।

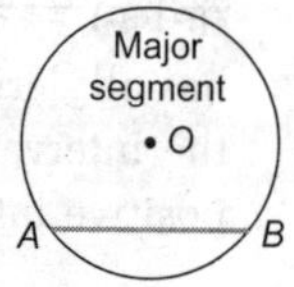

mantissa (मेन्टिशा) अपूर्णांश। The decimal part of the logarithm or a fractional part of the floating-point representation of a number is known as mantissa.

e.g., $\log 324 = 2.5105$. Here, 0.5105 is known as mantissa.

लघुगणक का दशमलव भाग या एक संख्या के चल-बिन्दु निरूपण के भिन्न भाग को अपूर्णांश कहते हैं।

जैसे—$\log 324 = 2.5105$ यहाँ 0.5105 को अपूर्णांश कहते हैं।

many-one mapping (मैनी-वन् मैपिंग) बहुएकैक प्रतिचित्रण। Let $f : A \to B$. If two or more than two elements of set A have the same image in B, then f is said to be many-one mapping, *e.g.*, let $A = \{-1, 1, 2, 3\}$ and $B = \{1, 4, 9\}$.

where $f : A \to B$ given by $f(x) = x^2$.

Here, $f(-1) = 1, f(1) = 1, f(2) = 4$ and $f(3) = 9$.

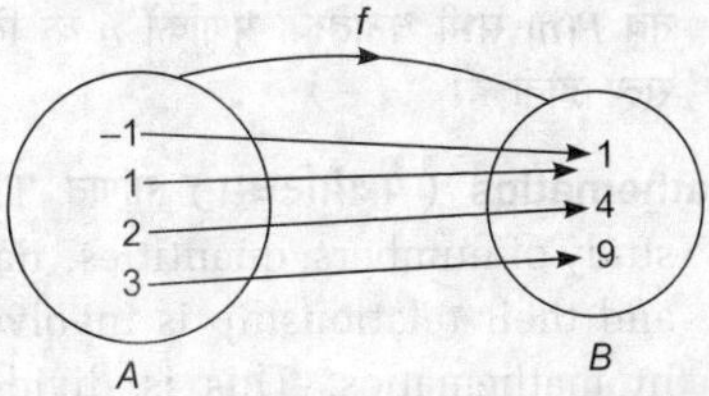

Clearly, two elements 1 and –1 have the same image 1 in B. So, f is many-one mapping.

माना $f : A \rightarrow B$ यदि समुच्चय A के दो या दो से अधिक अवयव का B में एकसमान प्रतिबिम्ब हो, तब f बहुएकैक प्रतिचित्रण कहलाता है।

जैसे—माना $A = \{-1, 1, 2, 3\}$ तथा $B = \{1, 4, 9\}$,

जहाँ $f : A \rightarrow B$ इस प्रकार है कि $f(x) = x^2$.

यहाँ, $f(-1) = 1, f(1) = 1, f(2) = 4$ तथा $f(3) = 9$.

स्पष्टत: दो अवयवों 1 व –1 का B में एक ही प्रतिबिम्ब है। इसलिए f बहुएकैक प्रतिचित्रण है।

mapping (**मैपिंग**) प्रतिचित्रण। Let A and B be two non-empty sets. Then, a mapping from set A to set B is a rule which associates elements of set A to elements of set B such that all elements of set A are associated to elements of set B in unique way.

If f associates $x \in A$ to $y \in B$, then we say that y is the image of element x and denote it by $f(x) = y$. The element x is known as pre-image of y in A. A mapping is denoted by $f : A \rightarrow B$ or $A \xrightarrow{f} B$.

Set A is known as domain and B is known as codomain of f.

Set $f(A) = \{f(x) : x \in A\}$ is known as the range of f. Clearly, $f(A) \subseteq B$.

माना A व B दो अरिक्त समुच्चय हैं। तब समुच्चय A से समुच्चय B पर प्रतिचित्रण एक नियम है जो समुच्चय A के अवयवों को समुच्चय B के अवयवों से इस प्रकार सम्बन्धित करता है कि समुच्चय A के सभी अवयव समुच्चय B के अवयवों से अद्वितीय तरीके से सम्बन्धित हो।

यदि f, $x \in A$ को $y \in B$ से सम्बन्धित करता है। तब हम कह सकते हैं कि x का प्रतिबिम्ब y है तथा इसे $f(x) = y$ द्वारा निरूपित करते हैं। A में x को y का पूर्ण प्रतिबिम्ब कहते हैं। एक प्रतिचित्रण को $f : A \rightarrow B$ या $A \xrightarrow{f} B$ द्वारा निरूपित करते हैं।

समुच्चय A को प्रान्त तथा B को f का सहप्रान्त कहते हैं। समुच्चय $f(A) = \{f(x) : x \in A\}$ को f का परिसर कहते हैं। स्पष्टत: $f(A) \subseteq B$.

market price (**मार्किट प्राइस**) बाजारी मूल्य। A price at which a share or an article is sold, is known as market price.

वह मूल्य जिस पर एक शेयर या वस्तु बेची जाती है, बाजारी मूल्य कहलाता है।

mass (**मास**) द्रव्यमान। A fundamental value which is related to the quantity of matter in the body, is known as mass. The SI unit of mass is kg.

एक आधार मूलमान जोकि पिण्ड में पदार्थ की राशि पर निर्भर करता है, द्रव्यमान कहलाता है। द्रव्यमान का एस आई मात्रक किग्रा है।

mathematical expectation (मैथमैटिकल एक्सपेक्टेशन) गणितीय प्रत्याशा। If corresponding probability values of X of discrete random variables $x_1, x_2, \ldots, x_n$ are $p_1, p_2, \ldots, p_n$ respectively, then mathematical expectation of X will be

$$E(X) = \sum_{i=1}^{n} x_i p_i \text{ where } \sum_{i=1}^{n} p_i = 1$$

यदि विविक्त यादृच्छिक चरों $x_1, x_2, \ldots, x_n$ के संगत प्रायिकताएँ क्रमशः $p_1, p_2, \ldots, p_n$ हैं, तब X की गणितीय प्रत्याशा निम्न होगी

$$E(X) = \sum_{i=1}^{n} x_i p_i \text{ जहाँ } \sum_{i=1}^{n} p_i = 1$$

mathematical induction (मैथमैटिकल इन्डंक्शन) गणितीय आगमन। In an algebra, there are certain results that are formulated in terms of n, where n is a positive integer. Such results can be proved by specific technique which is known as mathematical induction.

The method of proof is based on the following principle :

Let $P(n)$ be a statement involving natural number n which is either true or false. If

(i) $P(1)$ is true

(ii) for all $k, P(k) \Rightarrow P(k + 1)$

then $P(n)$ is true for all positive integers n.

बीजगणित में, कुछ निश्चित परिणाम n के पदों में लिखे होते हैं जहाँ n एक धनात्मक पूर्णांक होता है। ऐसे परिणामों को विशिष्ट तकनीकों से सिद्ध किया जा सकता है। जिसे गणितीय आगमन कहते हैं।

उपपत्ति की विधि निम्न सिद्धान्त पर आधारित होती है

माना $P(n)$ एक कथन है जिसमें प्राकृतिक संख्या n निहित हैं। जोकि या तो सत्य है या असत्य है। यदि

(i) $P(1)$ सत्य है

(ii) सभी k के लिए $P(k) \Rightarrow P(k + 1)$

तब $P(n)$ सभी धनात्मक पूर्णांकों n के लिए सत्य होता है।

Mathematics (मैथमैटिक्स) गणित The study of numbers, quantities, data and their relationship is involved in mathematics. This is divided into two parts *viz.*, pure mathematics and applied mathematics.

गणित में संख्याओं, राशियों, आँकड़ों तथा उनके सम्बन्धों का अध्ययन निहित हैं। इसे दो भागों शुद्ध गणित तथा अनुप्रयुक्त गणित, में विभक्त करते हैं।

Matrix (मैट्रिक्स) आव्यूह A rectangular array of mn numbers in the form of m horizontal lines (called rows) and n vertical lines (called columns) is called a matrix of order $m \times n$. This type of array is enclosed by [ ] or ( ) or || ||.

Each of mn numbers of a matrix is known as element of a matrix. A matrix is generally denoted by $A, B, C, \ldots$ etc. and its element is denoted by a_{ij} where a_{ij} belong to the ith row and jth column and is called (i, j)th element of the matrix $A = [a_{ij}]$.

An $m \times n$ matrix is usually written as

$$A = \begin{bmatrix} a_{11} & a_{12} & \cdots & \cdots & a_{1n} \\ a_{21} & a_{22} & \cdots & \cdots & a_{2n} \\ \vdots & \vdots & \vdots & \vdots & \vdots \\ \vdots & \vdots & \vdots & \vdots & \vdots \\ a_{m1} & a_{m2} & \cdots & \cdots & a_{mn} \end{bmatrix}$$

$$= [a_{ij}]_{m \times n}$$

M

e.g., $A = \begin{bmatrix} 3 & 2 & 7 \\ 5 & -4 & 6 \\ 4 & 8 & 12 \end{bmatrix}$ is a matrix of order 3×3.

m क्षैतिज रेखाओं (पंक्तियाँ) तथा n ऊर्ध्वाधर पंक्तियों (स्तम्भों) के रूप में mn संख्याओं की आयताकार सारणी को $m \times n$ कोटि का आव्यूह कहते हैं।

इस प्रकार की सारणी [ ] या ( ) या || || द्वारा परिबद्ध होती है। एक आव्यूह के mn संख्याओं में से प्रत्येक को एक आव्यूह कहते हैं। एक आव्यूह को सामान्यत: $A, B, C, \ldots$ इत्यादि से निरूपित करते हैं तथा इसके अवयवों को a_{ij} से निरूपित करते हैं। जहाँ a_{ij}, iवी पंक्ति व jवें स्तम्भ का अवयव होता है। इसे आव्यूह $A = [a_{ij}]$ का (i, j)वाँ अवयव कहते हैं।

एक $m \times n$ आव्यूह को सामान्यत: निम्न प्रकार लिखा जा सकता है

$$A = \begin{bmatrix} a_{11} & a_{12} & \cdots & \cdots & a_{1n} \\ a_{21} & a_{22} & \cdots & \cdots & a_{2n} \\ \vdots & \vdots & \vdots & \vdots & \vdots \\ \vdots & \vdots & \vdots & \vdots & \vdots \\ a_{m1} & a_{m2} & \cdots & \cdots & a_{mn} \end{bmatrix}$$

$= [a_{ij}]_{m \times n}$.

जैसे—$A = \begin{bmatrix} 3 & 2 & 7 \\ 5 & -4 & 6 \\ 4 & 8 & 12 \end{bmatrix}$ कोटि 3×3 का एक आव्यूह है।

matrix of coefficient (मैट्रिक्स ऑफ कोफिशियेन्ट) गुणांकों का आव्यूह। See augumented matrix परिवर्द्धित आव्यूह देखें।

matrix of cofactor (मैट्रिक्स ऑफ कॉफेक्टर) सहखण्ड का आव्यूह। A matrix whose each element is obtained by replacing each element of a matrix $A = [a_{ij}]$ by its cofactor A_{ij}. It is known as matrix of cofactor and it is used to find the value of adjoint of A.

एक आव्यूह जिसका प्रत्येक अवयव, आव्यूह $A = [a_{ij}]$ के प्रत्येक अवयव को इसके सहखण्ड A_{ij} द्वारा प्रतिस्थापित करके प्राप्त किया जाता है, सहखण्ड का आव्यूह कहलाता है। इसका प्रयोग A के सहखण्डज का मान ज्ञात करने के लिए किया जाता है।

maximum (मैक्सिमम) उच्चिष्ठ। The largest of a set of values

सर्वश्रेष्ठ मान वाला

See local maximum स्थानीय उच्चिष्ठ

mean (मीन) माध्य। If $x_1, x_2, \ldots, x_n$ are n observations, then their mean

$$= \frac{x_1 + x_2 + \ldots + x_n}{n}$$

If $x_1, x_2, \ldots, x_n$ are n observations whose corresponding frequencies are $f_1, f_2, \ldots, f_n$, then their means,

$$\bar{x} = \frac{f_1 x_1 + f_2 x_2 + \ldots + f_n x_n}{f_1 + f_2 + f_3 + \ldots + f_n}$$

$$= \frac{\sum_{i=1}^{n} f_i x_i}{\sum_{i=1}^{n} f_i}$$

यदि $x_1, x_2, \ldots, x_n$, n प्रेक्षण हैं, तब इनका माध्य $= \frac{x_1 + x_2 + \ldots + x_n}{n}$

यदि $x_1, x_2, \ldots, x_n$, n प्रेक्षण हैं जिनकी संगत बारम्बारताएँ $f_1, f_2, \ldots, f_n$ हैं, तब इनका माध्य

$$\bar{x} = \frac{f_1 x_1 + f_2 x_2 + \ldots + f_n x_n}{f_1 + f_2 + f_3 + \ldots + f_n}$$

$$= \frac{\sum_{i=1}^{n} f_i x_i}{\sum_{i=1}^{n} f_i}$$

M

mean absolute deviation (मीन एबसोल्यूट डेवियेशन) माध्य निरपेक्ष विचलन। If $x_1, x_2, ..., x_n$ are n observations whose mean is $\bar{x}$, then the mean absolute deviation $= \frac{\Sigma|x_i - \bar{x}|}{n}$.

यदि $x_1, x_2, ..., x_n$, n प्रेक्षण हैं जिनका माध्य $\bar{x}$ है। तब माध्य विचलन $= \frac{\Sigma|x_i - \bar{x}|}{n}$.

mean deviation (मीन डेवियेशन) माध्य विचलन। See mean absolute deviation.

माध्य निरपेक्ष विचलन देखें।

mean squared deviation (मीन स्कवेअर्ड डेवियेशन) माध्य वर्ग विचलन। If $x_1, x_2, ..., x_n$ are n observations and their mean is $\bar{x}$, then the mean squared deviation $= \frac{\Sigma(x_i - \bar{x})^2}{n}$.

यदि $x_1, x_2, ..., x_n$, n प्रेक्षण हैं तथा इनका माध्य $\bar{x}$ है, तब माध्य वर्ग विचलन $= \frac{\Sigma(x_i - \bar{x})^2}{n}$.

mean value of a function (मीन वैल्यू ऑफ ए फंक्शन्) मध्यमान एक फलन का। Let $f(x)$ be a continuous function on interval $[a, b]$. The mean value of $f(x)$ over the interval $[a, b]$ is $\frac{1}{b-a}\int_a^b f(x)\,dx$.

माना अन्तराल $[a, b]$ पर फलन $f(x)$ सतत् फलन है। अन्तराल $[a, b]$ पर $f(x)$ का मध्य मान $\frac{1}{b-a}\int_a^b f(x)\,dx$ के बराबर होता है।

mean value theorem (मीन वैल्यू थ्योरम) मध्य मान प्रमेय। This theorem is deduced by Lagrange. This theorem states that

If a function $f(x)$

(i) is continuous in closed interval $[a, b]$.

(ii) is differentiable in open interval (a, b).

Then, there exist atleast one point c, where $a < c < b$ such that

$$f'(c) = \frac{f(b) - f(a)}{b - a}$$

इस प्रमेय का प्रतिपादन लैगरॉन्ज ने किया था। इस प्रमेय के अनुसार,

यदि फलन $f(x)$

(i) संवृत्त अन्तराल $[a, b]$ में सतत् है

(ii) विवृत्त अन्तराल (a, b) में अवकलनीय है।

तब एक बिन्दु c जहाँ $a < c < b$ का अस्तित्व इस प्रकार है कि

$$f'(c) = \frac{f(b) - f(a)}{b - a}$$

measurable function (मेजरेबल फंक्शन्) मेय फलन। A function $f(x)$ is a measurable function if for every real number k, the set $\{x \in D : f(x) > k\}$ where D is domain of $f(x)$, is measurable.

एक फलन $f(x)$ को मेय फलन कहते हैं यदि प्रत्येक वास्तविक संख्या k के लिए समुच्चय $\{x \in D : f(x) > k\}$ जहाँ $f(x)$ का प्रान्त D है, मेय है।

measures of central tendencies (मेजर्स ऑफ सेन्ट्रल टेन्डेन्सीज) केन्द्रीय प्रवृत्ति की मापें। Average of a distribution is a measure of the middle or expected value of distribution, such values are known as measures of central tendency.

M

एक बंटन का औसत बंटन का मध्य या अभीष्ट मान की माप होती है। ऐसे मानों को केन्द्रीय प्रवृत्ति की मापे कहते हैं।

measures of dispersion (मेजर्स ऑफ डिसपर्सन) विचलन की मापें। A measure of dispersions is a way to describe how the observations are scattered in the sample area. Most of measures of dispersion are range, mean deviation, standard deviation etc.

''प्रतिदर्श क्षेत्र में प्रेक्षण किस प्रकार बिखरे हुए हैं,'' को वर्णित करने का तरीका विचलन की माप है। मुख्य विचलन की मापे परिसर, माध्य विचलन, मानक विचलन आदि है।

mechanics (मैकनिक्स) यान्त्रिकी। The branch of Mathematics in which we study the behaviour of system acted on by forces, whether in equilibrium or in motion.

गणित की वह शाखा जिसमें हम निकायों के व्यवहार का अध्ययन करते हैं जिन पर बल लगे हुए हो चाहे निकाय साम्यावस्था में हो या गति में हो।

median (in statistics) {मीडियन (इन् स्टैटिस्टिक्स)} माध्यिका (सांख्यिकी में)। The middle value of given observations when they are arranged in ascending or decending order, is known as median of given observations.

If number of observations is n, we arranged them in ascending or decending order.

(i) n is an odd number, then

Median = Value of $\left(\frac{n+1}{2}\right)$th term

(ii) n is an even number, then

Median

$$= \frac{\left[\text{Value of } \left(\frac{n}{2}\right)\text{th term} + \text{Value of } \left(\frac{n}{2}+1\right)\text{th term}\right]}{2}$$

दिए गए आँकड़ों का मध्यमान जब इनको आरोही या अवरोही क्रम में व्यवस्थित किया जाता है, दिए गए आँकड़ों की माध्यिका कहलाता है।

यदि प्रेक्षणों की संख्या n है, इन्हें आरोही या अवरोही क्रम में व्यवस्थित करते हैं।

(i) n एक विषम संख्या है, तब

$$\text{माध्यिका} = \left(\frac{n+1}{2}\right)\text{वें पद का मान}$$

(ii) n एक सम संख्या है, तब

$$\text{माध्यिका} = \frac{\left[\left(\frac{n}{2}\right)\text{वें पद का मान} + \left(\frac{n}{2}+1\right)\text{वें पद का मान}\right]}{2}$$

median (of a triangle) {मीडियन (ऑफ ए ट्राईएंगल)} माध्यिका (एक त्रिभुज की)। A line segment which is drawn from a vector to the third point of opposite side of a triangle, is known as median of a triangle. A triangle has three medians which are concurrent at a point. That point is known as centroid.

एक रेखाखण्ड जो त्रिभुज के शीर्ष से सम्मुख भुजा के मध्य-बिन्दु तक खींचा जाता है। त्रिभुज की माध्यिका कहलाती है। एक त्रिभुज की तीन माध्यिकाएँ होती हैं जो एक बिन्दु पर संगामी होती हैं। उस बिन्दु को केन्द्रक कहते हैं।

median triangle (**मीडियन ट्राइएंगल**) माध्यिका त्रिभुज। A triangle which is formed by joining the mid-points of the three sides of a triangle is known as median triangle. Median triangle is similar to original triangle.

Let mid-points of sides AB, BC and CA of a ΔABC are D, E and F, then ΔDEF is a median triangle.

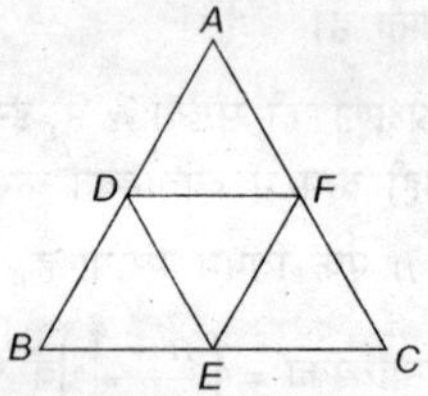

एक त्रिभुज जोकि एक त्रिभुज की तीनों भुजाओं के मध्य-बिन्दुओं को मिलाकर बनाया जाता है, माध्यिका त्रिभुज कहलाता है। माध्यिका त्रिभुज मूल त्रिभुज के समरूप होता है।

माना ΔABC की भुजाओं AB, BC व CA के मध्य-बिन्दु D, E व F हैं, तब ΔDEF एक माध्यिका का त्रिभुज है।

member (**मेम्बर**) अवयव Another name of element.

अवयव का दूसरा नाम

menelau's theorem (**मेनेलस थ्योरम**) मेनेलस की प्रमेय। If a transversal line cuts the sides BC, CA and AB of a ΔABC of X, Y and Z respectively. Then,

$$\frac{BX}{XC} \cdot \frac{CY}{YA} \cdot \frac{AZ}{ZB} = -1$$

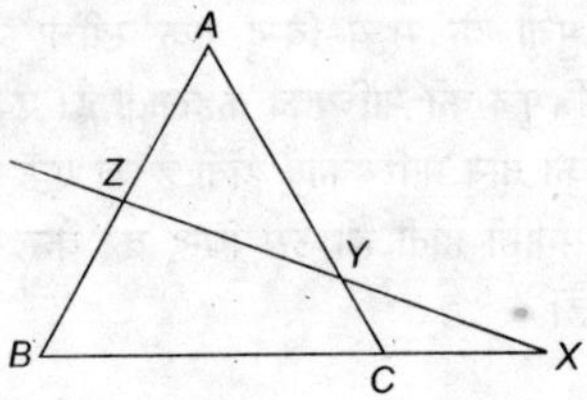

यदि ΔABC की भुजाओं BC, CA व AB को एक तिर्यक रेखा क्रमशः X, Y व Z पर प्रतिच्छेदित करती हैं, तब

$$\frac{BX}{XC} \cdot \frac{CY}{YA} \cdot \frac{AZ}{ZB} = -1$$

mensuration (**मेन्शूरेशन**) क्षेत्रमिति। The measurement of lengths, angles areas, volumes, surface areas of geometrical figures, is known as mensuration.

ज्यामितीय आकृतियों की लम्बाइयों, कोणों क्षेत्रफलों, आयतनों, पृष्ठीय क्षेत्रफलों का मापन क्षेत्रमिति कहलाता है।

mesokurtic (**मेसोकर्टिक**) मध्यक कुदी। See kurtosis.

कुकुदता देखें।

metre (**मीटर**) मीटर। A base unit used for measuring lengths in SI units. It is abbreviated as 'm'.

$$1 \text{ m} = 100 \text{ cm}$$

एस.आई. पद्धति में लम्बाई को मापने के लिए आधार इकाई है। इसे संक्षेप रूप में 'मी' लिखा जाता है

1 मी = 100 सेमी

metric (**मीट्रिक**) दूरीक। Let X be a non-empty set. A mapping d of $X \times X$ into R i.e., $d : X \times X \longrightarrow R$ is said to be a metric (or distance function) on X iff d satisfies the following axioms :

$[m_1] : d(x, y) \geq 0, \forall\, x, y \in X$

$[m_2] : d(x, y) = 0$, iff $x = y$

$[m_3] : d(x, y) = d(y, x), \;\; \forall x, y \in X$ (Symmetry)

$[m_4] : d(x, y) \leq d(x, z) + d(z, y), \;\; \forall\, x, y, z \in X$ (Triangle inequality)

If d is a metric for X, then ordered pair (X, d) is called a matrix space and $d(x, y)$ is called the distance between x and y.

माना X एक अरिक्त समुच्चय है। एक प्रतिचित्रण $X \times X$ से R में अर्थात् $d : X \times X \to R$ को दूरीक (या दूरी फलन) X पर कहते हैं। यदि और केवल यदि d निम्न अभिगृहतियों को सन्तुष्ट करता है

$[m_1] : d(x, y) \geq 0, \forall\, x, y \in X$

$[m_2] : d(x, y) = 0,$ यदि और केवल यदि $x = y$

$[m_3] : d(x, y) = d(y, x), \forall\, x, y \in X$ (समरूपता)

$[m_4] : d(x, y) \leq d(x, z) + d(z, y), \forall\, x, y, z \in X$ (त्रिभुज असमिका)

यदि X के लिए d एक दूरीक है, तब क्रमित युग्म (X, d) को दूरीक समष्टि कहते हैं तथा $d(x, y)$ को x व y के बीच की दूरी कहते हैं।

metric space (मीट्रिक स्पेस) दूरिक समष्टि। See metric

दूरीक देखें।

mid-points (मिड-प्वाइन्ट) मध्य-बिन्दु। A point which divides the join of two points A and B into two points of equal length is known as mid-point of AB.

If (x_1, y_1) and (x_2, y_2) are cartesian coordinates of A and B respectively in two dimensional space, then coordinates of mid-point P of AB will be $\left(\frac{x_1 + x_2}{2}, \frac{y_1 + y_2}{2}\right)$.

If (x_1, y_1, z_1) and (x_2, y_2, z_2) are cartesian coordinates of A and B respectively in three dimensional space, then coordinates of mid-point P of AB will be $\left(\frac{x_1 + x_2}{2}, \frac{y_1 + y_2}{2}, \frac{z_1 + z_2}{2}\right)$.

If position vectors of A and B are $\mathbf{a}$ and $\mathbf{b}$ respectively, then position vector of mid-point of AB is $\frac{\mathbf{a} + \mathbf{b}}{2}$.

एक बिन्दु जोकि दो बिन्दुओं A व B को मिलाने वाली रेखा को बराबर लम्बाई के दो भागों में विभक्त करता है, AB का मध्य-बिन्दु कहलाता है।

यदि द्विविमीय समष्टि में A व B के कार्तीय निर्देशांक क्रमशः (x_1, y_1) व (x_2, y_2) हैं, तब AB के मध्य-बिन्दु P के निर्देशांक $\left(\frac{x_1 + x_2}{2}, \frac{y_1 + y_2}{2}\right)$ होंगे।

यदि त्रिविमीय समष्टि में A व B के निर्देशांक (x_1, y_1, z_1) व (x_2, y_2, z_2) हैं। तब AB के मध्य-बिन्दु P के निर्देशांक $\left(\frac{x_1 + x_2}{2}, \frac{y_1 + y_2}{2}, \frac{z_1 + z_2}{2}\right)$ होंगे।

यदि A व B के स्थिति सदिश क्रमशः $\mathbf{a}$ व $\mathbf{b}$ हैं, तब AB के मध्य-बिन्दु का स्थिति सदिश $\frac{\mathbf{a} + \mathbf{b}}{2}$ होता है।

mid-point theorem (मिड-प्वाइन्ट थ्योरम) मध्य-बिन्दु प्रमेय। According to this theorem, a line segment joining the mid-points of two sides a triangle, is parallel to third side and half of its length.

In $\Delta\, ABC, D, E$ and F are mid-points of sides AB, BC and CA, then DF is parallel to BC and its length is half of BC. *i.e.*,

$DF \parallel BC$ and $DF = \frac{1}{2} BC$

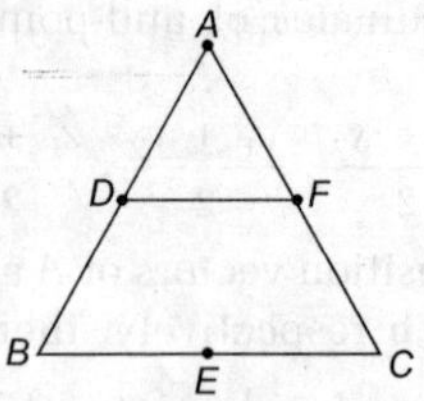

इस प्रमेय के अनुसार, त्रिभुज की दो भुजाओं के मध्य-बिन्दुओं को मिलाने वाला रेखाखण्ड तीसरी भुजा के समान्तर होता है तथा इसकी लम्बाई के आधा होता है। ΔABC में, भुजाओं AB, BC व CA को मध्य-बिन्दु D, E व F हैं, तब DF, BC के समान्तर है तथा इसकी लम्बाई BC की लम्बाई की आधी होती है, अर्थात्

$$DF \parallel BC \text{ व } DF = \frac{1}{2} BC$$

million (मिलीयन) दस लाख। One thousand, thousand is equal to one million.

$$1 \text{ million} = 10^6$$

एक मिलियन (दस लाख) एक हजार, हजार के बराबर होता है।

minimum (मिनिमम) निम्निष्ठ। Lowest possible सम्भव निम्नतम।

See local minimum स्थानीय निम्निष्ठ देखें।

Minor (माइनर) उपसारणिक Let $A = [a_{ij}]$ is a square matrix of order n, then minor of a_{ij} is a determinant of a sqaure matrix is order $(n-1)$ which is M_{ij}. M_{ij} is obtained an leaving ith row and jth column of A.

$\therefore$ Minors of elements a_1, a_2, a_3 of determinant

$$\begin{vmatrix} a_1 & b_1 & c_1 \\ a_2 & b_2 & c_2 \\ a_3 & b_3 & c_3 \end{vmatrix} \text{ are } \begin{vmatrix} b_2 & c_2 \\ b_3 & c_3 \end{vmatrix}, \begin{vmatrix} b_1 & c_1 \\ b_3 & c_3 \end{vmatrix} \text{ and } \begin{vmatrix} b_1 & c_1 \\ b_2 & c_2 \end{vmatrix}$$

respectively.

माना $A = [a_{ij}]$ कोटि n का एक वर्ग आव्यूह है, तब a_{ij} को उपसारणिक कोटि $(n-1)$ के एक वर्ग आव्यूह का सारणिक होता है जोकि M_{ij} है। A की iवी पंक्ति व jवें स्तम्भ को छोड़ने पर M_{ij} प्राप्त होता है।

$$\therefore \text{ सारणिक } \begin{vmatrix} a_1 & b_1 & c_1 \\ a_2 & b_2 & c_2 \\ a_3 & b_3 & c_3 \end{vmatrix} \text{ के अवयवों }$$

a_1, a_2 व a_3 के उपसारणिक क्रमशः

$$\begin{vmatrix} b_2 & c_2 \\ b_3 & c_3 \end{vmatrix}, \begin{vmatrix} b_1 & c_1 \\ b_3 & c_3 \end{vmatrix} \text{ व } \begin{vmatrix} b_1 & c_1 \\ b_2 & c_2 \end{vmatrix}$$

हैं।

minor arc (माइनर अर्क) लघु चाप। A chord of a circle divides the circle in two parts, the arc of smaller part is known as minor arc of the circle. In the figure chord AB divides the circle in two unequal parts. Arc of smaller part ACB is a minor arc.

वृत्त की एक जीवा वृत्त को दो भागों में बाँटती है, छोटे भाग की जीवा वृत्त का लघु चाप कहलाती है।

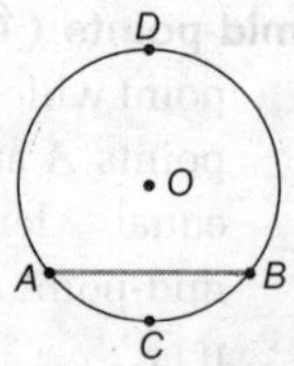

चित्र में, जीवा AB वृत्त को दो असमान भागों में बाँटती है। छोटे भाग का चाप ACB लघु चाप है।

minor axis (माइनर ऐक्सिस्) लघु अक्ष।

For the ellipse $\frac{x^2}{a^2} + \frac{y^2}{b^2} = 1, a > b$, the axis BB' is known as minor axis.

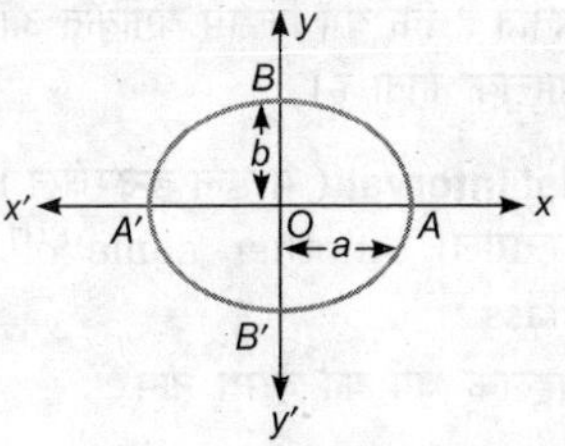

or

Minor axis is the one which is perpendicular to major axis and passes through the mid-point of the foci.

दीर्घवृत्त $\frac{x^2}{a^2} + \frac{y^2}{b^2} = 1, a > b,$ के लिए BB' को लघु अक्ष कहते हैं।

या

लघु अक्ष एक रेखा है जोकि दीर्घ अक्ष के लम्बवत् होती है तथा नाभियों के मध्य-बिन्दु से होकर जाती है।

minor sector (**माइनर सेक्टर**) लघु त्रिज्यखण्ड। Let OA and OB are two radii of a circle whose centre is O and A, B lies on the circumference of the circle. These radii divides the circle in two parts. The smaller part is known as the minor sector.

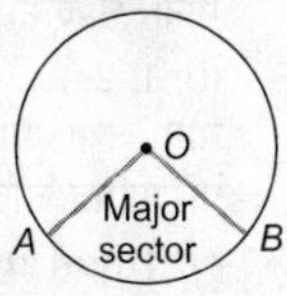

माना OA व OB वृत्त की दो त्रिज्याएँ हैं। वृत्त का केन्द्र O है तथा A व B वृत्त की परिधि पर स्थित हैं। ये त्रिज्याएँ वृत्त को दो भागों में विभाजित करती हैं। छोटे भाग को लघु त्रिज्यखण्ड कहते हैं।

minor segment (**माइनर सेग्मेण्ट**) लघु वृत्तखण्ड। A chord of a circle divides the circle in two unequal parts. The smaller part ABC of the circle is known as minor segment.

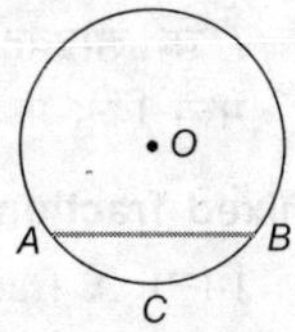

वृत्त की एक जीवा वृत्त को दो बराबर भागों में विभाजित करती है। वृत्त के छोटे भाग ABC को लघु वृत्तखण्ड कहते हैं।

minute (**मिनट**) मिनट। In measurement of angles, each angle is measured in degree. Each degree is divided into 60 equal parts. Each part is known as 1 minute and it is denoted by $1'$.

कोणों के मापन में, प्रत्येक कोण अंश में मापा जाता है। प्रत्येक अंश 60 बराबर भागों में विभक्त होता है। प्रत्येक भाग को 1 मिनट कहते हैं तथा इसे $1'$ द्वारा निरूपित करते हैं।

minuend (**माइन्यूण्ड**) व्यवकल्य। The quantity from which another quantity is subtracted in finding a difference, is known as minuend.

एक अन्तर ज्ञात करने में एक राशि जिसमें दूसरी राशि को घटाया जाता है, व्यवकल्य कहलाता है।

mirror image (**मिरर इमेज**) दर्पण प्रतिबिम्ब। Let l be a line in the plane. Then, the mirror image of a point P is the point P' such that PP' is perpendicular to l and l cuts PP' at its mid-point.

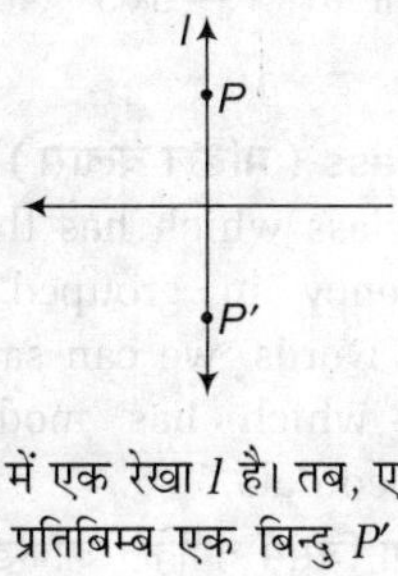

माना तल में एक रेखा l है। तब, एक बिन्दु P का दर्पण प्रतिबिम्ब एक बिन्दु P' इस प्रकार होता है कि PP',

l के लम्बवत् होती है तथा l, PP' को मध्य-बिन्दु पर प्रतिच्छेदित करती है।

mixed fraction (मिक्सड फ्रेक्शन्) मिश्र भिन्न। A fraction of the form $a\frac{b}{c}$ where a, b, c are natural numbers, is known as mixed fraction.

$a\frac{b}{c}$ रूप की एक भिन्न जहाँ $a,, b, c$ प्राकृतिक संख्याएँ हैं, मिश्र भिन्न कहलाती है।

mixed numbers (मिक्सड नम्बर्स) मिश्र संख्याएँ। Numbers which have a whole number part and a fractional number part, is known as mixed numbers. *e.g.*, $3\frac{4}{5}$ is a mixed number.

संख्या जिनमें एक पूर्ण संख्या भाग व भिन्नात्मक संख्या भाग होता है, मिश्र संख्याएँ कहलाती हैं। जैसे—$3\frac{4}{5}$ एक मिश्र संख्या है।

mixed surds (मिक्सड सर्डस) मिश्र करणी। A surd which have an irrational parts with a rational part, is known as mixed surd. *e.g.*, $3\sqrt{5}$ is a mixed surd.

एक करणी जिसमें अपरिमेय भाग के साथ एक परिमेय भाग भी होता है, मिश्र करणी कहलाती है। जैसे—$3\sqrt{5}$ एक मिश्र करणी है।

modal class (मॉडल क्लास) बहुलक वर्ग। The class which has the greatest frequency in grouped data. In other words, we can say that the class which has mode of the grouped data.

एक वर्ग जिसमें वर्गीकृत आँकड़ों की महत्तम बारम्बारता होती है। दूसरे शब्दों में, हम कह सकते हैं कि वर्ग जिसमें वर्गीकृत आँकड़ों का बहुलक होता है।

modal interval (मॉडल इन्टरवल) बहुलक अन्तराल। Another name of modal class.

बहुलक वर्ग का दूसरा नाम

mode (मोड्) बहुलक। For statistical data, the mode is the observation which has greatest frequency. For continuous random variable, a value at which the probability density function has a local maximum, is called a mode.

सांख्यिकीय आँकड़ों के लिए बहुलक एक प्रेक्षण होता है जिसकी महत्तम बारम्बारता होती है। सतत् यादृच्छिक चर के लिए, एक मान जिस पर प्रायिकता घनत्व फलन स्थानीय उच्चिष्ठ होता है, बहुलक कहलाता है।

modulo *n* addition and multiplication (माड्यूलो एन् एडीशन एण्ड मल्टीप्लिकेशन) माड्यूलो का योग तथा गुणा। Let S be a complete set of residues $\{0, 1, 2, \ldots, n-1\}$. Then, addition modulo n on S is defined as $a + b \pmod n$ and multiplication modulo n is defined as ab (mad n).

माना S एक अवशेषों का सम्पूर्ण समुच्चय $\{0, 1, 2, \ldots, n-1\}$ है। तब माड्यूलों का योग तथा माड्यूलों का गुणनफल क्रमशः परिभाषित होता है। $a + b \pmod n$ तथा $ab \pmod n$

modulus function (मोड्यूलस फंक्शन्) मापांक फलन। Function $y = f(x) = |x|$ is known modulus function.

$$y = f(x) = |x| = \begin{cases} x, & x \geq 0 \\ -x, & x < 0 \end{cases}$$

Domain of $f(x) = x \in R$

and range of $f(x) = [0, \infty)$.

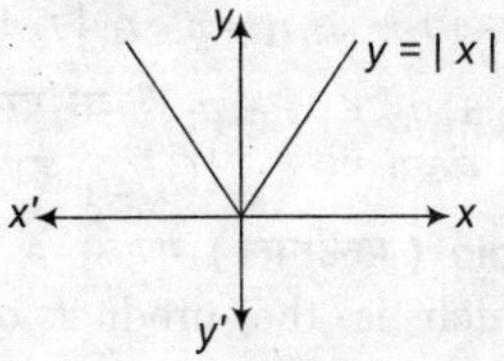

फलन $y = f(x) = |x|$ को मापांक फलन कहते हैं।

$$y = f(x) = |x| = \begin{cases} x, & x \geq 0 \\ -x, & x < 0 \end{cases}$$

$f(x)$ का प्रान्त $= x \in R$

तथा $f(x)$ का परास $= [0, \infty)$

modulus of a complex number (माड्यूलस ऑफ ए कॉम्प्लैक्स नम्बर) एक सम्मिश्र संख्या का मापांक। Let $z = x + iy$ is a complex number, then modulus of a complex number z is denoted by $|z|$.

$\therefore \quad |z| = \sqrt{x^2 + y^2}$

e.g., if $\quad z = 4 + 3i$

$$\therefore \quad |z| = \sqrt{4^2 + 3^2} = \sqrt{16 + 9} = \sqrt{25} = 5$$

माना $z = x + iy$ एक सम्मिश्र संख्या है, तब एक सम्मिश्र संख्या z के मापांक को $|z|$ द्वारा निरूपित करते हैं।

$\therefore \quad |z| = \sqrt{x^2 + y^2}$

जैसे—यदि $z = 4 + 3i$

$$\therefore \quad |z| = \sqrt{4^2 + 3^2} = \sqrt{16 + 9} = \sqrt{25} = 5$$

Modulus of a Congruence (माड्यूलस ऑफ ए कोनग्रूएन्स्) See congruence कोनग्रूएन्स् देखें।

Monomial (मोनोमिएल) एफ पद्दीय A polynomial which has a single term is known as monomial.
e.g., $3x^2$, $5x$, 0 etc., are monomial.
एक बहुपद जिसमें पदों की संख्या 1 हो, एक पद्दीय कहलाता है। जैसे—$3x^2$, $5x$, 0 इत्यादि एक पद्दीय हैं।

monotonic decreasing function (मोनोटोनिक डिकरिजिंग फंक्शन्) एकदिष्ट ह्रासमान फलन। A function $f(x)$ is known as monotonic decreasing function in its domain, if $x_1 < x_2 \Rightarrow f(x_1) \geq f(x_2) \cdot f(x)$ will be strictly decreasing, if
$f'(x) < 0, \forall\ x \in$ domain.
एक फलन $f(x)$ को अपने प्रान्त में एकदिष्ट वर्द्धमान फलन कहते हैं यदि $x_1 < x_2 \Rightarrow f(x_1) \geq f(x_2) \cdot f(x)$ निरन्तर ह्रासमान होगा यदि $f'(x) < 0, \forall\ x \in$ प्रान्त।

monotonic function (मोनोटोनिक फंक्शन्) एकदिष्ट फलन। A function $f(x)$ is said to be monotonic function in an interval I, if it is either increasing or decreasing in the interval I. *e.g.*, $f(x) = \ln x$, $f(x) = -2x + 3$ etc., are monotonic functions.
एक फलन $f(x)$ एक अन्तराल I में एकदिष्ट फलन है यदि यह अन्तराल I में वर्द्धमान या ह्रासमान है।
जैसे—$f(x) = \ln x$, $\quad f(x) = -2x + 3$ इत्यादि एकदिष्ट फलन है।

monotonic increasing function (मोनोटोनिक इनक्रिजिंग फंक्शन्) एकदिष्ट वर्द्धमान फलन। A function $f(x)$ is known as monotonic increasing function in its domain, if $x_1 > x_2 \Rightarrow f(x_1) \geq f(x_2)$.

$f(x)$ will be strictly increasing, if $f'(x) > 0, \forall\, x \in$ domain.

एक फलन $f(x)$ अपने प्रान्त में एकदिष्ट वर्द्धमान फलन है, यदि $x_1 > x_2$ $\Rightarrow f(x_1) \geq f(x_2)$.

$f(x)$ निरन्तर वर्द्धमान होगा, यदि $f'(x) > 0$, $\forall\ x \in$ प्रान्त।

monotonic sequence (मोनोटोनिक सिक्वेन्स) एकदिष्ट अनुक्रम। A sequence $a_1, a_2, a_3, \ldots$ is monotonic, if it is either increasing or decreasing and is strictly monotonic if it is either strictly increasing or strictly decreasing.

एक अनुक्रम $a_1, a_2, a_3, \ldots$ को एकदिष्ट अनुक्रम कहते हैं यदि यह या तो वर्द्धमान या ह्रासमान हो तथा निरन्तर एकदिष्ट कहलाता है यदि यह या तो निरन्तर वर्द्धमान हो या निरन्तर ह्रासमान हो।

M

morphism (मोरफिज्म) An abstraction of a mapping between two sets.

दो समुच्चय के बीच प्रतिचित्रण का निष्कर्षण

multinomial (मल्टीनोमियल) बहुपदीय। Another name of polynomial.

बहुपद का दूसरा नाम

See polynomial बहुपद देखें।

multinomial theorem (मल्टीनोमियल थ्योरम) बहुपदीय प्रमेय। If n is positive integer and $a_1, a_2, \ldots, a_k \in R$, then $(a_1 + a_2 + \ldots + a_k)^n$

$$= \sum_{r_1 + r_2 + \ldots + r_k = n} \frac{n!\, a_1^{r_1} a_2^{r_2} \ldots a_k^{r_k}}{r_1!\, r_2! \ldots r_k!}$$

The number of terms in the expansion of $(a_1 + a_2 + \ldots + a_k)^n$ is ${}^{n+k-1}C_{k-1}$.

यदि n एक धनात्मक पूर्णांक है तथा $a_1, a_2, \ldots, a_k \in R$, तब $(a_1 + a_2 + \ldots + a_k)^n$

$$= \sum_{r_1 + r_2 + \ldots + r_k = n} \frac{n!\, a_1^{r_1} a_2^{r_2} \ldots a_k^{r_k}}{r_1!\, r_2! \ldots r_k!}$$

$(a_1 + a_2 + \ldots + a_k)^n$ के प्रसार में पदों की संख्या ${}^{n+k-1}C_{k-1}$ है।

multiple (मल्टीपल) गुणज। A number which is the product of given number and an integer is called multiple. *e.g.*, 8 is multiple of 2.

एक संख्या जोकि दी गई संख्या व एक पूर्णांक का गुणनफल है, गुणज कहलाता है। जैसे—2 का गुणज 8 है।

multiplier (मल्टीप्लायर) गुणक। A number by which a given number is multiplied to get a particular result, is known as multiplier.

एक संख्या जिससे दी गई संख्या को एक विशेष परिणाम प्राप्त करने के लिए गुणा करते हैं, गुणांक कहलाता है।

multiple integral (मल्टीपल इन्टीग्रेल) बहु समाकलन। An integral which has two or more integrations with respect to different variables, is known as multiple integral. A special case of multiple integral is double integral which has two integrations.

एक समाकलन जिसमें दो या अधिक समाकलन विभिन्न चरों के सापेक्ष होते हैं, बहु समाकलन कहलाता है। बहु समाकलन की विशिष्ट दशा द्विसमाकलन है जिसमें दो समाकलन होते हैं।

multiple root (मल्टीपल रूट) बहुल मूल। If an equation has no roots and out of which two or more than two roots are repeated, then the repeated roots are called multiple root.

यदि एक समीकरण के n मूल हैं तथा जिनमें से दो या अधिक मूलों की पुनरावृत्ति होती है, तब पुनरावृत्ति वाले मूलों को बहुल मूल कहते हैं।

multiplicand (**मल्टीप्लिकेण्ड**) गुण्य। The number or term which is multiplied to another number or term in a multiplication is known as the multiplicand.

एक संख्या या पद जिसको गुणा में अन्य संख्या या पद से गुणा किया जाता है, गुण्य कहलाता है।

multiplication (**मल्टीप्लिकेशन**) गुणा। A mathematical operation in which two numbers are combined to get a third number, is known as multiplication. If a and b are two numbers. Then, the multiplication is denoted by $a \times b$ or $a \cdot b$ or ab. Multiplication is a process of multiplying one number (multiplicand) by another number (multiplier).

एक गणितीय संक्रिया जिसमें दो संख्याओं को संयोजित करके तीसरी संख्या को प्राप्त किया जाता है, गुणा कहलाती है। यदि a व b दो संख्याएँ हैं, तब गुणा को $a \times b$ या $a \cdot b$ या ab द्वारा निरूपित करते हैं। गुणा एक संख्या (गुण्य) को दूसरी संख्या (गुणज) से गुणा करने की प्रक्रिया है।

multiplication (of complex numbers) {**मल्टीप्लिकेशन (ऑफ कॉम्प्लैक्स नम्बर्स)**} गुणा (सम्मिश्र संख्याओं की)। Let $z_1 = x_1 + iy_1$ and $z_2 = x_2 + iy_2$ are two complex numbers, then

$$z_1 z_2 = (x_1 x_2 - y_1 y_2) + i(x_1 y_2 + x_2 y_1)$$

If z_1 and z_2 are in polar form, *i.e.*, $z_1 = r_1 (\cos \theta_1 + i \sin \theta_1)$ and $z_2 = r_2 (\cos \theta_2 + i \sin \theta_2)$, then $z_1 z_2 = r_1 r_2 \{\cos (\theta_1 + \theta_2) + i \sin (\theta_1 + \theta_2)\}$.

माना $z_1 = x_1 + iy_1$ व $z_2 = x_2 + iy_2$ दो सम्मिश्र संख्याएँ हैं, तब

$$z_1 z_2 = (x_1 x_2 - y_1 y_2) + i(x_1 y_2 + x_2 y_1)$$

यदि z_1 व z_2 ध्रुवीय रूप में हैं अर्थात् $z_1 = r_1 (\cos \theta_1 + i \sin \theta_1)$ तथा $z_2 = r_2 (\cos \theta_2 + i \sin \theta_2)$, तब $z_1 z_2 = r_1 r_2 \{\cos (\theta_1 + \theta_2) + i \sin (\theta_1 + \theta_2)\}$

Multiplication (of fractions) {**मल्टीप्लिकेशन (ऑफ फ्रेक्शनस्)**} गुणा (भिन्नों की)। Fractions are multiplied by multiplying the numerators and denominators. *i.e.*, if $\frac{a}{b}$ and $\frac{c}{d}$ are two fractions, then $\frac{a}{b} \times \frac{c}{d} = \frac{ac}{bd}$. To multiply mixed fractions first convert them into improper fractions.

भिन्नों की गुणा अंशों व हरों की गुणा अलग-अलग करने पर होती है अर्थात् यदि $\frac{a}{b}$ व $\frac{c}{d}$ दो भिन्न हैं, तब $\frac{a}{b} \times \frac{c}{d} = \frac{ac}{bd}$. मिश्र भिन्नों की गुणा करने के लिए पहले उन्हे अनुचित भिन्न में परिवर्तित करते हैं।

multiplication (of matrices) {**मल्टीप्लिकेशन (ऑफ मैट्रिसेस)**} गुणा (आव्यूहों की)। If $A = [a_{ij}]_{m \times n}$ and $B = [b_{ij}]_{n \times p}$ are two matrices such that the number of columns in A is equal to the number of rows of B, then a matrix $C = [c_{ij}]_{m \times p}$ of order $m \times p$ is known as product of matrices A and B, where

$$c_{ij} = \sum_{k=1}^{n} a_{ik} b_{kj} = a_{i1}b_{1j} + a_{i2}b_{2j} + \ldots + a_{in} b_{nj}$$

Multiplication of matrices is denoted by $C = AB$.

It follows the following properties:

(i) Matrix multiplication is not commutative, *i.e.*, $AB \neq BA$.

(ii) Matrix multiplication is associative, *i.e.*, $A(BC) = (AB)C$.

(iii) Matrix multiplication is distributive, *i.e.*, $A(B + C) = AB + AC$.

(iv) $AB = 0$ does not necessarily imply that $A = 0$ or $B = 0$ or both A and B are 0.

यदि $A = [a_{ij}]_{m \times n}$ तथा $B = [b_{ij}]_{n \times p}$ दो आव्यूह इस प्रकार हैं कि A में स्तम्भों की संख्या B में पंक्तियों की संख्या के बराबर है, तब एक आव्यूह $C = [c_{ij}]_{m \times p}$ को आव्यूहों A व B की गुणा कहते हैं, जहाँ

$$c_{ij} = \sum_{k=1}^{n} a_{ik}\, b_{kj} = a_{i1}b_{1j} + a_{i2}b_{2j} + \ldots + a_{in}\, b_{nj}$$

आव्यूहों की गुणा $C = AB$ द्वारा निरूपित करते हैं।

यह निम्न गुणों को सन्तुष्ट करते हैं

(i) आव्यूह गुणनफल क्रमविनिमेय नहीं होता है अर्थात् $AB \neq BA$.

(ii) आव्यूह गुणनफल साहचर्य होता है अर्थात् $A(BC) = (AB)C$.

(iii) आव्यूह गुणनफल वितरित होता है अर्थात् $A(B + C) = AB + AC$.

(iv) $AB = 0$ आवश्यक रूप से यह इंगित करता है $A = 0$ या $B = 0$ या दोनों A व B, 0 हैं।

multiplication (of polynomials) **{मल्टीप्लिकेशन (ऑफ पोलीनोमियलस)}** गुणा (बहुपदों की)। Polynomials are multiplied by using distributive law of multiplication over addition. Each term of first polynomial is multiplied to each term of second polynomial.

e.g.,
$$(2x + 3)(x + 5) = 2x(x + 5) + 3(x + 5)$$
$$= 2x^2 + 10x + 3x + 15$$
$$= 2x^2 + 13x + 15$$

बहुपदों की गुणा योग पर गुणा के वितरण नियम का प्रयोग करके करते हैं। पहले बहुपद के प्रत्येक पद की गुणा दूसरे बहुपद के प्रत्येक पद से करते हैं।

जैसे—
$$(2x + 3)(x + 5) = 2x(x + 5) + 3(x + 5)$$
$$= 2x^2 + 10x + 3x + 15$$
$$= 2x^2 + 13x + 15.$$

multiplication modulo *n* **(मल्टीप्लिकेशन माड्यूलो एन्)** गुणा माड्यूलों। n See modulo n, addition and multiplication.

माड्यूलों n, योग तथा गुणा देखें।

multiplication sign **(मल्टीप्लिकेशन साइन)** गुणा चिन्ह। The symbol '×' is used to denote multiplication. Which is known as multiplication sign.

चिन्ह '×' का प्रयोग गुणा को निरूपित करने के लिए करते हैं। जोकि गुणा चिन्ह कहलाता है।

multiplicative group **(मल्टीप्लिकेटिव ग्रुप)** गुणात्मक समूह। A group which has multiplication as operation is known as multiplicative group.

एक समूह जिसमें संक्रिया के रूप में गुणा हो, गुणात्मक समूह कहलाता है।

multiplicative identity **(मल्टीप्लिकेटिव आइडेन्ट्टी)** गुणात्मक तत्समक। An identity under a multiplication operation is known as multiplicative identity. For real and complex number identity is 1.

एक तत्समक गुणा संक्रिया के अन्तर्गत, गुणात्मक तत्समक कहलाता है। वास्तविक व सम्मिश्र संख्याओं के लिए तत्समक 1 है।

multiplicative inverse (मल्टीप्लिकेटिव इनवर्स) गुणात्मक प्रतिलोम। If a is a real or complex number, then a^{-1} or $\frac{1}{a}$ is known as multiplicative inverse, if $a \times \frac{1}{a} = 1$.

यदि a एक वास्तविक या सम्मिश्र संख्या है, तब a^{-1} या $\frac{1}{a}$ गुणात्मक प्रतिलोम कहलाता है, यदि $a \times \frac{1}{a} = 1$

multiplicity (मल्टीप्लिसिटी) बहुकता। If $(x - r)^n$ is a factor of a polynomial equation, then r is known as root of multiplicity n of the equation.

यदि बहुपद समीकरण का एक गुणनखण्ड $(x - r)^n$ है, तब r को समीकरण का बहुकता n का मूल कहते हैं।

multiply (मल्टीप्लाई) गुणा करना। The process of multiplication

गुणा की प्रक्रिया

multiplying factor (मल्टीप्लाईंग फेक्टर) गुणक गुणनखण्ड। Another name of integrating factor.

समाकल गुणक का दूसरा नाम

mutually disjoint (मिच्यूली डिसज्वाइन्ट) परस्पर विसंघीत Two sets which don't have any common element, is known as mutually disjoint.

दो समुच्चय जिनमें कोई भी उभयनिष्ठ अवयव नहीं होता है, परस्पर विसंघीत कहलाते हैं।

mutually exclusive events (मिच्यूली एक्सक्लूसिव इवेन्टस) परस्पर अपवर्जी घटनाएँ। Events are said to be mutually exclusive events, if the happening of any one of them precludes the happening of the others.

or

If the occurrence of one of them prevents the occurrence of all others. *e.g.*, in throwing a die all the 6 faces numbered 1 to 6 are mutually exclusive since if any one of these face comes the probability of others is ruled out.

घटनाओं को परस्पर अपवर्जी घटनाएँ कहा जा सकता है यदि इनमें से किसी एक के घटित होना अन्य के घटित को बाधित करता है

या

यदि इनमें से एक के घटित होने पर अन्य के सभी घटने को रोकता है।

जैसे—1 से 6 अंकित 6 फलकों के पासे को फेकने पर घटनाएँ परस्पर अपवर्जी होंगी चूँकि यदि एक फलक के आने पर अन्य की प्रायिकता शून्य हो जाती है।

mutually exclusive sets (मिच्यूली एक्सक्लूसिव सैट्स) परस्पर अपवर्जी समुच्चय। Two sets are known as mutually exclusive sets, if $A \cap B = \phi$.

दो समुच्चयों को परस्पर अपवर्जी समुच्चय कहते हैं, यदि $A \cap B = \phi$.

mutually prime (मिच्यूली प्राइम) परस्पर अभाज्य। Two numbers a and b are said to be mutually prime, if they don't have any common factor. *e.g.*, 6 and 5, are mutually prime.

दो संख्याओं a व b को परस्पर अभाज्य कहते हैं यदि उनके कोई उभयनिष्ठ गुणनखण्ड न हो।

जैसे—6 व 5 परस्पर अभाज्य हैं।

N

n (एन्) एन्। Abbreviation for nano.

$$1 \text{ n} = 10^{-9}$$

नैनो के लिए शब्द संक्षेप

$$1 \text{ नैनो} = 10^{-9}$$

N (एन्) एन्। Symbol for Newton or set of natural numbers.

$$N = \{1, 2, 3, \ldots\}$$

प्राकृतिक संख्याओं का समुच्चय या न्यूटन के लिए प्रतीक।

$$N = \{1, 2, 3, \ldots\}$$

NAND gate (NAND गेट) NAND गेट या "तथा पूरक" द्वार। This is an AND gate followed by a NOT gate. If inputs A and B are both '1' the output Y is not '1'. The gate gets its name from this NOT AND behaviour NAND gates are also called Universal Gates since by using these gates you can realise other basic gates like OR, AND and NOT.

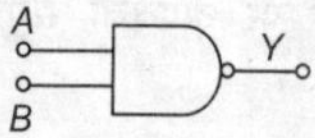

Input		Output
A	B	Y
0	0	1
0	1	1
1	0	1
1	1	0

यह एक AND गेट है जिसका NOT गेट अनुगमन करता है। यदि निवेश A तथा B दोनों '1' हैं तो निर्गत '1' नहीं होता है। इस गेट को यह नाम इसके NOT AND व्यवहार के कारण दिया गया है। NAND गेटों को सार्वत्रिक गेट या सार्व प्रयोजक गेट भी कहते हैं, क्योंकि इन गेटों के प्रयोग से आप अन्य मूलभूत गेट, जैसे—OR, AND तथा NOT प्राप्त कर सकते हैं।

Napier's analogy (नेपियर्स एनालॉगी) नेपियर की अनुरूपता।

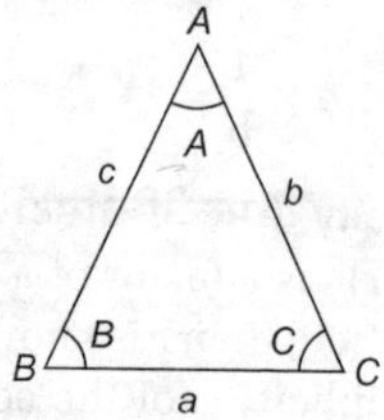

In any ΔABC,

$$\tan\left(\frac{C-A}{2}\right) = \frac{c-a}{c+a}\cot\frac{B}{2},$$

$$\tan\left(\frac{A-B}{2}\right) = \frac{a-b}{a+b}\cot\frac{C}{2}$$

$$\text{and } \tan\left(\frac{B-C}{2}\right) = \frac{b-c}{b+c}\cot\frac{A}{2}$$

ΔABC में,

$$\tan\left(\frac{C-A}{2}\right) = \frac{c-a}{c+a}\cot\frac{B}{2},$$

$$\tan\left(\frac{A-B}{2}\right) = \frac{a-b}{a+b}\cot\frac{C}{2}$$

$$\text{तथा } \tan\left(\frac{B-C}{2}\right) = \frac{b-c}{b+c}\cot\frac{A}{2}$$

natural logarithm (नैचुरल लॉगारिथम) प्राकृतिक लघुगणक। Logarithms to base e are known as natural logarithms. It is also known as Napierian logarithms. $\log_e n$ is written as $\ln n$.

आधार e पर लघुगणकों को प्राकृतिक लघुगणक कहते हैं। इसे नेपियर लघुगणक भी कहते हैं। $\log_e n$ को $\ln n$ लिखते हैं।

natural number (नैचुरल नम्बर) प्राकृतिक संख्या। Counting numbers are known as natural numbers. Set of natural number is denoted by N.

$\therefore \quad N = \{1, 2, 3, \ldots\}$

First natural number is 1.

गिनती करने की संख्याएँ प्राकृतिक संख्याएँ कहलाती हैं। प्राकृतिक संख्याओं के समुच्चय को N से निरूपित करते हैं।

$\therefore \quad N = \{1, 2, 3, \ldots\}$

nautical mile (नॉटिकल माइल) समुद्री मील। Nautical mile is a unit of length which is equal to 6080 ft or approximately 1.852 km.

A speed of 1 nautical mile/h is a knot.

लम्बाई की एक माप समुद्री मील होती है जोकि 6080 फीट या लगभग 1.852 किमी के बराबर होती है।

1 समुद्री मील/घण्टा की चाल एक नॉट के बराबर होती है।

nearest point (नियरेस्ट प्वाइन्ट) निकटतम बिन्दु। A point which is not an element of a set A, has least distance to any element in A. This point is known as nearest point.

एक बिन्दु जोकि एक समुच्चय A का अवयव नहीं है, की A के किसी अवयव से दूरी न्यूनतम है। तब यह बिन्दु निकटतम बिन्दु कहलाता है।

necessary and sufficient condition (नेसेसरी एण्ड सफीसियेन्ट कण्डीशन) आवश्यक तथा पर्याप्त प्रतिबन्ध। If a statement Y is true when X is true and Y is false when X is false, then each statement is necessary and sufficient condition for the other.

e.g., an integer is divisible by 6 if it is even and divisible by 3. Then, this condition is necessary and sufficient.

यदि एक कथन Y सत्य होगा जबकि X सत्य है तथा Y असत्य होगा जब X असत्य है, तब प्रत्येक कथन दूसरे के लिए आवश्यक तथा पर्याप्त प्रतिबन्ध होगा।

जैसे—एक पूर्णांक 6 से विभाज्य होगा, यदि यह सम हो तथा 3 से विभाज्य हो। यह प्रतिबन्ध आवश्यक तथा पर्याप्त है।

necessary condition (नेसेसरी कण्डीशन) आवश्यक प्रतिबन्ध। A statement A is necessary condition for statement B if A is true when B is true. *e.g.*, for an integer to be divisible by 6, a necessary condition (Not sufficient) is that the integer should be even.

एक कथन A, कथन B के लिए आवश्यक प्रतिबन्ध होता है, यदि A सत्य हो जब B सत्य है। जैसे—एक पूर्णांक को 6 से विभाजित होने के लिए एक आवश्यक प्रतिबन्ध (पर्याप्त नहीं) है कि पूर्णांक एक सम होना चाहिए।

negation (नेगियेशन) निषेध। A statement which is formed by changing the truth value of a given statement by using word like 'no' or 'not', is called negation of the given statement.

If p is a statement, then negation of p is denoted by $\sim p$.

The truth table for NOT is given by

p	$\sim p$
T	F
F	T

Negation of a biconditional statement

$\sim(p \Leftrightarrow q) \equiv \sim [(p \Rightarrow q) \wedge (q \Rightarrow p)]$

$\equiv \sim (p \Rightarrow q) \vee \sim (q \Rightarrow p)$

$\equiv (p \wedge \sim q) \vee (q \wedge \sim p)$

एक कथन जिसे एक दिए गए कथन के सत्य मान को शब्दों जैसे—'ना' या 'नहीं' का प्रयोग करके परिवर्तित करके बनाया जाता है, दिए गए कथन का निषेध कहलाता है।

यदि p एक कथन है, तब p के निषेध को $\sim p$ द्वारा निरूपित करते हैं।

NOT के लिए सत्य सारणी निम्न हैं

p	$\sim p$
T	F
F	T

द्विप्रतिबन्धित कथन का निषेध

$\sim(p \Leftrightarrow q) \equiv \sim [(p \Rightarrow q) \wedge (q \Rightarrow p)]$

$\equiv \sim (p \Rightarrow q) \vee \sim (q \Rightarrow p)$

$\equiv (p \wedge \sim q) \vee (q \wedge \sim p)$

negative (निगेटिव) ऋणात्मक। Let a be a number, then its additive inverse is $-a$ (negative of a).

माना a कोई संख्या है, तब इसका योगात्मक प्रतिलोम $-a$ (a का ऋणात्मक) होता है।

negative (of a matrix) {निगेटिव (ऑफ ए मैट्रिक्स)} ऋणात्मक (एक आव्यूह का)। Let an $m \times n$ matrix $A = [a_{ij}]$, then negative of an $m \times n$ matrix A is an $m \times n$ matrix B,

where $B = [b_{ij}]$ and $b_{ij} = -a_{ij}$.

The negative of A is denoted by $-A$.

माना एक $m \times n$ आव्यूह $A = [a_{ij}]$, तब एक $m \times n$ आव्यूह A का ऋणात्मक एक $m \times n$ आव्यूह B है,

जहाँ $B = [b_{ij}]$ तथा $b_{ij} = -a_{ij}$

A के ऋणात्मक आव्यूह को $-A$ से निरूपित करते हैं।

negative (of a vector) {(निगेटिव (ऑफ ए वेक्टर)} ऋणात्मक (एक सदिश का)। Let $\mathbf{AB} = \mathbf{a}$ is a vector, then negative of $\mathbf{a}$ is $-\mathbf{a}$ where $-\mathbf{a} = \mathbf{BA}$ which has opposite direction from $\mathbf{AB}$ but equal in magnitude.

माना $\mathbf{AB} = \mathbf{a}$ एक सदिश है, तब $\mathbf{a}$ का ऋणात्मक $-\mathbf{a}$ है जहाँ $-\mathbf{a} = \mathbf{BA}$ जो $\mathbf{AB}$ से विपरीत दिशा रखता है परन्तु परिमाण में बराबर है।

negative angle (निगेटिव एंगल) ऋणात्मक कोण। If a terminate line of an angle is rotated in clockwise direction. Thus, the angle formed is a negative angle.

यदि एक कोण की सीमान्त रेखा दक्षिणावर्त दिशा में घूमती है। तब, इस प्रकार बना कोण ऋणात्मक कोण होता है।

negative correlation (निगेटिव कोरिलेशन) ऋणात्मक सहसम्बन्ध। If an increase or decrease in one variable corresponds to a decrease or increase in the other, then the correlation is known as negative correlation.

यदि एक चर के मान में वृद्धि कभी, दूसरे चर में कमी या वृद्धि के संगत होती है, तब सहसम्बन्ध को ऋणात्मक सहसम्बन्ध कहते हैं।

negative direction (निगेटिव डायरेक्शन) ऋणात्मक दिशा। A line with a specified direction along the line, is called directed line. The specified direction is called positive direction and the opposite direction to the specified direction is called negative direction.

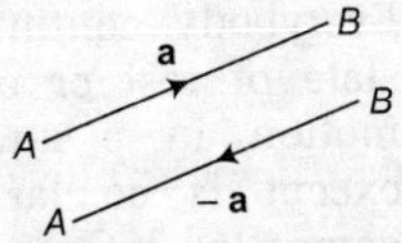

एक रेखा जिसकी विशिष्ट दिशा एक रेखा के अनुदिश होती है. निर्देशित रेखा कहलाती है। विशिष्ट दिशा को धनात्मक दिशा तथा विशिष्ट दिशा के विपरीत दिशा को ऋणात्मक दिशा कहते हैं।

negative number (**निगेटिव नम्बर**) ऋणात्मक संख्या। A real number which is less than zero is known as negative number. *i.e.*, $x < 0$ $\forall x \in R$.

एक वास्तविक संख्या जो शून्य से छोटी है, ऋणात्मक संख्या कहलाती है। अर्थात् $x < 0$ सभी $x \in R$ के लिए।

negative series (**निगेटिव सीरिज**) ऋणात्मक श्रेणी। A series whose all terms are negative real numbers, is known as negative series. *i.e.*, $-a_1 - a_2 - a_3 - \dots - a_n$ where, $a_1, a_2, \dots, a_n \in R^+$

एक श्रेणी जिसके सभी पद ऋणात्मक वास्तविक संख्याएँ हैं, ऋणात्मक श्रेणी कहलाती है। अर्थात् $-a_1 - a_2 - a_3 - \dots - a_n$ जहाँ $a_1, a_2, \dots, a_n$ सभी वास्तविक धनात्मक संख्याएँ हैं।

neighbourhood (**नेबरहुड**) प्रतिवेश। A subset N of R is said to be a neighbourhood of a point $p \in R$, if there exists a real number $\varepsilon > 0$ such that $]p - \varepsilon, p + \varepsilon[\subset N$.

Since, $p \in]p - \varepsilon, p + \varepsilon[$ and $]p - \varepsilon, p + \varepsilon[\subset N$.

Therefore, if N is a neighbourhood of p, we must have $p \in N$.

Thus, $N \subset R$ is a neighbourhood of a point $p \in R$ if there exists an open interval contained in N where centre is the point p.

e.g., if N be the closed interval [3, 5], then N is a neighbourhood of the point $4 \in [3, 5]$ because $\varepsilon = \frac{1}{4}$ is a positive real number such that $\left]4 - \frac{1}{4}, 4 + \frac{1}{4}\right[\subset [3, 5]$.

The abbreviation for neighbourhood is *nbd* or *nhd*.

एक बिन्दु $p \in R$ का प्रतिवेश N, R का एक उपसमुच्चय है यदि एक वास्तविक संख्या $\varepsilon > 0$ का अस्तित्व इस प्रकार हो कि $]p - \varepsilon, p + \varepsilon[\subset N$

चूँकि $p \in]p - \varepsilon, p + \varepsilon[$ तथा $]p - \varepsilon, p + \varepsilon[\subset N$

इसलिए यदि p का प्रतिवेश N है, तब $p \in N$ अवश्य होना चाहिए।

इस प्रकार, एक बिन्दु $p \in R$ का प्रतिवेश $N \subset R$ है यदि N में एक विवृत्त अन्तराल का अस्तित्व हो जिसका केन्द्र बिन्दु p है।

जैसे—यदि संवृत्त अन्तराल [3, 5], N है, तब एक बिन्दु $4 \in [3, 5]$ का प्रतिवेश N है क्योंकि $\varepsilon = \frac{1}{4}$ के धनात्मक वास्तविक संख्या इस प्रकार है कि

$$\left]4 - \frac{1}{4}, 4 + \frac{1}{4}\right[\subset [3, 5]$$

प्रतिवेश के लिए शब्द संक्षेप *nbd* या *nhd* है।

Newton's law of restitution (**न्यूटन्स लॉ ऑफ रेस्टीट्यूशन**) न्यूटन का प्रत्यानयन का नियम। According to this law, "when two elastic bodies collide, their relative velocity along the common normal after impact bears a constant ratio of their relative velocity before impact and is in opposite direction."

This constant ratio is called the coefficient of elasticity or coefficient of restitution and is denoted by e.

Thus, if u_1 and u_2 be the velocities of the two bodies before impact along the common normal at their point of contact and v_1 and v_2 be their velocities after impact in the same direction, then

$$v_1 - v_2 = -e(u_1 - u_2)$$

The value of e depends upon the substances of the bodies and is independent of the masses of the bodies. If the bodies are perfectly elastic, then $e = 1$ and for non-elastic bodies, $e = 0$.

इस नियम के अनुसार, "जब दो पिण्ड सीधा संघट्ट करते हैं, तो संघट्ट के पश्चात् उभयनिष्ठ अभिलम्ब के अनुदिश उनके आपेक्षिक वेग में तथा संघट्ट के पहले के आपेक्षिक वेग का अचर अनुपात होता है तथा विपरीत दिशा में होता है।

इस अचर अनुपात को प्रत्यास्थता गुणांक या प्रत्यानयन गुणांक कहते हैं तथा इसे e से निरूपित करते हैं।

इस प्रकार, यदि संघट्ट से पहले दो पिण्डों के वेग उनके स्पर्श बिन्दु पर उभयनिष्ठ अभिलम्ब के अनुदिश u_1 व u_2 हैं तथा उसी दिशा में संघट्ट के पश्चात् उनके वेग v_1 व v_2 हैं, तब

$$v_1 - v_2 = -e(u_1 - u_2)$$

e का मान पिण्ड के पदार्थ पर निर्भर करता है तथा पिण्डों के द्रव्यमान से स्वतन्त्र होता है। यदि पिण्ड पूर्ण प्रत्यास्थ है। तब $e = 1$ तथा अप्रत्यास्थ पिण्डों के लिए $e = 0$.

Newton's law of motion (न्यूटन्स लॉ ऑफ मोशन) न्यूटन के गति के नियम। There are three law's of motion which are formulated by Newton. They are as follows

(i) Everybody continues in its state of rest or of uniform motion in a straight line except is so far as it is compelled by some external force to change that state.

(ii) The rate of change of momentum of a body is proportional to the force acting on it and takes place in the direction in which the force acts.

(iii) To every action, there is an equal and opposite reaction.

यहाँ न्यूटन के तीन गति के नियम हैं जो निम्न प्रकार हैं

(i) प्रत्येक पिण्ड अपनी विरामावस्था या सरल रेखा में एकसमान गति रखता है जब तक कि इस पर कुछ बाह्य बल इसकी स्थिति को परिवर्तित करने के लिए न लगाया जाए।

(ii) एक पिण्ड के संवेग परिवर्तन की दर उस पर कार्यरत् बल के अनुक्रमानुपाती होती है तथा उस दिशा में कार्य करती है जिस दिशा में बल कार्य करता है।

(iii) प्रत्येक क्रिया के लिए बराबर तथा विपरीत प्रतिक्रिया होती है।

nilpotent matrix (निल्पोटेन्ट मैट्रिक्स) शून्यभावी आव्यूह। If $A^k = 0$ (null matrix) and $A^{k+1} \neq 0$ (null matrix) where k is a positive integer and 0 is a null matrix, then A is called nilpotent matrix and k is called the index of the nilpotent matrix A.

e.g., $A = \begin{bmatrix} ab & b^2 \\ -a^2 & -ab \end{bmatrix}$

is nilpotent of index 2.

and $A = \begin{bmatrix} 1 & -3 & 4 \\ -1 & 3 & 4 \\ 1 & -3 & -4 \end{bmatrix}$

is nilpotent of index 2.

यदि $A^k = 0$ (शून्य आव्यूह) तथा $A^{k+1} \neq 0$ (शून्य आव्यूह) जहाँ k एक धनात्मक पूर्णांक है तथा 0 एक रिक्त आव्यूह है, तब A को शून्यभावी आव्यूह कहते हैं तथा k को शून्यभावी आव्यूह A का घातांक कहते हैं।

जैसे—$A = \begin{bmatrix} ab & b^2 \\ -a^2 & -ab \end{bmatrix}$

घातांक 2 का शून्यभावी है।

तथा $A = \begin{bmatrix} 1 & -3 & 4 \\ -1 & 3 & 4 \\ 1 & -3 & -4 \end{bmatrix}$

घातांक 2 का शून्यभावी है।

nine-point circle (नाइन-प्वाइन्ट सर्किल) नव-बिन्दु वृत्त। In any triangle, the mid-point of sides, the feet of perpendiculars from the vertices in the opposite sides and the mid-point of the joins of the orthocentre to the vertices lie on a circle. This circle to known as nine-point circle.

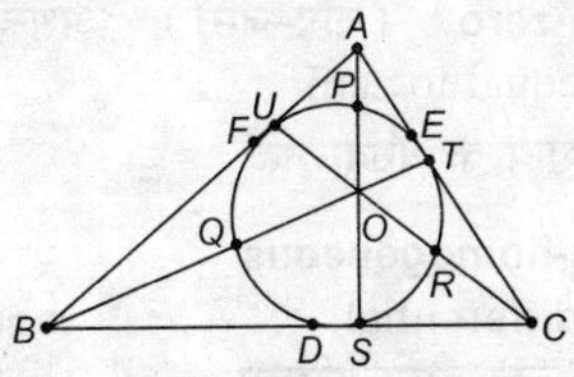

Thus, the nine-points $D, E, F, S, T, U, P, Q, R$ all lie on a circle.

किसी त्रिभुज में भुजाओं के मध्य-बिन्दु, शीर्षों से सम्मुख भुजा पर डाले गए लम्बों के पाद तथा लम्बकेन्द्र को शीर्षों से मिलाने वाले रेखाखण्ड के मध्य-बिन्दु एक वृत्त पर स्थित हैं। इस वृत्त को नव-बिन्दु वृत्त कहते हैं।

node (नोड) नोड। A singular point at which a curve-intersects itself such that there are two different tangents at the point is known as node.

एक विचित्र बिन्दु जिस पर वक्र स्वयं को इस प्रकार प्रतिच्छेदित करता है कि वहाँ पर दो विभिन्न स्पर्श रेखाएँ हों, नोड कहलाता है।

nominals data (नोमिनल्स डाटा) अंकित आँकड़े। Data is known as nominal data, if the observations are not numerial or quantitative but are descriptive and have no natural order. *e.g.*, the colours of eye of ten children, etc.

आँकड़ों को अंकित आँकड़े कहते हैं यदि प्रेक्षण न तो आंकिक हैं, न ही गुणात्मक हैं परन्तु विस्तृत है तथा प्राकृतिक क्रम नहीं रखते हैं।

जैसे—दस बच्चों की आँखों का रंग इत्यादि।

nonagon (नोनागॉन) नव भुज। A polygon which has nine sides.

एक बहुभुज जिसकी नौ भुजा होती हैं।

non-collinear (नॉन-कोलीनियर) असरेख। Those points which are not collinear, *i.e.*, they don't lie in a line, are known as non-collinear.

वे बिन्दु जोकि सरेख नहीं हैं अर्थात् वे एक रेखा पर स्थित नहीं हैं, असरेख कहलाती हैं।

non-intersecting (नॉन-इन्टरसेक्टिंग) अप्रतिच्छेदी। Two lines are said to be non-intersecting if the distance between them is same or they don't intersect at any point.

दो रेखाओं को अप्रतिच्छेदी कहते हैं यदि उनके बीच की दूरी समान हो या वे कभी भी किसी बिन्दु पर प्रतिच्छेद न करें।

non-negative (नॉन-निगेटिव) अऋणात्मक। Not negative, equal to zero or positive. *i.e.*, $x \geq 0, \forall x \in R$

ऋणात्मक नहीं, शून्य के बराबर या धनात्मक हो सकते हैं। अर्थात् $x \geq 0$ सभी $x \in R$ के लिए।

N

non-parallel lines (नॉन-पैरालेल लाइन्स) असमान्तर रेखाएँ। Two lines are known as non-parallel lines if they are not parallel to each other or they intersect at one point.

दो रेखाओं को असमान्तर रेखाएँ कहते हैं यदि वे एक-दूसरे के परस्पर समान्तर नहीं हैं या वे एक बिन्दु पर प्रतिच्छेद करती हैं।

non-recurring (नॉन-रिकरिंग) अनावर्त। When a number is divided by another number and quotient is a decimal fraction if digits after decimal are not repeated at an interval, then these digits are known as non-recurring.

e.g., $\frac{22}{7} = 3.142857143 \ldots$

जब एक संख्या को किसी अन्य संख्या से भाग करते हैं तथा भागफल एक दशमलव भिन्न होता है। यदि दशमलव के बाद के अंकों की एक अन्तराल के बाद पुनरावृत्ति नहीं होती है, तो इन अंकों को अनावर्त कहते हैं। जैसे—$\frac{22}{7} = 3.142857143 \ldots$

non-repeating (नॉन-रिपिटिंग) अपुनरावृत्ति। Not repeating

बिना पुनरावृत्ति के

non-singular matrix (नॉन-सिंगुलर मैट्रिक्स) व्युत्क्रमणीय आव्यूह। A square matrix A is said to be non-singular matrix, if $|A| \neq 0$.

e.g., $A = \begin{bmatrix} 1 & 3 \\ 2 & 4 \end{bmatrix}$ is said a non-singular matrix. Since, $|A| = 4 - 6 = -2 \neq 0$

एक वर्ग आव्यूह A को व्युत्क्रमणीय आव्यूह कहते हैं, यदि $|A| \neq 0$.

जैसे—$A = \begin{bmatrix} 1 & 3 \\ 2 & 4 \end{bmatrix}$ एक व्युत्क्रमणीय आव्यूह है।

चूँकि $|A| = 4 - 6 = -2 \neq 0$

non-terminating fraction (नॉन-टरमिनेटिंग फ्रेक्शन्) अनवसानी भिन्न। A fraction $\frac{p}{q}$ is said to non-terminating fraction, if $q \neq (2^m \times 5^n), \forall\, m \in N, n \in N$. *e.g.*, $\frac{1}{7}$ is a non-terminating fraction.

एक भिन्न $\frac{p}{q}$ को अनवसानी भिन्न कहते हैं।

यदि $q \neq (2^m \times 5^n), \forall\, m \in N, n \in N$।

जैसे—$\frac{1}{7}$ एक अनवसानी भिन्न है।

non-transitive (of a relation) {नॉन-ट्राँजिटिव (ऑफ ए रिलेशन)} असक्रंमक (एक सम्बन्ध का)। A relation R is known as non-transitive relation, if $(a, b) \in R, (b, c) \in R \not\Rightarrow (a, c) \in R$. Which is also called intransitive.

एक सम्बन्ध R को असंक्रमक सम्बन्ध कहते हैं, यदि

$(a, b) \in R, (b, c) \in R \not\Rightarrow (a, c) \in R$

non-zero (नॉन-जीरो) अशून्य। Not equal to zero

शून्य के बराबर नहीं

non-homogeneous linear differential equation (नॉन-होमोजिनियस लिनियर डिफरेन्शियल इक्वेशन) असमघात रैखिक अवकल समीकरण। See linear differential equation.

रैखिक अवकल समीकरण देखें।

non-homogeneous set of linear equations (नॉन-होमोजिनियम सैट ऑफ लिनियर इक्वेशन) रैखिक समीकरणों का असमघात समुच्चय। A set of m linear equations in n unknowns $x_1, x_2, \ldots, x_n$ which is of the form

$$a_{11}x_1 + a_{12}x_2 + \ldots + a_{1n}x_n = b_1$$
$$a_{21}x_1 + a_{22}x_2 + \ldots + a_{2n}x_n = b_2$$
$$\vdots \quad \vdots \quad \vdots \quad \vdots \quad \vdots$$
$$a_{n1}x_1 + a_{n2}x_2 + \ldots + a_{nn}x_n = b_m$$

Also, written as in matrix form

$$Ax = B$$

$$\text{where, } A = \begin{bmatrix} a_{11} & a_{12} & \cdots & a_{1n} \\ a_{21} & a_{22} & \cdots & a_{2n} \\ \vdots & \vdots & \vdots & \vdots \\ a_{n1} & a_{n2} & \cdots & a_{nn} \end{bmatrix}$$

$$B = \begin{bmatrix} b_1 \\ b_2 \\ \vdots \\ b_m \end{bmatrix} \text{ and } X = \begin{bmatrix} x_1 \\ x_2 \\ \vdots \\ x_n \end{bmatrix}$$

n अज्ञातों $x_1, x_2, \ldots, x_n$ में m रैखिक समीकरणों का समुच्चय जो निम्न रूप की हैं

$$a_{11}x_1 + a_{12}x_2 + \ldots + a_{1n}x_n = b_1$$
$$a_{21}x_1 + a_{22}x_2 + \ldots + a_{2n}x_n = b_2$$
$$\vdots \quad \vdots \quad \vdots \quad \vdots \quad \vdots$$
$$a_{n1}x_1 + a_{n2}x_2 + \ldots + a_{nn}x_n = b_m$$

इसे आव्यूह रूप जैसे में भी लिखते है।

$$AX = B$$

$$\text{जहाँ, } A = \begin{bmatrix} a_{11} & a_{12} & \cdots & a_{1_n} \\ a_{21} & a_{22} & \cdots & a_{2_n} \\ \vdots & \vdots & \vdots & \vdots \\ a_{n_1} & a_{n_2} & \cdots & a_{n_n} \end{bmatrix}$$

$$B = \begin{bmatrix} b_1 \\ b_2 \\ \vdots \\ b_m \end{bmatrix} \text{ तथा } X = \begin{bmatrix} x_1 \\ x_2 \\ \vdots \\ x_n \end{bmatrix}$$

non-symmetric (of a relation) {नॉन-सिमेट्रिक (ऑफ ए रिलेशन)} असममित (एक सम्बन्ध का)। A relation R is known as non-symmetric relation if $(a, b) \in R \nRightarrow (b, a) \in R$ which is also called asymmetric or not symmetric.

एक सम्बन्ध R को असममित सम्बन्ध कहते हैं। यदि

$$(a, b) \in R \nRightarrow (b, a) \in R$$

इसे सममित नहीं है भी कहते हैं।

NOR gate (NOR गेट) NOR गेट या अथवा पूरक द्वार। See logic gate

तर्क द्वार देखें।

norm (नॉर्म) मानक। The norm of mathematical object is a measure which describes the length or size of the object. Which represent by the symbol $\|\;\|$.

e.g., modulus of a complex number.

गणितीय वस्तु का मानक एक माप है जो वस्तु की लम्बाई या आकार को वर्णित करती है। जिसे प्रतीक $\|\;\|$ द्वारा प्रदर्शित करते हैं।

जैसे—एक सम्मिश्र संख्या का मापांक

normal (to a curve) {नॉर्मल (टू ए कर्व)} अभिलम्ब (एक वक्र को)। Let A be a point on the curve, then normal at a point A to a curve is a line perpendicular to the tangent to a curve at A.

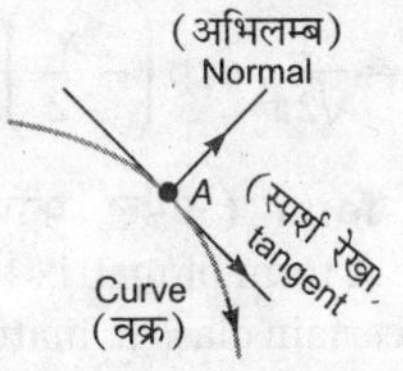

माना वक्र पर एक बिन्दु A है, तब वक्र के बिन्दु A पर अभिलम्ब एक रेख है जो A पर वक्र की स्पर्श रेखा के लम्बवत् है।

normal (to a plane) {नॉर्मल (टू ए प्लेन)} अभिलम्ब (एक तल पर)। A line which is perpendicular to the plane, *i.e.*, perpendicular to each line which lies on the plane, is known as normal to a plane.

N

एक रेखा जो तल के लम्बवत् है अर्थात् उस प्रत्येक रेखा के लम्बवत् है जो तल पर स्थित है, को तल का अभिलम्ब कहते हैं।

normal distribution (नॉर्मल डिस्ट्रीब्यूशन) प्रसामान्य बंटन। The continuous probability distribution with probability density function is given by

$$f(x) = \frac{1}{\sqrt{2\pi\sigma^2}} \exp\left(-\frac{(x-\mu)^2}{2\sigma^2}\right)$$

is known as normal distribution.

It has mean μ and variance σ^2.

It is called standard normal distribution when $\mu = 0$ and $\sigma^2 = 1$ then, $f(x) = \frac{1}{\sqrt{2\pi}} \exp\left(-\frac{x^2}{2}\right)$.

प्रायिकता घनत्व फलन $f(x) = \frac{1}{\sqrt{2\pi\sigma^2}} \exp\left(-\frac{(x-\mu)^2}{2\sigma^2}\right)$ के साथ सतत् प्रायिकता बंटन को प्रसामान्य बंटन कहते हैं।

इसका माध्य μ तथा चरिता σ^2 होता है।

इसे मानव प्रसामान्य बंटन कहते हैं जब $\mu = 0$ तथा $\sigma^2 = 1$, तब फलन $f(x) = \frac{1}{\sqrt{2\pi}} \exp\left(-\frac{x^2}{2}\right)$

normal form (नॉर्मल फॉर्म) अभिलम्ब रूप। A form of matrix to which all of a certain class to matrices can be reduced by transformations of a specified kind.

आव्यूह का एक रूप जिस तक एक वर्ग के सभी आव्यूह को विशिष्ट प्रकार के रूपान्तरण द्वारा लाया जा सकता है।

normal vector (to a plane) {नॉर्मल वेक्टर (टू ए प्लेन)} अभिलम्ब सदिश (एक तल के)। A vector whose direction is perpendicular to the plane is known as normal vector. This vector is perpendicular to all vectors whose direction is along the plane.

एक सदिश जिसकी दिशा एक तल के लम्बवत् है, अभिलम्ब सदिश कहलाता है। यह सदिश उन सभी सदिशों के लम्बवत् है जिनकी दिशा तल के अनुदिश है।

NOT gate (नॉट गेट) पूरक द्वार। A NOT gate is the boolean function which is defined by

$$f(x) = x', \forall\ x \in \{0, 1\}.$$

It is shown in the figure.

x	x'
0	1
1	0

पूरक द्वार एक बूलीय फलन है जो निम्न प्रकार परिभाषित है

$$f(x) = x', \forall\ x \in \{0, 1\}$$

यह चित्रानुसार होता है।

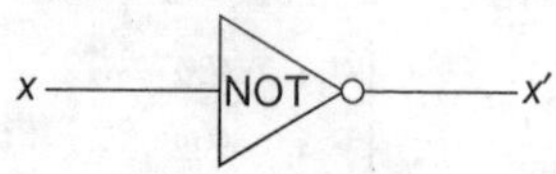

x	x'
0	1
1	0

***n*th root (*n*th रूट)** nवाँ मूल। Let a be a real number. The nth root of a is a number x such that $x^n = a$.

माना a एक वास्तविक संख्या है। a का nवाँ मूल एक संख्या x है जो इस प्रकार है कि $x^n = a$

***n*th root of unity (*n*th रूट ऑफ यूनिटि)** इकाई का nवाँ मूल। A complex number z is an nth root of unity, if $z^n = 1$.

The nth roots of unity are 1, $\alpha, \alpha^2, \ldots, \alpha^{n-1}$ where, $\alpha = e^{\frac{2\pi i}{n}} = \cos\frac{2\pi}{n} + i\sin\frac{2\pi}{n}$ (in polar form)

nth roots of unity form an GP with common ratio $e^{i2\pi/n}$.

Sum of nth roots of unity is always zero.

Product of nth roots of unit is $(-1)^{n-1}$.

एक सम्मिश्र संख्या z, इकाई का nवाँ मूल होती है, यदि $z^n = 1$.

इकाई के nवें मूल 1, $\alpha, \alpha^2, \ldots, \alpha^{n-1}$ होते हैं, जहाँ

$$\alpha = e^{\frac{2\pi i}{n}} = \cos\frac{2\pi}{n} + i\sin\frac{2\pi}{n}$$

(ध्रुवीय रूप में)

इकाई के nवें मूल एक गुणोत्तर श्रेणी बनाते हैं जिसका सार्वानुपात $e^{i2\pi/n}$ होता है।

इकाई के nवें मूलों का योग सदैव शून्य होता है।

इकाई के nवें मूलों का गुणनफल $(-1)^{n-1}$ होता है।

n tuple (एन् ट्पल) एन् ट्पल। A set of n items listed in a particular order, *e.g.*, $(x_1, x_2, \ldots, x_n)$

एक विशेष क्रम में n वस्तुओं का समुच्चय जैसे—$(x_1, x_2, \ldots, x_n)$

null matrix (नल् मैट्रिक्स) शून्य आव्यूह। A matrix of order $m \times n$ whose all elements are zero, is called a null matrix of order $m \times n$. *i.e.*, $a_{ij} = 0$, $\forall i, j \in N$. It is denoted by 0.

e.g., $\begin{bmatrix} 0 & 0 \\ 0 & 0 \end{bmatrix}$ and $\begin{bmatrix} 0 & 0 & 0 \\ 0 & 0 & 0 \end{bmatrix}$ are two null matrices of order 2×2 and 2×3 respectively.

$m \times n$ कोटि का एक आव्यूह जिसके सभी अवयव शून्य हैं, को $m \times n$ कोटि का शून्य आव्यूह कहते हैं अर्थात् $a_{ij} = 0$, $\forall i, j \in N$ इसे 0 से निरूपित करते हैं।

जैसे—$\begin{bmatrix} 0 & 0 \\ 0 & 0 \end{bmatrix}$ तथा $\begin{bmatrix} 0 & 0 & 0 \\ 0 & 0 & 0 \end{bmatrix}$ क्रमशः 2×2 तथा 2×3 कोटि के दो शून्य आव्यूह हैं।

null measure (नल् मेजर) शून्य माप। A measure whose value is zero.

एक माप जिसका मान शून्य है।

null sequence (नल् सिक्वेन्स) शून्य अनुक्रम। A sequence whose limit is zero is known as null sequence.

एक अनुक्रम जिसकी सीमा शून्य है, शून्य अनुक्रम कहलाता है।

null set (नल् सैट) शून्य समुच्चय। A set which has no element, is called a null set. It is also known as empty set. It is denoted by ϕ or { }.

e.g., A = set of all odd numbers divisible by 2 is a null set.

एक समुच्चय जिसमें कोई अवयव नहीं है, शून्य समुच्चय कहलाता है। इसे रिक्त समुच्चय भी कहते हैं। इसे ϕ या { } से निरूपित करते हैं।

जैसे—A = 2 से भाज्य सभी विषम संख्याओं का समुच्चय एक शून्य समुच्चय है।

null vector (नल् वेक्टर) शून्य सदिश। A vector whose magnitude is zero, *i.e.*, which has the same initial and terminal points, is called a null vector or a zero vector. It is denoted by **0**. *e.g.*,

$$\mathbf{a} = 0\mathbf{i} + 0\mathbf{j} + 0\mathbf{k},$$
$$|\mathbf{a}| = 0$$

एक सदिश जिसका परिमाण शून्य है अर्थात् जिसका प्रारम्भिक बिन्दु व अन्तिम बिन्दु एक

N

ही होते हैं, शून्य सदिश कहलाता है। इसे **0** से निरूपित करते हैं।

जैसे— $\mathbf{a} = 0\mathbf{i} + 0\mathbf{j} + 0\mathbf{k}$,

$$|\mathbf{a}| = 0$$

number (नम्बर) संख्या। Symbols used for counting and measuring.

गिनती तथा माप में प्रयुक्त चिन्ह

number line (नम्बर लाइन) संख्या रेखा।

A straight horizontal line on which each point represents a real number is known as number line.

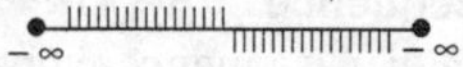

एक क्षैतिज सरल रेखा जिस पर प्रत्येक बिन्दु एक वास्तविक संख्या द्वारा निरूपित होता है, संख्या रेखा कहलाती है।

number system (नम्बर सिस्टम) संख्या पद्धति। It is basically as external representation of data into internal data and *vice-versa*.

यह मुख्य रूप से बाह्य डाटा का आन्तरिक डाटा में तथा आन्तरिक डाटा का बाह्य डाटा में प्रस्तुतीकरण है।

numeral (न्यूमेरल) अंक। A system used to denote a number. The arabic numerals 0, 1, 2, 3, 4, 5, 6, 7, 8 and 9 are used in the Hindu-Arabic number sytem.

एक संख्या को निरूपित करने के लिए प्रतीक। हिन्दू-अरबी संख्या पद्धति में अरबी अंक 0, 1, 2, 3, 4, 5, 6, 7, 8 तथा 9 प्रयुक्त होते हैं।

numerator (न्यूमेरेटर) अंश। In a fraction $\frac{a}{b}$, a is known as numerator of fraction.

एक भिन्न में $\frac{a}{b}$, a को भिन्न का अंश कहते हैं।

numerical (न्यूमेरिकल) आंकिक। Consisting of numbers, rather than letters of the nature of numbers.

प्राकृतिक संख्याओं से युक्त जिसमें बीजगणितीय अक्षर न हो।

numerical value (न्यूमेरिकल वैल्यू) आंकिक मान। See absolute value

निरपेक्ष मान देखें।

O

object (**ऑब्जेक्ट**) वस्तु या पिण्ड। The set of points which undergoes a geometrical transformation.

बिन्दुओं का समुच्चय जोकि ज्यामितीय रूपान्तरण में होता है।

objective function (**ऑब्जेक्टिव फंक्शन्**) उद्‌देश्य फलन। A function which is to be maximized or minimized subject to specified constraints on the variables, is known as objective function. In linear programming, both the objective function and the constraints are linear function of the variables.

e.g., $\max/\min\ z = c_1x_1 + c_2x_2 + \ldots + c_nx_n$ (objective function)

Subject to constraints

$$a_{11}x_1 + a_{12}x_2 + \ldots + a_{1n}x_n \le / = / \ge b_1$$

$$a_{21}x_1 + a_{22}x_2 + \ldots + a_{2n}x_n \le / = / \ge b_2$$

$$\vdots \qquad \vdots \qquad \vdots \qquad \vdots$$

$$a_{m1}x_1 + a_{m2}x_2 + \ldots + a_{mn}x_n \le / = / \ge b_m$$

$$x_1, x_2, x_3, \ldots, x_n \ge 0$$

एक फलन जोकि चरों के विशिष्ट व्यवरोधों के सापेक्ष उच्चिष्ठ या निम्निष्ठ ज्ञात किया जाता है, उद्‌देश्य फलन कहलाता है। रेखीय प्रक्रमन में दोनों उद्‌देश्य फलन तथा व्यवरोध चरों के रेखीय फलन होते हैं।

oblique (**ऑबलीक्**) तिर्यक। If two or more lines form an angle which is not a right angle, then it can be say that these lines are oblique lines.

यदि दो या अधिक रेखाएँ एक कोण बनाती हैं जोकि एक समकोण नहीं है, तब यह कहा जा सकता है कि यह रेखा तिर्यक रेखा है।

oblique angle (**ऑबलीक् एंगल**) तिर्यक कोण। An angle which is not a multiple of 90° is known as an oblique angle.

एक कोण जोकि समकोण (90°) का गुणक नहीं होता है, तिर्यक कोण कहलाता है।

oblique triangle (**ऑबलीक् ट्राईएंगल**) तिर्यक त्रिभुज। A triangle which does not contain a right angle, is known as oblique triangle.

एक त्रिभुज जिसमें कोई भी कोण 90° का नहीं होता है, तिर्यक त्रिभुज कहलाता है।

oblong (**ऑबलाँग**) आयत रूप। A figure whose shape is like a rectangle, is known as oblong or rectangle.

एक आकृति जिसका आकार एक आयत के रूप में होता है आयत रूप या आयताकार कहलाती है।

observation (**ऑब्जरवेशन**) प्रेक्षण। A particular value taken by a random variable.

यादृच्छिक चर द्वारा ग्रहण किया गया एक विशेष मान

observer (**ऑब्जरवर**) प्रेक्षक। A person who observe some experiments to collect observations.

एक व्यक्ति जो प्रेक्षण इकट्ठे करने के लिए कुछ प्रयोगों को प्रेक्षित करता है।

obtuse angle (**आब्ट्यूज एंगल**) अधिक कोण। An angle whose measure is more than 90° but less than 180°, is known as an obtuse angle.

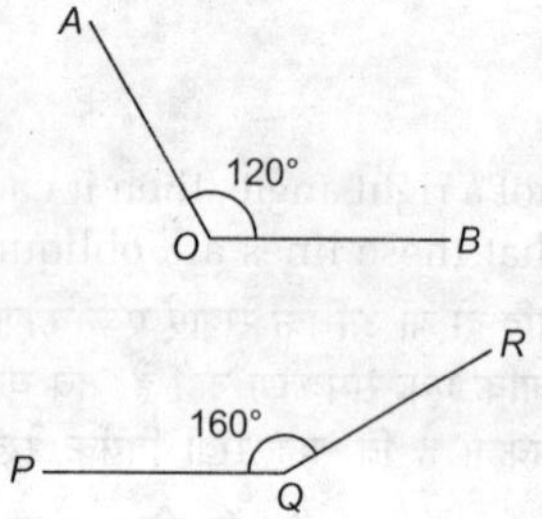

एक कोण जिसकी माप 90° से अधिक परन्तु 180° से कम होती है, अधिक कोण कहलाता है।

obtuse angled triangle (**आब्ट्यूज एंगल्ड ट्राईएंगल**) अधिक कोणीय त्रिभुज। A triangle whose one angle is an obtuse angle, is known as obtuse angled triangle.

एक त्रिभुज जिसका एक कोण अधिक कोण होता है, अधिक कोण त्रिभुज कहलाता है।

octagon (**ऑक्टागॉन**) अष्टभुज। A plane figure which has eight sides, is known as octagon.

A plane figure which has eight equal sides and eight equal angles, is known as regular octagon.

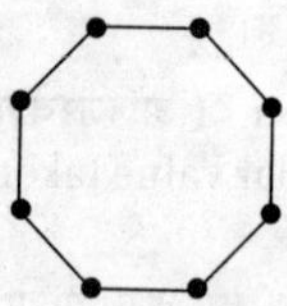

एक समतल आकृति जिसकी आठ भुजाएँ होती हैं, अष्टभुज कहलाता है।

एक समतल आकृति जिसकी आठ बराबर भुजाएँ व आठ बराबर कोण होते हैं, समअष्टभुज कहलाता है।

octahedron (**ऑक्टाहेड्रॉन**) अष्टफलक। A polyhedron which has eight faces, is called octahedron.

एक बहुफलक जिसमें आठ फलक होते हैं अष्टफलक कहलाता है।

octal (**ऑक्टल**) अष्टाधारी। A number system using the base of eight. *e.g.*, $(173)_8$

एक संख्या पद्वति जिसमें आधार आठ प्रयुक्त होता है। जैसे— $(173)_8$

octant (**ऑक्टेन्ट**) अष्टाशंक। In a three dimensional cartesian coordinate system, the axial plane divide the rest of the space into eight regions, each of there eight regions is called an octant.

The set of points (x, y, z) where $x > 0$, $y > 0, z > 0$ is called the positive (or first) octant.

त्रिविमीय कार्तीय निर्देशांक निकाय में अक्षीय तल शेष समष्टि को आठ भागों में विभाजित करता है। इन आठ भागों में से प्रत्येक को अष्टाशंक कहते हैं।

बिन्दु (x, y, z) जहाँ $x > 0, y > 0, z > 0$ का समुच्चय धनात्मक (या पहला) अष्टाशंक कहलाता है।

odd function (**ऑड फंक्शन्**) विषम फलन। A function $f(x)$ is known as odd function, if $f(-x) = -f(x)$ or $f(-x) + f(x) = 0$.

e.g., let $f(x) = \sin^3 x$

$$\Rightarrow \quad f(-x) = \sin^3(-x) = -\sin^3 x$$
$$= -f(x)$$
$$\Rightarrow \quad f(-x) + f(x) = 0$$

एक फलन $f(x)$ को विषम फलन कहते हैं, यदि $f(-x) = -f(x)$ या $f(-x) + f(x) = 0$

जैसे—माना $f(x) = \sin^3 x$

$$f(-x) = \sin^3(-x) = -\sin^3 x$$
$$= -f(x)$$
$$\Rightarrow f(-x) + f(x) = 0$$

odd integer (**ऑड इन्टीजर**) विषम पूर्णांक। An integer is called an odd integer, if it is not divisible by 2. The general form of an odd integer is $2n+1$ where $n \in I$. The set $\{..., -5, -3, -1, 1, 3, 5, ...\}$ is known as set of odd integers.

एक पूर्णांक विषम पूर्णांक कहलाता है, यदि यह 2 से भाज्य नहीं है। विषम पूर्णांक का व्यापक रूप $2n+1$ है, जहाँ $n \in I$ समुच्चय $\{..., -5, -3, -1, 1, 3, 5, ...\}$ को विषम पूर्णांकों का समुच्चय कहते हैं।

odd number (**ऑड नम्बर**) विषम संख्या। A number is known as odd number if it is not divisible by 2. The general form of an odd number is $2n+1$ where $n \in N$. The set of odd numbers is $\{1, 3, 5, 7, ...\}$.

एक संख्या को विषम संख्या कहते हैं यदि यह 2 से भाज्य नहीं है। एक विषम संख्या का व्यापक रूप $2n+1$ जहाँ $n \in N$ है। विषम संख्याओं का समुच्चय $\{1, 3, 5, 7, ...\}$ है।

odds (**ऑडस**) संयोगानुपात। If an event A has probability p, then probability of the event not occuring is $1 - p$. The quotient $p/(1-p)$ is known as odds on A.

e.g., If $p = \frac{1}{8}$, then odds on A are $\frac{1}{7}$.

यदि एक घटना A की प्रायिकता p है, तब घटना घटित न होने की प्रायिकता $1 - p$ होगी। तब $\frac{p}{1-p}$ को A पर संयोगानुपात कहते हैं।

जैसे—यदि $p = \frac{1}{8}$, तब A पर संयोगानुपात $\frac{1}{7}$ है।

ogive (**ऑगिव**) तोरण। The curve of cumulative frequency is known as ogive.

संचयी बारम्बारता के वक्र को तोरण कहते हैं।

omega (**ओमेगा**) ओमेगा। Omega (ω) is a greek symbol which is used to represent angular velocity and one imaginary cube root of unity in complex system.

$$\omega = \frac{-1 + i\sqrt{3}}{2} \text{ and } \omega^3 = 1$$

ओमेगा एक ग्रीक चिन्ह है जिसे कोणीय वेग को निरूपित करने के लिए प्रयुक्त किया जाता है तथा सम्मिश्र निकाय में यह इकाई का काल्पनिक घनमूल है।

$$\omega = \frac{-1 + i\sqrt{3}}{2} \text{ तथा } \omega^3 = 1$$

one (**वन**) एक। The smallest natural number which is denoted by 1. The multiplicative identity for real and complex numbers.

e.g., $a \cdot 1 = a = 1 \cdot a, \forall a \in R$

and $z\,(1 + 0i) = z = (1 + 0i) \cdot z, \forall z \in C$

सबसे छोटी प्राकृतिक संख्या जिसे 1 से निरूपित किया जाता है। वास्तविक तथा सम्मिश्र संख्याओं के लिए गुणात्मक तत्समक। जैसे—$a \cdot 1 = a = 1 \cdot a$, $\forall a \in R$ के लिए तथा $z \cdot (1 + 0i) = z = (1 + 0i) \cdot z$, $\forall z \in C$ के लिए

one to many mapping (**वन टू मैनी मैपिंग**) बहुएकैक प्रतिचित्रण। A rule which associate a single member of the domain to more than one member of the range, is known as one to many mapping.

In other words, a mapping $f : A \to B$ is said to be one to many mapping if one member of A is associated to more than one member of B.

e.g., in the interval $[-\pi, \pi]$, $g(x) = \sin x$ has more than one value, then $f(x) = \sin x$ is one to many mapping.

एक नियम जोकि प्रान्त के एक अवयव को परास के एक से अधिक अवयव से सम्बन्धित करता है, बहुएकैक प्रतिचत्रण कहलाता है।

दूसरे शब्दों में, एक प्रतिचित्रण $f : A \to B$ बहुएकैक प्रतिचित्रण कहलाता है, यदि A का एक सदस्य B के एक से अधिक सदस्य से सम्बन्धित होता है।

जैसे—अन्तराल $[-\pi, \pi]$ में $f(x) = \sin x$ का एक से अधिक मान होता है, तब $f(x) = \sin x$ एक बहुएकैक प्रतिचित्रण है।

one to one mapping (वन टू वन मैपिंग) एकैकी प्रतिचित्रण। A mapping $f : A \to B$ is known as one to one mapping if one member of A is associated to one member of B.

In other words a rule which associate a single member of the domain to one member of the range, is known as one to one mapping. It is also known as an injective mapping.

e.g., $f(x) = \dfrac{3x+5}{2}$ is one to one mapping.

एक प्रतिचित्रण $f : A \to B$ को एकैकी प्रतिचित्रण कहते हैं, यदि A का एक अवयव B के एक अवयव से सम्बन्धित होता है।

दूसरे शब्दों में, एक नियम जो प्रान्त के एक अवयव को परास के एक अवयव से सम्बन्धित करता है, एकैकी प्रतिचित्रण कहलाता है।

जैसे—$f(x) = \dfrac{3x+5}{2}$ एक एकैकी प्रतिचित्रण है।

onto mapping (ऑनटू मैपिंग) आच्छादक प्रतिचित्रण। A mapping $f : A \to B$ is said to be onto mapping from A to B if every member of B is the image of some member of A under the mapping. It is also known as bijective mapping.

e.g., $f(x) = x, \forall\ x \in N$ is an onto mapping.

एक प्रतिचित्रण $f : A \to B$ को A से B पर आच्छादक प्रतिचित्रण कहलाता है, यदि B का प्रत्येक अवयव इस प्रतिचित्रण के अन्तर्गत A के किसी अवयव का प्रतिबिम्ब हो।

जैसे—$f(x) = x, \forall\ x \in N$ एक आच्छादक प्रतिचित्रण है।

open half-plane (ओपन हॉफ-प्लेन) विवृत्त या खुला अर्द्धतल। In two dimensional space, if the line l has equation $ax + by + c = 0$, then the set of points (x, y) forms the open half-plane on one side of l if $ax + by + c > 0$ and on the other side of l, if $ax + by + c < 0$.

द्विविमीय समष्टि में, यदि एक रेखा l का समीकरण $ax + by + c = 0$ है, तब बिन्दुओं (x, y) का समुच्चय l के एक ओर विवृत्त या खुला अर्द्धतल बनाता है, यदि $ax + by + c > 0$ तथा l के दूसरी ओर बनाता है, यदि $ax + by + c < 0$.

open half space (ओपन हॉफ स्पेस) विवृत्त या खुली अर्द्ध समष्टि। In three dimensional space, if the equation of plane is $ax + by + cz + d = 0$, then the set of points (x, y, z) forms a open half space on one side of the plane, if $ax + by + cz + d > 0$ and on the other side, if $ax + by + cz + d < 0$.

त्रिविमीय समष्टि में, यदि तल का समीकरण $ax + by + cz + d = 0$ है, तब बिन्दुओं (x, y, z) का समुच्चय विवृत्त या खुली अर्द्ध

समष्टि तल के एक ओर बनाते हैं। यदि $ax + by + cz + d > 0$ तथा दूसरी ओर बनाते हैं, यदि $ax + by + cz + d < 0$.

open interval (**ओपन इन्टरवल**) खुला या विवृत्त अन्तराल। An interval is said to be open interval, if lower and upper limit of the interval are not included in the interval.

If a and b are lower and upper limit of an open interval, then interval is denoted by (a, b) or $a < x < b$ or $]a, b[$.

e.g., if $f(x) = \dfrac{x^2 + 9}{x^2 - 9}$ is a function, then its domain is an open interval $(-\infty, 3) \cup (3, \infty)$ or $]-\infty, 3[\cup]3, \infty[$.

एक अन्तराल को खुला अन्तराल या विवृत्त अन्तराल कहते हैं यदि अन्तराल में अन्तराल की उच्च व निम्न सीमा सम्मिलित न हो। यदि एक विवृत्त अन्तराल की उच्च सीमा व निम्न सीमा क्रमशः b व a हैं, तब अन्तराल को (a, b) या $a < x < b$ या $]a, b[$ से निरूपित करते हैं।

जैसे—यदि $f(x) = \dfrac{x^2 + 9}{x^2 - 9}$ एक फलन है तब इसका प्रान्त एक विवृत्त या खुला अन्तराल $(-\infty, -3) \cup (3, \infty)$ है।

या $]-\infty, 3[\cup]3, \infty[$

open sentence (**ओपन सेन्टेन्स**) विवृत्त या खुला वाक्य। The collection of word in which we convey our daily views, is known as sentence. The sentence which contains one or more variables such that when certain values are given to the variables, it becomes a statement, is called an open sentence.

e.g., "He is a great man", is an open sentence because in this sentence. 'He' can be replaced by any person.

शब्दों का संग्रह जिसमें हम अपने रोजमर्रा के विचारों को व्यक्त करते हैं, वाक्य कहलाता है। वाक्य जिसमें एक या अधिक चर इस प्रकार होते हैं कि जब इन दिए गए चरों को निश्चित मान दिए जाते हैं, तब यह वाक्य कथन बन जाता है, खुला वाक्य कहलाता है। जैसे—"वह महान व्यक्ति है" एक खुला वाक्य है क्योंकि वाक्य में "वह" को किसी व्यक्ति से प्रतिस्थापित किया जा सकता है।

operation (**ऑपरेशन**) संक्रिया। Any process that combines together members of a set is known as operation.

In other words, an operation on a set A is a rule which associate some number of elements of A with a resulting element. If the resulting element is always also in A, then A is said to be closed under the operation. An operation that associates one element of A with a resulting element, is called unary operation and the operation that associates two elements of A with a resulting element is known as binary operaiton.

कोई प्रक्रिया जो समुच्चय के अवयवों को संयोजित करती है, संक्रिया कहलाती है।

दूसरे शब्दों में, समुच्चय A पर संक्रिया एक नियम है जोकि A के कुछ अवयवों को परिणामी अवयव से संयोजित करती है।

यदि परिणामी अवयव सदैव A में है, तब A इस संक्रिया के अर्न्तगत संवृत्त होता है।

एक संक्रिया जो A के एक अवयव को परिणामी अवयव के साथ सम्बन्धित करती है, यूनरी संक्रिया कहलाती है तथा वह संक्रिया जो A के दो अवयवों को परिणामी अवयव से सम्बन्धित करती है, द्विआधारी संक्रिया कहलाती है।

O

operator (ऑपरेटर) संकारक। Operator is a symbol that is used to indicate that a mathematical operation is to be performed on one or more quantities.

संकारक एक चिन्ह है जो यह प्रदर्शित करने के लिए प्रयुक्त किया जाता है कि एक गणितीय संक्रिया एक या अधिक राशियों पर होनी है।

opposite side (अपोजिट साइड) सम्मुख भुजा। In a triangle, a opposite side to an angle is a side that is not arms of the specified angle. *i.e.*, that side is not used to form that angle *e.g.*, In ΔABC, the sides opposite to angles $\angle A$, $\angle B$ and $\angle C$ are BC, CA and AB respectively.

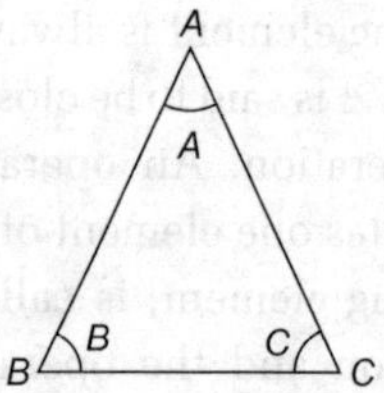

एक त्रिभुज में, एक कोण की सम्मुख भुजा वह भुजा होती है जो उस विशिष्ट कोण की भुजा नहीं होती है अर्थात् वह भुजा जो उस कोण को बनाने में प्रयुक्त नहीं होती है। जैसे—चित्र में, ΔABC में, कोण $\angle A, \angle B, \angle C$ के सम्मुख भुजा क्रमशः BC, CA तथा AB हैं।

optimal (ऑपटिमल) इष्टतम। A value or solution of a problem is known as optimal if it is the best possible in all possible values or solutions of that problems. *e.g.*, in a linear programming, if maximum or minimum value of the objective function is to be obtained, then this is optimal value and a point at which it is attained, is an optimal solution.

एक समस्या या प्रश्न का एक मान या हल इष्टतम कहलाता है यदि यह उस समस्या या प्रश्न के सभी सम्भव मानों या हलों में सबसे अच्छा सम्भव मान या हल हो।

जैसे—रेखीय प्रक्रमन में, यदि उद्देश्य का उच्चिष्ठ या निम्निष्ठ मान ज्ञात करना हो, तब यह इष्टतम मान होता है तथा वह बिन्दु जिस पर यह मान प्राप्त होता है, इष्टतम हल होता है।

optimization (ऑपटिमाइजेशन) इष्टतमीकरण। The process of finding the best possible solution to a problem is known as optimization.

एक समस्या या प्रश्न का सबसे अच्छा सम्भव हल ज्ञात करने की प्रक्रिया को इष्टतमीकरण कहते हैं।

or (और) या। See disjunction

तर्क संगत योग देखें।

orbit (ऑर्बिट) कक्षा। The curved path along which a moving object travels under the influence of a gravitional field is known as orbit.

एक वक्राकार पथ जिसके अनुदिश एक गतिमान पिण्ड गुरुत्वीय क्षेत्र के प्रभाव के अधीन गति करता है, कक्षा कहलाता है।

order (of a differential equation) {ऑर्डर (ऑफ ए डिफरेन्शियल इक्वेशन)} कोटि (एक अवकल समीकरण की)। The order of highest differential coefficient appearing in a differential equation

e.g., the differential equation $\frac{d^2 y}{dx^2} + \left(\frac{dy}{dx}\right)^3 = 0$ is of order 2.

किसी अवकल समीकरण में उपस्थित उच्चतम अवकल गुणांक की कोटि अवकल समीकरण की कोटि कहलाती है।

जैसे—अवकल समीकरण $\frac{d^2y}{dx^2} + \left(\frac{dy}{dx}\right)^3 = 0$ की कोटि 2 है।

order (of a group) {आर्डर (ऑफ ए ग्रुप)} कोटि (एक समूह की)। The order of a group G is the number of element in G.

समूह G की कोटि, G में अवयवों की संख्या होती है।

order (of a matrix) {आर्डर (ऑफ ए मैट्रिक्स)} कोटि (एक आव्यूह की)। A sequence of number of rows and columns in a matrix is known as an order of a matrix. If a matrix have m rows and n columns, then its order is $m \times n$.

एक आव्यूह में पंक्तियों तथा स्तम्भों की संख्याओं के अनुक्रम को, आव्यूह की कोटि कहते हैं। यदि एक आव्यूह में m पंक्ति व n स्तम्भ हैं, तब इसकी कोटि $m \times n$ होती है।

order (of a partial derivative) {ऑर्डर (ऑफ ए पारशियल डेरिवेटिव)} कोटि (आंशिक अवकलज की)। See higher order partial derivative.

उच्च घात आंशिक अवकलज देखें।

order (of a root) {ऑर्डर (ऑफ ए रूट)} कोटि (एक मूल की)। See root

मूल देखें।

ordered pair (ऑर्डरड पेयर) क्रमित युग्म। Two elements a and b listed in a specific order form an ordered pair. Ordered pair is denoted by (a, b).

In an ordered pair (a, b), a is the first element while b is the second element.

It is evident from the definition that

(i) $(a, b) \neq (b, a)$

(ii) $(a, b) = (c, d)$ iff $a = c, b = d$.

दो अवयव a व b को एक विशेष क्रम में व्यवस्थित करके क्रमित युग्म बनाते हैं। क्रमित युग्म को (a, b) से निरूपित करते हैं। क्रमित युग्म (a, b) में, a को प्रथम अवयव जबकि b को द्वितीय अवयव कहते हैं।

परिभाषा से स्पष्ट है कि

(i) $(a, b) \neq (b, a)$

(ii) $(a, b) = (c, d)$ iff $a = c, b = d$.

ordered set (ऑॅर्डरड सैट) क्रमित समुच्चय। A sequence of elements in which both nature and order of the element is important, is known as ordered set.

अवयवों का एक क्रम जिसमें अवयवों की प्रकृति तथा क्रम महत्त्वपूर्ण होता है, क्रमित समुच्चय कहलाता है।

ordinal number (ऑर्डिनिल नम्बर) क्रमसूचक संख्या। A number that denotes the position in a sequence, is known as ordinal number, *i.e.*, first, second, third etc.

एक संख्या जो अनुक्रम में स्थिति को निरूपित करती है, क्रमसूचक संख्या कहलाती है। अर्थात् पहला, दूसरा, तीसरा इत्यादि।

ordinary differential equation (ऑर्डिनरी डिफरेन्शियल इक्वेशन) साधारण अवकल समीकरण। A differential equation is said to be an ordinary differential equation if it contains x, y, y', y'' etc. or which does not contain partial derivative.

e.g., $y''(x) + y'(x) - xy(x) = 0$

एक अवकल समीकरण को साधारण अवकल समीकरण कहते हैं यदि इसमें x, y, y', y'' इत्यादि होते हैं या जिसमें आंशिक अवकलज नहीं होते हैं।

जैसे—$y''(x) + y'(x) - xy(x) = 0$

O

ordinate (**ऑर्डिनेट**) कोटि। In two dimensional space, the *y*-coordinate of a point is known as ordinate *e.g.*, for a point (a, b), ordinate is b.

द्विविमीय समष्टि में, एक बिन्दु का y-निर्देशांक कोटि कहलाता है। जैसे—बिन्दु (a, b) के लिए कोटि b है।

origin (**ओरिजिन**) मूलबिन्दु। In a coordiante system, the fixed reference point is known as origin at which all the coordinates are zero and at which the axes meet.

e.g., in two dimensional space origin is (0, 0).

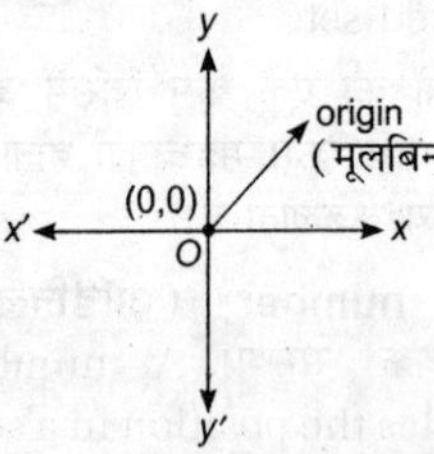

निर्देशांक निकाय में, निश्चित सन्दर्भ बिन्दु को मूलबिन्दु कहा जाता है जिस पर सभी निर्देशांक शून्य होते हैं तथा जिस पर अक्ष मिलते हैं।

जैसे—द्विविमीय समष्टि में मूलबिन्दु (0, 0) है।

orthocentre (**ऑर्थोसेन्टर**) लम्बकेन्द्र। In a triangle a point at which altitudes of triangle are concurrent is known as orthocentre. In other words, the orthocentre of a triangle is the point of intersection of altitudes (*i.e.*, the lines through the vertices and perpendicular to opposite sides).

If vertices of a ΔABC are $A(x_1, y_1)$, $B(x_2, y_2)$ and $C(x_3, y_3)$, then the coordinates of orthocentre of a triangle are given as

$$O\left(\frac{x_1 \tan A + x_2 \tan B + x_3 \tan C}{\tan A + \tan B + \tan C}, \frac{y_1 \tan A + y_2 \tan B + y_3 \tan C}{\tan A + \tan B + \tan C}\right)$$

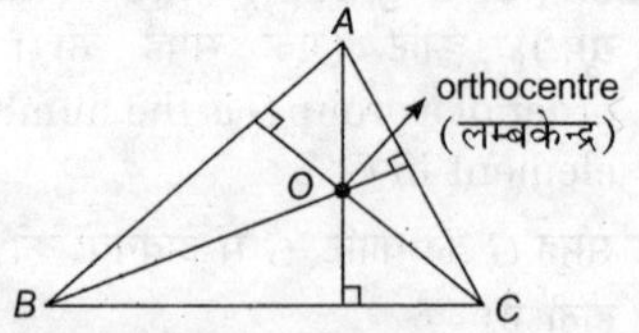

एक त्रिभुज में, वह बिन्दु जिस पर त्रिभुज के शीर्षलम्ब संगामी होते हैं, लम्बकेन्द्र कहलाता है।

दूसरे शब्दों में, त्रिभुज का लम्बकेन्द्र शीर्ष लम्बों (अर्थात् शीर्ष से होकर जाने वाली रेखा जो सम्मुख भुजा के लम्बवत् होती है) का प्रतिच्छेदन बिन्दु होता है।

यदि ΔABC के शीर्ष $A(x_1, y_1)$, $B(x_2, y_2)$ व $C(x_3, y_3)$ हैं, तब त्रिभुज के लम्ब केन्द्र के निर्देशांक निम्न होते हैं

$$O\left(\frac{x_1 \tan A + x_2 \tan B + x_3 \tan C}{\tan A + \tan B + \tan C}, \frac{y_1 \tan A + y_2 \tan B + y_3 \tan C}{\tan A + \tan B + \tan C}\right)$$

orthogonal curves (**ऑर्थोगोनल कर्व**) लम्बकोणीय वक्र। Two curves are said to be orthogonal curves, if tangents drawn at the point of intersection of the curve are perpendicular to each other.

If m_1 and m_2 are slopes of two curves, then they will be orthogonal curves, if $m_1 m_2 = -1$.

दो वक्रों को लम्बकोणीय वक्र कहते हैं, यदि वक्रों के प्रतिच्छेदन बिन्दु पर खींची गई स्पर्श रेखाएँ परस्पर लम्ब हों।

यदि दो वक्रों की प्रवणताएँ m_1 व m_2 हैं, तब वे वक्र लम्बकोणीय वक्र होंगे, यदि $m_1 m_2 = -1$

orthogonal matrix (**ऑर्थोगोनल मैट्रिक्स**) लम्बकोणीय आव्यूह। If the product of a square matrix A and its transpose A' is an identity matrix, then matrix A is known as an orthogonal matrix.

i.e., $AA' = I = A'A$

$$e.g., \text{let } A = \frac{1}{2\sqrt{2}}\begin{bmatrix} 2 & -2 \\ 2 & 2 \end{bmatrix}$$

$$\Rightarrow \quad A' = \frac{1}{2\sqrt{2}}\begin{bmatrix} 2 & 2 \\ -2 & 2 \end{bmatrix}$$

$$\therefore \quad AA' = I$$

Thus, A is an orthogonal matrix.

यदि एक वर्ग आव्यूह A व इसके परिवर्त A' का गुणनफल एक इकाई आव्यूह हो, तब आव्यूह A को लम्बकोणीय आव्यूह कहते हैं, अर्थात्

$$AA' = I = A'A$$

$$\text{जैसे—माना } A = \frac{1}{2\sqrt{2}}\begin{bmatrix} 2 & -2 \\ 2 & 2 \end{bmatrix}$$

$$\Rightarrow \quad A' = \frac{1}{2\sqrt{2}}\begin{bmatrix} 2 & 2 \\ -2 & 2 \end{bmatrix}$$

$$\therefore \quad AA' = I$$

इस प्रकार, A एक लम्बकोणीय आव्यूह है।

orthogonal polynomials (**ऑर्थोगोनल पोलीनोमियल**) लम्बकोणीय बहुपद। Set of polynomials $\{\phi_k(x)\}$ where $\phi_k(x)$ is of order k, is known as orthogonal polynomials if for some weighting function $\psi(x)$, $\int_a^b \psi(x)\phi_i(x)\phi_j(x)\,dx = 0$ where $i \neq j$.

बहुपदों का समुच्चय $\{\phi_k(x)\}$ जहाँ $\phi_k(x)$ की कोटि k है, को लम्बकोणीय बहुपद कहते हैं यदि कुछ भारित फलनों $\psi(x)$ के लिए $\int_a^b \psi(x)\phi_i(x)\phi_j(x)\,dx = 0$ जहाँ $i \neq j$.

orthogonal projection (**ऑर्थोगोनल प्रोजेक्शन**) लम्बकोणीय प्रक्षेप। The orthogonal projection of a point P onto a line or plane is the point P' where PP' is the perpendicular from P to the line or plane.

एक बिन्दु P का एक रेखा या तल पर लम्बकोणीय प्रक्षेप बिन्दु P' होता है, जहाँ रेखा या तल पर P से लम्ब PP' है।

orthogonal vectors (**ऑर्थोगोनल वेक्टर्स**) लम्बकोणीय सदिश। Two non-zero vectors are known as orthogonal vectors if they are perpendicular to each other or their directions are perpendicular. Thus, non-zero vectors **a** and **b** are said to be orthogonal if and only if $\mathbf{a} \cdot \mathbf{b} = 0$.

दो अशून्य सदिशों को लम्बकोणीय सदिश कहते हैं यदि वे परस्पर लम्ब हों या उनकी दिशा लम्बवत् है। इस प्रकार, अशून्य सदिशों **a** व **b** को लम्बकोणीय सदिश कहते हैं यदि और केवल यदि $\mathbf{a} \cdot \mathbf{b} = 0$.

orthonormal (**ऑर्थोनॉर्मल**) प्रसामान्य लाम्बिक। An orthonormal set of vectors is a set of mutually orthogonal unit vectors. In three dimensional space, three mutually orthogonal unit vectors form an orthonormal basis.

e.g., unit vectors **i**, **j** and **k** along the three coordinate axes form a orthonormal basis.

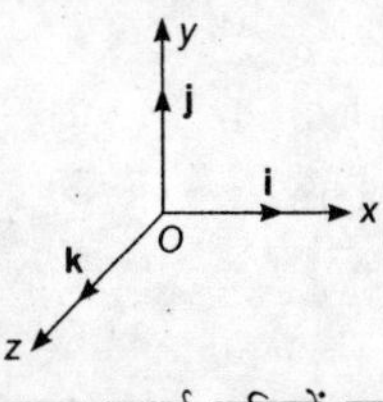

परस्पर लम्बवत् इकाई सदिशों का समुच्चय सदिशों का प्रसामान्य लाम्बिक समुच्चय

कहलाता है। त्रिविमीय समष्टि में तीन परस्पर लम्बकोणीय इकाई सदिश प्रसामान्य लाम्बिक आधार बनाते हैं।

जैसे—इकाई सदिश **i**, **j** तथा **k** निर्देशांक अक्षों के अनुदिश प्रसामान्य लाम्बिक आधार बनाते हैं।

orthonormal functions (**ऑर्थोनार्मल फंक्शन्**) प्रसामान्य लाम्बिक फलन। If real function $f_1, f_2, \ldots$ are such that $\int_a^b f_n(x) f_m(x)\,dx = 0$, where $m \neq n$ and for all n, on the interval $(a, b) \int_a^b [f(x)]^2\,dx = 1$, then these functions are known as orthonormal functions.

यदि वास्तविक फलन $f_1, f_2, \ldots$ इस प्रकार है कि $\int_a^b f_n(x) f_m(x)\,dx = 0$, जहाँ $m \neq n$ तथा सभी n के लिए $\int_a^b [f(x)]^2\,dx = 1$, तो इन फलनों को अन्तराल (a, b) पर प्रसामान्य लाम्बिक फलन कहते हैं।

orthonormal polynomials (**ऑर्थोनॉर्मल पोलीनोमियल**) प्रसामान्य लाम्बिक बहुपद। Set of polynomials $\{\phi_k(x)\}$ where $\phi_k(x)$ is of order k, is known as orthonormal polynomials if for some weighting function $\psi(x)$.

$$\int_a^b \psi(x)\,\phi_i(x)\,\phi_j(x)\,dx = 1$$

बहुपदों का समुच्चय $\{\phi_k(x)\}$ जहाँ $\phi_k(x)$ की कोटि k है, को प्रसामान्य लाम्बिक बहुपद कहते हैं यदि कुछ भारित फलन $\psi(x)$ के लिए

$$\int_a^b \psi(x)\,\phi_i(x)\,\phi_j(x)\,dx = 1$$

oval (**ओवल**) अण्डाकार। A closed curve whose shape is elliptical.

एक संवृत्त वक्र जिसका आकार दीर्घवृत्ताकार हो।

O

P

pair set (**पेयर सेट**) युग्म समुच्चय। A set consisting of two elements x and y is known as pair set denoted by $\{x, y\}$. Thus,

$\{x, y\} = \{z : (z = x) \vee (z = y)\}$.

वह समुच्चय जिसमें केवल दो अवयव x तथा y विद्यमान हों, युग्म समुच्चय कहलाता है। इसे $\{x, y\}$ से निरूपित करते हैं। अत:

$$\{x, y\} = \{z : (z = x) \vee (z = y)\}.$$

paired data (**पेयर्ड डाटा**) युग्मित आँकड़े। The data occurred in ordered pair is known as paired data.

क्रमित युग्म के रूप में होने वाले आँकड़े युग्मित आँकड़े कहलाते हैं।

pairwise disjoint (**पेयरवाइज डिस्ज्वाइन्ट**) पेयरवाइज सर्वनिष्ठ। The set $A_1, A_2, \ldots, A_n$ are said to be pairwise disjoint set, if

$A_i \cap A_j = \phi, \forall i \neq j$.

समुच्चय $A_1, A_2, \ldots, A_n$ पेयरवाइज सर्वनिष्ठ कहलाते हैं, यदि

$$A_i \cap A_j = \phi, \forall i \neq j$$

parabola (**पैराबोला**) परवलय। Parabola is one of the conics. It is the locus of a point whose distance from a point, called 'focus', is equal to the distance from a line called 'directrix'.

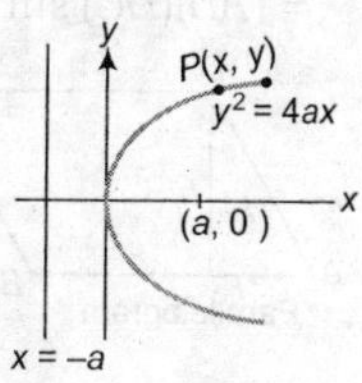

परवलय उस बिन्दु का बिन्दुपथ है जिसकी एक स्थिर बिन्दु (नाभि) और एक स्थिर सरल रेखा (नियता) से दूरियाँ सदैव बराबर रहती है।

paraboloid (**पैराबोलॉइड्**) ठोस अनुवृत्त। A surface whose sections are parallel to atleast one plane is known as paraboloid. There are two types of the paraboloid.

Elliptical paraboloid In cartesian coordinate system elliptical paraboloid has an equation

$$\frac{y^2}{b^2} + \frac{z^2}{c^2} = 2ax$$

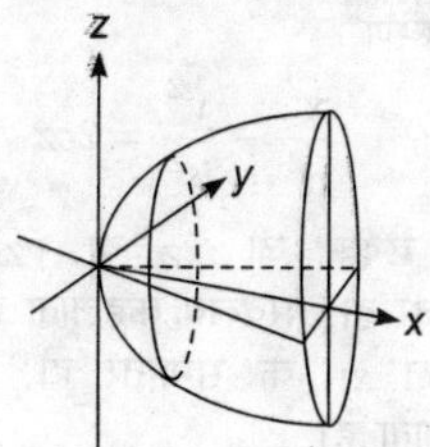

Elliptical paraboloid

and the section parallel to xz or xy-coordinate planes are parabolas. Sections parallel to yz-plane are ellipses.

Hyperbolic paraboloid In cartesian coordinate system, the hyperbolic paraboloid has an equation $\frac{x^2}{a^2} - \frac{y^2}{b^2} = 2cz$ and the section parallel to xz and yz-planes are parabolas. Section parallel to *xy*-planes are hyperbolas.

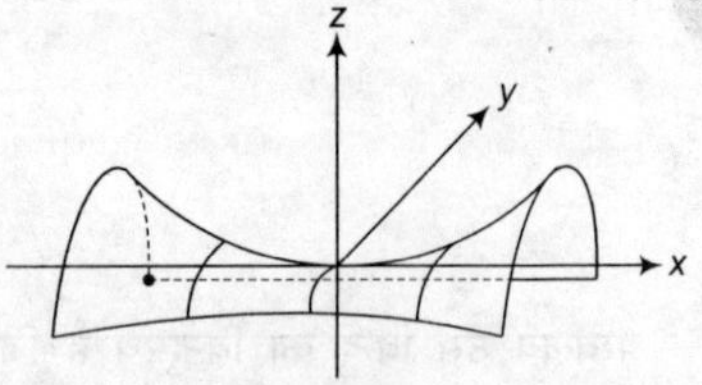

वह पृष्ठ जिसका छेदक कम-से-कम एक समतल के समान्तर हो पैराबोलॉयड कहलाता है। पैराबोलॉयड निम्न दो प्रकार के होते हैं

दीर्घवृत्तीय पैराबोलॉयड कार्तीय निर्देशांक पद्धति में दीर्घवृत्तीय पैराबोलॉयड का समीकरण

$$\frac{y^2}{b^2} + \frac{z^2}{c^2} = 2ax$$

तथा छेदक जो समतल *xz* या *xy* के समान्तर हो, परवलय कहलाता है। छेदक जो समतल *yz* के समान्तर हो, दीर्घवृत्त कहलाता है।

अतिपरवलय पैराबोलॉयड कार्तीय निर्देशांक पद्धति में अतिपरवलय पैराबोलॉयड का समीकरण

$$\frac{x^2}{a^2} - \frac{y^2}{b^2} = 2cz$$

नथा छेदक जो *xz* या *yz*-समतल के समान्तर हो, परवलय कहलाता है। छेदक जो समतल *xy* के समान्तर हो, अतिपरवलय कहलाता है।

parallel (पैरालेल) समान्तर। The lines, planes, curves or surfaces which are equidistant and that will never meet are said to be parallel. Parallel lines, planes, curves or sufaces must lie in the same plane.

रेखाएँ समतल, वक्र या पृष्ठ जो एक-दूसरे से हमेशा बराबर दूरी पर होते हैं तथा एक-दूसरे को कभी प्रतिच्छेद नहीं करते हैं, समान्तर कहलाते हैं। समान्तर रेखाएँ, समतल, वक्र या पृष्ठ एक ही समतल में विद्यमान होने आवश्यक हैं।

parallel lines (पैरालेल लाइन्स) समान्तर रेखाएँ। Two distinct parallel lines that do not intersect anywhere are called parallel lines. The lines given below are parallel.

Parallel lines

and parallel lines have same slope.

दो विभिन्न रेखाएँ जो एक-दूसरे को कभी प्रतिच्छेद नहीं करती हैं, समान्तर रेखाएँ कहलाती हैं। नीचे दी गई रेखाएँ समान्तर रेखाएँ हैं तथा समान्तर रेखाओं की प्रवणता समान होती है।

parallel planes (पैरालेल प्लेन्स) समान्तर समतल। Two distinct planes that do not intersect anywhere are called parallel planes. The planes given in the following figure are parallel.

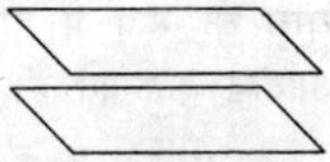

Parallel planes

दो विभिन्न समतल जो एक-दूसरे को कहीं भी प्रतिच्छेद नहीं करते हों, समान्तर समतल कहलाते हैं। नीचे दिए गए समतल समान्तर समतल हैं।

parallelogram (पैरालेलोग्राम) समान्तर चतुर्भुज। A quadrilateral having two pairs of parallel sides is known as parallelogram.

The area of parallelogram

$$= \text{height} \times \text{base}$$
$$= (AD)(AB) \sin A$$
$$= (AD)(DC) \sin D$$

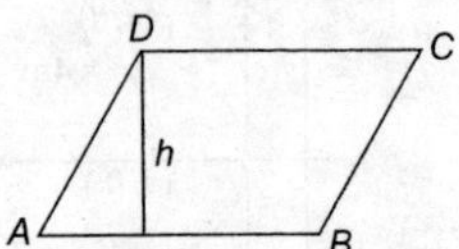

Parallelogram

वह चतुर्भुज जिसकी आमने-सामने की भुजाएँ समान्तर हों, समान्तर चतुर्भुज कहलाता है।

समान्तर चतुर्भुज का क्षेत्रफल

$$= \text{ऊँचाई} \times \text{आधार}$$
$$= (AD)(AB) \sin A$$
$$= (AD)(DC) \sin D$$

parallelogram law (**पैरालेलोग्राम लॉ**) समान्तर चतुर्भुज नियम। If two vectcrs **a** and **b** represents in magnitude and direction by the two adjacent sides of a parallelogram, then their sum **c** is represented by the diagonal of the parallelogram which is coinitial with the given vectors, *i.e.*,

$$\mathbf{OQ} + \mathbf{OP} = \mathbf{OR} \quad \Rightarrow \mathbf{a} + \mathbf{b} = \mathbf{c}$$

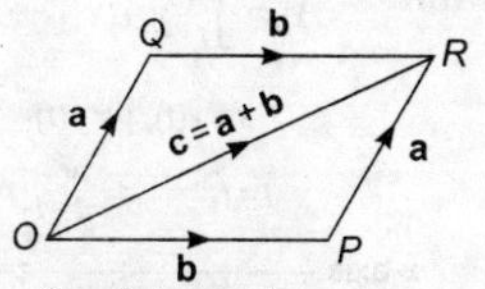

Parallelogram law

This is known as parallelogram law of vector addition.

यदि दो सदिश **a** तथा **b** परिमाण तथा दिशा में किसी समान्तर चतुर्भुज की संगत भुजाओं को निरूपित करते हैं, तो दोनों सदिशों का योग **c**, समान्तर चतुर्भुज के विकर्ण द्वारा निरूपित होता है जो दिए गए संगत सदिशों के साथ सहप्रारम्भिक है। अर्थात्

$$\mathbf{OQ} + \mathbf{OP} = \mathbf{OR}$$
$$\Rightarrow \qquad \mathbf{a} + \mathbf{b} = \mathbf{c}$$

यह समान्तर चतुर्भुज नियम कहलाता है।

parameter (**पैरामीटर**) प्राचल। A constant or variable that distinguishes special cases of a general mathematical expression is known as parameters. *e.g.*, in the equation of line $y = mx + c$, m and c are parameters. In other words, the independent variable or variables in a set of parametric equations are known as parameters. *e.g.*, in the equation $x = t^3$ and $y = 2t$, t is parameter.

एक व्यापक गणितीय व्यंजक की विशिष्ट स्थिति को अचर या चर के रूप में व्यक्त किया जाता है। प्राचल कहलाता है। जैसे—रेखा की समीकरण $y = mx + c$ में m तथा c प्राचल हैं। दूसरे शब्दों में, प्राचलिक समीकरण में स्वतन्त्र चर या चर प्राचल कहलाते हैं। जैसे—समीकरण

$$x = t^3 \text{ तथा } y = 2t$$

में t एक प्राचल है।

parametric derivative formula (**पैरामेट्रिक डेरीवेटिव फॉर्मूला**) प्राचलिक अवकलन सूत्र। Let $x = x(t)$ and $y = y(t)$ be a parametric formula, then the parametric derivative formula is

$$\frac{dy}{dx} = \frac{dy/dt}{dx/dt}$$

मान लीजिए $x = x(t)$ तथा $y = y(t)$ प्राचलिक समीकरण हैं, तब प्राचलिक अवकलन सूत्र निम्न होगा

$$\frac{dy}{dx} = \frac{dy/dt}{dx/dt}$$

parametric equation (**पैरामेट्रिक इक्वेशन**) प्राचलिक समीकरण। Equations that determine the coordinates of points on a curve in terms of a single independent variable are said to be parametric equation. In other words, a system of equations with more than one dependent variable is said to be parametric equation. Often the parametric equations are used to represent the position of a moving point. In two dimensional cartesian coordinate if the parameter is t, then parametric equations are

$$x = f(t) \text{ and } y = g(t).$$

e.g., $x = 4t - t^3$, $y = 2t$ are parametric equation represents a moving point on the xy-plane.

Curve	Parametric equation
circle $x^2 + y^2 = a^2$	$x = a\cos\theta$, $y = a\sin\theta$
parabola $y^2 = 4ax$	$x = at^2, y = 2at$
ellipse $\frac{x^2}{a^2} + \frac{y^2}{b^2} = 1$	$x = a\cos\phi$, $y = b\sin\phi$
hyperbola $\frac{x^2}{a^2} - \frac{y^2}{b^2} = 1$	$x = a\sec\theta$, $y = b\tan\theta$

वह समीकरण जिसके द्वारा किसी बिन्दु के निर्देशांक केवल एक स्वतन्त्र चर के रूप में ज्ञात किए जा सकते हैं। प्राचलिक समीकरण कहलाती हैं। दूसरे शब्दों में, वह समीकरण जिसमें एक से अधिक परतन्त्र चर हों, प्राचलिक समीकरण कहलाती हैं। प्राय: प्राचलिक समीकरण किसी गतिमान बिन्दु की स्थिति को निरूपित करता है। द्विविमीय कार्तीय निर्देशांक पद्धति में यदि t एक प्राचल है, तो प्राचलिक समीकरण

$$x = f(t) \text{ तथा } y = g(t)$$

होंगे। जैसे—$x = 4t - t^3$ तथा $y = 2t$, xy–समतल में किसी गतिमान बिन्दु के प्राचलिक समीकरण हैं।

वक्र	प्राचलिक समीकरण
वृत्त $x^2 + y^2 = a^2$	$x = a\cos\theta$, $y = a\sin\theta$
परवलय $y^2 = 4ax$	$x = at^2, y = 2at$
दीर्घवृत्त $\frac{x^2}{a^2} + \frac{y^2}{b^2} = 1$	$x = a\cos\phi$, $y = b\sin\phi$
अतिपरवलय $\frac{x^2}{a^2} - \frac{y^2}{b^2} = 1$	$x = a\sec\theta$, $y = b\tan\theta$

parametric integral formula **(पैरामेट्रिक इंटिग्रल फॉर्मूला)** प्राचलिक समाकलन सूत्र। The area between x-axis and the graph $x = x(t)$, $y = y(t)$ is given by definite integral

$$A = \int_{t_1}^{t_2} y\, dx$$

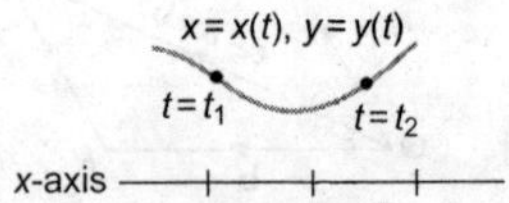

where, t_1 and t_2 are abscissa. This is known as parametric integral formula. This formula gives a positive result for a graph above the x-axis and a negative result for a graph below the x-axis. *e.g.*, the area between x-axis and first period of cycloid.

$$x = t - \sin t$$

and $$y = 1 - \cos t$$

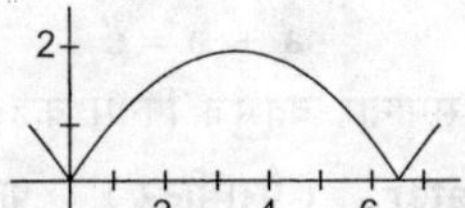

from, $t = 0$ to $t = 2\pi$ is

$$= \int_{t_1}^{t_2} y\, dx$$

$$= \int_0^{2\pi} (1 - \cos t)\, d(t - \sin t)$$

$$= \int_0^{2\pi} (1 - \cos t)^2 \, dt$$

$$= \int_0^{2\pi} (1 - 2\cos t + \cos^2 t)\, dt$$

$$= \int_0^{2\pi} \left(1 - 2\cos t + \frac{1 + \cos 2t}{2}\right) dt$$

$$= \int_0^{2\pi} \left(\frac{3}{2} - 2\cos t + \frac{1}{2}\cos 2t\right) dt$$

$$= \left[\frac{3}{2} t - 2\sin t + \frac{1}{4}\sin 2t\right]_0^{2\pi}$$

$$= 3\pi$$

x-अक्ष तथा ग्राफ $x = x(t)$, $y = y(t)$ के बीच का क्षेत्रफल निश्चित समाकलन द्वारा दिया जाता है।

$$A = \int_{t_1}^{t_2} y\, dx$$

जहाँ t_1 तथा t_2 भुजा अक्ष हैं। यह प्राचलिक समाकलन सूत्र कहलाता हैं। यह सूत्र x-अक्ष के ऊपर धनात्मक परिणाम तथा x-अक्ष के नीचे ऋणात्मक परिणाम देता है। जैसे—x-अक्ष तथा सायक्लॉयड के प्रथम आवृत्ति

$$x = t - \sin t$$
$$y = 1 - \cos t$$

के बीच $t = 0$ से, $t = 2\pi$ तक का क्षेत्रफल

$$= \int_{t_1}^{t_2} y\, dx$$

$$= \int_0^{2\pi} (1 - \cos t)\, d(t - \sin t)$$

$$= \int_0^{2\pi} (1 - \cos t)^2 \, dt$$

$$= \int_0^{2\pi} (1 - 2\cos t + \cos^2 t)\, dt$$

$$= \int_0^{2\pi} \left(1 - 2\cos t + \frac{1 + \cos 2t}{2}\right) dt$$

$$= \int_0^{2\pi} \left(\frac{3}{2} - 2\cos t + \frac{1}{2}\cos 2t\right) dt$$

$$= \left[\frac{3}{2} t - 2\sin t + \frac{1}{4}\sin 2t\right]_0^{2\pi} = 3\pi$$

parent functions (पैरेन्ट फंक्शन्) मदर फलन। The set of basic functions used in forming for more complicated functions are known as parent function. These are also known as Toolkit function.

A typical set of functions is listed below

(i) Identity function is $y = x$

(ii) Horizontal parabola is $y^2 = x$

(iii) Vertical parabola is $y = x^2$

(iv) Cubic curve is $y = x^3$

(v) Square root function is $y = \sqrt{x}$

(vi) Cube root function is $y = \sqrt[3]{x}$

(vii) $y = x^n$,
if n is even it looks like $y = x^2$,
if n is odd it looks like $y = x^3$.

(viii) $y = \sqrt[n]{x}$,
if n is even, it looks like $y = \sqrt{x}$,
if n is odd, it looks like $y = \sqrt[3]{x}$.

(ix) Greatest integer function is $y = [x]$.

(x) Absolute function is $y = |x|$

(xi) Reciprocal function is $y = \frac{1}{x}$

(xii) Logarithmic function is $y = \log_a x, 0 < a < 1$ or $a > 1$

(xiii) Exponential function is $y = a^x, 0 < a < 1$ or $a > 1$

(xiv) Trigonometric function are

$$y = \sin x$$
$$y = \cos x$$
$$y = \tan x$$
$$y = \cot x$$

$y = \sec x$

$y = \text{cosec } x$

मूलभूत फलनों के समुच्चय जो जटिल फलनों को बनाने में उपयोग किए जाते हैं। मदर फलन कहलाते हैं।

कुछ मदर फलन सारणीबद्ध निम्न हैं

(i) तत्समक की फलन $y = x$

(ii) क्षैतिज परवलय $y^2 = x$

(iii) उर्ध्वाधर परवलय $y = x^2$

(iv) घन वक्र $y = x^3$

(v) वर्गमूल फलन $y = \sqrt{x}$

(vi) घनमूल फलन $y = \sqrt[3]{x}$

(vii) $y = x^n$, यदि n सम हो, तो यह $y = x^2$ की तरह होगा लेकिन यदि n विषम हो, तो यह $y = x^3$ की तरह होगा।

(viii) $y = \sqrt[n]{x}$, यदि n सम हो, तो यह $y = \sqrt{x}$ की तरह होगा लेकिन यदि n विषम हो, तो $y = \sqrt[3]{x}$ होगा।

(ix) महत्तम पूर्णांक फलन $y = [x]$

(x) मापांक फलन $y = |x|$

(xi) प्रतिलोम फलन $y = \frac{1}{x}$

(xii) लघुगणकीय फलन $y = \log_a x$, $0 < a < 1$ या $a > 1$

(xiii) चरघातांकी फलन

$y = a^x, 0 < a < 1$ या $a > 1$

(xiv) त्रिकोणमितीय फलन

$y = \sin x$

$y = \cos x$

$y = \tan x$

$y = \cot x$

$y = \sec x$

$y = \text{cosec } x$

partial derivative (पार्शियल डेरिवेटिव) आंशिक अवकलन। The derivative of a function of several independent variables with respect to one of the variables involved, the other variables being treated as constants is said to be partial derivative. Thus, if $y = f(x_1, x_2, x_3, \ldots, x_n)$, then partial derivative of y with respect to x_1 is the derivative of y with respect to x_1, the other variable $x_2, x_3, \ldots, x_n$ are being treated as constants denoted by $\frac{\partial y}{\partial x_1}$.

e.g., if $V = \pi r^2 h$, then

$$\frac{\partial V}{\partial r} = 2\pi rh \text{ and } \frac{\partial V}{\partial h} = \pi r^2$$

are partial derivative.

एक से अधिक स्वतन्त्र चर वाले फलन का किसी एक स्वतन्त्र चर के सापेक्ष अवकलन, जबकि दूसरे स्वतन्त्र चर, अचर हो, को आंशिक अवकलन कहते हैं। अतः यदि $y = f(x_1, x_2, x_3, \ldots, x_n)$ हो, तो y का x_1 के सापेक्ष आंशिक अवकलन y का x_1 के सापेक्ष अवकलन होता है, जबकि दूसरे चरों $x_2, x_3, \ldots, x_n$ को अचर रखा जाता है, को $\frac{\partial y}{\partial x_1}$ से प्रदर्शित करते हैं। जैसे—यदि $V = \pi r^2 h$ हो, तो

$\frac{\partial V}{\partial r} = 2\pi rh$ तथा $\frac{\partial V}{\partial h} = \pi r^2$ आंशिक अवकलन है।

partial differential equation (पार्शियल डिफ्रेन्शियल इक्वेशन) आंशिक अवकल समीकरण। A differential equation involving at least one partial derivative is said to be partial differential equation. *e.g.*, $\frac{\partial^2 z}{\partial x^2} + \frac{\partial^2 z}{\partial y^2} + \frac{\partial^2 z}{\partial t^2} = 0$ is a partial differential equation.

वह अवकल समीकरण जिसमें कम-से-कम एक आंशिक अवकलन उपस्थित हो, आंशिक अवकल समीकरण कहलाता है।

जैसे — $\frac{\partial^2 z}{\partial x^2} + \frac{\partial^2 z}{\partial y^2} + \frac{\partial^2 z}{\partial t^2} = 0$

एक आंशिक अवकल समीकरण है।

partial fraction (पार्शियल फ्रैक्शन्) आंशिक भिन्न। Let $f(x)$ and $g(x)$ are two polynomials, then any proper rational fraction $\frac{f(x)}{g(x)}$ can be expressed as the sum of rational functions, each having a simple factor of $g(x)$. Each such fraction is called a partial fraction and the process of obtaining them is called resolution or decomposition of $\frac{f(x)}{g(x)}$ into partial fraction. *e.g.*, $\frac{1}{2}$ and $\frac{1}{3}$ are partial fractions of $\frac{5}{6}$. The decomposition of a given fraction into partial fraction is achieved by first factorizing the denominator.

The decomposition of $\frac{f(x)}{g(x)}$ into partial fractions depends mainly on the nature of the factors of $g(x)$ as discussed below.

Case I When denominator is expressed as the product of non-repeating linear factors. Let $g(x) = (x - a_1)(x - a_2) \ldots (x - a_n)$

Then, $$\frac{f(x)}{g(x)} = \frac{A_1}{(x - a_1)} + \frac{A_2}{(x - a_2)} + \ldots + \frac{A_n}{(x - a_n)}$$

where, $A_1, A_2, \ldots, A_n$ to be determined by equating the numerator or right hand side to the numerator on left hand side and then substituting $x = a_1, a_2, \ldots, a_n$.

Case II when the denominator is expressed as the product of the linear factors such that some of them are repeating.

Let
$$g(x) = (x - a)^k (x - a_1) \ldots (x - a_n)$$

Then,
$$\frac{f(x)}{g(x)} = \frac{A_1}{(x - a)} + \frac{A_2}{(x - a)^2} + \ldots + \frac{A_k}{(x - a)^k} + \frac{B_1}{(x - a_1)} + \frac{B_2}{(x - a_2)} + \ldots + \frac{B_n}{(x - a_n)}$$

Now, to determine the constant, we equate numerators on both sides. Some of the constants are determined by substitution as in case I and remaining coefficients of equal powers of x on both sides.

Case III When some of the factors of denominator are quadratic but non-repeating. Then, corresponding to each quadratic factor $ax^2 + bx + c$, we assume partial fraction of the type
$$\frac{Ax + B}{ax^2 + bx + c},$$
where A and B to be determined by comparing the coefficients of similar power of x in the numerator of both sides.

Case IV When some of the factors of the denominator are quadratic and repeating. Then, corresponding to every repeating factor $(ax^2 + bx + c)^k$, we assume $2k$ partial fraction as
$$\left\{\frac{A_0(2ax + b)}{ax^2 + bx + c} + \frac{A_1}{ax^2 + bx + c}\right\} +$$

$$\left\{\frac{A_1(2ax+b)}{(ax^2+bx+c)^2}+\frac{A_2}{(ax^2+bx+c)^2}\right\}$$

$$+\ldots+\left\{\frac{A_{2k-1}(2ax+b)}{(ax^2+bx+c)^k}+\frac{A_{2k}}{(ax^2+bx+c)^k}\right\}$$

मान लीजिए $f(x)$ तथा $g(x)$ दो बहुपद हैं। तब किसी उचित परिमेय फलन $\frac{f(x)}{g(x)}$ को दो भिन्नों के योग के रूप में व्यक्त किया जा सकता है। जिनमें प्रत्येक $g(x)$ का सरल गुणनखण्ड रखती है, उनमें से प्रत्येक भिन्न आंशिक भिन्न कहलाती है। इन्हें प्राप्त करने की यह प्रक्रिया आंशिक भिन्न में $\frac{f(x)}{g(x)}$ का विखण्डन कहलाती है। जैसे—$\frac{1}{2}$ तथा $\frac{1}{3}$ भिन्न $\frac{5}{6}$ के आंशिक भिन्न हैं। किसी दिए गए भिन्न के विखण्डन को आंशिक भिन्न के रूप में, उसके हर के प्रथम गुणनखण्ड करके प्राप्त किया जाता है। $\frac{f(x)}{g(x)}$ का आंशिक भिन्न में विखण्डन, बहुपद $g(x)$ के गुणनखण्डों की प्रकृति पर निर्भर करता है। जैसे—नीचे बताया गया है।

स्थिति I जब हर को बिना पुनरावृत्ति के एक घातीय गुणनखण्ड में व्यक्त किया जाता है। मान लीजिए

$$g(x)=(x-a_1)(x-a_2)\ldots(x-a_n)$$

तब, $$\frac{f(x)}{g(x)}=\frac{A_1}{(x-a_1)}+\frac{A_2}{(x-a_2)}+\ldots+\frac{A_n}{(x-a_n)}$$

जहाँ $A_1, A_2, \ldots, A_n$ का मान दाएँ पक्ष को अंश तथा बाएँ पक्ष के अंश को बराबर रखकर $x=a_1, a_2, \ldots, a_n$ रखने पर प्राप्त होता है।

स्थिति II जब हर को एक-घातीय गुणनखण्डों में इस प्रकार व्यक्त किया जाए कि जिनमें से कुछ की पुनरावृत्ति हो। मान लीजिए

$$g(x)=(x-a)^k(x-a_1)(x-a_2)\ldots(x-a_n)$$

तब, $$\frac{f(x)}{g(x)}=\frac{A_1}{(x-a)}+\frac{A_2}{(x-a)^2}+\ldots+\frac{A_n}{(x-a)^k}+\frac{B_1}{(x-a_1)}+\frac{B_2}{(x-a_2)}+\ldots+\frac{B_n}{(x-a_n)}$$

अब अचरों को प्राप्त करने हेतु, हम अंश के दोनों पक्षों को बराबर रख देते हैं। कुछ अचरों को प्राप्त करने हेतु स्थिति I की तरह प्रतिस्थापन करते हैं तथा शेष गुणांकों को दोनों पक्षों में x की घातों को बराबर रखते हैं।

स्थिति III जब हर में बिना पुनरावृत्ति के द्विघात गुणनखण्ड हो। तब प्रत्येक द्विघात गुणनखण्ड ax^2+bx+c के सापेक्ष हम आंशिक भिन्न को

$$\frac{Ax+B}{ax^2+bx+c}$$

रूप में मानते हैं।

जहाँ A तथा B के मान दोनों पक्षों के अंश में x की समान घातों के गुणांकों तथा अचर राशि की तुलना कर प्राप्त किए जाते हैं।

स्थिति IV जब हर में कुछ गुणनखण्ड द्विघात गुणनखण्ड हैं तथा उनकी पुनरावृत्ति हो। तब प्रत्येक पुनरावृत्ति द्विघात गुणनखण्ड $(ax^2+bx+c)^k$ के सापेक्ष हम $2k$ आंशिक भिन्न इस प्रकार

$$\left\{\frac{A_0(2ax+b)}{ax^2+bx+c}+\frac{A_1}{ax^2+bx+c}\right\}+$$

$$\left\{\frac{A_1(2ax+b)}{(ax^2+bx+c)^2}+\frac{A_2}{(ax^2+bx+c)^2}\right\}$$

$$+ \dots + \left\{ \frac{A_{2k-1}(2ax+b)}{(ax^2+bx+c)^k} + \frac{A_{2k}}{(ax^2+bx+c)^k} \right\}$$

मानते हैं।

partial sum (पार्शियल सम) आंशिक योग। The sum of first n terms of an infinite series is known as partial sum. Thus, for infinite series

$$\sum_{n=1}^{\infty} u_n = u_1 + u_2 + u_3 + \dots + u_n + \dots$$

The partial sum are

$$S_1 = u_1$$
$$S_2 = u_2 + u_2$$
$$S_3 = u_1 + u_2 + u_3$$
$$\dots\dots\dots\dots$$
$$\dots\dots\dots\dots$$
$$S_n = u_1 + u_2 + u_3 + \dots + u_n$$

किसी अनन्त श्रेणी के प्रथम n पदों का योगफल आंशिक योग कहलाता है। अत: अनन्त श्रेणी

$$\sum_{n=1}^{\infty} u_n = u_1 + u_2 + u_3 + \dots + u_n + \dots$$

के लिए आंशिक योग

$$S_1 = u_1$$
$$S_2 = u_2 + u_2$$
$$S_3 = u_1 + u_2 + u_3$$
$$\dots\dots\dots\dots$$
$$\dots\dots\dots\dots$$
$$S_n = u_1 + u_2 + u_3 + \dots + u_n$$

हैं।

partition of positive integer (पार्टीशन ऑफ पॉजिटिव इन्टीजर) धनात्मक पूर्णांक का विभाजन। This is a method to rewriting a positive integer as the sum of smaller positive integers. *e.g.*,

1 = 1} partition of 1

$\left.\begin{aligned} 2 &= 1 + 1 \\ &= 2 \end{aligned}\right\}$ partition of 2

$\left.\begin{aligned} 3 &= 1 + 1 + 1 \\ &= 1 + 2 \\ &= 3 \end{aligned}\right\}$ partition of 3

$\left.\begin{aligned} 4 &= 1 + 1 + 1 + 1 \\ &= 1 + 1 + 2 \\ &= 1 + 3 \\ &= 2 + 2 \\ &= 4 \end{aligned}\right\}$ partition of 4

$\left.\begin{aligned} 5 &= 1 + 1 + 1 + 1 + 1 \\ &= 1 + 1 + 1 + 2 \\ &= 1 + 1 + 3 \\ &= 1 + 4 \\ &= 1 + 2 + 2 \\ &= 2 + 3 \\ &= 5 \end{aligned}\right\}$ partition of 5.

यह किसी धनात्मक पूर्णांक के छोटे पूर्णांकों के योग के रूप में पुन: लिखने की एक विधि है। जैसे—

1 = 1, 1 का विभाजन है।

$\left.\begin{aligned} 2 &= 1 + 1 \\ &= 2 \end{aligned}\right\}$ 2 का विभाजन है।

$\left.\begin{aligned} 3 &= 1 + 1 + 1 \\ &= 1 + 2 \\ &= 3 \end{aligned}\right\}$ 3 का विभाजन है।

$\left.\begin{aligned} 4 &= 1 + 1 + 1 + 1 \\ &= 1 + 1 + 2 \\ &= 1 + 3 \\ &= 2 + 2 \\ &= 4 \end{aligned}\right\}$ 4 का विभाजन है।

$\left.\begin{aligned} 5 &= 1 + 1 + 1 + 1 + 1 \\ &= 1 + 1 + 1 + 2 \\ &= 1 + 1 + 3 \\ &= 1 + 4 \\ &= 1 + 2 + 2 \\ &= 2 + 3 \\ &= 5 \end{aligned}\right\}$ 5 का विभाजन है।

P

partition of a set (पार्टीशन ऑफ ए सैट) समुच्चय का विभाजन। A collection of disjoint subsets of a given set such that the union of the subsets must equal to the entire original set is said to be partition of a set. *e.g.*, the partition of set {1, 2, 3, 4, 5, 6} is

$A = \{1, 3\}, B = \{2\}, C = \{4, 5, 6\}$.

किसी दिए गए समुच्चयों के सर्वनिष्ठ उपसमुच्चयों का संग्रह जिनका सम्मिलन सम्पूर्ण वास्तविक समुच्चय के बराबर हो, समुच्चय का विभाजन कहलाता है।

जैसे—{1, 2, 3, 4, 5, 6} का विभाजन

$A = \{1, 3\}, B = \{2\}, C = \{4, 5, 6\}$.

pascal's triangle (पास्कल ट्राइएंगल) पास्कल त्रिभुज। Pascal's triangle gives a formula for the expansion of the powers of a binomial expression. We know that,

$(x + a)^0 = 1$

$(x + a)^1 = x + a$

$(x + a)^2 = x^2 + 2ax + a^2$

$(x + a)^3 = x^3 + 3x^2a + 3xa^2 + a^3$

....

....

From above it is clear that the coefficients are follow a particular pattern as given below

Index of binomial expression	Coefficients
0	1
1	1 1
2	1 2 1
3	1 3 3 1
4	1 4 6 4 1
......	....
......	....

Clearly, each row is bounded by 1 on both sides. Any entry except first and last of row is the sum of two entries in the preceding row, one on the immediate left and other on the immediate right. This pattern of arrangements of coefficients of binomial expression is known as pascal's triangle.

पास्कल त्रिभुज किसी द्विपद व्यंजक के घातों के प्रसार का सूत्र देता है। हम जानते हैं कि

$(x + a)^0 = 1$

$(x + a)^1 = x + a$

$(x + a)^2 = x^2 + 2ax + a^2$

$(x + a)^3 = x^3 + 3x^2a + 3xa^2 + a^3$

....

....

उपरोक्त से स्पष्ट है कि द्विपद व्यंजक के प्रसार के गुणांक निम्न नियमों का पालन करते हैं।

द्विपद व्यंजक का घातांक	गुणांक
0	1
1	1 1
2	1 2 1
3	1 3 3 1
4	1 4 6 4 1
......	....
......	....

स्पष्ट है कि पास्कल त्रिभुज की प्रत्येक पंक्ति 1 से आरम्भ होकर 1 पर ही खत्म हो जाती है। प्रथम और अन्तिम अवयव के अलावा प्रत्येक पंक्ति में सभी अवयव अपने पिछली पंक्ति के दो अवयवों का योग है। जिनमें से एक तुरन्त बाएँ तथा एक तुरन्त दाएँ का अवयव है।

द्विपद व्यंजक के इस प्रकार के गुणांकों के प्रारूप को पास्कल त्रिभुज कहते हैं।

pell's equation (**पेल्स इक्वेशन**) पेल्स समीकरण। Let a be a positive integer which is not a perfect square, then the equation

$$x^2 = ay^2 + 1$$

is known as pell's equation.

मान लीजिए a कोई धनात्मक पूर्णांक है जोकि पूर्ण वर्ग नहीं है, तो समीकरण

$$x^2 = ay^2 + 1$$

को पेल्स समीकरण कहते हैं।

pentagon (**पेन्टागॉन**) पंचभुज। A polygon having five interior angles or five sides is known as pentagon. A regular pentagon has all sides equal.

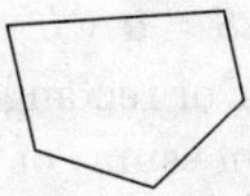

Pentagon

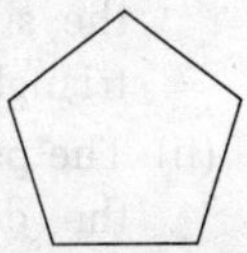

Regular Pentagon

एक बहुभुज जिसमें पाँच आन्तरिक कोण तथा पाँच भुजाएँ होती हैं, पँचभुज कहलाता है। एक नियमित पंचभुज की सभी भुजाएँ बराबर होती हैं।

pentahedron (**पेन्टाहेड्रॉन**) पाँच भुजाओं वाली ठोस आकृति। A polyhedron having five faces is said to be pentahedron. A triangular prism and a square pyramid are example of pentahedron.

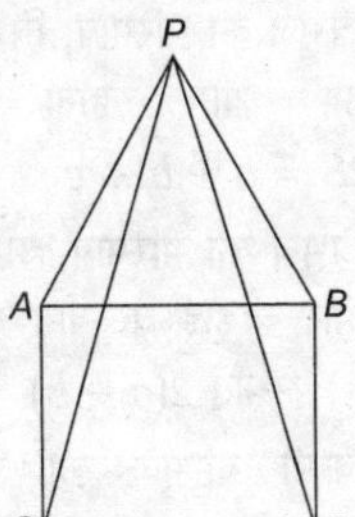

बहुभुजाओं की ठोस आकृति जिसमें पाँच फलक हो पेन्टाहेड्रान कहलाती है। एक त्रिभुजीय प्रिज्म तथा एक वर्ग पिरामिड पेन्टाहेड्रान के उदाहरण हैं।

per annum (**पर एनम**) वार्षिक। This is a unit for rate of interest meaning by per year. *e.g.*, 15% per annum means 15% per year.

यह ब्याज की दर मापने की इकाई है। जिसका मतलब प्रत्येक वर्ष से है। जैसे—15% वार्षिक का मतलब 15% प्रत्येक वर्ष से है।

per cent (**पर सेन्ट**) प्रतिशत। The numerator of a fraction whose denominator is 100 known as per cent. *e.g.*,

$$x\% = \frac{x}{100}, \quad 2\% = \frac{2}{100} = \frac{1}{50},$$

$$4\% = \frac{1}{100} = \frac{1}{25}, 10\% = \frac{10}{100} = \frac{1}{10}.$$

A fraction can be expressed as a percentage by multiplying it by 100; *e.g.*, $\frac{1}{4}$ is 25 per cent.

प्रतिशत वह भिन्न है जिसका हर 100 होता है। जैसे—

$$x\% = \frac{x}{100}, \quad 2\% = \frac{2}{100} = \frac{1}{50},$$

$$4\% = \frac{1}{100} = \frac{1}{25}, 10\% = \frac{10}{100} = \frac{1}{10}.$$

किसी भिन्न को प्रतिशत में व्यक्त करने के लिए उसमें 100 से गुणा किया जाता है। जैसे—$\frac{1}{4}$, 25% के बराबर है।

percentage error (**परसेन्टेज इरर**) प्रतिशत त्रुटि। Percentage error

$$= \frac{\text{absolute error}}{\text{true value}} \times 100$$

e.g., if the true value of a population mean is 45 and an estimate of it based on a sample is

47.2, the percentage error of the estimate is

$$\frac{47.2 - 45}{45} \times 100 = 4.9\%$$

$$\text{प्रतिशत त्रुटि} = \frac{\text{मापांक त्रुटि}}{\text{सत्यमान}} \times 100$$

जैसे—मान लीजिए किसी जनसंख्या औसत का सत्यमान 45 तथा इसके किसी नमूने का जनसंख्या औसत 47.5 है, तब

$$\text{प्रतिशत त्रुटि} = \frac{47.2 - 45}{45} \times 100$$
$$= 4.9\%$$

perfect number (परफेक्ट नम्बर) पूर्ण संख्या। A natural number that is equal to the sum of its proper divisors is said to be a perfect number. The first four perfect numbers are 6, 28, 496 and 8128 becasuse

$$6 = 1 + 2 + 3$$
$$28 = 1 + 2 + 4 + 7 + 14$$

etc. All even perfect number are of the type $2^{n-1}(2^n - 1)$ because if $2^n - 1$ is prime implies that n is prime and $2^{n-1}(2^n - 1)$ is a perfect number.

वह प्राकृतिक संख्या जो अपने उचित गुणनखण्डों के योग के बराबर होती है। पूर्ण संख्या कहलाती है। प्रथम चार पूर्ण संख्याएँ 6, 28, 496 तथा 8128 हैं क्योंकि

$$6 = 1 + 2 + 3$$
$$28 = 1 + 2 + 4 + 7 + 14$$

इत्यादि। सभी सम पूर्ण संख्याएँ $2^{n-1}(2^n - 1)$ के रूप की होती हैं। क्योंकि $2^n - 1$ अभाज्य है। जिससे स्पष्ट है कि n अभाज्य है। अत: $2^{n-1}(2^n - 1)$ एक सम पूर्ण संख्या है।

perfect square (परफेक्ट स्क्वायर) पूर्ण वर्ग। Any number which is square of a real number is said to be perfect square. *e.g.*, 0, 1, 4, 9, 16, 25 etc., are all perfect squares. Also, $\frac{1}{25}, \frac{9}{4}, \frac{100}{625}$ etc., are all perfect squares.

वह संख्या जो किसी वास्तविक संख्या का वर्ग है। पूर्ण वर्ग कहलाती है। जैसे—0, 1, 4, 9, 16, 25 इत्यादि पूर्ण वर्ग हैं। $\frac{1}{25}, \frac{9}{4}, \frac{100}{625}$ इत्यादि भी पूर्ण वर्ग हैं।

perimeter (पैरिमीटर) परिमाप। The distance around the outside of a plane geometric figure is said to be perimeter.

e.g.,

(i) The perimeter of triangle is the sum of all sides of the triangle. *i.e.*, $2S = a + b + c$.

(ii) The perimeter of rectangle is the double of sum of the length and width. *i.e.*, $2(a + b)$.

(iii) The perimeter of a polygon is the sum of all sides of the polygon.

(iv) The perimeter of square is the fourth of the side. *i.e.*, $4a$

(v) The perimeter of the circle is 2π times of the radius. *i.e.*, $2\pi r$

किसी समतल ज्यामितीय चित्र के बाहरी किनारे की दूरी परिमाप कहलाती है। जैसे—

(i) त्रिभुज का परिमाप, त्रिभुज की भुजाओं का योग होता है। अर्थात् $2S = a + b + c$.

(ii) त्रिभुज का परिमाप, आयत की लम्बाई और चौड़ाई के योग का दोगुना होता है। अर्थात् $2(a + b)$

(iii) किसी बहुभुज का परिमाप उसकी भुजाओं के योग के बराबर होता है।

(iv) किसी वर्ग का परिमाप उसकी भुजा के चार गुने के बराबर होता है। अर्थात् $4a$

(v) किसी वृत्त का परिमाप त्रिज्या का 2π गुना होता है। अर्थात् $2\pi r$

period (पीरियड) आवर्तकाल। The time taken to make one complete oscillation or cycle is said to be period. For the motion represented by $x = a\cos(\omega t - \alpha)$

The time period is $\frac{2\pi}{\omega}$, where ω is the angular frequency.

एक पूर्ण दोलन करने में लगा समय आवर्तकाल कहलाता है। समीकरण

$$x = a\cos(\omega t - \alpha)$$

द्वारा दी गई गति का आवर्तकाल $\frac{2\pi}{\omega}$ होता है।

जहाँ ω कोणीय आवृत्ति है।

periodic function (पेरियॉडिक फंक्शन्) आवर्ती फलन। A function f is said to be periodic if there exists a number T such that

$f(x + T) = f(x), \forall x \in$ Domain

The smallest possible value of T is said to be period of function $f(x)$.

Period of some function is listed below

Function	Period
$\sin x, \cos x$, $\operatorname{cosec} x, \sec x$	2π
$\tan x, \cot x$	π
$\sin^2 x, \cos^2 x$	π
$\lvert \sin x \rvert, \lvert \cos x \rvert$	π
$\sin^4 x + \cos^4 x$	$\frac{\pi}{2}$
$x - [x]$	1

एक फलन f आवर्ती फलन कहलाता है यदि

$f(x + T) = f(x), \forall x \in$ डोमेन

T का सबसे छोटा सम्भव मान फलन f का आवर्त कहलाता है।

कुछ मानक फलनों के आवर्तकाल निम्न है।

फलन	आवर्तकाल
$\sin x, \cos x$, $\operatorname{cosec} x, \sec x$	2π
$\tan x, \cot x$	π
$\sin^2 x, \cos^2 x$	π
$\lvert \sin x \rvert, \lvert \cos x \rvert$	π
$\sin^4 x + \cos^4 x$	$\frac{\pi}{2}$
$x - [x]$	1

periodic identities (पेरियॉडिक आइडेन्टि्ज) आवर्ती सर्वसमिका। The six trigonometric functions which are showing the periodic behaviour are said to be periodic identities given below

Periodic identities (in degrees)	Periodic identities (in radians)
$\sin(x + 360°) = \sin x$	$\sin(x + 2\pi) = \sin x$
$\cos(x + 360°) = \cos x$	$\cos(x + 2\pi) = \cos x$
$\tan(x + 360°) = \tan(x + 180°) = \tan x$	$\tan(x + 2\pi) = \tan(x + \pi) = \tan x$
$\operatorname{cosec}(x + 360°) = \operatorname{cosec} x$	$\operatorname{cosec}(x + 2\pi) = \operatorname{cosec} x$
$\sec(x + 360°) = \sec x$	$\sec(x + 2\pi) = \sec x$
$\cot(x + 360°) = \cot(x + 180°) = \cot x$	$\cot(x + 2\pi) = \cot(x + \pi) = \cot x$

छः त्रिकोणमितीय फलन जो आवर्त जैसा व्यवहार करते हैं आवर्ती सर्वसमिका कहलाती है। आवर्त सर्वसमिका

अंश में	रेडियन्स् में
$\sin(x + 360°)$ $= \sin x$	$\sin(x + 2\pi)$ $= \sin x$
$\cos(x + 360°)$ $= \cos x$	$\cos(x + 2\pi)$ $= \cos x$
$\tan(x + 360°)$ $= \tan(x + 180°)$ $= \tan x$	$\tan(x + 2\pi)$ $= \tan(x + \pi)$ $= \tan x$
$\operatorname{cosec}(x + 360°)$ $= \operatorname{cosec} x$	$\operatorname{cosec}(x + 2\pi)$ $= \operatorname{cosec} x$
$\sec(x + 360°)$ $= \sec x$	$\sec(x + 2\pi)$ $= \sec x$
$\cot(x + 360°)$ $= \cot(x + 180°)$ $= \cot x$	$\cot(x + 2\pi)$ $= \cot(x + \pi)$ $= \cot x$

permutation (परम्यूटेशन) क्रमचय। Each of the arrangements which can be made by taking some or all of a number of things is called a permutation. If n and r are positive integers such that $1 \le r \le n$, then the number of all permutations of n distinct things, taken r at a time is denoted by ^nP_r or $P(n, r)$ and given by

$$^nP_r = \frac{n!}{(n-r)!}; \text{ if } 1 \le r \le n$$

(i) The number of all permutations of n different thihgs taken r at a time, when a particular object is to be always included in each arrangement is $r \cdot {}^{n-1}P_{r-1}$.

(ii) The number of all permutations of n distinct object taken r at a time when a particular object is never taken in each arrangement is $^{n-1}P_r$.

(iii) The number of permutations of n different objects taken r at a time in which two specified objects always occur together is $2!(r-1)\,{}^{n-2}P_{r-2}$.

दी गई विभिन्न वस्तुओं में से कुछ या सभी वस्तुओं को लेकर बनाए गए समूह में से, प्रत्येक समूह क्रमचय कहलाता है। दी गई n विभिन्न वस्तुओं में से r वस्तुओं को लेकर बने क्रमचयों की संख्या ^nP_r या $P(n, r)$ होती है। जहाँ

$$^nP_r = \frac{n!}{(n-r)!}; \text{ यदि } 1 \le r \le n$$

(i) दी गई n विभिन्न वस्तुओं में से r वस्तुओं को लेकर बने क्रमचयों की संख्या जबकि एक विशेष वस्तु क्रमचय में हमेशा ली जाए $r \cdot {}^{n-1}P_{r-1}$ होती है।

(ii) दी गई n विभिन्न वस्तुओं में r वस्तुओं को लेकर बने क्रमचयों की संख्या जबकि एक विशेष वस्तु क्रमचय में कभी भी न ली जाए $^{n-1}P_r$ होती है।

(iii) दी गई n विभिन्न वस्तुओं में से r वस्तुओं को लेकर बने क्रमचयों की संख्या जबकि दो विशेष वस्तुओं को क्रमचय में दो विशेष स्थानों पर एकसाथ रखा जाए $2!(r-1)\,{}^{n-2}P_{r-2}$ होती है।

perpendicular lines (परपेन्डीक्युलर लाइन्स) लम्बवत् रेखाएँ। Two lines are said to be perpendicular, if the angle between them is right angle. If m_1 and m_2 are slopes of two perpendicular lines, then

$$m_1 \cdot m_2 = -1.$$

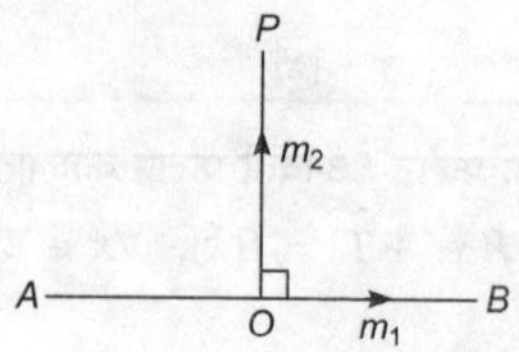

दो रेखाएँ जिनके बीच का कोण एक समकोण होता है लम्बवत् रेखाएँ कहलाती हैं। यदि m_1 और m_2 दो लम्बवत् रेखाओं की प्रवणताएँ हो, तो

$$m_1 \cdot m_2 = -1.$$

perpendicular bisector (परपेन्डीक्युलर बाईसेक्टर) लम्ब समद्विभाजक। The perpendicular bisector of a side of a triangle is the line. *i.e.*, perpendicular to the side and which also bisect it.

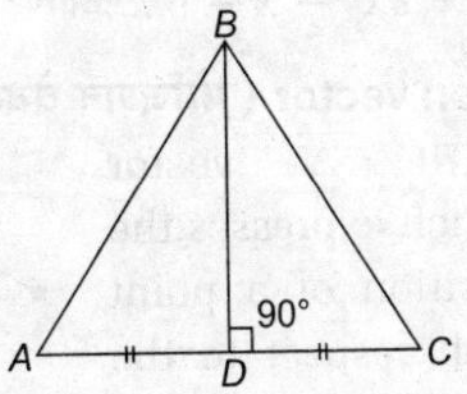

Here, BD is perpendicular bisector of AC.

वह रेखाखण्ड जोकि भुजा पर लम्ब हो तथा उस भुजा को दो बराबर भागों में बाँट दे। चित्र में, BD रेखा AC का लम्ब समद्विभाजक है।

pi (पाई) पाई। Symbol π, is a mathematical constant and a transcendental real number, approximately equal to 3.14159. Which is ratio of a circle's circumference to its diameter in Euclidean geometry.

इसका प्रतीक π होता है और यह एक गणितीय नियतांक है। जिसका मान लगभग 3.14159 होता है जो किसी वृत्त की परिधि से उसके व्यास का अनुपात होता है।

place value (प्लेस वेल्यू) स्थानीय मान। The value of the position of a digit in a number. *e.g.*, in the number 7863, the 8 is in the hundreds place and etc., value in 800.

किसी संख्या में किसी अंक की स्थिति का मान स्थानीय मान कहलाता है। जैसे—संख्या 7863 में अंक 8 का स्थानीय मान 800 होगा।

plane (प्लेन) समतल। A flat surface that straches off into infinity.

कोई समतल सतह जो अनन्त तक खीचीं जा सके।

point (प्वाइन्ट) बिन्दु। A point in geometry is undefined. A geometric point is considered to be a particular location in geometric space. A tiny hole by a pin or a small dot made by a sharp pencil on a sheet of paper, gives us an idea of a point.

ज्यामिति में एक बिन्दु अपरिभाषित है। किसी कागज पर एक नुकीली वस्तु, पैंसिल व कल से बनाया गया एक सूक्ष्म चिन्ह या कोई सूक्ष्म छिद्र हमें बिन्दु की जानकारी देता है।

polar coordinates (पोलर कोऑर्डिनेट्स) ध्रुवीय निर्देशांक। A point p in the plane has polar coordinates (r, θ), if the line segment OP has length r and the angle that OP makes with the positive axis is θ (measured in anti-clockwise direction).

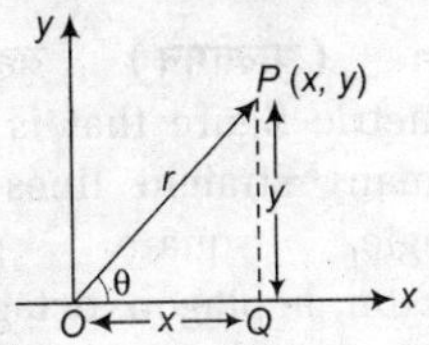

We have

in ΔOPQ,

$$r = \sqrt{x^2 + y^2}$$

$$\text{and } \tan\theta = \frac{y}{x}$$

$$\Rightarrow \quad \theta = \tan^{-1}\left(\frac{y}{x}\right)$$

and $\cos\theta = \frac{x}{r} \Rightarrow x = r\cos\theta,$

$\sin\theta = \frac{y}{r} \Rightarrow y = r\sin\theta.$

समतल में स्थित एक बिन्दु P के ध्रुवीय निर्देशांक (r, θ) होते हैं। यदि रेखाखण्ड OP की लम्बाई r हो और कोण जो रेखाखण्ड OP धनात्मक अक्ष के साथ (वामावर्त दिशा में) θ बनाता है।

ΔOPQ में, $r = \sqrt{x^2 + y^2}$

तथा $\tan\theta = \frac{y}{x} \Rightarrow \theta = \tan^{-1}\left(\frac{y}{x}\right)$

$\cos\theta = \frac{x}{r} \Rightarrow x = r\cos\theta,$

$\sin\theta = \frac{y}{r} \Rightarrow y = r\sin\theta$

polar form of a complex number (पोलर फॉर्म ऑफ ए कॉम्पलैक्स नम्बर) सम्मिश्र संख्या का ध्रुवीय रूप। For a complex number z, let $r = |z|$ and $\theta = \arg(z)$, then

$z = r(\cos\theta + i\sin\theta) = re^{i\theta}$

एक सम्मिश्र संख्या z के लिए, माना कि $r = |z|$ तथा $\theta = \arg(z)$, तो

$z = r(\cos\theta + i\sin\theta) = re^{i\theta}$

polygon (पॉलीगन) बहुभुज। A geometric figure that is bounded by many straight lines such as triangle, square, pentagon, hexagon, heptagon, octagon etc.

रेखाचित्र जो कई सरल रेखाओं से घिरा हो जैसे—वर्ग, त्रिभुज, पंचभुज, षट्भुज, सप्तभुज, अष्टभुज आदि।

polynomial (पोलीनॉमियल) बहुपद। An expression that is constructed from one or more variable constants, using only the operations of addition, subtraction, multiplication and division. It has two or more term. Such as $x^2 + 5x - 8$, $x^3 + 2x^2 - x + 9$,... etc.

एक व्यंजक जो एक अथवा अधिक अवयवों से मिलकर बनता है और इसमें केवल योग, घटाव, गुणा व भाग की संक्रियाएँ होती हैं। इसमें दो या दो से अधिक पद होते हैं। जैसे—$x^2 + 5x - 8$, $x^3 + 2x^2 - x + 9$,....आदि।

position vector (पोजिशन वेक्टर) स्थिति सदिश। A vector which expresses the position of a point with respect to the origin the point $P(x, y, z)$ has position vector $\mathbf{OP} = x\mathbf{i} + y\mathbf{j} + z\mathbf{k}$.

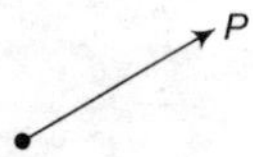

किसी मूलबिन्दु O के सापेक्ष बिन्दु P की स्थिति को **OP** से प्रकट किया जाता है। **OP** को O के सापेक्ष बिन्दु P का स्थिति सदिश सदिश कहते हैं। बिन्दु $P(x, y, z)$ का स्थिति सदिश $\mathbf{OP} = x\mathbf{i} + y\mathbf{j} + z\mathbf{k}$।

positive real number (पोजिटिव रियल नम्बर) धनात्मक वास्तविक संख्या। A real number greater than zero. Zero itself is not positive.

एक वास्तविक संख्या जो शून्य से बड़ी होती है, धनात्मक वास्तविक संख्या होती है। शून्य स्वयं धनात्मक नहीं होती है।

power (पावर) घात। It is the rate of doing work. It also refers to the exponential term. *e.g.*, 2^4 means the power of base 2 is 4.

किए गए काम की दर को घात कहते हैं। इसे घातीय पद के रूप में लिखते हैं। जैसे—2^4 में 2 आधार तथा 4 घात है।

power set (पावर सैट) घात समुच्चय। Let A be a set, then the collection or family of all subsets of A called the power set of Q and is denoted by $P(A)$, *i.e.,*

$$P(A) = \{S/S \subset A\}$$

माना A एक समुच्चय है। इसके सभी उपसमुच्चयों के समुच्चय को A का समुच्चय कहा जाता है। इसे प्रतीक $P(A)$ से निरूपित किया जाता है। अर्थात् $P(A) = \{S/S \subset A\}$

prime factor (प्राइम फैक्टर) अभाज्य गुणनखण्ड। A prime factor is a factor that is prime, *i.e.,* one that cannot be itself be factored.

e.g., $84 = 2 \times 2 \times 3 \times 7$

$75 = 3 \times 5 \times 5$

एक ऐसा गुणनखण्ड होता है जिसके सभी गुणनखण्ड अभाज्य संख्याएँ हों, तो ये अभाज्य गुणनखण्ड कहलाते हैं।

जैसे— $84 = 2 \times 2 \times 3 \times 7$

$75 = 3 \times 5 \times 5$

prime numbers (प्राइम नम्बर्स) अभाज्य संख्याएँ। Any number with no divisor other than itself and 1. such as 2 and 7.

ऐसी संख्याएँ जो केवल स्वयं अथवा 1 से विभाजित हों। जैसे—2 और 7.

principal (प्रिंसिपल) मूलधन। The money borrowed from a lender is called the principal.

$$P = \frac{SI \times 100}{T \times R}$$

उधार लिया हुआ धन मूलधन कहलाता है।

$$\text{मूलधन} = \frac{\text{साधारण ब्याज} \times 100}{\text{समय} \times \text{दर}}$$

prism (प्रिज्म) प्रिज्म। A polyhedron with parallel bases, congruent polygons and sides that are all parallelograms

एक बहुफलक जिसमें समान्तर आधार, सर्वांगसम बहुभुज तथा सभी भुजाएँ समान्तर चतुर्भुज होती हैं, प्रिज्म कहलाता है।

probability (प्रोबेबिलिटी) प्रायिकता। Let n be the total number of trials. The empirical probability $P(E)$ of an event E happening, is given by

$$P(E) = \frac{\text{No. of trials in which the event happend}}{\text{The total number of trials}}$$

मान लिया n प्रयासों की पूर्ण संख्या है, घटना E के होने की प्रायिकता

$$P(E) = \frac{\text{घटना घटने की प्रायिकता}}{\text{घटना की पूर्ण संख्या}}$$

probability's addition theorem (प्रोबेबिलिटि 'स ऐडिशन थ्योरम) प्रायिकता की योगात्मक प्रमेय।

(i) **When events are mutually exclusive**
If A and B are mutually exclusive events, then
$n(A \cap B) = 0 \Rightarrow P(A \cap B) = 0$
$\therefore P(A \cup B) = P(A) + P(B)$

(ii) **When events are not mutually exclusive** If A and B are two events which are not mutually exclusive, then,
$P(A \cup B) = P(A) + P(B) - P(A \cap B)$
or $P(A + B) = P(A) + P(B) - P(AB)$

(i) **जब घटनाएँ परस्पर अपवर्जी हों**
यदि A तथा B परस्पर अपवर्जी घटनाएँ हैं तब,
$n(A \cap B) = 0 \Rightarrow P(A \cap B) = 0$
$\therefore P(A \cup B) = P(A) + P(B)$

(ii) **जब घटनाएँ परस्पर अपवर्जी नहीं हैं**
यदि A तथा B परस्पर अपवर्जी घटनायें नहीं हैं, तब
$P(A \cup B) = P(A) + P(B) - P(A \cap B)$
or $P(A + B) = P(A) + P(B) - P(AB)$

probability's multiplication theorem (**प्रोबेबिलिटि 'स मल्टीप्लिकेशन थ्योरम**) प्रायिकता की गुणात्मक प्रमेय।

(i) **When events are independent** If A and B are two independent events, then

$$P(A \mid B) = P(A)$$

and $P(B \mid A) = (P(B)$, then

$$P(A \cap B) = P(A) \cdot P(B)$$

or $$P(AB) = P(A) \cdot P(B)$$

(ii) **When events are not independent** If A and B are not independent events, then

$$P(A \cap B) = P(A) \cdot P(B \mid A)$$

or $P(B) \cdot P(A \mid B)$

$$P(AB) = P(A) \cdot P(B \mid A)$$

or $P(B) \cdot P(A \mid B)$

(i) **जब घटनाएँ स्वतन्त्र हैं**

यदि A तथा B दो स्वतन्त्र घटनाएँ हैं, तब

$$P(A \mid B) = P(A)$$

तथा $P(B \mid A) = (P(B)$, तब

$$P(A \cap B) = P(A) \cdot P(B)$$

या $$P(AB) = P(A) \cdot P(B)$$

(ii) **जब घटनाएँ स्वतन्त्र नहीं हैं।**

यदि A तथा B स्वतन्त्र घटनाएँ नहीं हैं, तब

$$P(A \cap B) = P(A) \cdot P(B \mid A)$$

या $P(B) \cdot P(A \mid B)$

$$P(AB) = P(A) \cdot P(B \mid A)$$

या $P(B) \cdot P(A \mid B)$

profit (**प्रोफिट**) लाभ। If the selling price (SP) of an article is greater than the cost price (CP), the difference between the selling price and cost price is called profit, thus, if SP > CP, then

$$\text{Profit} = \text{SP} - \text{CP}$$

किसी वस्तु को बेचने से जो धन अधिक मिलता है, उसे लाभ कहते हैं। यदि विक्रय मूल्य > क्रय मूल्य, तो

लाभ = विक्रय मूल्य – क्रय मूल्य

profit percentage (**प्रोफिट परसेन्टेज**) लाभ प्रतिशतता।

$$\text{Profit \%} = \frac{\text{Profit} \times 100}{\text{CP}}$$

$$\text{लाभ \%} = \frac{\text{लाभ} \times 100}{\text{क्रय मूल्य}}$$

proper factor (**प्रोपर फेक्टर**) विशिष्ट भाज्य। The factors of a number except itself. The proper factors of 12 are 1, 2, 3, 4, 6.

किसी संख्या के भाज्य, उस संख्या के अतिरिक्त 12 के भाज्य होंगे 1, 2, 3, 4, 6।

proper fraction (**प्रोपर फ्रैक्शन्**) विशिष्ट भिन्न। A fraction is proper when its denominator is greater than its numerator. *e.g.*, $\frac{1}{2}, \frac{2}{3}$ and $\frac{5}{6}$ are proper fractions.

एक भिन्न विशिष्ट होती है। यदि उसका हर उसके अंश से बड़ा होता है। जैसे— $\frac{1}{2}, \frac{2}{3}$ तथा $\frac{5}{6}$ विशिष्ट भिन्नें हैं।

proper subset (**प्रोपर सबसेट**) उचित उपसमुच्चय। If A is a subset of B and $B \neq A$, then A is called proper subset of B. *e.g.*, $A = \{1, 3, 5, 7, \dots\}$, $B = \{1, 2, 3, 4, 5, 6, 7, \dots\}$, then set A is proper subset of set B.

यदि समुच्चय A, समुच्चय B का उपसमुच्चय हो और $B \neq A$ अर्थात् B में कम-से-कम एक अवयव ऐसा है जो A में न हो, तो A को उचित उपसमुच्चय कहते हैं।

जैसे—$A = \{1, 3, 5, 7, \dots\}$, $B = \{1, 2, 3, 4, 5, 6, 7, \dots\}$, तो समुच्चय A समुच्चय B का उचित समुच्चय है।

proportion (**प्रोपोर्शन**) समानुपात। An equation of fractions in the form, $\frac{a}{b} = \frac{c}{d}$.

एक भिन्न समीकरण का रूप $\frac{a}{b} = \frac{c}{d}$ समानुपात कहलाता है।

protector (**प्रोटेक्टर**) चाँदा। A device for measuring angles.

कोणों को मापने का यन्त्र।

pyramid (**पिरामिड**) पिरामिड। A pyramid is a solid whose base is a plane rectilinear figure and whose side faces are triangle having a common vertex outside the plane of the base.

यह एक समतल पृष्ठ से बनी ठोस आकृति है, जिसमें से एक, जिसे आधार कहते हैं, एक सरल रेखीय आकृति है तथा शेष पृष्ठ त्रिभुज है, जिनका एक उभयनिष्ठ शीर्ष आधार तल के बाहर होता है।

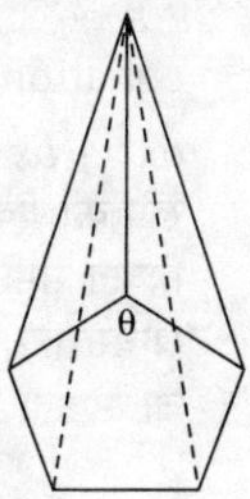

Pythagoras theorem (**पाइथागोरस थ्योरम**) पाइथागोरस प्रमेय। According to this theorem,

"In a right triangle, the square of the hypotenuse is equal to the sum of the squares of the other two sides". *i.e.*,

$$AC^2 = AB^2 + BC^2$$

इस प्रमेय के अनुसार,

''समकोण त्रिभुज में कर्ण पर बना वर्ग शेष दो भुजाओं पर बने वर्गों के योग के बराबर होता है।''

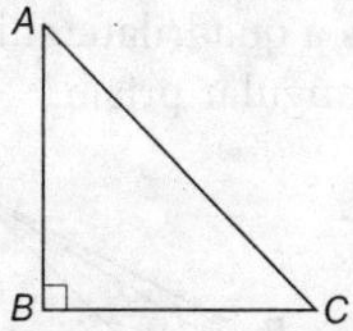

अर्थात् $AC^2 = AB^2 + BC^2$

Pythagorean triple (**पाइथागोरियन ट्रिपल**) पाइथागोरियन त्रिक। If a, b and c are three natural numbers and $a^2 + b^2 = c^2$, then a, b and c are called pythagorean triple.

यदि तीन प्राकृतिक संख्याएँ a, b और c ऐसी हों कि $a^2 + b^2 = c^2$, तो a, b और c को पाइथागोरियन त्रिक कहते हैं।

Q (क्यू) क्यू। Q is used as a symbol for Rational number.

Q को परिमेय संख्याओं के प्रतीक के रूप में प्रयुक्त किया जाता है।

quadrangular prism (क्वाड्राएंग्यूलर प्रिज्म) चतुर्भुजी प्रिज्म। A prism whose base is a quadrilateral is known as quadrangular prism.

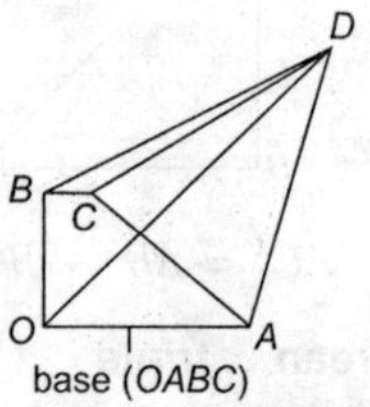

एक प्रिज्म जिसका आधार एक चतुर्भुज होता है, चतुर्भुजी प्रिज्म कहलाता है।

quadrant (क्वाड्रेन्ट) चतुर्थांश। In cartesian coordinate system, the axes divide the plane into four regions. Each of which is known as quadrant. कार्तीय निर्देशांक निकाय में, एक तल को अक्ष चार भागों में विभाजित करते हैं। जिनमें से प्रत्येक भाग को एक चतुर्थांश कहते हैं।

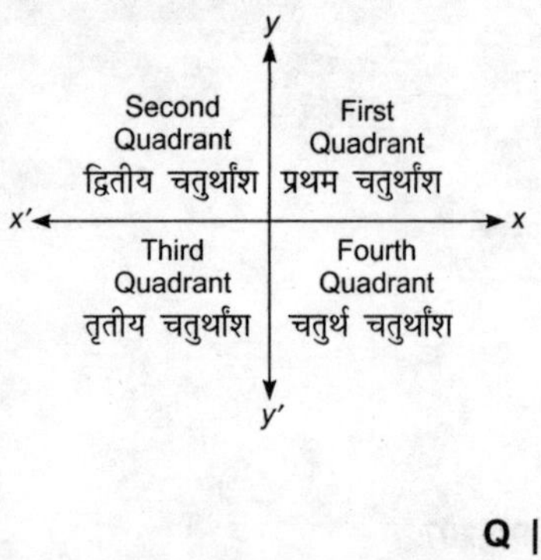

quadratic equation (क्वाड्राटिक् इक्वेशन) द्विघात समीकरण। An equation of the form $ax^2 + bx + c = 0,\ a \neq 0,\ a, b, c \in R$ is known as a quadratic equation in the unknown x. This equation can be solved by using the Shridharacharya rule

$$x = \frac{-b \pm \sqrt{b^2 - 4ac}}{2a}$$

A quadratic equation always has two roots which may be real or imaginary.

e.g., $2x^2 + 3x + 7 = 0$ is a quadratic equation.

$ax^2 + bx + c = 0,\ a \neq 0,\ a, b, c \in R$ रूप की एक समीकरण को अज्ञात x में एक द्विघात समीकरण कहते हैं। इस समीकरण को श्रीधराचार्य नियम का प्रयोग करके हल किया जा सकता है

$$x = \frac{-b \pm \sqrt{b^2 - 4ac}}{2a}$$

एक द्विघात समीकरण के सदैव दो मूल होते हैं जोकि वास्तविक या काल्पनिक हो सकते हैं।

जैसे—$2x^2 + 3x + 7 = 0$ एक द्विघात समीकरण है।

quadratic form (क्वाड्राटिक् फॉर्म) द्विघात रूप। A homogeneous polynomial of second degree is known as quadratic form.

e.g., $ax^2 + 2hxy + by^2$ is a quadratic form because it is a homogeneous polynomial of second degree.

द्वितीय कोटि के समघात बहुपद को द्विघात रूप कहते हैं।

जैसे—$ax^2 + 2hxy + by^2$ एक द्विघात रूप है क्योंकि यह द्वितीय कोटि का समघात बहुपद है।

quadratic formula (क्वाड्राटिक् फॉर्मूला) द्विघात सूत्र। A formula which is used to find the roots of a quadratic equation, is known as quadratic formula or also know as Shridharacharya rule.

e.g., for the equation $ax^2 + bx + c = 0$, $a \neq 0$ the formula

$$x = \frac{-b \pm \sqrt{b^2 - 4ac}}{2a}$$

is used to find the roots of given equation. This formula is known as quadratic formula.

सूत्र जो एक द्विघात समीकरण के मूल ज्ञात करने में प्रयुक्त किया जाता है, द्विघात सूत्र कहलाता है या इसे श्रीधराचार्य नियम भी कहते हैं।

जैसे—समीकरण

$ax^2 + bx + c = 0$, $a \neq 0$ के लिए सूत्र

$$x = \frac{-b \pm \sqrt{b^2 - 4ac}}{2a}$$

का प्रयोग किया जाता है।

दी गई समीकरण के मूल ज्ञात करने के लिए यह सूत्र द्विघात सूत्र कहलाता है।

quadratic function (क्वाड्राटिक् फंक्शन्) द्विघात फलन। A real function, f is said to be a quadratic function if it is such that $f(x) = ax^2 + bx + c, \forall\ x \in R$, $a, b, c \in R$ and $a \neq 0$. The graph of $y = f(x)$ of a such function is always a parabola because it intersect at two points at same axis.

एक वास्तविक फलन f को द्विघात फलन कहा जाता है। यदि यह इस प्रकार हो कि $f(x) = ax^2 + bx + c, \forall\ x \in R$, $a, b, c \in R$ तथा $a \neq 0$। इस प्रकार के फलन $y = f(x)$ का आलेख सदैव एक परवलय होता है। क्योंकि यह एक ही अक्ष पर दो बिन्दुओं पर प्रतिच्छेद करता है।

quadratic polynomial (क्वाड्राटिक् पोलीनोमियल) द्विघात बहुपद। A polynomial of degree two is known as a quadratic polynomial.

e.g., $5x^2 + 3x + 2$ is quadratic polynomial.

घात 2 का बहुपद द्विघात बहुपद कहलाता है।

जैसे—$5x^2 + 3x + 2$ एक द्विघात बहुपद है।

quadratic surds (क्वाड्राटिक् सर्ड्स) द्विघात करणी। A surd whose order is two, is known as quadratic surd.

e.g., $\sqrt{5}, \sqrt{7}$ etc., are quadratic surds.

एक करणी जिसकी करणी घात 2 है, द्विघात करणी कहलाती है।

जैसे—$\sqrt{5}$. $\sqrt{7}$ इत्यादि द्विघात करणी है।

quadratic (क्वाड्राटिक्) द्विघाती। In three dimensional space, a locus that can be represented by a polynomial equation of the form $ax^2 + by^2 + cz^2 + 2fyz + 2gzx + 2hxy + 2ux + 2vy + 2wz + d = 0$, where a, b, c, f, g and h are non-zero constants, is known as quadratic.

त्रिविमीय समष्टि में एक बिन्दुपथ जोकि $ax^2 + by^2 + cz^2 + 2fyz + 2gzx + 2hxy + 2ux + 2vy + 2wz + d = 0$,

जहाँ a, b, c, f, g व h अशून्य अचर हैं, रूप वाले बहुपद समीकरण से निरूपित किया जाता है, द्विघाती कहलाता है।

quadratic cone (**क्वाड्रिटिक् कोन**) द्विघाती शंकु A quadric whose equation is of the form $\frac{x^2}{a^2}+\frac{y^2}{b^2}=\frac{z^2}{c^2}$ is known as quadric cone.

एक द्विघाती जिसका समीकरण $\frac{x^2}{a^2}+\frac{y^2}{b^2}=\frac{z^2}{c^2}$ रूप का है, द्विघाती शंकु कहलाता है।

quadrilateral (**क्वाड्रिलेटेरल**) चतुर्भुज। A plane figure bounded by four lines is known as quadrilateral. A quadrilateral *ABCD* is as shown in the figure. It has four vertices *viz A, B, C, D* and four sides *AB, BC, CD* and *DA*. It also has four angles ($\angle A, \angle B, \angle C$ and $\angle D$) and two diagonals (*BD* and *CA*).

एक तलीय आकृति जो चार रेखाओं द्वारा परिबद्ध है, चतुर्भुज कहलाता है। एक चतुर्भुज *ABCD* चित्रानुसार है।

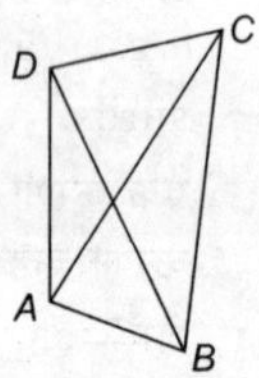

इसके चार शीर्ष *A, B, C* व *D* हैं तथा चार भुजाएँ *AB, BC, CD* व *DA* हैं। इसके चार कोण ($\angle A, \angle B, \angle C$ व $\angle D$) हैं तथा दो विकर्ण (*BD* व *CA*) हैं।

quartic polynomial (**क्वार्टिक् पोलीनोमियल**) चतुर्घाती बहुपद। A polynomial of degree four is known as quartic polynomial.

e.g., $ax^4+bx^3+cx^2+dx+e$ is a quartic polynomial.

घात 4 का एक बहुपद चतुर्घाती बहुपद कहलाता है।

जैसे—$ax^4+bx^3+cx^2+dx+e$ चतुर्घाती बहुपद है।

quantity (**क्वान्टिटी**) राशि। An entity that has a numerical value, is known as quantity. एक entity अस्तित्व जिसका एक संख्यात्मक मान होता है, राशि कहलाती है।

quarter (**क्वार्टर**) चौथाई। If a number or an object is divided into four parts. Each part is known as quarter.

यदि एक संख्या या वस्तु को चार भागों में विभाजित करते हैं। तब, प्रत्येक भाग को चौथाई कहते हैं।

quartic equation (**क्वार्टिक इक्वेशन**) चतुर्घाती समीकरण। An equation of degree four is known as quartic equation.

e.g., $ax^4+bx^3+cx^2+dx+e=0$ is a quartic equation.

एक समीकरण जिसकी घात 4 होती है, चतुर्घाती समीकरण कहलाती है।

जैसे—$ax^4+bx^3+cx^2+dx+e=0$ एक चतुर्घाती समीकरण है।

quartile (**क्वार्टाइल**) चतुर्थक। Three points divide a set of data which is arranged in numerical order, into four equal parts. Thus, each of these points in known as quartile. The first quartile in Q_1, middle quartile is Q_2 and third quartile is Q_3.

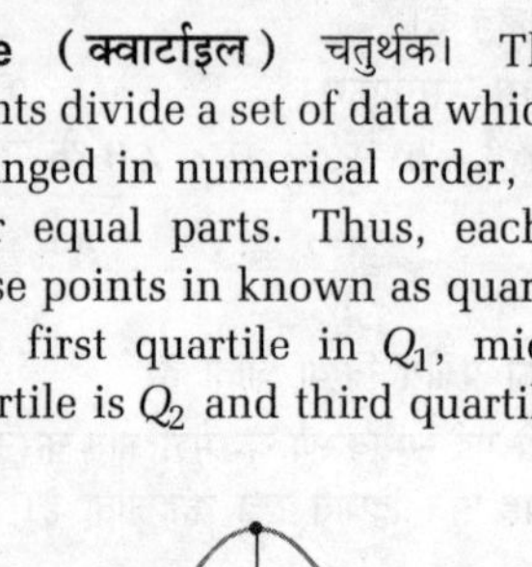

$Q_1=\frac{Q}{4},\ Q_2=\frac{Q}{2},\ Q_3=\frac{3Q}{4}$

दिए गए आँकड़े जो संख्यात्मक क्रम में व्यवस्थित हैं, चार बराबर भागों में तीन बिन्दुओं द्वारा विभाजित होते हैं। इन तीन बिन्दुओं में से प्रत्येक को चतुर्थक कहते हैं।

पहला चतुर्थक Q_1, दूसरा (मध्य) चतुर्थक Q_2 तथा तीसरा चतुर्थक Q_3 है।

quartile deviation (क्वार्टाइल डेवीयेशन) चतुर्थक विचलन। The value of $\frac{1}{2}(Q_3 - Q_1)$ where Q_1 and Q_3 are first and thrid quartiles, is known as quartile deviation.

$\frac{1}{2}(Q_3 - Q_1)$ जहाँ Q_1 व Q_3 पहला व तीसरा चतुर्थक है, का मान चतुर्थक विचलन कहलाता है।

quintic equation (क्विन्टिक इक्वेशन) पंचघाती समीकरण। An equation whose degree is five, is known as quintic equation.

An equation of the form

$ax^5 + bx^4 + cx^3 + dx^2 + ex + f = 0$

is known as quintic equation.

एक समीकरण जिसकी घात 5 है, पंचघाती समीकरण कहलाती है।

$ax^5 + bx^4 + cx^3 + dx^2 + ex + f = 0$ रूप की समीकरण पंचघाती समीकरण कहलाती है।

quintic polynomial (क्विन्टिक पोलीनोमियल) पंचघाती बहुपद A polynomial whose degree is 5, is known as quintic polynomial.

A polynomial of the form $ax^5 + bx^4 + cx^3 + dx^2 + ex + f$ is known as quintic polynomial.

एक बहुपद जिसकी घात 5 है, पंचघाती बहुपद कहलाता है।

$ax^5 + bx^4 + cx^3 + dx^2 + ex + f$ रूप का बहुपद पंचघाती बहुपद होता है।

quotient (क्वेशियेन्ट) भागफल। The result obtained by dividing a number by another number is known as quotient

e.g., $2\overline{)7}(3 \rightarrow$ (Quotient) $\rightarrow$ (भागफल)

$\frac{6}{1}$

एक संख्या से दूसरी संख्या को भाग देने पर प्राप्त परिणाम भागफल कहलाता है।

जैसे— $2\overline{)7}(3$ (भागफल)

$\frac{6}{1}$

quotient rule (क्वेशियेन्ट रुल) भागफल नियम। If $u(x)$ and $v(x)$ are functions of x, then

$$\frac{d}{dx}\left(\frac{u}{v}\right) = \frac{v\frac{du}{dx} - u\frac{dv}{dx}}{v^2}$$

This rule is known as quotient rule for differentiation.

यदि $u(x)$ व $v(x)$, x के फलन हैं, तब

$$\frac{d}{dx}\left(\frac{u}{v}\right) = \frac{v\frac{du}{dx} - u\frac{dv}{dx}}{v^2}$$

यह नियम भागफल नियम (अवकलन के लिए) कहलाता है।

R

R (आर) आर। R is used to represent the set of real members.

वास्तविक संख्याओं के समुच्चय को निरूपित करने के लिए R का प्रयोग करते हैं।

rad (रैड) रैड। An abbreviation used to represent radian.

रेडियन को निरूपित करने के लिए प्रयुक्त शब्द संक्षेप।

radial and transvers components (रेडियल एण्ड ट्रान्सवर्स कोम्पोनेन्ट) रेडियल तथा अनुप्रस्थ घटक।

When a point P has polar coordinates (r, θ), the vectors $\mathbf{e}_r$ and $\mathbf{e}_\theta$ are defined by $\mathbf{e}_r = \mathbf{i} \cos \theta + \mathbf{j} \sin \theta$ and $\mathbf{e}_\theta = -\mathbf{i} \sin \theta + \mathbf{j} \cos \theta$. Any vector $\mathbf{v}$ can be written in terms of its components in the direction of $\mathbf{e}_r$ and $\mathbf{e}_\theta$. Thus, $\mathbf{v} = v_1 \mathbf{e}_r + v_2\, \mathbf{e}_\theta$ where $v_1 = \mathbf{v} \cdot \mathbf{e}_r$ and $v_2 = \mathbf{v} \cdot e_\theta$. v_1 is known as radial component and v_2 is known as tranverse component.

जब एक बिन्दु P के ध्रुवीय निर्देशांक (r, θ) है, सदिश $\mathbf{e}_r$ व $\mathbf{e}_\theta$, $\mathbf{e}_r = \mathbf{i} \cos \theta + \mathbf{j} \sin \theta$ व $\mathbf{e}_\theta = -\mathbf{i} \sin \theta + \mathbf{j} \cos \theta$ द्वारा परिभाषित हैं। $\mathbf{e}_r$ व $\mathbf{e}_\theta$ की दिशा में किसी सदिश $\mathbf{v}$ को इसके घटकों के पदों में लिख सकते हैं। इस प्रकार $\mathbf{v} = \mathbf{v}_1 \mathbf{e}_r + \mathbf{v}_2 \mathbf{e}_\theta$ जहाँ $\mathbf{v}_1 = \mathbf{v} \cdot \mathbf{e}_r$ तथा $\mathbf{v}_2 = \mathbf{v} \cdot e_\theta \cdot \mathbf{v}_1$ को रेडियल घटक तथा $\mathbf{v}_2$ को अनुप्रस्थ घटक कहते हैं।

radian (रेडियन) रेडियन। One of way of measuring angle in circular system. In this system, angle is measure in terms of radian. One radian is the angle made by an arc of length equal to radius of a given circle at its centre.

$$1 \text{ radian} = \frac{180°}{\pi} \text{ degrees}$$
$$= 57°16'22'' \text{ (approx)}$$

Radian is the SI unit for measuring angle and it is abreviated to 'rad'.

वृत्तीय पद्धति में कोण मापने का एक तरीका। इस पद्धति में कोण को रेडियन के पदों में मापते हैं। वृत्त के केन्द्र पर एक चाप जिसकी लम्बाई दिए गए वृत्त की त्रिज्या के बराबर है, द्वारा बना कोण एक रेडियन होता है।

$$1 \text{ रेडियन} = \frac{180°}{\pi}$$
$$= 57°16'22'' \text{ (लगभग)}$$

रेडियन कोण मापने का एस.आई. मात्रक है तथा इसे शब्द संक्षेप के रूप में 'rad' लिखते हैं।

radian measure (रेडियन मेजर) रेडियन माप। See radian.

रेडियन देखें।

radical axis (रेडिकल ऐक्सिस्) मूलाक्ष अक्ष। The radical axis of two circle is the locus of a point which moves in such a way that the lengths of the tangents drawn from it to the two circles are equal.

Let S_1 and S_2 be two circles, then equation of radical axis is $S_1 - S_2 = 0$.

दो वृत्तों का मूलाक्ष एक बिन्दु का बिन्दुपथ है जो इस प्रकार गमन करता है कि इससे दो वृत्तों पर खीचीं गई स्पर्श रेखाओं की लम्बाई बराबर है।

माना S_1 व S_2 दो वृत्त है, तब अक्ष का समीकरण $S_1 - S_2 = 0$ होता है।

radical sign (रेडिकल साइन) करणी चिन्ह। The signs $\sqrt{\ }$, $\sqrt[n]{\ }$, $\sqrt[3]{\ }$ etc are used to represent square root, *n*th root cube root etc respectively, are known as radical signs.

चिन्हों $\sqrt{\ }$, $\sqrt[n]{\ }$, $\sqrt[3]{\ }$ इत्यादि का प्रयोग क्रमशः वर्गमूल, *n*वाँ मूल, घनमूल इत्यादि को निरूपित करने के लिए प्रयुक्त करते हैं।, करणी चिन्ह कहलाते हैं।

radicand (रेडिकेण्ड) करणीगत। The number or expression under radical sign is known as radicand. *e.g.*, n is the redicand in $\sqrt[n]{\ }$.

करणी चिन्ह के अन्तर्गत संख्या या व्यंजक को करणीगत कहते हैं। जैसे— $\sqrt[n]{\ }$ में n करणीगत है।

radius (रेडियस) त्रिज्या। A line segment whcih joins the centre of the circle to any point on the circumference of the circle, is known as radius of circle generally it is denoted by r. The plural from of radius is radii.

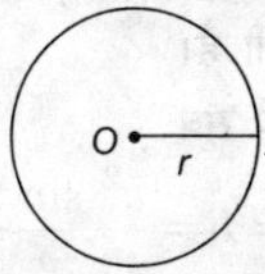

एक रेखाखण्ड जोकि वृत्त के केन्द्र को वृत्त की परिधि पर स्थित एक बिन्दु से मिलाती है, वृत्त की त्रिज्या कहलाती है। सामान्यतः इसे r से निरूपित करते हैं।

radius of curvature (रेडियस ऑफ करवेचर) वक्रता त्रिज्या। The radius of curvature, R_1 of a curve at a point is a measure of the radius of the circular arc which best approximates the curve at that point. It is the inverse of the curvature.

$$R = \frac{\left[1 + \left(\frac{dy}{dx}\right)^2\right]^{3/2}}{\left(\frac{d^2y}{dx^2}\right)}$$

एक बिन्दु पर एक वक्र की वक्रता त्रिज्या, वृत्ताकार चाप की एक माप है जो उस बिन्दु पर वक्र के सर्वाधिक सन्निकट होती है, यह वक्रता की प्रतिलोम होती है।

radius of gyration (रेडियस ऑफ जायरेशन) परिभ्रमण त्रिज्या। It is the name of several related measures of the size of an object, a surface, or an ensemble of points. It is calculated as the root mean square distance of the 'objects' parts from either its centre of gravity or an axis.

किसी वस्तु, पृष्ठ अथवा संगठित बिन्दुओं के आकार की विभिन्न सम्बन्धित मापों के नाम परिभ्रमण त्रिज्या या त्रिज्या कहलाती है।

radius vector (रेडियस वेक्टर) ध्रुवान्तर सदिश। Let O be a fixed point in the plane and P be any point. Then, **P** is position vector of a point P. **P** is also known as radius vector or pole.

माना तल में एक निश्चित बिन्दु O है तथा P कोई बिन्दु है। तब बिन्दु P का स्थिति सदिश **P** है। **P** को ध्रुवान्तर सदिश या ध्रुवान्तर भी कहते हैं।

R

random (रेन्डम) यादृच्छिक। Synonyms o random is 'haphazard'. but in statistics random has a special meaning with probability *e.g.*, random selection of r objects from n object.

यादृच्छिक का पर्यावाची अत्यवस्थित होता है परन्तु सांख्यिकी में यादृच्छिक का प्रायिकता के साथ विशेष अर्थ होता है। जैसे — n वस्तुओं में से r वस्तुओं का यादृच्छिक चयन।

random numbers (रेन्डम नम्बर्स) यादृच्छिक संख्याएँ। A sequence of numbers which has the property that all numbers of the sequence will occur equally and in which the occurrence of a number in a particular position in the sequence has no due to the occurrence of earlier or later numbers of the sequence.

संख्याओं की एक श्रृंखला जिसमें यह गुण है कि श्रृंखला के सभी संख्याएँ सम सम्भावी हैं तथा श्रृंखला के पहले या बाद के आने वाली संख्याओं का कोई निश्चित स्थान नहीं प्राप्त होता है।

random variable (रेन्डम वेरीयेबल) यादृच्छिक चर। Let S be a sample space associated with a random experiment. Then, a real valued function x which assigns to each outcome $w \in S$ to a unique real number $x(w)$ is called a random variable.

In other words, a random variable is a real valued function having domain as the sample space associated with a given random experiment.

माना एक यादृच्छिक प्रयोग से सम्बन्धित एक प्रतिदर्श समष्टि S है। तब, एक वास्तविक मान वाला फलन X जोकि $w \in S$ प्रत्येक परिणाम को अद्वितीय वास्तविक संख्या $x(w)$ से सम्बन्धित करता है, यादृच्छिक चर कहलाता है।

दूसरे शब्दों में, एक यादृच्छिक चर एक वास्तविक मान वाला फलन है जिसका प्रान्त एक दिए गए यादृच्छिक प्रयोग से सम्बन्धित प्रतिदर्श समष्टि है।

random vector (रेन्डम वेक्टर) यादृच्छिक सदिश। An ordered set of n random variables.

यादृच्छिक चरों का क्रमिक समुच्चय।

range (in mechanics) {रेंज (इन् मेकैनिक्स)} परास (यान्त्रिकी में)। The distance between the point of projection and the point where the projectile strikes a given plane through the point of projection, is called its range on the plane.

Formula for range

$$OA = R = \frac{u^2 \sin 2\alpha}{g}$$

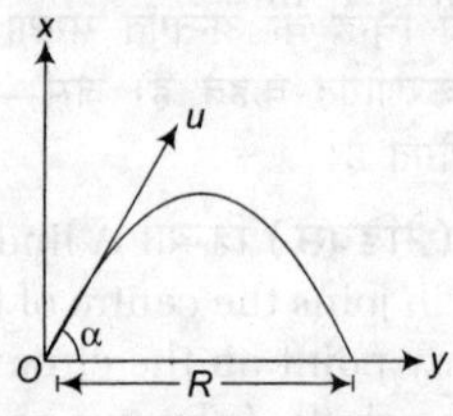

प्रक्षेप्य बिन्दु तथा बिन्दु जहाँ प्रक्षेप प्रक्षेप्य बिन्दु से होकर जाने वाले दिए गए तल पर टकराता है, के बीच की दूरी, तल पर इसकी परास कहलाती है।

परास के लिये सूत्र

$$OA = R = \frac{u^2 \sin 2\alpha}{g}$$

range (in statistics) {रेंज (इन् स्टैटिस्टिक्स)} परास (सांख्यिकी में)। The difference between the greatest and the least observations of the distribution, is called range. If A and B are the greatest and least observations of a distribution respectively. Then,

$$\text{range} = A - B$$

and coefficient of range $= \dfrac{A - B}{A + B}$.

बंटन के महत्तम व निम्नतम प्रेक्षणों का अन्तर परास कहलाता है। यदि एक बंटन के महत्तम व निम्नतम प्रेक्षण A व B हैं तथा

$$\text{परास} = A - B$$

तथा परास का गुणांक $= \dfrac{A - B}{A + B}$.

range (of a function) {रेंज (ऑफ ए फंक्शन्)} परास (एक फलन का)। Let $f : A \to B$, the set of all f image of elements of A is known as the range of f. It is denoted by $f(A)$.

$f(A) = \{f(x) : x \in A\}$

$\quad = \text{Range of } f$ and $f(A) \subseteq B$

माना $f : A \to B, A$ के अवयवों के सभी f प्रतिबिम्बों का समुच्चय f का परास कहलाता है। इसे $f(A)$ द्वारा निरूपित करते हैं।

$f(A) = \{f(x) : x \in A\} = f$ का परास

तथा $f(A) \subseteq B$.

rank (in statistics) {रैंक (इन् स्टैटिस्टिक्स)} कोटि (सांख्यिकी में)। The observations in a sample space are said to be ranked when they are arranged inorder according to some criterian, *e.g.*, numbers are ranked in ascending or descending order.

एक प्रतिदर्श समष्टि में प्रेक्षणों को कोटिगत कहते हैं। जब कुछ प्रतिबन्धों के अनुसार उन्हें क्रम में लगाया जाता है। जैसे—संख्याओं को आरोही या अवरोही क्रम में रखा जाता है।

rank (of a matrix) {रैंक (ऑफ ए मैट्रिक्स)} कोटि (एक आव्यूह की)। A number r is said to be the rank of an $m \times n$ matrix if

(i) every square submatrix of order $(r + 1)$ or more is singular, and.

(ii) there exists atleast one square submatrix of order r which is non-singular. *e.g.*, if A is a given matrix of rank 2, then every square submatrix of order 3 or more is singular and there exists atleast one square submatrix of order 2 which is non-singular.

एक संख्या r को एक $m \times n$ आव्यूह की कोटि कहते हैं, यदि

(i) घात $(r + 1)$ या अधिक का प्रत्येक वर्ग उपआव्यूह अव्युत्क्रमणीय हो

(ii) r घात का कम-से-कम एक वर्ग उपआव्यूह का अस्तित्व हो जोकि व्युत्क्रमणीय हो।

जैसे—यदि A एक 2 कोटि का दिया गया आव्यूह है, तब घात 3 या अधिक के प्रत्येक उपआव्यूह अव्युत्क्रमणीय है तथा घात 2 का कम से कम एक वर्ग उपआव्यूह का अस्तित्व है जोकि व्युत्क्रमणीय है।

R

rank correlation coefficient (रैंक कोरिलेशन कोफिशियेण्ट) कोटि सहसम्बन्ध गुणांक। Rank correlation is the correlation between different ranks of two characteristics. Let $(x_i, y_i)\, i = 1, 2, \ldots n$ be the ranks of the ith individual in two characteristics A and B. Then, the coefficient of correlation between the ranks x_i's and y_i's is called rank correlation coefficient.

The spearman's formula for the rank correlation coefficient is as follows

$$r(x, y) = 1 - \frac{6\Sigma d^2}{n(n^2 - 1)}$$

The rank correlation coefficient lies between –1 and 1.

कोटि सम्बन्ध दो चरों की विभिन्न कोटियों के बीच में सहसम्बन्ध है। माना (x_i, y_i), $(i = 1, 2, \ldots, n)$ दो चरों A व B में iवें व्यवैतिक की कोटि है। तब x_i की कोटि व y_i की कोटि के बीच का सहसम्बन्ध का गुणांक को कोटि सहसम्बन्ध गुणांक कहते हैं। कोटि सहसम्बन्ध गुणांक के लिए स्पेयरमन का सूत्र निम्न है

$$r(x, y) = 1 - \frac{6\Sigma d^2}{n(n^2 - 1)}$$

कोटि सहसम्बन्ध गुणांक –1 व 1 के बीच स्थित होता है।

rate (रेट) दर। The price at which a commodity is to be sold per piece is known as rate.

वह मूल्य जिस पर एक वस्तु को प्रति वस्तु की दर से बेचा जाता है, दर कहलाती है।

rate of change (रेट ऑफ चेंज) परिवर्तन की दर। If a variable quantity y is some function of time t, *i.e.*, $y = f(x)$, then small change in time Δt have a corresponding change Δy in y.

Thus, average rate of change $e = \dfrac{\Delta y}{\Delta t}$

When limit $\Delta t \to 0$, then

$$\lim_{\Delta t \to 0} \frac{\Delta y}{\Delta t} = \frac{dy}{dt}$$

Hence, the rate of change of any variable with respect to some other variable is derivative of first variable w.r.t. other variable.

मान लीजिए राशि y, समय t का कोई फलन है अर्थात् $y = f(t)$ तथा समय t में बहुत छोटे परिवर्तन Δt के संगत, राशि y में परिवर्तन Δy है। तब राशि y में प्रति इकाई समय औसत परिवर्तन की दर $\dfrac{\Delta y}{\Delta t}$ है तथा समय t के सापेक्ष y में परिवर्तन की दर निम्नवत् है

$$\lim_{\Delta t \to 0} \frac{\Delta y}{\Delta t} = \frac{dy}{dt}$$

अत: स्पष्ट है कि किसी अन्य चर के सापेक्ष एक चर में परिवर्तन की दर पहले चर का दूसरे चर के सापेक्ष अवकलन है।

Rate of interest (रेट ऑफ इन्टरेस्ट) ब्याज की दर। The rate at which interest is calculated on the principal is called the rate of interest generally it is denoted by r or R. r or $R = \dfrac{\text{SI} \times 100}{P \times T}$

वह दर जिस पर मूलधन पर ब्याज की गणना की जाती है, ब्याज की दर कहलाती है। सामान्यत: इसे r या R से निरूपित करते हैं।

$$r \text{ या } R = \frac{\text{साधारण ब्याज} \times 100}{\text{मूलधन} \times \text{समय}}$$

ratio (रेशो) अनुपात। A comparison expressed as indicated division for *e.g.*, there is a ratio of three boys to the two girls in our class is (3/2 or 3 : 2)

किसी दो राशि से तुलना करना अनुपात कहलाता है। जैसे—यहाँ हमारी कक्षा में 3 लड़कों का 2 लड़की से अनुपात है। अर्थात् 3/2 या 3 : 2

ratio test (रेशो टेस्ट) अनुपात परीक्षण। A test for convergence or divergence of an infinite series $\{a_n\}$. If the ratio $\left|\dfrac{a_{n+1}}{a_n}\right| \to K$ as $n \to \infty$, then when

$K < 1$ the series converges absolutely and for $K > 1$ the series diverges. If $K = 1$, the ratio test is not sufficient to determine whether it converges, *i.e.*, it is fail.

एक अनन्त श्रेणी की $\{a_n\}$ अभिसारिता या अपसारिता के लिए परीक्षण।

यदि अनुपात $\left|\frac{a_{n+1}}{a_n}\right| \to K$ जब $n \to \infty$

श्रेणी निरपेक्ष अभिसारी होती है जब $K < 1$ तथा श्रेणी अपसारी होती है जब $K > 1$. यदि $K = 1$, तब अनुपात परीक्षण विफल हो जाता है।

rational function (**रेशेनल फंक्शन्**) परिमेय फलन। A function of the form $f(x) = \frac{p(x)}{q(x)}$ where $p(x)$ and $q(x)$ are polynomials and $q(x) \neq 0$ is called rational function.

The domain of a rational function $\frac{p(x)}{q(x)}$ is the set of all real numbers except points where $q(x) = 0$.

$f(x) = \frac{p(x)}{q(x)}$ जहाँ $p(x)$ व $q(x)$ बहुपद है तथा $q(x) \neq 0$ रूप का एक फलन परिमेय कहलाता है।

परिमेय फलन $\frac{p(x)}{q(x)}$ का प्रान्त उन बिन्दुओं को छोड़कर जिन पर $q(x) = 0$ होता है, सभी वास्तविक संख्याओं का समुच्चय होता है।

rational number (**रेशनल नम्बर**) परिमेय संख्या। A number which can be represent in the form of $\frac{p}{q}$ where $p, q \in I$ and $q \neq 0$, is known as a rational number, *e.g.*, $\frac{5}{3}$ is a rational number.

एक संख्या जिसे $\frac{p}{q}$ जहाँ $p, q \in I$ तथा $q \neq 0$ के रूप में व्यक्त किया जा सकता है, परिमेय संख्या कहलाती है। जैसे— $\frac{5}{3}$ एक परिमेय संख्या है।

rationalize (**रेशनलाइज**) परिमेयीकरण। Removing radicals from an expression or part of it without changing the value of the whole expression, is known as rationalizing.

एक व्यंजक या इसके भाग में से घातांकों को पूरे व्यंजक का मान बिना बदले, हटाने को परिमेयीकरण कहते हैं।

rationalizing factor (**रेशनलाइजिंग फेक्टर**) परिमेयीकारी गुणक। A part of an expression which helps to remove the radicals from the expression, is known as rationalizing factor. *e.g.*, for $\frac{1}{\sqrt{3}-\sqrt{2}}$, the rationalizing factor is $\sqrt{3}+\sqrt{2}$.

व्यंजक का एक भाग जो व्यंजक में से घातांकों को हटाने में सहायता करता है, परिमेयीकारी गुणक कहलाता है।

जैसे— $\frac{1}{\sqrt{3}-\sqrt{2}}$ के लिए परिमेयीकारी गुणक $\sqrt{3}+\sqrt{2}$ है।

raw data (**रॉ डाटा**) असंसाधित आँकड़े। Data which have not been analysed, is known as raw data.

आँकड़े जिनका विश्लेषण नहीं हुआ है, असंसाधित आकड़े कहलाते हैं।

ray (**रे**) किरण। A part of line which has one end point but endless at another side, is known as a ray. A ray AB is denoted by **AB**.

रेखा का एक भाग जिसका एक सिरा होता है परन्तु दूसरी तरफ अपरिमित होता है, किरण 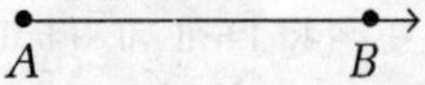 कहलाती है। एक किरण AB को **AB** द्वारा निरूपित करते हैं।

rectangular parallelopiped (रेक्टएंग्यूलर पैरालैलोपाइपड) आयताकार समान्तर षट्फलक। A prism is said to be a rectangular parallelopiped or cuboid if its lateral surface as well as its base rectangle or square.

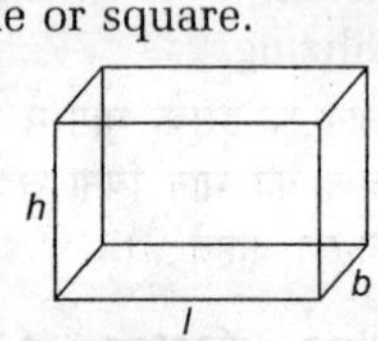

एक प्रिज्म को आयताकार समान्तर षटफलक या घनाभ कहते हैं, यदि इसके पार्श्वीय पृष्ठ के साथ इसका आधार भी आयत या वर्ग हो।

real (रियल) वास्तविक। A number or an expression is known as real if it has no imaginary part. *e.g.*, A complex number $z = 3 + 0i$ is a real number.

एक संख्या या एक व्यंजक को वास्तविक कहते है यदि इसमें कोई काल्पनिक भाग ना हो। जैसे—एक सम्मिश्र संख्या $z = 3 + 0i$ एक वास्तविक संख्या है।

real axis (रियल ऐक्सिस्) वास्तविक अक्ष। In the complex plane, x-axis is known as real axis.

सम्मिश्र तल में, x-अक्ष को वास्तविक अक्ष कहते हैं।

real function (रियल फंक्शन्) वास्तविक फलन। If the domain and codomain of a function are subsets of R (set of all real numbers). It is called a real valued functon or in short a real function.

यदि एक फलन के प्रान्त व सहप्रान्त R (सभी वास्तविक संख्याओं का समुच्चय) का उपसमुच्चय है। इसको वास्तविक मान फलन या संक्षेप में वास्तविक फलन कहते हैं।

real line (रियल लाइन) वास्तविक रेखा। Take a point O as origin on a horizonal straight line and also take a point A to the right of O such that (OA) in equal to one unit. Each positive real number x can be represented by a point on the line to the right of O whose distance from O equals x units and each negative real number can be represented by a point on the line to the left of O. The origin represents zero. This line is called the real line if its points are taken in the way to represent the real numbers.

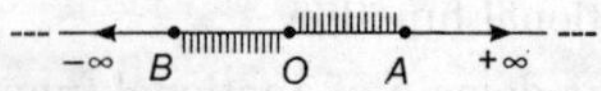

क्षैतिज सरल रेखा पर एक बिन्दु O मूलबिन्दु के रूप में लीजिए तथा O के पास और एक बिन्दु A इस प्रकार लीजिए कि OA एक इकाई के बराबर हो। प्रत्येक धनात्मक वास्तविक संख्या x को O के दाईं ओर रेखा पर एक बिन्दु द्वारा निरूपित कर सकते हैं जिसकी O से दूरी x इकाई के बराबर होगी तथा प्रत्येक ऋणात्मक संख्या को रेखा पर O के बाईं ओर एक बिन्दु द्वारा निरूपित किया जा सकता है। मूलबिन्दु द्वारा शून्य को निरूपित करते हैं। इस रेखा को वास्तविक रेखा कहते हैं। यदि इसके बिन्दु इस प्रकार लिए जाए कि वे वास्तविक संख्याओं को निरूपित करें।

real number (रियल नम्बर) वास्तविक संख्या। All rational and irrational numbers are known as real numbers. The set of all real numbers is denoted by R.

सभी परिमेय तथा अपरिमेय संख्याएँ वास्तविक संख्याएँ कहलाती हैं। सभी वास्तविक संख्याओं के समुच्चय को R से निरूपित करते हैं।

real part (रियल पार्ट) वास्तविक भाग। Let $z = x + iy$ is a complex number where x and y are integers. x is known as real part of complex number z, *e.g.*, 2 is a real part of a complex number $2 + 3i$.

माना $z = x + iy$ एक सम्मिश्र संख्या है जहाँ x व y पूर्णांक है। x को सम्मिश्र संख्या z का वास्तविक भाग कहते हैं। जैसे—सम्मिश्र संख्या $2 + 3i$ का वास्तविक भाग 2 है।

rearrangement (रिअरेन्जमेण्ट) पुन: व्यवस्था। A positioning of a set of a objects where they occupy together at some place but each individual object is not necessarily in the same position is known rearrangement.

वस्तुओं का एक समुच्चय जिसमें वे एकसाथ समान स्थान ग्रहण करते हों परन्तु प्रत्येक व्यैक्ति वस्तु आवश्यक रूप से समतल स्थान पर न हो, पुन: व्यवस्था कहलाती है।

reciprocal (रेसिप्रोकल) व्युत्क्रम। The multiplicative inverse of a quantity is known as its reciprocal. *e.g.*, a is a recpirocal of $\frac{1}{a}$

एक राशि का गुणात्मक प्रतिलोम इसका व्युत्क्रम कहलाता है। जैसे—a व्युत्क्रम $\frac{1}{a}$ होता है।

reciprocal rule (for differentiation) {रेसिप्रोकल रूल (फोर डिफरेनशियेशन)} व्युत्क्रम नियम (अवकलन के लिए)। Let $f(x)$ is a differentiable function in its doman and $h(x) = \frac{1}{f(x)}$,

then $h'(x) = -\frac{f'(x)}{\{f(x)\}^2}$

This rule is known as reciprocal rule for differentiation

e.g., Let $f(x) = \frac{1}{x^2}$.

$$\Rightarrow \quad f'(x) = -\frac{2x}{x^4} = -\frac{2}{x^3}$$

माना अपने प्रान्त में $f(x)$ एक अवकलनीय फलन तथा $h(x) = \frac{1}{f(x)}$,

तब $h'(x) = -\frac{f'(x)}{\{f(x)\}^2}$

इस नियम को अवकलन के लिए व्युत्क्रम नियम कहते है। जैसे—माना $f(x) = \frac{1}{x^2}$

$$\Rightarrow \quad f'(x) = -\frac{2x}{x^4} = -\frac{2}{x^3}$$

rectangle (रेक्टएंगल) आयत A parallelogram whose each of interior angle is equal to a right angle, is known as rectangle. Its opposite sides are equal. Larger side is known as its length and another smaller side is known as its breadth. Let l and b are length and breadth of a rectangle respectively. Then,

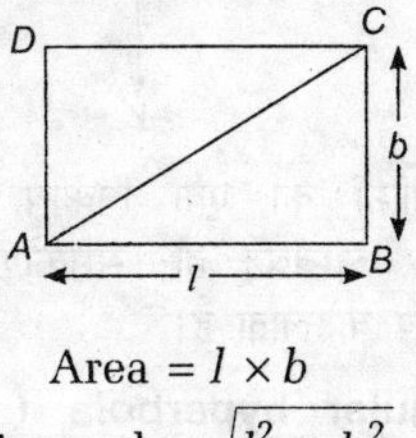

Area $= l \times b$

and diagonal $= \sqrt{l^2 + b^2}$

also perimeter $= 2(l + b)$.

एक समान्तर चतुर्भुज जिसका प्रत्येक अन्तः कोण एक समकोण के बराबर होता है, आयत कहलाता है। इसकी सम्मुख भुजाएँ बराबर होती है। बड़ी भुजा को इसकी लम्बाई कहते है। तथा छोटी भुजा को इसकी चौड़ाई कहते है।

माना एक आयत की लम्बाई व चौड़ाई क्रमशः l व b है, तब

क्षेत्रफल $= l \times b$

तथा विकर्ण $= \sqrt{l^2 + b^2}$

और परिमाप $= 2(l + b)$

rectangular (oblong) {रेक्टएंग्युलर (ओबलाँग)} आयताकार। A shape like a rectangle is known as rectangular, *e.g.*, a rectangular field means that field is look like a rectangle.

एक आयत के जैसे आकार को आयताकार कहते है। जैसे—एक आयताकार क्षेत्र से तात्पर्य है कि क्षेत्र देखने में आयत जैसा है।

rectangular coordinate system (रेक्टएंग्यूलर कॉरडिनेट सिस्टम) समकोणीय निर्देशांक निकाय। A system of coordinates in which axes are perpendicualr to each other, is known as rectangular coordinate system.

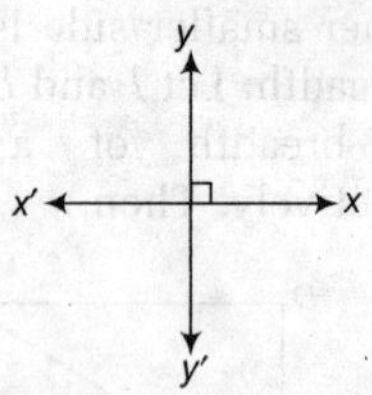

निर्देशांकों का एक निकाय जिसमें अक्ष परस्पर लम्बवत् हो, समकोणीय निर्देशांक निकाय कहलाता है।

rectangular hyperbola (रेक्टएंग्यूलर हाइपरबोला) समकोणीय अतिपरवलय। A hyperbola whose asymptotes are at right angle to each other, is said to be a rectangular hyperbola.

In other words if the length of transverse and conjugate axes of any hyperbola are equal, then the hyperbola is known as rectangular hyperbola.

The eqution of a rectangular hyperbola to the hyperbola $\frac{x^2}{a^2} - \frac{y^2}{b^2} = 1$ is $x^2 - y^2 = a^2$ and equation of asymptoties are $y = \pm x$. When the centre of rectangular hyperbola be at the origin and its asymptotes coincide with the coordinate axes, then the equation of rectangular hyperbola is $xy = c^2$. Its eccentricity is $\sqrt{2}$.

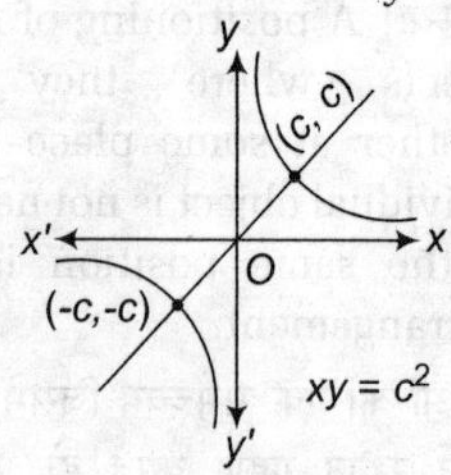

एक अतिपरवलय जिसकी अनन्त स्पर्शियाँ परस्पर लम्बवत् हो, समकोणीय अतिपरवलय कहलाता है।

दूसरे शब्दों में, यदि किसी अतिपरवलय के संयुग्मी अक्ष व अनुप्रस्थ अक्षों की लम्बाई समान हों, तब अतिपरवलय को समकोणीय अतिपरवलय कहते हैं।

अतिपरवलय $\frac{x^2}{a^2} - \frac{y^2}{b^2} = 1$ के संगत समकोणीय अतिपरवलय $x^2 - y^2 = a^2$ है तथा अनन्तस्पर्शियों की समीकरण $y = \pm x$ है।

जब समकोणीय अतिपरवलय का केन्द्र मूलबिन्दु हो, तब समकोणीय अतिपरवलय

का समीकरण $xy = c^2$ होता है। इसकी उत्केन्द्रता $\sqrt{2}$ होती है।

rectilinear motion (रेक्टीलिनियर मोशन) रेखीय गति। A motion in a straight line is known as rectilinear motion.

सरल रेखा में गति को रेखीय गति कहते हैं।

recurrence relation (रिकरेन्स रिलेशन) पुनरावृत्ति सम्बन्ध। Let $a_0, a_1, a_2, \ldots, a_n \ldots$ be a sequence. If terms satisfy the first order difference equation $a_{n+1} + xa_n = 0$, then this difference equation is called recurrence relation.

माना $a_0, a_1, a_2, \ldots, a_n \ldots$ एक अनुक्रम है। यदि इसके पद प्रथम कोटि की अन्तर समीकरण $a_{n+1} + xa_n = 0$ को सन्तुष्ट करते हैं, तब इस अन्तर समीकरण को पुनरावृत्ति सम्बन्ध कहते हैं।

recurring decimal (रिकरिंग डेसीमल) आवर्ती दशमलव। In a decimal representation, a string of one or more digits are repeated, then the number is known as recurring decimal. *e.g.,* 1.333 ... is a recuring decimal which can be written as $1.\overline{3}$.

एक दशमलव निरूपण में, एक या अधिक अवयव की श्रृंखला की पुनरावृत्ति होती है, तब संख्या को आवर्ती दशमलव कहते हैं। जैसे—1.333 ... एक आवर्ती दशमलव है जिसे $1.\overline{3}$ लिख सकते हैं।

reduce (रेड्यूस) कम करना या समावयन करना। The simplification of a form of expression or a number into another simplest form is known as reduce, *e.g.,* $\frac{x^2-1}{x-1}$ can be reduced to $x + 1$.

एक व्यंजक या एक संख्या के एक रूप का दूसरे सरतलम रूप में सरलीकरण करने को समावयन करना या कम करना कहते हैं। जैसे— $\frac{x^2-1}{x-1}$ को कम करके $(x + 1)$ लिखा जा सकता है।

reduced echelon form (रिड्यूसड एशेलॉन फॉर्म) रिड्यूसड एशेलॉन रूप। Suppose that a row of a matrix is called zero if all its entries are zero. Then, a matrix is in reduced echelon form, if

(i) all the zero rows come below the non-zero rows,

(ii) the first non-zero entry in each non-zero row is 1 and occur in a column to the right of the leading 1 in the row above.

(iii) the leading 1 in each non-zero row is the only non-zero entry in the column that it is in.

e.g., $\begin{bmatrix} 1 & 6 & 0 & 0 & 2 \\ 0 & 0 & 1 & 0 & -3 \\ 0 & 0 & 0 & 1 & 5 \end{bmatrix}$,

$$\begin{bmatrix} 1 & 0 & -1 & 4 & 2 \\ 0 & 1 & 2 & -3 & 5 \\ 0 & 0 & 0 & 0 & 0 \end{bmatrix}$$

माना एक आव्यूह की एक पंक्ति शून्य कहलाती है, यदि इसके सभी अवयव शून्य हों, तब एक आव्यूह रिड्यूसड एशेलॉन रूप में होगी, यदि

(i) आव्यूह में प्रत्येक अशून्य पंक्ति शून्य पंक्ति की पूर्ववर्ती हो।

(ii) प्रत्येक अशून्य पंक्ति में, प्रथम अशून्य अवयव 1 हो तथा एक स्तम्भ में आगे वाले 1 के दाईं ओर ऊपर की पंक्ति में होता है।

(iii) प्रत्येक अशून्य पंक्ति में सबसे आगे वाला 1, इस अवयव के सापेक्ष स्तम्भ में केवल अशून्य अवयव होगा।

जैसे—$\begin{bmatrix} 1 & 6 & 0 & 0 & 2 \\ 0 & 0 & 1 & 0 & -3 \\ 0 & 0 & 0 & 1 & 5 \end{bmatrix}$,

$\begin{bmatrix} 1 & 0 & -1 & 4 & 2 \\ 0 & 1 & 2 & -3 & 5 \\ 0 & 0 & 0 & 0 & 0 \end{bmatrix}$

reducible equation (रिड्यूसेबल इक्वेशन) समानेय समीकरण। An equation of the form $P = 0$ over a field F where P is a reducible polynomial over a field, *e.g.*, $x^2 - 1 = 0 \Rightarrow (x - 1)(x + 1) = 0$ is a reducible is known as reducible equation.

क्षेत्र F पर $P = 0$ के रूप की समीकरण जहाँ क्षेत्र F पर P एक समानेय बहुपद है, समानेय समीकरण कहलाती है। जैसे—$x^2 - 1 = 0 \Rightarrow (x - 1)(x + 1) = 0$ एक समानेय समीकरण है।

reducible fraction (रिड्यूसेबल फ्रेक्शन्) समानेय भिन्न। A fraction in which numerator and denominator have a common factor greater than unity, is known as reducible fraction. *e.g.*, $\frac{6}{14}$ is a reducible fraction and its reducible form is $\frac{3}{7}$.

एक भिन्न जिसमें अंश व हर का एक से बड़ा उभयनिष्ठ गुणनखण्ड हो, समानेय भिन्न कहलाती है। जैसे—$\frac{6}{14}$ एक समानेय भिन्न है तथा इसका समानेय रूप $\frac{3}{7}$ है।

reduction formula (रिडक्शन फॉर्मूला) समानयन सूत्र। Let I_n be a quantity which depends upon the integer $n (> 0)$. If I_n can be expressed in the terms of I_{n-2}, I_{n-1} etc, then such formulae are known as reduction formulae. These formulae are helpful to find the value of I_n for a particular value of n.

माना I_n एक राशि है जो पूर्णांक $n (> 0)$ पर निर्भर होती है। यदि I_n को I_{n-1}, I_{n-2} इत्यादि के पदों में व्यक्त कर सके, तब ऐसे सूत्रों को समानय सूत्र कहते हैं। ये सूत्र n के विशेष मान के लिए I_n का मान ज्ञात करने में सहायक होते हैं।

reference angle (रेफरेन्स एंगल) निर्देश कोण। Those angles which have the same absolute value for their trigonometric functions, are known as reference angles. *e.g.*, 30°, 150°, 210° and 330° are reference angles.

वे कोण जिसमें उनके त्रिकोणमितीय फलनों के निरपेक्ष मान समान हों, निर्देश कोण कहलाते हैं। जैसे—30°, 150°, 210° तथा 330° निर्देश कोण हैं।

reference axis (रेफरेन्स ऐक्सिस्) निर्देश अक्ष। A line from which distances or angles are taken in coordinate system or Argand diagram, is known as reference axis.

एक रेखा जिससे निर्देशांक निकाय या आर्गण्ड चित्र में दूरियाँ या कोण लिए जाते हैं, निर्देश अक्ष कहलाते हैं।

reflection (of the plane) {रिफलेक्शन (ऑफ द प्लेन)} परावर्तन (एक तल का)। Let l be a line on the plane and there is a point P which has the mirror image P' in such a way that PP' is perpendicular to l and l cuts the PP' at its mid-point. Thus, reflection of the plane in the line l is the transformation of the plane that maps each point P to its mirror image P'.

माना तल पर एक रेखा l है तथा वहाँ एक बिन्दु P जिसका दर्पण प्रतिबिम्ब P' इस प्रकार है कि PP', l के लम्बवत् है तथा l, PP' को इसके मध्य-बिन्दु पर काटता है। इस प्रकार रेखा l में तल का परावर्तन तल का रूपान्तरण होता है जो प्रत्येक बिन्दु P को इसके दर्पण प्रतिबिम्ब से प्रतिचित्रित करता है।

reflex angle (रिफ्लेक्स एंगल) वृहद कोण। An angle which is greater than 180° but less than 360° is known as reflex angle. *e.g.*, 270°, 190° etc are reflex angles.

एक कोण जोकि 180° से बड़ा परन्तु 360° से छोटा होता है, वृहद कोण कहलाता है। जैसे—270°, 190° इत्यादि वृहद कोण है।

reflexive relation (रिफ्लेक्सिव रिलेशन) स्वतुल्य सम्बन्ध। A relation R on the set A is said to be reflexive relation if every element of A is related to itself. Thus, R is a reflexive relation if $(a, a) \in R, \forall a \in A$

e.g., for real numbers x and y, $xRy \Leftrightarrow x - y + \sqrt{2}$ is an irrational number. Then, relation R is a reflexive relation.

समुच्चय A पर सम्बन्ध R को स्वतुल्य सम्बन्ध कहते हैं यदि A का प्रत्येक अवयव स्वयं से सम्बन्धित हो। इस प्रकार, R को स्वतुल्य सम्बन्ध कहते हैं, यदि $(a, a) \in R$ $\forall a \in A$.

जैसे—वास्तविक संख्याओं x व y के लिए $xRy \Leftrightarrow x - y + \sqrt{2}$ अपरिमेय संख्या है।

तब, सम्बन्ध R एक स्वतुल्य सम्बन्ध है।

region (रिजन) क्षेत्र A connected subset of a two dimensional is knwon as region. There are some special types of regions such as open, closed bounded regions.

e.g., the set of point (x, y) satisfying $(x-1)^2 + (y-1)^2 < 2$ is the interior of the circle and is known as open region while a circle together with the interior is known as closed region.

द्विविमीय तल में सम्बद्ध उपसमुच्चय को क्षेत्र कहते हैं। यहाँ क्षेत्रों के कुछ विशेष प्रकार होते हैं। जैसे—विवृत्त, संवृत्त परिबद्ध क्षेत्र।

जैसे—बिन्दु (x, y) का समुच्चय जो $(x-1)^2 + (y-1)^2 < 2$ को सन्तुष्ट करता है वृत्त का अन्त: क्षेत्र कहलाता है तथा इसे विवृत्त क्षेत्र कहते हैं जबकि एक वृत्त अन्त: क्षेत्र के साथ संवृत्त क्षेत्र कहलाता है।

regression (रेगरेशन) समाश्रयण।

regular polygon (रेगुलर पॉलीगॉन) समबहुभुज। A polygon whose all the sides are of equal length, all interior angles have equal size and all the vertices lies on a circle, is known as regular polygon.

एक बहुभुज जिसकी सभी भुजाएँ समान लम्बाई की हैं, सभी अन्त: कोण समान आकार के हैं तथा सभी शीर्ष वृत्त पर स्थित होते हैं, समबहुभुज कहलाता है।

regular polyhedron (रेगूलर पॉलीहेड्रान) सम बहुफलक। A polyhedron which has regular congruent faces and congruent polyhedral angles, is known as regular polyhedron.

एक बहुफलक जिसमें सम सर्वांगसम फलक तथा सर्वांगमसम बहुतलीय कोण हो, समबहुफलक कहलाता है।

regular prism (रेगूलर प्रिज्म) सम प्रिज्म। A right prism that has regular polygon as bases, is known as regular prism.

एक लम्ब प्रिज्म जिसके आधार सम बहुभुज हो, सम प्रिज्म कहलाता है।

R

regular pyramid (**रेगूलर पिरामिड**) समपिरामिड। A right pyramid whose base is regular polygon, is known as regular pyramid.

एक लम्ब पिरामिड जिसका आधार एक समबहुभुज हो, समपिरामिड कहलाता है।

relation (**रिलेशन**) सम्बन्ध। Let A and B be two non-empty sets. Then, a relation R from A to B is a subset of $A \times B$. Thus, R is a relation from A to $B \Rightarrow R \subseteq A \times B$. If R is a relation from a non-empty set A to a non-empty set B and if $(a, b) \in R$, then we write aRb which is read as 'a is related to b' by the relation R. If $(a, b) \notin R$, then we write $a \not R b$ and is read as 'a is not related to b' by the relation R.

Domain of $R = \{a \in A : (a, b) \in R, \forall b \in B\}$

and range of $R = \{b \in B; (a, b) \in R, \forall a \in A\}$.

Here, B is called the codomain of R.

e.g., if R is a relation from a set $A = \{1, 2, 3\}$ to $B = \{1, 4, 9\}$, defined as "square root of" Here, $1R1, 2R4, 3R9$.

$\therefore \quad R = \{(1, 1), (2, 4), (3, 9)\}$

माना A व B दो अरिक्त समुच्चय हैं। तब, A से B पर एक सम्बन्ध R, $A \times B$ का उपसमुच्चय होता है। इस प्रकार, A से B पर सम्बन्ध R है $\Rightarrow R \subseteq A \times B$.

यदि एक अरिक्त समुच्चय A से अरिक्त समुच्चय B पर सम्बन्ध R है तथा यदि $(a, b) \in R$, तब हम aRb लिखते हैं जिसे "सम्बन्ध R द्वारा a, b से सम्बन्धित है" पढ़ते हैं। यदि $(a, b) \notin R$, तब हम $a \not R b$ लिखते हैं तथा "सम्बन्ध R द्वारा a, b से सम्बन्धित नहीं है" पढ़ते हैं।

R का प्रान्त $R = \{a \in A : (a, b) \in R, \forall b \in B\}$

तथा R का परास $= \{b \in B; (a, b) \in R, \forall a \in A\}$.

यहाँ B को R का सहप्रान्त कहते हैं। जैसे—यदि सम्बन्ध R, समुच्चय $A = \{1, 2, 3\}$ से $B = \{1, 4, 9\}$ में परिभाषित है कि ''का वर्गमूल'' यहाँ $1R1, 2R4, 3R9$.

$\therefore \quad R = \{(1, 1), (2, 4), (3, 9)\}$

relative acceleration (**रिलेटिव एक्सीलेरेशन**) सापेक्षिक त्वरण। Let $\mathbf{a}_1$ and $\mathbf{a}_2$ are acceleration of two particles P and Q respectively. Then, $\mathbf{a}_1 - \mathbf{a}_2$ is the acceleration of P relative to Q and $\mathbf{a}_2 - \mathbf{a}_1$ is the acceleration of Q relative to P. There accelerations are known as relative acceleration of P with respect to Q and of Q with respect to P respectively.

माना दो कणों P व Q के त्वरण क्रमशः $\mathbf{a}_1$ व $\mathbf{a}_2$ हैं। तब, $\mathbf{a}_1 - \mathbf{a}_2$, Q के सापेक्ष P का त्वरण होता है तथा $\mathbf{a}_2 - \mathbf{a}_1$, P के सापेक्ष Q का त्वरण होता है। इन त्वरणों को क्रमशः Q के सापेक्ष P का सापेक्षिक त्वरण तथा P के सापेक्ष Q का सापेक्षिक त्वरण कहते हैं।

relative error (**रिलेटिव एरर**) सापेक्षिक त्रुटि। If y is an approximation to a number x, then its relative error is $\dfrac{|x - y|}{|x|}$, which is defined only for $x \neq 0$.

यदि एक संख्या x का सन्निकटन y है, तब सापेक्षिक त्रुटि $\dfrac{|x - y|}{|x|}$ होती है जोकि $x \neq 0$ के लिए परिभाषित होती है।

relative position (**रिलेटिव पोजीशन**) सापेक्षिक स्थिति। Let $\mathbf{r}_1$ and $\mathbf{r}_2$ be position of two particles P and Q respectively. Then $\mathbf{r}_1 - \mathbf{r}_2$ is the position of P with respect to Q and

R

$\mathbf{r}_2 - \mathbf{r}_1$ is the position of Q with respect to P. There positions are known as relative positions of P with respect to Q and of Q with respect to P respectively.

माना दो कणों P व Q की स्थितियाँ क्रमशः $\mathbf{r}_1$ व $\mathbf{r}_2$ हैं। तब, $\mathbf{r}_1 - \mathbf{r}_2$, Q के सापेक्ष P की स्थिति तथा $\mathbf{r}_2 - \mathbf{r}_1$, P के सापेक्ष Q की स्थिति है। इन स्थितियों को Q के सापेक्ष P की सापेक्षिक स्थिति तथा P के सापेक्ष Q की सापेक्षिक स्थिति कहते हैं।

relative speed (रिलेटिव स्पीड) सापेक्षिक चाल। Let S_1 and S_2 be speeds of two particles P and Q respectively. Then, $S_1 - S_2$ is known as relative speed of P with respect to Q.

माना दो कणों P व Q की चाल क्रमशः S_1 व S_2 हैं। तब, $S_1 - S_2$ को Q के सापेक्ष P की सापेक्षिक चाल कहते हैं।

relative velocity (रिलेटिव वैलोसिटी) सापेक्षिक वेग। Let $\mathbf{v}_1$ and $\mathbf{v}_2$ be velocities of two particles P and Q respectively. Then, $\mathbf{v}_1 - \mathbf{v}_2$ is known as relative velocity of P with respect to Q.

माना दो कणों P व Q के वेग क्रमशः $\mathbf{v}_1$ व $\mathbf{v}_2$ हैं। तब $\mathbf{v}_1 - \mathbf{v}_2$ को Q के सापेक्ष P का सापेक्षिक वेग कहते हैं।

relatively prime (रिलेटिवली प्राइम) सापेक्ष अभाज्य। Two integers which have no common divisors, are known as relative prime. *e.g.*, 5 and 12 are relatively prime. They are also known as coprime.

दो पूर्णांक जिसमें कोई भी उभयनिष्ठ भाजक न हो, सापेक्ष अभाज्य कहलाते हैं। जैसे—5 व 12 सापेक्ष अभाज्य हैं। इन्हें सहअभाज्य भी कहते हैं।

remainder (रिमाइण्डर) शेषफल। A number which is remaining after one number is divided into another number an exact number of times, is known as remainder. *e.g.*, if 17 is divided into 2,then there will be 1 as remainder since 16 is divided in 2 eight times.

एक संख्या जोकि एक संख्या को दूसरी संख्या में ठीक संख्याओं बार बाँटी जाती है, शेषफल कहलाती है। जैसे—यदि 17 को 2 में विभाजित करते हैं, तब शेषफल 1 होगा चूँकि 16 को 2 में 8 बार बाँटते हैं।

remainder theorem (रिमाइण्डर थ्योरम) शेषफल प्रमेय। Remainder theorem states that if a polynomial $P(x)$ is divided by linear polynomial $x - a$, then the remainder is $P(a)$.

e.g., $x^2 + 2x + 2$ is divided by $x - 2$, then remainder $= (2)^2 + 2(2) + 2 = 4 + 4 + 2 = 10$.

If the remainder is zero, then this theorem reduces to factor theorem.

शेषफल प्रमेय के अनुसार, यदि एक बहुपद $p(x)$ को रैखिक बहुपद $x - a$ से भाग करते हैं, तब शेषफल $p(a)$ होता है।

जैसे—$x^2 + 2x + 2$ को $x - 2$ से भाग करते हैं, तब शेषफल

$= (2)^2 + 2(2) + 2 = 4 + 4 + 2 = 10.$

यदि शेषफल शून्य हो, तो यह प्रमेय गुणनखण्ड प्रमेय के योग्य बन जाती है।

removable discontinuity (रिमूवेबल डिस्कोन्टीन्यूटि) अपनेय असतत्। A function $f(x)$ is said to have a removable discontinuity at a point α if $f(\alpha + 0)$, $f(\alpha - 0)$ and $f(\alpha)$ exist but $f(\alpha + 0) = f(\alpha - 0) \neq f(\alpha)$. The function can be made continuous by defining it in such a way that $\lim_{x \to a} f(x) = f(\alpha)$.

R

e.g., $f(x) = [\sin x]$ where $x \in [0, \pi]$ has a removable discontinuity at $x = \frac{\pi}{2}$.

$\because \lim_{l \to \frac{\pi}{2}} [\sin x] = 0$ but $f\left(\frac{\pi}{2}\right) = 1$.

To remove this we redefine $f(x)$ as follows.

$$f(x) = \begin{cases} [\sin x], & x \in \left(0, \frac{\pi}{2}\right) \cup \left(\frac{\pi}{2}, \pi\right) \\ 0, & x = \frac{\pi}{2} \end{cases}$$

Now, $f(x)$ is continuous for $x \in (0, \pi)$

एक फलन को एक बिन्दु α पर अपनेय असतत् कहते हैं। यदि $f(\alpha + 0), f(\alpha - 0)$ तथा $f(\alpha)$ का अस्तित्व हो परन्तु $f(\alpha + 0) = f(\alpha - 0) \neq f(\alpha)$.

फलन को सतत् पुन: परिभाषित करके इस प्रकार बनाया जाता है कि $\lim_{x \to \alpha} f(x) = f(\alpha)$.

जैसे—$f(x) = [\sin x]$ जहाँ $x \in (0, \pi)$, $x = \frac{\pi}{2}$ पर अपनेय असतत् है।

$\because \lim_{l \to \frac{\pi}{2}} [\sin x] = 0$ परन्तु $f\left(\frac{\pi}{2}\right) = 1$.

इसे दूर करने के लिए $f(x)$ को निम्न प्रकार पुन: परिभाषित करते है।

$$f(x) = \begin{cases} [\sin x], & x \in \left(0, \frac{\pi}{2}\right) \cup \left(\frac{\pi}{2}, \pi\right) \\ 0, & x = \frac{\pi}{2} \end{cases}$$

अब $x \in (0, \pi)$ के लिए $f(x)$ सतत् है।

removable singularity (रिमूवेबल सिंगयुलैरिटि) अपनेय विचित्रिता। A point at which a function is not analytic, is known as sigularity. A function f has n removable singularity at z_0 if $f(z_0)$ can be redefined to make $f(z)$ analytic at z_0. *e.g.*, $f(z) = \frac{\sin z}{z}$ has a removable singularity at $z = 0$.

एक बिन्दु जिस पर एक फलन विश्लेषिक नहीं है, विचित्रिता कहलाती है। एक फलन f को z_0 पर अपनेय विचित्रिता का कहते हैं। यदि $f(z_0)$ को पुन: परिभाषित करके z_0 पर $f(z)$ विश्लेषिक है। जैसे—$f(z) = \frac{\sin z}{z}$, $z = 0$ पर अपनेय विचित्रिता रखता है।

repeatd root (रिपिटिड रूट) पुनरावृत्ति मूल। Let $f(x) = 0$ be an equation. If a is a root of $f(x)$ but $(x - a)^n$ its also factor of the equation $f(x) = 0$. Then, a is called the repeated root of the equation $f(x) = 0$. *e.g.*, for $x^2 + 4x + 4 = 0$, -2 is a repeated root.

माना $f(x) = 0$ एक समीकरण है। यदि $f(x)$ का एक मूल a है परन्तु $(x - a)^n$ भी समीकरण $f(x) = 0$ का एक गुणनखण्ड है। तब a को समीकरण $f(x) = 0$ का पुनरावृत्ति मूल कहते हैं। जैसे—$x^2 + 4x + 4 = 0$ के लिए, -2 पुनरावृत्ति मूल है।

repeating decimal (रिपिटिंग डेसीमल) आवर्ती दशमलव। A rational number which have infinitely repeating digits or group of digits after decimal, is known as repeating decimal, *e.g.*, $\frac{1}{3} = 0.3333\ldots = 0.3$ is a repeating decimal.

एक परिमेय संख्या जिसमें दशमलव के बाद अंकों या अंकों के समूह की अनन्त पुनरावृत्ति होती है, को आवर्ती दशमलव कहते हैं। जैसे— $\frac{1}{3} = 0.333\ldots = 0.\bar{3}$ एक आवर्ती दशमलव है।

representation of a vector (**रिप्रेजेन्टेशन ऑफ ए वेक्टर**) एक सदिश का निरूपण। A vector is generally represented by a directed line segment, say $\overrightarrow{\mathbf{AB}}$, A is called the initial point and B is called the terminal point. The positive number representing the measure of the length of the line segment denoting the vector is called the modulus or magnitude of the vector and arrow head indicates its direction. The modulus of vector $\overrightarrow{\mathbf{AB}}$, is denoted by $|\overrightarrow{\mathbf{AB}}|$.

एक सदिश को सामान्यत: एक निर्देशित रेखा खण्ड द्वारा निरूपित करते हैं माना $\overrightarrow{\mathbf{AB}}$. A को प्रारम्भिक बिन्दु कहते हैं तथा B को सीमान्त बिन्दु कहते हैं। एक सदिश को निरूपित करने वाले रेखाखण्ड की लम्बाई की माप को निरूपित करने वाली धनात्मक संख्या को सदिश का परिमाण या मापांक कहते हैं तथा तीर शीर्ष इसकी दिशा दर्शाता है। सदिश $\overrightarrow{\mathbf{AB}}$ के मापांक को $|\overrightarrow{\mathbf{AB}}|$ द्वारा निरूपित करते हैं।

residue (**रेजिड्यू**) अवशिष्ट। 1. The residue of a complex function $f(z)$ at a pole a is the coefficient of $(z-a)^{-1}$ in the Laurent expansion about a.

2. If m and n are natural numbers and a is an integer not divisible by m. Then, a is the residue of m of order n if there is a number x such that

$$x^n \equiv a\,(\text{mod}\,m).$$

1. ध्रुव a पर एक सम्मिश्र फलन का अवशिष्ट a के परित: लॉरेण्ट प्रसार में $(z-a)^{-1}$ का गुणांक होता है।

2. यदि m व n दो प्राकृतिक संख्याएँ हैं तथा a एक पूर्णांक m से भाज्य नहीं है। तब a को कोटि n का m का अवशिष्ट कहते हैं। यदि एक संख्या x इस प्रकार है कि

$$x^n \equiv a\,(\text{mod}\,m)$$

resolution (**रिसोल्यूशन**) वियोजन। The process in which a vector is divided into its components in two or three mutually perpendicular direction is known as resolution.

This process is also used to divide the velocity, acceleration, force etc in their components.

एक प्रक्रिया जिसमें एक सदिश को दो या तीन परस्पर लम्बवत् दिशाओं में विभाजित किया जाता है, वियोजन कहलाती है।

इस प्रक्रिया का उपयोग वेग, त्वरण तथा बल इत्यादि को भी इनके घटकों में विभाजित करने में भी प्रयोग किया जाता है।

resolve (**रिसोल्व**) वियोजन। Same as and see resolution

वियोजन के जैसा तथा वियोजन देखें।

resultant (**रिजल्टेण्ट**) परिणामी। The quantity produced by adding two or more same quantity viz vectors, forces, velocities, etc, is known as resultant.

दो या अधिक समान राशियों (जैसे—सदिशों, बलों वेगों इत्यादि) को जोड़ने पर प्राप्त राशि को परिणामी कहते हैं।

resultant of two coplanar forces (**रिजल्टेन्ट् ऑफ टू कॉप्लेनर फॉर्सेस्**) दो एक तलीय बलों का परिणाम। If P and Q are two forces and α is the angle between them, then the resultant of these two forces is

$$R = \sqrt{P^2 + Q^2 + 2PQ\cos\alpha}$$

and $\tan\theta = \dfrac{Q\sin\alpha}{P + Q\cos\alpha}$

where θ is the angle between resultant R and force P.

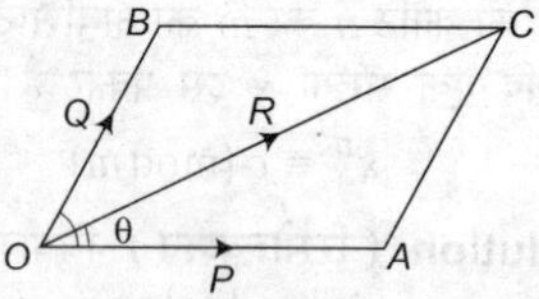

जब P, Q दो बल हैं, उनके O बीच का कोण, (जहाँ θ परिणामी बल परिणामी बल व साधारण बल के बीच का कोण है।

(i) Maximum $R = P + Q$, where $\alpha = \frac{\pi}{2}$

(ii) Minimum $R = |P - Q|$, when $\alpha = \pi$.

(iii) If $\alpha = \frac{\pi}{2}$, then $R = \sqrt{P^2 + Q^2}$, $\tan\theta = \frac{Q}{P}$

retardation (**रिटरडेशन**) मन्दन। The negative acceleration its known as retardation. Its direction is opposite to velocity of the particle. It decreased the velocity of the particle it is denoted by $(-f)$.

ऋणात्मक त्वरण को मन्दन कहते हैं। इसकी दिशा कण के वेग की दिशा से विपरीत होती है। यह कण के वेग को घटाता है। इसे $(-f)$ से प्रदर्शित करते हैं।

revolution (**रिवोल्यूशन**) परिक्रमण। One complete turn of a periodic motion is known as revolution, *e.g.*, earth is revolve about its axis.

आवर्ती गति का एक पूरा चक्कर परिक्रमण कहलाता है। जैसे—पृथ्वी अपने अक्ष के परित: परिक्रमण करती है।

revolve (**रिवोल्व**) परिक्रमण करना। Rotate about an axis or point.

एक बिन्दु या अक्ष के परित: घुमना।

rhombus (**रोमबस**) समचतुर्भुज। A quadrilateral which has all the sides of equal length is known as rhombus if d_1 and d_2 are its diagonals. Then, the area of rhombus is $\frac{1}{2} d_1 d_2$.

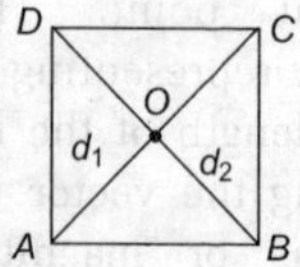

The diagonals of rhombus are bisect each other perpendicularly.

एक चतुर्भुज जिसकी सभी भुजाएँ समान लम्बाई की होती हैं, समचतुर्भुज कहलाता है। यदि d_1 व d_2 इसके विकर्ण हैं, तब समचतुर्भुज का क्षेत्रफल $\frac{1}{2} d_1 d_2$ होता है।

समचतुभुर्ज के विकर्ण परस्पर लम्बवत् समद्विभाजित करते है।

Riemann integral (**राइमन इन्टीग्रेल**) राइमन समाकलन। Let f be a real valued bounded function defined on $[a, b]$. We know that the set of all numbers $L(p, f)$ with respect to all possible partitions P of $[a, b]$ is bounded above by $M(b - a)$ and hence there exists a supremum of $L(P, f)$. The lower Riemann integral of f over $[a, b]$ is the supremum of $L(P, f)$ over all partitions $P \in P[a, b]$. It is denoted by $\int_a^b f(x)\,dx$.

Similarly, the set of numbers $U(P, f)$ is bounded below by $m(b - a)$ and so it possesses an infimum. The upper Riemann integral of f over $[a, b]$ is the infimum of $U(P, f)$ over all partitions $P \in P[a, b]$ and is denoted by $\int_a^{-b} f(x)\,dx$.

माना $[a, b]$ पर परिभाषित वास्तविक मान परिबद्ध फलन f है। हम जानते है कि $[a, b]$ के सभी वितरणों P के सापेक्ष सभी संख्याओं $L(P, f)$ का समुच्चय $M(b-a)$ से उपरिबद्ध है तथा तब $L(P, f)$ के उच्चक का अस्तित्व है। $[a, b]$ पर f का निम्न राइमन समाकलन सभी वितरणों $P \in P[a, b]$ पर $L(P, f)$ का उच्चक है। इसे $\int_{-a}^{b} f(x)$ द्वारा निरूपित करते हैं।

इसी प्रकार संख्याओं $U(P, f)$ का समुच्चय $m(b-a)$ से निम्न परिबद्ध है तथा इसलिए इसका निम्नतक होगा। $[a, b]$ पर f का उपरि राइमन समाकल सभी वितरणों $P \in P[a, b]$ पर $U(P, f)$ का निम्नक होता है। इसे $\int_{a}^{-b} f(x)\, dx$ द्वारा निरूपित करते हैं।

Riemann sum (राइमन सम) राइमन योग। Let f be a bounded function defined on a bounded interval $[0, b]$. Also, let $P = \{a = x_0, x_1, \ldots, x_n = b\}$ be any partition of $[0, b]$. Also, let m_r and M_r be infimum and supremum respectively of the function f on I_r, for $r = 1, 2, \ldots, n$.

Let $L(P, f) = \sum_{r=1}^{n} m_r \, \Delta x_r$

and $U(P, f) = \sum_{r=1}^{n} M_r \, \Delta x_r$.

$L(P, f)$ and $U(P, f)$ are known as lower Riemann and upper Riemann sum of f on $[a, b]$. With respect to the partition P respectively.

माना परिबद्ध अन्तराल $[a, b]$ पर परिभाषित परिबद्ध फलन f है। माना $P = \{a = x_0, x_1, \ldots, x_n = b\}$ $[a, b]$ का कोई वितरण है तथा माना I_r पर $r = 1, 2, \ldots, n$ के लिए फलन f के निम्नतम व उच्चक m_r व M_r हैं।

माना $L(P, f) = \sum_{r=1}^{n} m_r \, \Delta x_r$

तथा $U(P, f) = \sum_{r=1}^{n} M_r \, \Delta x_r$.

वितरण P के सापेक्ष $L(P, f)$ व $U(P, f)$ को $[a, b]$ पर f के निम्न राइमन योग तथा उपरि राइमन योग क्रमशः कहते हैं।

Riemann sphere (राइमन स्फीयर) राइमन गोला। The representation of the extended Complex plane by the stereographic projection is known as Riemann sphere.

विस्तारित सम्मिश्र तल का स्टीरियोग्राफिक प्रक्षेप द्वारा निरूपण को राइमन गोला कहते हैं।

right angle (राइट एंगल) समकोण। An angle whose measure is 90°, is known as a right angle. It is denoted by 90° or $\frac{\pi}{2}$.

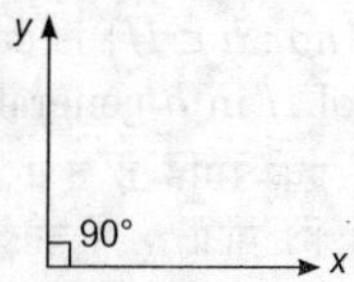

एक कोण जिसकी माप 90° है, समकोण कहलाता है। एक समकोण को 90° या $\frac{\pi}{2}$ लिखते हैं।

right angled triangle (राइट एंगल्ड ट्राइएंगल) समकोणीय त्रिभुज। A triangle whose one of angle is of measure 90°, is known as a right angled triangle

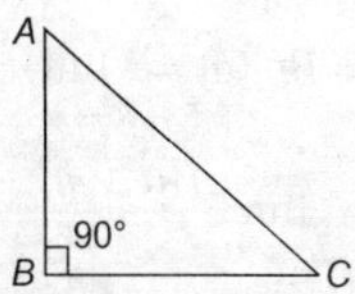

एक त्रिभुज जिसका एक कोण 90° की माप का हो, समकोणीय त्रिभुज या समकोण त्रिभुज कहलाता है।

right circular (**राइट सरक्यूलर**) लम्ब वृत्तीय A solid is known as right circular if its fixed base is circle and its axis is perpendicular to the plane of the circle. *e.g.*, right circular cone, right circular cyinder, etc.

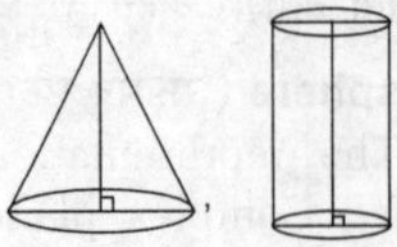

एक ठोस को लम्बवृत्तीय कहते हैं यदि इसका निश्चित आधार वृत्त है तथा इसका अक्ष वृत्त के तल के लम्बवत् होता है। जैसे—लम्बवृत्तीय शंकु, लम्बवृत्तीय बेलन आदि।

right coset (**राइट कोसेट**) दायाँ सहसमुच्चय। Let h is a group and H is any subgroup of h. Let a be any element of h. Then, the set $Ha = \{ha : h \in H\}$ is called a right coset of H in h generated by a.

माना h एक समूह है तथा H कोई h का उपसमूह है। माना h में कोई अवयव a है। तब समुच्चय $Ha = \{ha : h \in H\}$ को a द्वारा जनित h में H का दायाँ सहसमुच्चय कहते हैं।

R

right hand derivative (**राइट हैन्ड डेरीवेटिव**) दायाँ अवकलज। Let $f(x)$ be a function and a be a point in the domain of f. Then, right hand derivative is denoted by $Rf'(a)$ and is defined as

$$\text{RHD} = Rf'(a) = \lim_{x \to a^+} \frac{f(x) - f(a)}{x - a}$$

$$= \lim_{h \to 0} \frac{f(a + h) - f(a)}{h}$$

माना $f(x)$ एक फलन है तथा f के प्रान्त में कोई बिन्दु a है। तब दाएँ अवकलज को $Rf'(a)$ द्वारा निरूपित करते हैं तथा निम्न प्रकार परिभाषित करते है

$$\text{RHD} = Rf'(a) = \lim_{x \to a^{+1}} \frac{f(x) - f(a)}{x - a}$$

$$= \lim_{h \to 0} \frac{f(a + h) - f(a)}{h}$$

right hand limit (**राइट हैण्ड लिमिट**) दाईं सीमा। A function f is said to approach l as x approaches a from right if corresponding to an arbitrary positive number ε, there exists a positive number δ such that $| f(x) - l | < \varepsilon$ when ever $a < x < a + \delta$.

It is written as

$$\lim_{x \to a^+} f(x) = l \text{ or } f(a + 0) = l.$$

एक फलन f को l की ओर अग्रसरित कहते हैं जब x दाईं ओर से a की ओर अग्रसारित होता है यदि एक स्वेच्छ धनात्मक संख्या ε के संगत एक धनात्मक संख्या δ का अस्तित्व इस प्रकार हो कि $| f(x) - l | < \varepsilon$ जबकि $a < x < a + \delta$.

इसे निम्न प्रकार लिखा जा सकता है

$$\lim_{x \to a^+} f(x) = l \text{ या } f(a + 0) = l.$$

right handed system (**राइट हैण्डिड सिस्टम**) दायाँ निकाय। Let OX, OY and OZ are three mutually perpendicular directed lines which intersect at the point O. They form a right handed system if a person standing with his head in the positive z-directions and facing the positive y-direction and have positive x-direction to his right.

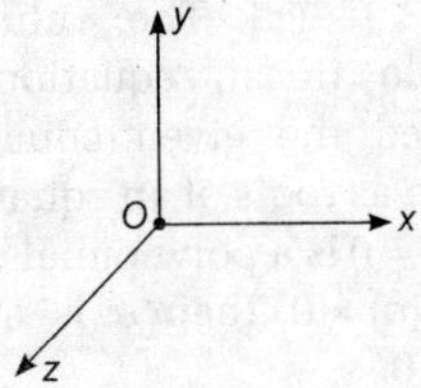

माना OX, OY व OZ तीन परस्पर लम्बवत् निर्देशित रेखा हैं जो O पर प्रतिच्छेद करती हैं। वे एक दायाँ निकाय बनाती है यदि एक व्यक्ति इस प्रकार खड़ा हो कि उसका सिर z-दिशा में तथा धनात्मक y-दिशा की ओर मुँह हो तथा धनात्मक x-दिशा उसके दाईं ओर हो।

right prism (राइट प्रिज्म) लम्ब प्रिज्म। A prism in which its lateral faces are perpendicular to its bases, is known as right prism.

एक प्रिज्म जिसके पार्श्वीय फलक इसके आधारों के लम्बवत् हो, लम्ब प्रिज्म कहलाता है।

right pyramid (राइट पिरामिड) लम्ब पिरामिड। A pyramid whcih has its vertex is directly above the centre of its base, is known as right pyramid.

एक पिरामिड जिसमें इसका शीर्ष इसके आधार के केन्द्र के ठीक ऊपर होता है, लम्ब पिरामिड कहलाता है।

rigid body (रिजिड़ बॉडी) दृढ़ पिण्ड। A body which is the collection of particles distances between two particles of body do not change with time, is known as rigid body.

एक पिण्ड जोकि कणों का संग्रह होता है। जहाँ पिण्ड के दो कणों के बीच दूरियाँ समय के साथ बदलती हैं। दृढ़ पिण्ड कहलाता है।

ring (रिंग) वलय। Let R is a non-empty set equipped with two binary operations called addition and multiplication and denoted by + and respectively, *i.e.*, for all $a, b \in R$, we have $a + b \in R$ and $a \cdot b \in R$. Then, this algebraic structure $(R, +, \cdot)$ is called a ring if the following postulates are satisfied.

(i) Addition is associative.

(ii) Addition is commutative.

(iii) There exists an element denoted by 0 in R such that $0 + a = 0, \forall a \in R$

(iv) To each element a in R there exists an element $-a$ in R such that $-a + a = 0$.

(v) Multiplication is associative

(vi) Multiplication is distributive with respect to addition.

माना दो द्विआधारी संक्रियाएँ जो योग तथा गुणा कहलाती है तथा क्रमशः + व · द्वारा निरूपित करते हैं, के साथ एक अरिक्त समुच्चय R है अर्थात् सभी $a, b \in R$ के लिए $a + b \in R$ तथा $a \cdot b \in R$ तब इस बीजगणितीय संरचना $(R, +, \cdot)$ को वलय कहते हैं। यदि यह निम्न नियमों को सन्तुष्ट करते हैं

(i) योग साहचर्य है

(ii) योग क्रमविनिमेय है

(iii) R में 0 द्वारा निरूपित एक अवयव का अस्तित्व इस प्रकार हो कि $0 + 0 = a, \forall a \in R$।

(iv) R में प्रत्येक अवयव a के लिए R में एक अवयव अस्तित्व इस प्रकार है कि $-a + a = 0$.

(v) गुणा साहचर्य है।

(vi) योग के सापेक्ष गुणा वितरित है।

R

rod (रॉड) छड़। An idealized material object having length and density but no thickness is known as rod. If its density is constant, the rod is uniform.

एक एकसमान आदर्श धातु का पिण्ड जिसकी लम्बाई व घनत्व हो परन्तु मोटाई ना हो, छड़ कहलाती है। यदि इसका घनत्व अचर है, तब छड़ को एकसमान कहते है।

Rolle's theorem (रॉले'स थ्योरम) रोले का प्रमेय। Rolle's theorem states that if a function $f(x)$.

1. is continuous in the closed internal $[a, b]$.
2. is differentiable in an open interval (a, b).
3. and $f(a) = f(b)$.

Then, there will be atleast one point C in the interval (a, b) such that $f'(c) = 0$.

रोले के प्रमेय के अनुसार यदि फलन $f(x)$

1. संवृत्त अन्तराल $[a, b]$ में सतत् है।
2. विवृत्त अन्तराल (a, b) में अवकलनीय है।
3. तथा $f(a) = f(b)$

तब अन्तराल (a, b) में कम-से-कम एक बिन्दु C इस प्रकार हो ताकि $f'(c) = 0$.

R

roman numeral (रोमन न्यूमेरल) रोमन अंक। The numeral to represent 1, 5, 10, 50, 100, 500 and 1000 in roman number system, are known as roman numeral which are I, V, X, L, C, D and M respectively.

रोमन संख्या पद्धति में 1, 5, 10, 50, 100, 500 व 1000 को निरूपित करने में प्रयुक्त अंकों को रोमन अंक कहते हैं जोकि I, V, X, L, C, D तथा M क्रमशः हैं।

root (रूट) मूल। The values of a variable in an equation which satisfied the given equation are known as roots of an equation, *i.e.*, if $f(x) = 0$ is a polynomial equation and $f(a) = 0$, then a is a root of $f(x) = 0$.

एक समीकरण में चर के मान जो दी गई समीकरण को सन्तुष्ट करते हैं, समीकरण के मूल कहलाते हैं अर्थात् यदि $f(x) = 0$ एक बहुपद समीकरण है तथा $f(a) = 0$, तब a को $f(x) = 0$ का मूल कहते हैं।

root of unity (रूट ऑफ यूनिटि) इकाई के मूल। See nth root of unity.

इकाई का nवाँ मूल देखें।

rough surface (रफ सरफेस) रूक्ष तल या पृष्ठ। A surface which generates friction is known as rough surface.

एक पृष्ठ जो घर्षण को जनित करता है, रूक्ष पृष्ठ कहलाता है।

round (राउण्ड) गोल। A shape like a circle or sphere

एक वृत्त या गोले के जैसा आकार

round off error (राउण्ड ऑफ एरर) निकटन त्रुटि। When a number x is rounded to a certain number of digits to obtain an approximation a, then the error is called the round off error.

जब एक संख्या x को अंकों की निश्चित संख्या तक निकटन करके एक सन्निकटन a को प्राप्त करते हैं। तब त्रुटि को निकटन त्रुटि कहते हैं।

rounding error (राउण्डिंग एरर) निकटन त्रुटि। Another name of round off error.

निकटन त्रुटि का दूसरा नाम।

row (रॉ) पंक्ति। A horizontal line of elements in a matrix or determinant is known as row.

एक आव्यूह या सारणिक में अवयवों की एक क्षैतिज रेखा को पंक्ति कहते हैं।

row equivalence (रॉ इक्वीवेलन्स) पंक्ति तुल्यता। In two matrices, one can be transformed into the other by a finite set of elementary matrix operations on its rows. These two matrices are known as row equivalence. *e.g.*, let $A = \begin{bmatrix} 1 & 0 \\ 0 & 1 \end{bmatrix}$

use operation $R_1 \to R_1 + R_2$,

$B = \begin{bmatrix} 1 & 1 \\ 0 & 1 \end{bmatrix}$ here A and B are row equivalence.

दो आव्यूहों में, एक आव्यूह को दूसरे में इसकी पंक्ति पर प्रारम्भिक आव्यूह संक्रियाओं के परिमित समुच्चयों द्वारा परिवर्तित करते हैं, में दो आव्यूहों को पक्ति तुल्य कहलाते हैं। जैसे—माना $A = \begin{bmatrix} 1 & 0 \\ 0 & 1 \end{bmatrix}$ संक्रिया

$R_1 \to R_1 + R_2$ लगाने पर, $B = \begin{bmatrix} 1 & 1 \\ 0 & 1 \end{bmatrix}$

यहाँ A तथा B पंक्ति तुल्य हैं।

row matrix (रॉ मैट्रिक्स) पंक्ति आव्यूह। A matrix which has only one row and any number of columns, is called a row matrix.

e.g., $A = [7\ 5\ 1\ 4]_{1 \times 4}$ is a row matrix.

एक आव्यूह जिसमें केवल एक पंक्ति तथा किसी भी गिनती में स्तम्भ हो, पंक्ति आव्यूह कहलाता है। जैसे—$A = [7\ 5\ 1\ 4]_{1 \times 4}$ एक पंक्ति आव्यूह है।

row operation (रॉ आपरेशन) पंक्ति संक्रिया। See elementary row operation.

प्रारम्भिक पंक्ति संक्रिया देखें।

row vector (रॉ वेक्टर) पंक्ति सदिश। Another name of row matrix.

पंक्ति आव्यूह का दूसरा नाम।

R

S

saa congruence (**साँ कोणग्रुएन्स्**) भुजा-कोण-कोण सर्वांगसम। When two triangles have corresponding angle and sides that are congruent as shown below, the triangles are said to be congruent.

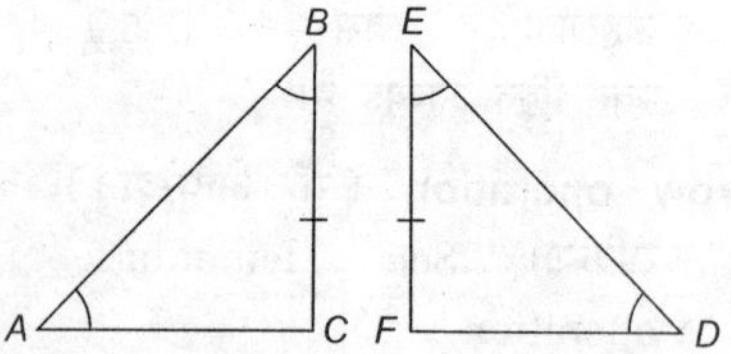

यदि दो दिए गए त्रिभुजों के दो कोण और एक भुजा अलग-अलग बराबर हों, तो दोनों त्रिभुज भुजा-कोण-कोण सर्वांगसम कहलाते हैं।

saddle point (**सैडिल प्वाइन्ट**) सैडिल बिन्दु। For a given surface $z = f(x, y)$ a saddle point occurs at a point where the function $f(x, y)$ is neither maximum nor minimum.

किसी दिए गए पृष्ठ $z = f(x, y)$ पर स्थित वह बिन्दु जहाँ फलन $f(x, y)$ न हो उच्चिष्ठ होता है और न ही निम्निष्ठ होता है। सैडिल बिन्दु कहलाते हैं।

sample (**सैम्पल**) नमूना। This is a finite subset of population. A sample consisting of n items is known as sample of size n.

यह जनसंख्या के समुच्चय का एक निश्चित उपसमुच्चय होता है। n वस्तुओं को समाहित करने वाले किसी नमूने का आकार n होता है।

sample space (**सैम्पल स्पेस**) प्रतिदर्श समष्टि। The set consisting of all possible outcomes of a random experiment is known as sample space. This is denoted by S. For example, if we rolled two dice at a time, the sample space is

$S = \{(1, 1), (1, 2), (1, 3), (1, 4), (1, 5), (1, 6), (2, 1), (2, 2), (2, 3), (2, 4), (2, 5), (2, 6), (3, 1), (3, 2), (3, 3), (3, 4), (3, 5), (3, 6), (4, 1), (4, 2), (4, 3), (4, 4), (4, 5), (4, 6), (5, 1), (5, 2), (5, 3), (5, 4), (5, 5), (5, 6), (6, 1), (6, 2), (6, 3), (6, 4), (6, 5), (6, 6)\}$. So, the total number of sample space = 36

किसी यादृच्छिक प्रयोग के सभी परिणामों को समाहित करने वाला समुच्चय प्रतिदर्श समष्टि कहलाता है। इसे S से निरूपित करते हैं। जैसे—यदि किसी पाँसे को दो बार उछाला जाए, तो प्रतिदर्श समष्टि

$S = \{(1, 1), (1, 2), (1, 3), (1, 4), (1, 5), (1, 6), (2, 1), (2, 2), (2, 3), (2, 4), (2, 5), (2, 6), (3, 1), (3, 2), (3, 3), (3, 4), (3, 5), (3, 6), (4, 1), (4, 2), (4, 3), (4, 4), (4, 5), (4, 6), (5, 1), (5, 2), (5, 3), (5, 4), (5, 5), (5, 6), (6, 1), (6, 2), (6, 3), (6, 4), (6, 5), (6, 6)\}$। अत: प्रतिदर्श समष्टि की कुल संख्या = 36

sas congruence (**सैस कोणग्रुएन्स्**) भुजा-कोण-भुजा सर्वांगसम। When two triangles have corresponding angles and sides that are congruent as shown below the triangles are said to be sas congruent, the following triangle is sas congruent.

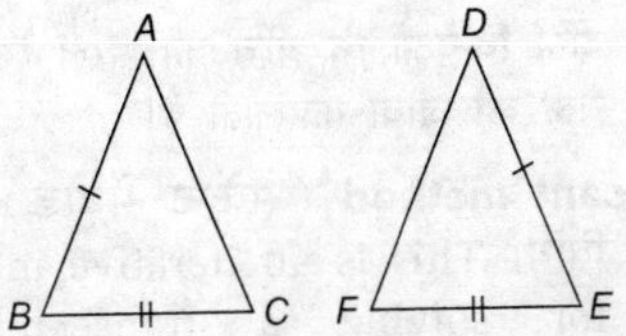

यदि दो त्रिभुजों की दो भुजाएँ और एक कोण अलग-अलग बराबर हों, तो दोनों त्रिभुज भुजा-कोण-भुजा सर्वांगसम कहलाते हैं।

sas similarity (सैस सिमिलॉरिटी) भुजा-कोण-भुजा समरूप। When two triangles have corresponding angles that are congruent and corresponding sides with identical ratios as shown below, the triangle are said to be sas similar.

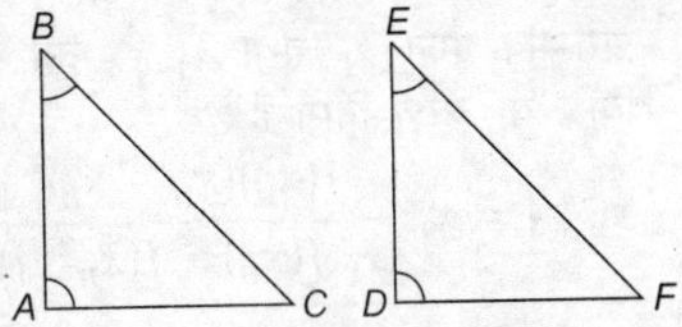

The marked angles are congruent and $\frac{AB}{DE} = \frac{AC}{DF}$

यदि दो त्रिभुजों के एक कोण अलग-अलग बराबर हो तथा दो-दो भुजाओं के अनुपात अलग-अलग बराबर हो, तो दोनों त्रिभुज भुजा-कोण-भुजा समरूप कहलाते हैं।

चिन्हित कोण सर्वांगसम है तथा

$$\frac{AB}{DE} = \frac{AC}{DF}$$

scalar matrix (स्केलर मैट्रिक्स) अदिश आव्यूह। A square matrix whose all the elements on leading diagonal are equal and rest elements of the matrix are zero, is said to be scalar matrix. For example, the matrix

$$A = \begin{bmatrix} a & 0 & 0 \\ 0 & a & 0 \\ 0 & 0 & a \end{bmatrix}$$

is a scalar matrix. Thus, identity matrix is a particular case of scalar matrix and scalar matrix is a particular case of diagonal matrix.

यदि किसी आव्यूह के मुख्य विकर्ण के अवयव समान हो तथा अन्य अवयव शून्य हो, तो वह आव्यूह अदिश आव्यूह कहलाता है। जैसे—आव्यूह

$$A = \begin{bmatrix} a & 0 & 0 \\ 0 & a & 0 \\ 0 & 0 & a \end{bmatrix}$$

एक अदिश आव्यूह है। अतः इकाई आव्यूह, अदिश आव्यूह की एक विशेष स्थिति है तथा अदिश आव्यूह विकर्ण आव्यूह की एक विशेष स्थिति है।

scalar factor (स्केलर फैक्टर) अदिश गुणनखण्ड। The ratio of any two corresponding lengths in two similar geometric figures is known as scalar factor. For example, the ratio of areas of two similar geometric figures is the square of the scalar factor. Similarly, the ratio of volume of two similar geometric figures is the cube of the scalar factor.

दो समरूप ज्यामितीय के दो सापेक्ष राशियों के अनुपात को अदिश गुणनखण्ड कहते हैं। जैसे—दो समरूप ज्यामितीय आकृतियों के क्षेत्रफल का अनुपात अदिश गुणनखण्ड के वर्ग के बराबर होता है। इसी प्रकार, दो समरूप ज्यामितीय आकृतियों के आयतन का अनुपात, अदिश गुणनखण्ड के घन के बराबर होता है।

Scatter Diagram (स्केटर डायग्राम) बिखरा आरेख The graph of paired data in which the data values are plotted as (x, y) points is known as scatter diagram.

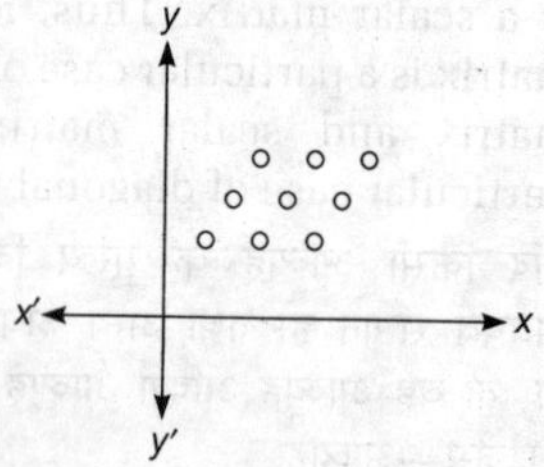

युग्मित आँकड़ों का वह ग्राफ जिसमें आँकड़ों के मानों को बिन्दुओं के रूप में रखा जाता है। बिखरा आरेख कहलाता है।

scientific notation (साइंटिफिक नोटेशन) वैज्ञानिक संकेत। In scientific notation, all the real numbers are written in the form of $a \cdot 10^b$ where $1 \leq a < 10$ and b is an integer. *e.g.,* in scientific notation.

$$351 = 3.51 \times 10^2$$

वैज्ञानिक संकेत के रूप में प्रत्येक वास्तविक संख्या को $a \cdot 10^b$ के रूप में लिखा जाता है जहाँ a तथा b पूर्णांक हैं। जैसे—वैज्ञानिक संकेत में

$$351 = 3.51 \times 10^2$$

secant (सेकेन्ट) छेदक। A line which cuts a given curve is known as secant line. If a secant line cuts a curve at two points, the segment of the line between the two points of intersection is a chord of the curve. *e.g.,*

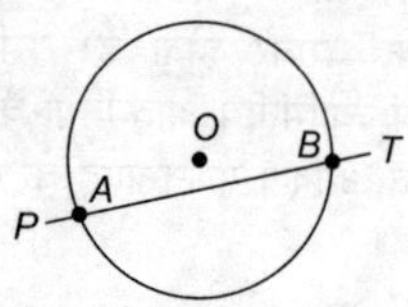

$PT \rightarrow$ Secant line

$AB \rightarrow$ Chord

किसी वक्र को प्रतिच्छेद करने वाली रेखा छेदक रेखा कहलाती है। यदि छेदक रेखा किसी वक्र को दो बिन्दुओं पर काटती है, तो दोनों बिन्दुओं के बीच की सरल रेखाखण्ड वक्र की जीवा कहलाती है।

secant method (सेकेन्ट मेथोड) छेदक विधि। This is an iterative method for solving a transcendental equation $f(x) = 0$ in one variable. Given distinct initial guesses x_0 and x_1 for a root, the secant method consists of the iteration

$$x_{n+1} = x_n - \frac{f(x_n)(x_n - x_{n-1})}{f(x_n) - f(x_{n-1})}$$

for $n = 1, 2, 3, \ldots$

यह एक चर की अबीजगणितीय समीकरण $f(x) = 0$ को हल करने की चरणीय विधि है। एक मूल के लिए दिए गए अलग-अलग प्रारम्भिक मान x_0 तथा x_1 है, तब छेदक विधि के चरण निम्न है

$$x_{n+1} = x_n - \frac{f(x_n)(x_n - x_{n-1})}{f(x_n) - f(x_{n-1})}$$

$n = 1, 2, 3, \ldots$

second (सेकेण्ड) सेकण्ड। This is a unit of angle equal to $\frac{1}{60}$ of a minute.

यह कोण मापक की इकाई है। जो मिनट के $\frac{1}{60}$ भाग के बराबर होता है।

second derivative (सेकेण्ड डेरीवेटिव) द्वितीय अवकलन। The derivative of a derivative is known as second order derivative denoted by $\frac{d^2y}{dx^2}$ or y'' or $f''(x)$. *e.g.,* the second derivative of

$f(x) = 3x^2 + 2x + 4$ is $f''(x) = 6$

किसी फलन के अवकलन का अवकलन द्वितीय अवकलन कहलाता है, जिसे $\frac{d^2y}{dx^2}$ या y'' या $f''(x)$ से निरूपित करते हैं। जैसे—फलन

$$f(x) = 3x^2 + 2x + 4$$

का द्वितीय अवकलन

$$f''(x) = 6$$

second order critical point (सेकेण्ड ऑर्डर क्रिटिकल प्वाइन्ट) द्वितीय क्रम के क्रान्तिक बिन्दु। A point on the graph of a function at which the second derivative is either zero or undefine is known as second order critical point.

किसी फलन के आरेख पर स्थित वह बिन्दु जिस पर द्वितीय अवकलन या तो शून्य हो या अपरिभाषित हो, द्वितीय क्रम का क्रान्तिक बिन्दु कहलाता है।

second order differentia, equation (सेकेण्ड ऑर्डर डिफेरेन्शियल इक्वेशन) द्वितीय क्रम का अवकल समीकरण। An ordinary differential equation that contains a second order derivative and no higher order derivative is known as second order differential equation. *e.g.*,

$$\frac{d^2y}{dx^2} - \frac{dy}{dx} - 2y = e^x$$

is a second order differential equation.

वह साधारण अवकल समीकरण, जो द्वितीय क्रम का अवकलज समाहित करता है तथा जो इससे अधिक क्रम का अवकलज नहीं रखता है, द्वितीय क्रम का अवकल समीकरण कहलाता है। जैसे—

$$\frac{d^2y}{dx^2} - \frac{dy}{dx} - 2y = e^x$$

एक द्वितीय क्रम का अवकल समीकरण है।

sector of a circle (सेक्टर ऑफ ए सर्किल) वृत्तखण्ड। A part of a circle lying between two radii and either of the area that they cut off, is known as sector of circle.

The area of a sector is $\frac{1}{2} r^2\theta$, where r is the radius and θ the angle in radians subtended by the arc at the centre of the circle.

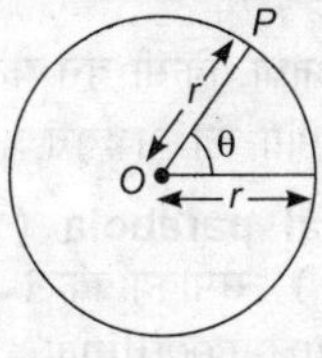

किसी वृत्त की दो त्रिज्याओं के मध्य स्थित भाग और या तो उनसे घिरा हुआ क्षेत्रफल वृत्तखण्ड कहलाता है। वृत्तखण्ड का क्षेत्रफल $\frac{1}{2} r^2\theta$ होता है। जहाँ r वृत्त की त्रिज्या तथा θ वृत्त के चाप द्वारा केन्द्र पर बना रेडियन में, कोण है।

segment (सेगमेण्ट) खण्ड। A segment of a circle is the region bounded by an arc *AB* of the circle and chord *AB*

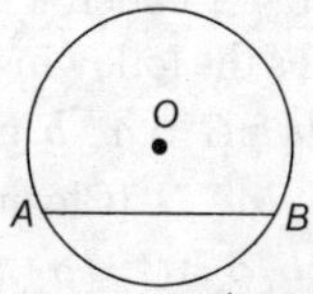

AB-segment (खण्ड)

किसी वृत्त की जीवा *AB* तथा चाप *AB* द्वारा घिरा क्षेत्र वृत्त का खण्ड होता है।

semiaxis (सेमियाक्सिस्) उपअक्ष। A line segment that is one half of an axis of a conic is known as semiaxis.

वह रेखाखण्ड जो किसी शांकव के किसी एक अक्ष की आधी होती है। उपअक्ष कहलाती है।

semicircle (सेमीसर्किल) अर्द्धवृत्त। Half a circle; either of the two parts of a circle cut off by a diameter, is known as semicircle.

S

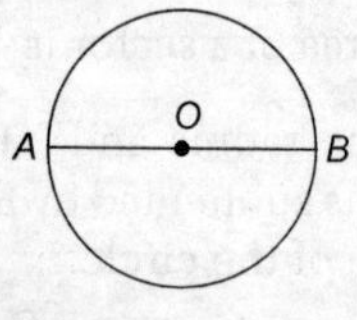

वृत्त का आधा, किसी वृत्त के व्यास के दोनों ओर के भाग को अर्द्धवृत्त कहते हैं।

semicubical parabola (**सेमीक्यूबिकल पैराबोला**) सेमीक्यूबिकल परवलय। In cartesian coordinate system a plane curve with the equation

$$y^2 = kx^3$$

is known as semicubical parabola.

कार्तीय निर्देशांक पद्धति में एक समतल वक्र जिसका समीकरण

$$y^2 = kx^3$$

हो, सेमीक्यूबिकल परवलय कहलाता है।

semigroup (**सेमीग्रुप**) उपसमूह। A non-empty set with one binary operator * is called a semigroup if it satisfies the following properties :

(i) $\forall a, b \in G \Rightarrow a * b \in G$ (Closure property)

(ii) $\forall a, b, c \in G \Rightarrow a * (b * c) = (a * b) * c$ (Associative property)

एक अरिक्त समुच्चय एक द्विआधारी क्रिया* के साथ उपसमूह कहलाता है। यदि वह निम्न गुण सन्तुष्ट करता है।

(i) $\forall a, b \in G \Rightarrow a * b \in G$ (संवरक गुणधर्म)

(ii) $\forall a, b, c \in G$
$\Rightarrow a * (b * c) = (a * b) * c$ (साहचर्य गुणधर्म)

Semiperimeter (**सेमीपेरीमीटर**) अर्द्धपरिमाप Half the perimeter of a plane geometric figure is known as semiperimeter. *e.g.*, the semiperimeter of a triangle with sides, a, b and c is $s = \frac{a + b + c}{2}$

किसी समतल ज्यामितीय आकृति के परिमाप का आधा, अर्द्धपरिमाप कहलाता है।

जैसे—किसी त्रिभुज, जिसकी भुजाएँ a, b तथा c हैं, का अर्द्धपरिमाप

$$s = \frac{a + b + c}{2}$$

separable differential equation (**सेपरेबल डिफरेन्शियल इक्वेशन**) चर पृथक्करण अवकल समीकरण। If the differential equation can be put in the form $f(x)\,dx = g(y)\,dy$ we say that the variables are separable and such equation can be solved by integrating on both sides. The solution is

$$\int f(x)\,dx = \int g(y)\,dy + C$$

where C is the constant of integration.

यदि किसी अवकल समीकरण को $f(x)\,dx = g(y)\,dy$ के रूप में लिखा जा सकता है। तो हम कहते हैं कि चर पृथक्करण है। इस प्रकार के समीकरणों को दोनों ओर समाकलन करके हल किया जा सकता है। अतः हल

$$\int f(x)\,dx = \int g(y)\,dy + C$$

प्राप्त होता है, जहाँ C एक समाकलन स्थिरांक है।

sequence (**सिक्वेन्स**) अनुक्रम। A sequence is a mapping $f : N \to X$ given by

$$a_1, a_2, \ldots, a_n, \ldots$$

where

$$a_1 = f(1)$$
$$a_2 = f(2)$$
$$\ldots\ldots\ldots\ldots$$
$$\ldots\ldots\ldots\ldots$$
$$a_n = f(n)$$

e.g.,

(i) 1, 4, 9, 16, 25 ,...

(ii) −1, 1, − 1, 1, − 1, ...

(iii) $\frac{x}{1!}, \frac{x^2}{2!}, \frac{x^3}{3!}, \frac{x^4}{4!}, \ldots$

are sequences.

एक अनुक्रम एक प्रतिचित्रण $f : N \to X$ है जो निम्नवत् होता है

$$a_1, a_2, \ldots, a_n, \ldots$$

जहाँ

$$a_1 = f(1)$$
$$a_2 = f(2)$$
$$\ldots\ldots\ldots\ldots$$
$$\ldots\ldots\ldots\ldots$$
$$a_n = f(n)$$

जैसे—

(i) 1, 4, 9, 16, 25 ,...

(ii) −1, 1, − 1, 1, − 1, ...

(iii) $\frac{x}{1!}, \frac{x^2}{2!}, \frac{x^3}{3!}, \frac{x^4}{4!}, \ldots$

अनुक्रम हैं।

series (सीरीज) श्रेणी। The series is a sequence whsoe terms are related by either plus or minus sign.

$$\sum_{n=1}^{\infty} a_n = a_1 + a_2 + \ldots + a_n + \ldots$$

is a series.

A series is said to be finite, if it has finite number of terms, otherwise infinite.

वह अनुक्रम जिसके पद धन अथवा ऋण चिन्हों द्वारा सम्बन्धित होते हैं। श्रेणी कहलाता है। जैसे—

$$\sum_{n=1}^{\infty} a_n = a_1 + a_2 + \ldots + a_n + \ldots$$

एक श्रेणी है।

एक श्रेणी जिसमें पदों की संख्या निश्चित होती है। निश्चित श्रेणी कहलाती है। अन्यथा अनिश्चत श्रेणी कहलाती है।

set (सैट) समुच्चय। A collection of well defined objects like group of numbers, group of variables, group of geometric figure etc., is known as set. Sets are written using set braces {}. *e.g.*, $\{a, b, c\}$ and $\{x, y, z\}$ are sets. The order of element does not matter in a set, this means the sets $\{a, b, c\}$, $\{b, c, a\}$, $\{a, c, b\}$ and $\{b, a, c\}$ are same. Also, repeatation does not matter either, so the set $\{a, b\}$ or $\{a, a, b\ b, b, b\}$ are same sets.

वस्तुओं के सुपरिभाषित समूह, जैसे— संख्याओं का समूह, चरों का समूह, ज्यामितीय आकृतियों का समूह इत्यादि समुच्चय कहलाता है। समुच्चय लिखने को {} कोष्ठक का उपयोग किया जाता है। जैसे— $\{a, b, c\}$ तथा $\{x, y, z\}$ समुच्चय हैं। किसी समुच्चय में अवयवों का क्रम महत्त्वविहीन होता है। अर्थात् समुच्चय $\{a, b, c\}$, $\{b, c, a\}$, $\{a, c, b\}$ तथा $\{b, a, c\}$ समान समुच्चय हैं। किसी समुच्चय में अवयवों की पुनरावृत्ति का कोई महत्त्व नहीं होता है। इस प्रकार, समुच्चय $\{a, b\}$ तथा $\{a, a, b, b, b, b\}$ समान समुच्चय हैं।

set builder notation (सैट बिल्डर नोटेशन) समुच्चय निर्माण संकेतन। This is a shorthand technique used to write sets, often sets with infinite number of elements. *e.g.*, the set $\{x : x > 5$ is a natural number$\}$ is read as "The set of all natural numbers greater than 5."

यह किसी समुच्चय को संक्षेप में लिखने की तकनीक है। अनन्त समुच्चयों को लिखने में यह तकनीक ज्यादा प्रयोग की जाती है। जैसे—समुच्चय $\{x : x > 5$ एक प्राकृतिक

S

संख्या है} ''प्राकृतिक संख्याओं का वह समुच्चय है जो 5 से बड़े हैं'' पढ़ा जाता है।

sexagesimal system (सेक्साजेसिमल सिस्टम) षाष्टिक पद्धति। In this system

1 right angle = 90 degree (90°)

$1^\circ = 60$ min $(60')$

$1' = 60$ s $(60'')$

इस पद्धति में,

1 समकोण = 90 अंश (90°)

$1^\circ = 60$ मिनट $(60')$

$1' = 60$ सेकण्ड $(60'')$

Shell method (शेल मेथोड) शेल विधि This is a technique for finding the volume of a solid of revolution given by

$$\text{Volume} = \int_a^b 2\pi x f(x)\, dx$$

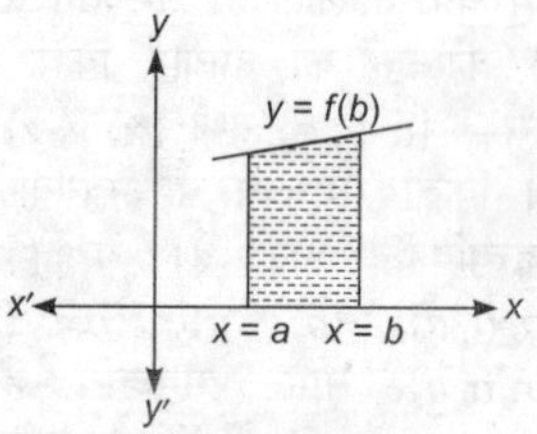

यह किसी ठोस के घूर्णन का आयतन प्राप्त करने की विधि है, जो निम्न है

$$\text{आयतन} = \int_a^b 2\pi x f(x)\, dx$$

side of a polygon (साइड ऑफ ए पॉलीगॉन) बहुभुज की भुजा। Any of the line segments that make up a polygon is known as side of a polygon.

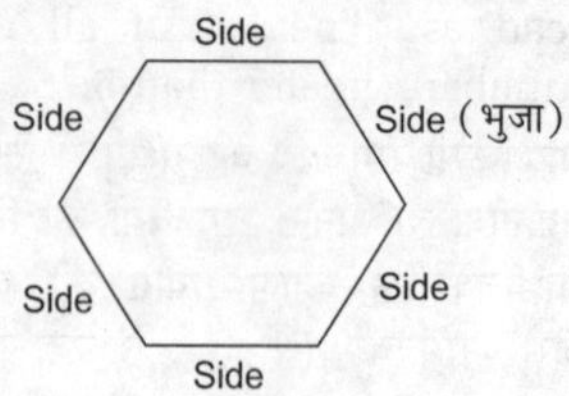

वह रेखाखण्ड जो किसी बहुभुज को बनाता है। बहुभुज की भुजा कहलाती है।

side of an angle (साइड ऑफ एन् एंगल) कोण की भुजा। Either of two intersecting rays making up an angle is known as side of an angle.

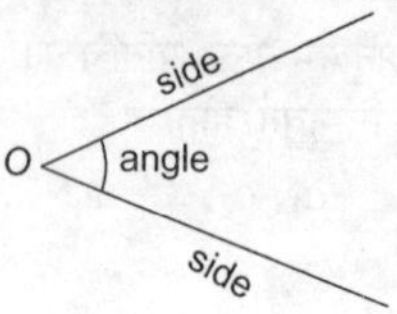

दो प्रतिच्छेदित किरणें, जो एक कोण बनाती हैं, उसे कोण की भुजा कहते हैं।

side of an equation (साइड ऑफ एन् इक्वेशन) समीकरण का पक्ष। The two expressions on either side of an equation are known as side of the equation. *e.g.*, in the equation $3x^2 + 2 = 5x$, $3x^2 + 2$ and $5x$ are sides of the equation.

दो व्यंजक जो समीकरण के दोनों ओर स्थित होते हैं, समीकरण के पक्ष कहलाते हैं। जैसे—समीकरण $3x^2 + 2 = 5x$, के पक्ष $3x^2 + 2$ तथा $5x$ हैं।

sigma (सिग्मा) This is a letter of ancient greek which is frequently used in mathematics as well as science denoted by Σ. Sigma notation allows a long sum to be written compactly. *e.g.*,

$$\sum_{n=1}^{100} n^3 = 1^3 + 2^3 + 3^3 + \ldots + 100^3$$

यह एक प्राचीन ग्रीक अक्षर है जो गणित तथा विज्ञान में अधिकांशत: उपयोग होता है। सिग्मा को संकेत Σ से निरूपित करते हैं। Σ किसी बड़े योग को संक्षेप में लिखने की अनुमति देता है। जैसे—

$$\sum_{n=1}^{100} n^3 = 1^3 + 2^3 + 3^3 + \ldots + 100^3$$

signature of a quadratic form (**सिग्नेचर ऑफ ए क्वाड्राटिक फॉर्म**) वर्ग रूप का सिग्नेचर। The number of positive terms minus the number of negative terms is known as signature of a quadratic form.

धनात्मक पदों और ऋणात्मक पदों के अन्तर को वर्ग रूप का सिग्नेचर कहते हैं।

signum function (**सिग्नम फंक्शन्**) सिग्नम फलन। The function $f(x) = \begin{cases} \frac{|x|}{x}, & x \neq 0 \\ 0, & x = 0 \end{cases}$ defined by

$$f(x) = \begin{cases} 1, & \text{if } x > 0 \\ 0, & \text{if } x = 0 \\ -1, & \text{if } x < 0 \end{cases}$$

is known as signum function denoted by sgn (x).

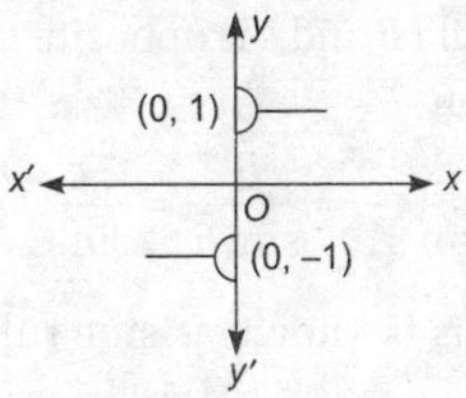

फलन $f(x) = \begin{cases} \frac{|x|}{x}, & x \neq 0 \\ 0, & x = 0 \end{cases}$ जो निम्नवत् परिभाषित है

$$f(x) = \begin{cases} 1, & \text{यदि } x > 0 \\ 0, & \text{यदि } x = 0 \\ -1, & \text{यदि } x < 0 \end{cases}$$

सिग्नम फ़लन कहलाता है।

simple interest (**सिम्पल इन्ट्रेस्ट**) साधारण ब्याज। If we borrow money from a bank, then we return the sum after sometime with some extra money. This extra amount paid is known as interest.

The formula for calculating simple interest is

$$\text{Simple Interest} = \frac{P \times R \times T}{100}$$

where P = principal

T = time in year

R = rate of interests per year

यदि हम बैंक से धन उधार लेते हैं, तब हम कुछ समय पश्चात् सारा धन कुछ अतिरिक्त धन के साथ अदा करते हैं, यह अतिरिक्त धन जो हम अदा करते हैं, ब्याज कहलाता है।

साधारण ब्याज की गणना करने के लिए सूत्र निम्न है

$$\text{साधारण ब्याज} = \frac{P \times R \times T}{100}$$

जहाँ P = मूलधन

T = समय वर्षों में

R = वार्षिक ब्याज दर

simple quadrangle (**सिम्पल क्वाड्रेंगल**) साधारण चतुर्भुज। A plane figure formed by four points, no three of which are collinear and four lines joining them is known as simple quadrangle.

एक समतल आकृति जो चार बिन्दुओं से मिलकर बनती है, जिनमें से कोई तीन संरेखीय नहीं है तथा चार रेखाएँ उन्हें मिलाती हैं। साधारण चतुर्भुज कहलाता है।

simultaneous equations (**सिमूलटेनियस इक्वेशन**) युगपत समीकरण। Two or more equations that apply simultaneously to given variable are known as simultaneous equation. *e.g.*,

$$x + y = 2, x - y = 0$$

are simultaneous equations.

The solution of simultaneous equations involves finding values of the variables that satisfy both equations. For instance, the equations

$$x + y = 6$$

and $$2x + y = 4$$

can each be satisfied by an infinite set of pairs of value of x and y. However, there is only one pair of values that satisfies both simultaneously, namely

$$x = -2, y = 8$$

दो या दो से अधिक समीकरण जो एक साथ दिए गए चरों पर लागू की जाती है। युगपत समीकरण कहते हैं। जैसे—समीकरण

$$x + y = 2, x - y = 0$$

युगपत समीकरण है।

युगपत समीकरण का हल, चरों के वे मान होते हैं। जो दोनों समीकरणों को सन्तुष्ट करते हैं। जैसे—युगपत समीकरण

$$x + y = 6$$

$$2x + y = 4$$

चरों के अनन्त मानों द्वारा अलग-अलग सन्तुष्ट होते हैं। जबकि यहाँ केवल एक जोड़े द्वारा दोनों समीकरण सन्तुष्ट होते हैं। जो निम्न हैं

$$x = -2, y = 8$$

sine curve (साइन कर्व) ज्या वक्र। In rectangular cartesian coordinates system a graph of $y = \sin x$ is a regular undulating curve passing through the origin known as sine curve.

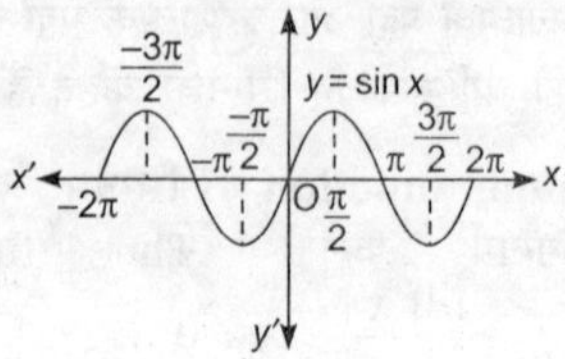

sine curve

कार्तीय निर्देश।क पद्धति में $y = \sin x$ का ग्राफ एक नियमित अनडूलेटिंग वक्र है जो मूलबिन्दु से गुजरता है। ज्या वक्र कहलाता है।

sine rule (साइन रुल) ज्या नियम। Let a be the length of the side of a triangle opposite to angle A, b is opposite to angle B and c is opposite to angle C, then

$$\frac{a}{\sin A} = \frac{b}{\sin B} = \frac{c}{\sin C} = 2R$$

This is known as sine rule.

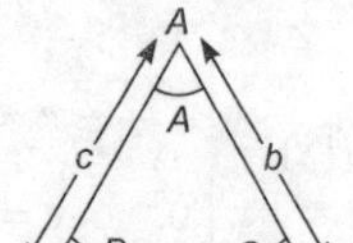

मान लीजिए किसी त्रिभुज के कोण A के सामने की भुजा a, कोण B के सामने की भुजा b तथा कोण C के सामने की भुजा c है, तब

$$\frac{a}{\sin A} = \frac{b}{\sin B} = \frac{c}{\sin C} = 2R$$

ज्या नियम कहलाता है।

sine series (**साइन सीरीज**) ज्या श्रेणी। The infinite series

$$\sin x = x - \frac{x^3}{3!} + \frac{x^5}{5!} - \ldots$$

is known as sine series.

अनन्त श्रेणी

$$\sin x = x - \frac{x^3}{3!} + \frac{x^5}{5!} - \ldots$$

ज्या श्रेणी कहलाती है।

singleton set (**सिंगलेटन सैट**) एकल समुच्चय। The set consisting of only one element is known as singleton set denoted by $\{a\}$ or $\{\{\}\}$.

वह समुच्चय जिसमें केवल एक ही अवयव होता है। एकल समुच्चय कहलाता है। इसे $\{a\}$ या $\{\{\}\}$ से निरूपित करते हैं।

singular matrix (**सिंगुलर मैट्रिक्स**) अव्युत्क्रमणीय आव्यूह। A square matrix whose determinant is zero known as singular matrix. *e.g.*, the matrix

$$A = \begin{bmatrix} 2 & 6 \\ 1 & 3 \end{bmatrix}$$

$$|A| = 6 - 6 = 0$$

is a singular matrix. The inverse of singular matrix does not exists.

वर्ग आव्यूह जिसका सारणिक शून्य हो अव्युत्क्रमणीय आव्यूह कहलाता है।

जैसे—आव्यूह

$$A = \begin{bmatrix} 2 & 6 \\ 1 & 3 \end{bmatrix}$$

$$|A| = 6 - 6 = 0$$

एक अव्युत्क्रमणीय आव्यूह है। अव्युत्क्रमणीय आव्यूह का प्रतिलोम विद्यमान नहीं होता है।

singular point (**सिंगुलर प्वाइन्ट**) एकवचन बिन्दु। A point at which a function is not analytic known as singular point. *e.g.*, $z = 2$ is a singular point of the function

$$f(z) = \frac{1}{(z-2)^2}$$

वह बिन्दु जिस पर कोई दिया गया वक्र विश्लेषणात्मक न हो, एकवचन बिन्दु कहलाता है। जैसे—फलन

$$f(z) = \frac{1}{(z-2)^2}$$

के लिए $z = 2$ एकवचन बिन्दु है।

skew lines (**स्क्यू लाइन्स**) तिरछी रेखाएँ। The lines in a space that are not parallel but do not intersect are known as skew lines. Skew lines can not lie in the same plane.

किसी समष्टि में स्थित वे रेखाएँ जो समान्तर न हो परन्तु एक-दूसरे को प्रतिच्छेद न करें तिरछी रेखाएँ कहलाती हैं। तिरछी रेखाएँ कभी भी एक समतल में नहीं होती हैं।

supplementary angles (**सपलीमेण्टरी एंगल्स**) सम्पूरक कोण। A pair of angles that add together to make a straight line (180° or π radians.)

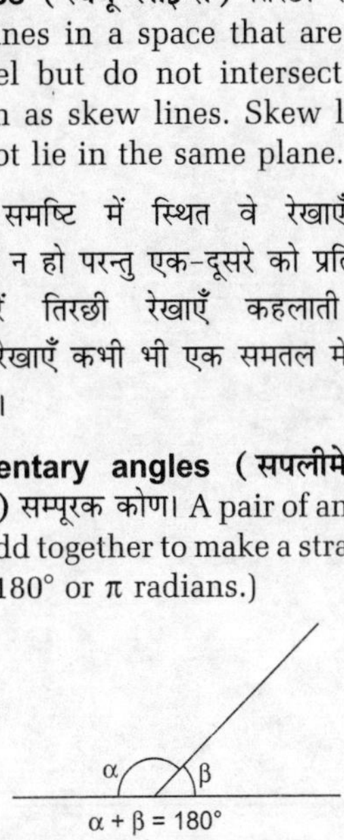

कोणों का युग्म जिन्हें जोड़ने पर एक सरल रेखा बनती है।

supremum (सूपरीमम) सूपरिमम। The least upper bound of a set
एक समुच्चय का निम्न ऊपरीबद्ध।
See bound.
बाउण्ड देखें।

symmetric (सीमैट्रिक) सममित। See equivalence तुल्यता

symmetrical (सीमैट्रिकल) समरूपता। In a given equation of curve when the power of x is even and the power of y is even, then the curve is symmetrical about y and x-axes respectively.
When we replace x by $(-x)$ and y by $(-y)$ and the equation remains unaltered then the curve is symmetrical about an opposite quadrant.
When we replace x by y and y by x, and the equation remains unaltered, then curve is symmetircal about $y = x$ line.
दिए गए वक्र की समीकरण में जब x की घात तथा y की घात सम होती है, तब वक्र क्रमश: x तथा y-अक्ष के सापेक्ष समरूप होता है।
जब x को $(-x)$ तथा y को $(-y)$ से स्थानान्तरित किया जाए तथा वक्र की समीकरण में कोई परिवर्तन न हो, तब वक्र विपरीत चतुर्थांश में समरूप होता है।
जब x को y से तथा y को x से स्थानान्तरित किया जाए तथा वक्र की समीकरण में कोई परिवर्तन न हो, तब वक्र $y = x$ रेखा के सापेक्ष समरूप होता है।

S

t (टी) टी। Symbol used for 'true' in truth table for truth value and in logic.

तर्क में तथा सत्य सारणी में सत्य मान के लिए सत्य के लिए प्रयुक्त चिन्ह

tables (टेबल्स) सारणियाँ। Tables are set of values of a function arranged in a tabular form. *e.g.*, trigonometric tables, logarithmic tables etc., are some tables.

सारणियाँ एक फलन के मानों का समुच्चय जो सारणी रूप में व्यवस्थित हो, होती हैं। जैसे—त्रिकोणमितीय सारणियाँ, लघुगणकीय सारणियाँ इत्यादि कुछ सारणियाँ हैं।

tan (टेन्) टेन्। Abbreviation used for a trigonometric ratio 'tangent.'

त्रिकोणमितीय अनुपात 'स्पर्शज्या' के लिए प्रयुक्त शब्द संक्षेप

tangent (टेन्जेण्ट्) स्पर्शज्या। Tangent is a trigonometric ratios which is equal to $\frac{\text{perpendicular}}{\text{base}}$. It is abbreviated as tan.

For an angle θ,

$$\tan\theta = \frac{\sin\theta}{\cos\theta} = \sqrt{\sec^2\theta - 1}$$

$$= \frac{1}{\cot\theta}$$

स्पर्शज्या एक त्रिकोणमितीय अनुपात है जोकि $\frac{\text{लम्ब}}{\text{आधार}}$ के बराबर होता है। इसके लिए शब्द संक्षेप tan है।

एक कोण θ के लिए,

$$\tan\theta = \frac{\sin\theta}{\cos\theta} = \sqrt{\sec^2\theta - 1}$$

$$= \frac{1}{\cot\theta}$$

tangent (to a curve) {टेन्जेण्ट् (टू ए कर्व)} स्पर्श रेखा (एक वक्र पर)। A straight line which touches to a curve at a single point, is known as a tangent to a curve.

The point at which tangent touches the curve is known as point of contact. The gradient or slope of tangent at a point of contact is equal to gradient of the curve at point of contact.

एक सरल रेखा जोकि एक वक्र को एक बिन्दु पर स्पर्श करती है, वक्र की स्पर्श रेखा कहलाती है।

एक बिन्दु जिस पर स्पर्श रेखा वक्र को स्पर्श करती है, स्पर्श बिन्दु कहलाता है।

स्पर्श बिन्दु पर स्पर्श रेखा की प्रवणता स्पर्श बिन्दु पर वक्र की प्रवणता के बराबर होती है।

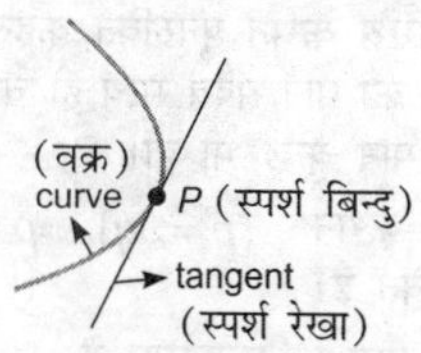

tangent curve (टेनजेण्ट् कर्व) स्पर्शज्या वक्र। The graph of a trigonometric function $y = \tan x$, is known as tangent curve. This curve is periodic with period π. This is as shown in the figure.

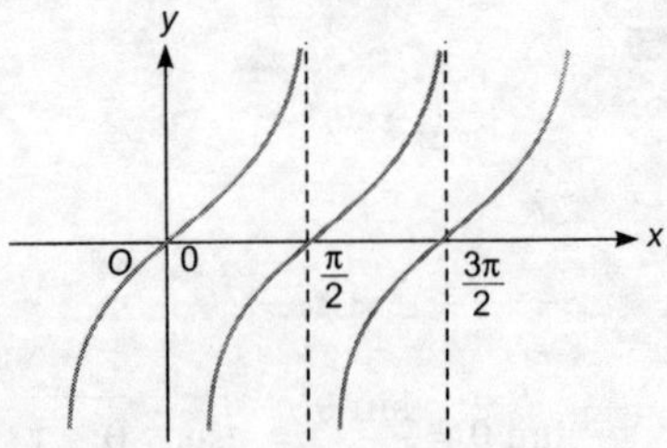

त्रिकोणमितीय फलन $y = \tan x$ को आलेख स्पर्शज्या वक्र कहते हैं। यह वक्र आवृत्त π के साथ आवृत्ती होता है।

tangential **(टेन्जेण्शियल)** स्पर्शीय। Being a tangent to a curve
एक वक्र की स्पर्श रेखा होना

tautology **(टायोटोलॉजी)** पुनरुक्ति। A compound statement is called a tautology, if it has truth value T whatever may be the truth value of its compounds, *e.g.*, statement $(p \Rightarrow q) \wedge p \Rightarrow q$ is a tautology. The truth table is prepared as follows.

p	q	$p \Rightarrow q$	$(p \Rightarrow q) \wedge p$	$(p \Rightarrow q) \wedge p \Rightarrow q$
T	T	T	T	T
T	F	F	F	T
F	T	T	F	T
F	F	T	F	T

एक मिश्र कथन पुनरुक्ति कहलाता है, यदि कथन का मान सदैव सत्य हो चाहे घटकों का सत्य मान कुछ भी हो।

जैसे—कथन $(p \Rightarrow q) \wedge p \Rightarrow q$ एक पुनरुक्ति है।

सत्य सारणी निम्नानुसार है

p	q	$p \Rightarrow q$	$(p \Rightarrow q) \wedge p$	$(p \Rightarrow q) \wedge p \Rightarrow q$
T	T	T	T	T
T	F	F	F	T
F	T	T	F	T
F	F	T	F	T

Taylor's theorem **(टेलर्स थ्योरम)** टेलर की प्रमेय। If $f(x)$ is a single-valued function of x such that

(i) all derivatives of $f(x)$ upto $(n-1)$th are continuous in $a \le x \le a + h$

(ii) $f^n(x)$ exists in $a < x < a + h$, then

$$f(a+h) = f(a) + hf'(a) + \frac{h^2}{2!} f''(a) + \ldots + \frac{h^{n-1}}{(n-1)!} f^{(n-1)}(a) + \frac{h^n}{n!} f^{(n)}(a + \theta h) \text{ where } 0 < \theta < 1.$$

यदि $f(x)$, x का एकल मान फलन इस प्रकार है कि (i) $f(x)$ के $(n-1)$ तक के सभी अवकलन $a \le x \le a + h$ में सतत् है।

(ii) $a < x < a + h$ में $f^n(x)$ का अस्तित्व हो, तब

$$f(a+h) = f(a) + hf'(a) + \frac{h^2}{2!} f''(a) + \ldots + \frac{h^{n-1}}{(n-1)!} f^{(n-1)}(a) + \frac{h^n}{n!} f^{(n)}(a + \theta h) \text{ जहाँ } 0 < \theta < 1.$$

tend to **(टेण्ड टू)** को अग्रसरित। To have as a limit.

e.g., The sequence $a_n = \frac{1}{n}$ tends to 0 as n tends to infinity.

एक सीमा रखना।

जैसे—अनुक्रम $a_n = \frac{1}{n}$, 0 को अग्रसरित होती है जब n, अनन्त को अग्रसरित होता है।

term **(टर्म)** पद। Term is a part of mathematical expression or an equation.

T

e.g., ax^2, bx and c are terms of equation $ax^2 + bx + c = 0$.

पद एक गणितीय प्रसार या समीकरण का एक भाग होता है।

जैसे—ax^2, bx व c समीकरण $ax^2 + bx + c = 0$ के पद हैं।

terminal speed (टरमिनल स्पीड) अन्तिम चाल या सीमान्त चाल। The steady speed reached by a body when it falls freely through air or same other fluid that resists its motion, is known as terminal speed.

एक पिण्ड द्वारा प्राप्त चाल जब वह वायु या कुछ अन्य द्रवों जो इसकी गति का विरोध करती हैं में स्वतन्त्र रूप से गिरती है, अन्तिम चाल या सीमान्त चाल कहलाती है।

terminating decimal (टरमिनेटिंग डेसीमल) सान्त दशमलव। A decimal which has finite number of digits is called terminating decimal. *e.g.*, $\frac{3}{5} = 0.6$ is a terminating decimal.

एक दशमलव संख्या जिसमें अंकों की संख्या परिमित है, सान्त दशमलव कहलाता है।

जैसे—$\frac{3}{5} = 0.6$ एक सान्त दशमलव है।

terminating fraction (टरमिनेटिंग फ्रैक्शन्) सान्त भिन्न। A fraction which is a terminating decimal on converting into a decimal, is known as terminating fraction.

एक भिन्न जोकि दशमलव में बदलने पर एक सान्त दशमलव होता है, सान्त भिन्न कहलाता है।

tetrahedron (ट्रेटाहेड्रॉन) चतुष्फलक। A solid figure bounded by four triangular faces, is known as tetrahedron and a solid figure bounded by four equilateral triangular faces is known as regular tetrahedron.

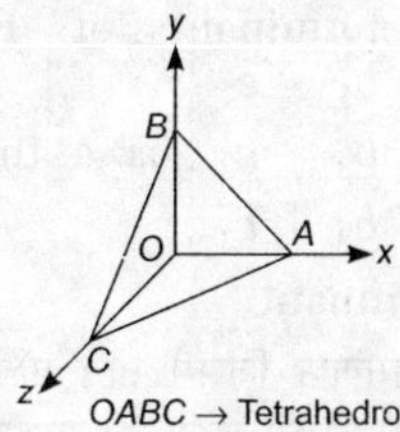

OABC → Tetrahedron

चार त्रिभुजाकार फलकों द्वारा परिबद्ध एक ठोस आकृति को चतुष्फलक कहते हैं तथा चार समबाहु त्रिभुजाकार फलकों द्वारा परिबद्ध एक ठोस आकृति को सम चतुष्फलक कहते हैं।

theorem (थ्योरम) प्रमेय। A statement derived from premises is known as theorem.

पूर्व कथनों द्वारा व्युत्पत्ति कथन को प्रमेय कहते हैं।

theory of equations (थ्योरी ऑफ इक्वेशन्स) समीकरणों का सिद्धान्त। Theory of equation is to study of polynomials and its roots.

बहुपदों व उसके मूलों का अध्ययन समीकरणों के सिद्धान्त के अन्तर्गत करते हैं।

third derivatives (थर्ड डेरिवेटिव) तीसरा अवकलज। Let $f(x)$ be a differentiable function, then $f'''(x) = \frac{d^3 f(x)}{dx^3}$ is third derivative of $f(x)$.

माना $f(x)$ एक अवकलनीय फलन है, तब $f'''(x) = \frac{d^3 f(x)}{dx^3}$ को $f(x)$ का तीसरा अवकलज कहते हैं।

third order determinant (थर्ड ऑर्डर डिटरमिनेन्ट) तीसरी कोटि का सारणिक। A determinant which has three row and three column is known as third order determinant.

A determinant of the form $\begin{vmatrix} a_1 & b_1 & c_1 \\ a_2 & b_2 & c_2 \\ a_3 & b_3 & c_3 \end{vmatrix}$ is a third order determinant.

एक सारणिक जिसमें तीन पंक्तियाँ व तीन स्तम्भ हैं, तीसरी कोटि का सारणिक कहलाता है। $\begin{vmatrix} a_1 & b_1 & c_1 \\ a_2 & b_2 & c_2 \\ a_3 & b_3 & c_3 \end{vmatrix}$ रूप का सारणिक तीसरी कोटि का सारणिक होता है।

three dimensional space (थ्री डायमेन्शनल स्पेस) त्रिविमीय समष्टि। A space which has three dimensions to describing a position an object in a coordinate system, is knowns three dimensional space. The following figure shows 3-D coordinate system

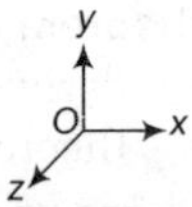

एक समष्टि जिसमें किसी वस्तु की स्थिति निर्देशांक निकाय में वर्णित करने के लिए तीन विमाएँ होती हैं, त्रिविमीय समष्टि कहलाती है।

tonne (टन) टन। Tonne is a unit of mass which is equal to 1000 kg.

टन द्रव्यमान की एक इकाई है जोकि 1000 किग्रा के बराबर होता है।

total derivative (टोटल डेरिवेटिव) सम्पूर्ण अवकलज। The derivative of a function of more than one variable, is known as total derivative. If $z = f(x, y)$, then total derivative of z is given by

$$dz = \frac{\partial f}{\partial x}\,dx + \frac{\partial f}{\partial y}\,dy.$$

एक से अधिक चर वाले फलन का अवकलज सम्पूर्ण अवकलज कहलाता है। यदि $z = f(x, y)$, तब z का सम्पूर्ण अवकलज निम्न प्रकार है

$$dz = \frac{\partial f}{\partial x}\,dx + \frac{\partial f}{\partial y}\,dy.$$

total force (टोटल फोर्स) सम्पूर्ण बल। The vector sum of all the forces acting on a particle or a system of particles, is known as total force.

एक कण या कणों के निकाय पर कार्यरत् सभी बलों का सदिश योग सम्पूर्ण बल कहलाता है।

total probability law (टोटल प्रोबेबिलिटि लॉ) सम्पूर्ण प्रायिकता नियम। According :o this law, let in a random experiment, S is a sample space and $E_1, E_2, \ldots, E_n$ are mutually exclusive and exhaustive events. If A is any event which occur with E_1 or E_2 or E_3 or … or E_n, then

$$P(A) = P(E_1)\cdot P\left(\frac{A}{E_1}\right) + P(E_2)\,P\left(\frac{A}{E_2}\right) + \ldots + P(E_n)\,P\left(\frac{A}{E_n}\right) = \sum_{r=1}^{n} P(E_r)\,P\left(\frac{A}{E_r}\right)$$

इस निकाय के अनुसार, माना एक यादृच्छिक प्रयोग में, S एक प्रतिदर्श समष्टि है तथा $E_1, E_2, \ldots, E_n$ परस्पर अपवर्जी व सम्पूर्ण घटनाएँ हैं। यदि कोई घटना A, E_1 या E_2 या …… या E_n के साथ घटित हो, तब

$$P(A) = P(E_1)\cdot P\left(\frac{A}{E_1}\right) + P(E_2)\,P\left(\frac{A}{E_2}\right) + \ldots + P(E_n)\,P\left(\frac{A}{E_n}\right) = \sum_{r=1}^{n} P(E_r)\,P\left(\frac{A}{E_r}\right)$$

trace (**ट्रेस**) अनुरेख। Let $A = [a_{ij}]_{m \times n}$ be a square matrix. Then, the sum of all diagonal elements of A is called the trace of A and is denoted by tr (A).

$$\text{tr}(A) = \sum_{i=1}^{n} a_{ii} = a_{11} + a_{22} + \ldots + a_{nn}.$$

e.g., If $A = \begin{bmatrix} 2 & -7 & 9 \\ 0 & 3 & 2 \\ 8 & 9 & 4 \end{bmatrix}$, then

tr $(A) = 2 + 3 + 4 = 9$.

माना $A = [a_{ij}]_{m \times n}$ एक वर्ग आव्यूह है। तब A के सभी विकर्ण अवयवों का योग A का अनुरेख कहलाता है तथा tr(A) द्वारा निरूपित किया जाता है।

$$\text{tr}(A) = \sum_{i=1}^{n} a_{ii} = a_{11} + a_{22} + \ldots + a_{nn}.$$

जैसे—यदि $A = \begin{bmatrix} 2 & -7 & 9 \\ 0 & 3 & 2 \\ 8 & 9 & 4 \end{bmatrix}$, तब

tr $(A) = 2 + 3 + 4 = 9$.

trajectory (**ट्रेजेक्टरी**) प्रक्षेप पथ। The path traced out by a projectile, is known as trajectory.

प्रक्षेप के पथ को प्रक्षेप पथ कहते हैं।

transcendental number (**ट्रान्सकेन्डेन्टल नम्बर**) अबीजीय संख्या। A number which is not an algebraic number, is known as transcendental number. *e.g.*, π and e are transcendental numbers.

एक संख्या जोकि बीजीय संख्या नहीं है, अबीजीय संख्या कहलाती है।

जैसे— π व e अबीजीय संख्याएँ हैं।

transcendental function (**ट्रान्सकेन्डेन्टल फंक्शन्**) अबीजीय फलन। A function which is not an algebraic function, is known as transcendental function. *e.g.*, $y = \dfrac{e^x + e^{-x}}{2}$ or $y = \sin x + \log x$ etc., are transcendental function.

Trigonometric functions, exponential function logarithmic functions etc., are transcendental functions.

एक फलन जोकि बीजीय फलन नहीं है, अबीजीय फलन कहलाता है।

जैसे—$y = \dfrac{e^x + e^{-x}}{2}$

या $y = \sin x + \log x$ इत्यादि अबीजीय फलन हैं।

त्रिकोणमितीय फलन, चरघातांकी फलन लघुगणकीय फलन इत्यादि अबीजीय फलन होते हैं।

transformation matrix (**ट्रान्सफोरमेशन मैट्रिक्स**) रूपान्तरण आव्यूह। A linear transformation can be represented by a transformation matrix.

The transformation in two dimensions of the equations $x' = a_{11}x + a_{12}y$, $y' = a_{21}x + a_{22}y$ can be written as

$\begin{bmatrix} x' \\ y' \end{bmatrix} = T \begin{bmatrix} x \\ y \end{bmatrix}$ where

$$T = \begin{bmatrix} a_{11} & a_{12} \\ a_{21} & a_{22} \end{bmatrix}$$

रैखिक रूपान्तरण को एक रूपान्तरण आव्यूह द्वारा निरूपित किया जा सकता है। दो विमाओं में समीकरणों $x' = a_{11}x + a_{12}y$, $y' = a_{21}x + a_{22}y$ के रूपान्तरण को निम्न प्रकार लिखा जा सकता है

$\begin{bmatrix} x' \\ y' \end{bmatrix} = T \begin{bmatrix} x \\ y \end{bmatrix}$ जहाँ $T = \begin{bmatrix} a_{11} & a_{12} \\ a_{21} & a_{22} \end{bmatrix}$

transpose of a matrix (**ट्रान्सपोज ऑफ ए मैट्रिक्स**) आव्यूह का परिवर्त। If $A = [a_{ij}]$ is a matrix order $m \times n$, then the transpose of A can be obtained by changing all rows to column and columns to rows. *i.e.*, transpose of A is, $A^T = [a_{ji}]_{n \times m}$. Transpose of a matrix A is denoted by A', A^T or A^t.

e.g., if $A = \begin{bmatrix} 1 & 3 & 5 \\ 6 & 9 & 4 \end{bmatrix}_{2 \times 3}$, then

$$A^T = \begin{bmatrix} 1 & 6 \\ 3 & 9 \\ 5 & 4 \end{bmatrix}_{3 \times 2}$$

If A and B are two matrices and k is scalar, then

(i) $(A')' = A$

(ii) $(A + B)' = A' + B'$

(iii) $(kA)' = kA'$

(iv) $(AB)' = B' A'$

यदि $A = [a_{ij}]$ कोटि $m \times n$ का एक आव्यूह है, तब A का परिवर्त सभी पक्तियों को स्तम्भ तथा सभी स्तम्भों को पक्तियों में परिवर्तित करके प्राप्त किया जा सकता है। अर्थात् A का परिवर्त $A^T = [a_{ji}]_{m \times n}$, A के परिवर्त को A', A^T या A^t द्वारा निरूपित करते हैं।

जैसे—यदि $A = \begin{bmatrix} 1 & 3 & 5 \\ 6 & 9 & 4 \end{bmatrix}_{2 \times 3}$, तब

$$A^T = \begin{bmatrix} 1 & 6 \\ 3 & 9 \\ 5 & 4 \end{bmatrix}_{3 \times 2}$$

यदि A व B दो आव्यूह हैं तथा k एक अदिश है, तब

(i) $(A')' = A$ (ii) $(A + B)' = A' + B'$

(iii) $(kA')' = kA'$ (iv) $(AB)' = B' A'$

transitive relation (**ट्रान्जिसटिव रिलेशन**) संक्रमक सम्बन्ध। A relation, R is known as a transitive relation, if

$(a, b) \in R, (b, c) \in R \Rightarrow (a, c) \in R.$

एक सम्बन्ध R को संक्रमक सम्बन्ध कहते हैं, यदि $(a, b) \in R, (b, c) \in R \Rightarrow (a, c) \in R.$

transverse axis (**ट्रान्सवर्स ऐक्सिस्**) अनुप्रस्थ अक्ष। In a hyperbola, one of axes which lie along the line passing through the foci and perpendicular to the directrices, is known as transverse axis.

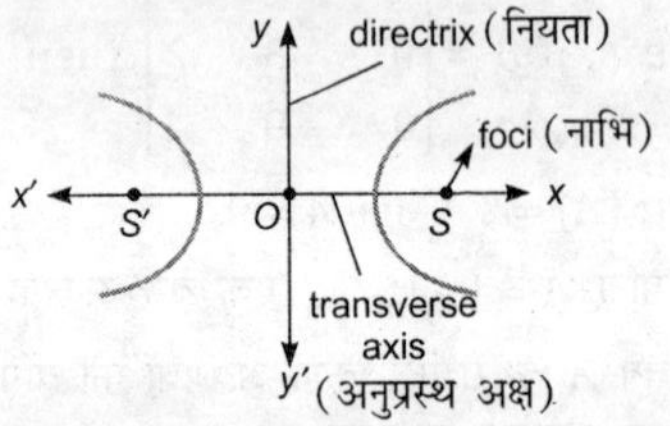

एक अतिपरवलय में, अक्षों में से एक अक्ष जोकि नाभि से होकर जाने वाली रेखा के अनुदिश है तथा नियताओं के लम्बवत् है, अनुप्रस्थ अक्ष कहलाता है।

trapezium (**ट्रेपजियम**) समलम्ब। A quadrilateral whose two sides are parallel to each other, is known as trapezium. If length of parallel sides are a and b and distance between them is h, then area of trapezium $= \frac{1}{2}(a + b) \times h$

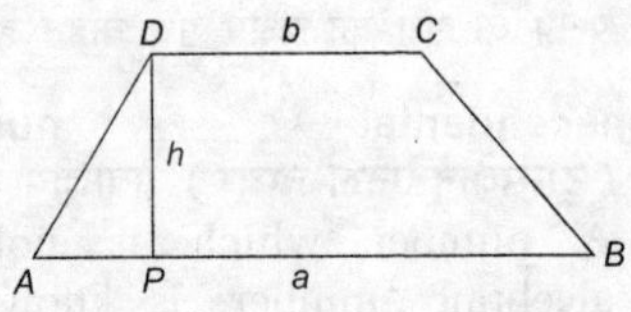

एक चतुर्भुज जिसकी दो भुजाएँ परस्पर एक-दूसरे के समान्तर होती हैं, समलम्ब कहलाता है। यदि समान्तर भुजाओं की लम्बाई a व b है तथा इनके बीच की दूरी h है, तब समलम्ब का क्षेत्रफल $= \frac{1}{2}(a + b) \times h$

transversal (**ट्रान्सवरसल**) तिर्यक छेदक रेखा। A line which intersect two or more parallel lines, is known as transversal. If a transversal *l* intersect *AB* and *CD* where $AB \parallel CD$.

($\angle 4$, $\angle 5$) and ($\angle 3$, $\angle 6$) are pair of interior angles.

($\angle 1$, $\angle 5$), ($\angle 2$, $\angle 6$), ($\angle 4$, $\angle 8$), ($\angle 3$, $\angle 7$) are pairs of corresponding angles.

($\angle 3$, $\angle 5$), ($\angle 4$, $\angle 6$) are pairs of alternate angles.

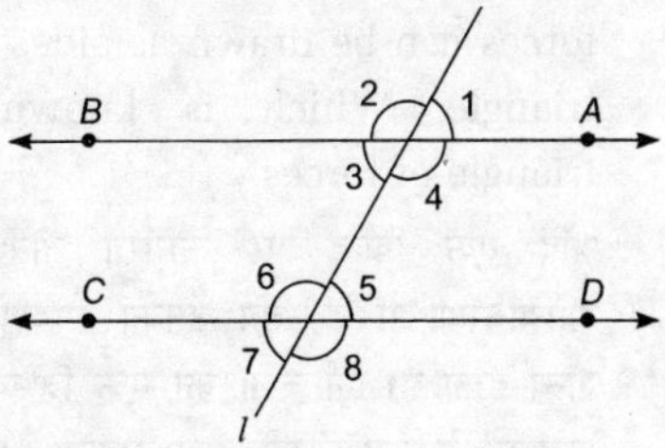

($\angle 1$, $\angle 3$), ($\angle 2$, $\angle 4$), ($\angle 6$, $\angle 8$), ($\angle 5$, $\angle 7$) are pairs of vertically opposite angles.

एक रेखा जो दो या अधिक समान्तर रेखाओं को प्रतिच्छेदित करती है, तिर्यक छेदक रेखा कहलाती है।

यदि एक तिर्यक छेदक रेखा *l*, *AB* व *CD* को प्रतिच्छेदित करती है जहाँ $AB \parallel CD$.

($\angle 4$, $\angle 5$), तथा ($\angle 3$, $\angle 6$) अन्त: कोणों के युग्म हैं।

($\angle 1$, $\angle 5$), ($\angle 2$, $\angle 6$), ($\angle 4$, $\angle 8$), ($\angle 3$, $\angle 7$) संगत कोणों के युग्म हैं।

($\angle 3$, $\angle 5$), ($\angle 4$, $\angle 6$) एकान्तर कोणों के युग्म हैं।

($\angle 1$, $\angle 3$), ($\angle 2$, $\angle 4$), ($\angle 6$, $\angle 8$), ($\angle 5$, $\angle 7$) शीर्षाभिमुख कोणों के युग्म हैं।

trial (**ट्रायल**) अभिप्रयोग। A single observation in an experiment is known as trial.

एक प्रयोग में एक प्रेक्षण को अभिप्रयोग कहते हैं।

triangle (**ट्राइएंगल**) त्रिभुज। A plane figure bounded three straight lines, is known as triangle. There straight lines are known as sides and points of joining are known as vertices of triangle.

Triangles are classified according to the length of sides as well as according to their angles.

On the basis of sides

(i) A triangle whose all three sides of unequal length, is known as scalene triangle.

(ii) A triangle whose two sides of equal length, is known as isosceles triangle.

(iii) A triangle whose all three sides of equal length, is known as equilateral triangle.

On the basis of angles

(i) A triangle whose all interior angles are acute angle, is known as acute triangle.

(ii) A triangle whose an interior angle is right angle, is known as right angle triangle

(iii) A triangle whose an angle is obtuse angle, is known as obtuse angle triangle.

तीन सरल रेखाओं से परिबद्ध एक समतल आकृति को त्रिभुज कहते हैं। तीन सरल रेखाओं को त्रिभुज की भुजाएँ तथा मिलने वाले बिन्दु को त्रिभुज के शीर्ष कहते हैं।

त्रिभुजों को उनकी भुजाओं की लम्बाई के आधार के साथ-साथ उनके कोणों के आधार पर भी वर्गीकृत किया जाता है।

भुजाओं के आधार पर

(i) एक त्रिभुज जिसकी सभी भुजाओं की लम्बाई असमान हैं, विषमबाहु त्रिभुज कहलाता है।

(ii) एक त्रिभुज जिसकी दो भुजाएँ समान लम्बाई की होती हैं, समद्विबाहु त्रिभुज कहलाता है।

(iii) एक त्रिभुज जिसकी सभी भुजाएँ समान लम्बाई की होती हैं, समबाहु त्रिभुज कहलाता है।

कोणों के आधार पर

(i) एक त्रिभुज जिसके सभी अन्तः कोण न्यून कोण हैं, न्यून कोण त्रिभुज कहलाता है।

(ii) एक त्रिभुज जिसका एक अन्तः कोण समकोण है, समकोण त्रिभुज कहलाता है।

(iii) एक त्रिभुज जिसका कोण अधिक कोण होता है, अधिक कोण त्रिभुज कहलाता है।

triangle inequality (for complex numbers) {ट्राइएंगल इनईक्वलिटि (फॉर काम्पलैक्स नम्बर्स} त्रिभुज असमिका (सम्मिश्र संख्याओं के लिए)। If z_1 and z_2 are two complex numbers, then $|z_1 + z_2| \leq |z_1| + |z_2|$.

This result is known as triangle, inequality for complex numbers.

यदि z_1 व z_2 दो सम्मिश्र संख्याएँ हैं, तब $|z_1 + z_2| \leq |z_1| + |z_2|$ यह परिणाम सम्मिश्र संख्याओं के लिए त्रिभुज असमिका कहलाता है।

triangle inequality (for points in a plane) {ट्राइएंगल इनईक्वलिटि (फॉर प्वाइन्ट्स इन ए प्लेन)} त्रिभुज असमिका (एक तल में बिन्दुओं के लिए)। In a plane for points A, B and C, the result $|AC| \leq |AB| + |BC|$ is known as triangle inequality for points in a plane.

एक तल में, बिन्दुओं A, B व C के लिए परिणाम $|AC| \leq |AB| + |BC|$ को एक तल में बिन्दुओं के लिए त्रिभुज असमिका कहते हैं।

triangle inequality (for vectors) {ट्राइएंगल इनईक्वलिटि (फॉर वेक्टर्स)} त्रिभुज असमिका (सदिशों के लिए)। For vectors **a** and **b**, $|\mathbf{a} + \mathbf{b}| \leq |\mathbf{a}| + |\mathbf{b}|$ is known as triangle inequality for vectors.

सदिशों **a** व **b** के लिए, $|\mathbf{a} + \mathbf{b}| \leq |\mathbf{a}| + |\mathbf{b}|$ को सदिशों के लिए त्रिभुज असमिका कहते हैं।

triangle of forces (in mechanics) {ट्राइएंगल ऑफ फोर्सेस} बलों का त्रिभुज (यान्त्रिकी में)। If three forces acting on a body are in equilibrium, then their vector sum is zero. These forces can be drawn as sides of a triangle. Which is known as triangle of forces.

यदि एक पिण्ड पर कार्यरत् तीन बल साम्यावस्था में हैं, तब उनका सदिश योग शून्य होता है। इन बलों को एक त्रिभुज की भुजाओं के रूप में खींचा जा सकता है। जिसे बलों का त्रिभुज कहते हैं।

triangular matrix (ट्राइएंग्यूलर मैट्रिक्स) त्रिभुजाकार आव्यूह। A square matrix is known as triangular matrix, if it is either lower triangular or upper triangular. *e.g.*,

$$A = \begin{bmatrix} a_{11} & 0 & 0 \\ a_{21} & a_{22} & 0 \\ a_{31} & a_{32} & a_{33} \end{bmatrix} \text{ and}$$

$$B = \begin{bmatrix} a_{11} & a_{12} & a_{13} \\ 0 & a_{22} & a_{23} \\ 0 & 0 & a_{33} \end{bmatrix} \text{ are lower}$$

and upper triangular matrix respectively.

एक वर्ग आव्यूह को त्रिभुजाकार आव्यूह कहते हैं यदि यह या तो उपरि त्रिभुजीय या निम्न त्रिभुजीय आव्यूह है।

T

जैसे— $A = \begin{bmatrix} a_{11} & 0 & 0 \\ a_{21} & a_{22} & 0 \\ a_{31} & a_{32} & a_{33} \end{bmatrix}$ तथा

$B = \begin{bmatrix} a_{11} & a_{12} & a_{13} \\ 0 & a_{22} & a_{23} \\ 0 & 0 & a_{33} \end{bmatrix}$ क्रमशः निम्न

तथा उपरि त्रिभुज आव्यूह है।

triangular prism (ट्राइएंग्यूलर प्रिज्म) त्रिभुजाकार प्रिज्म। A prism is known as triangular prism if its base is triangular.

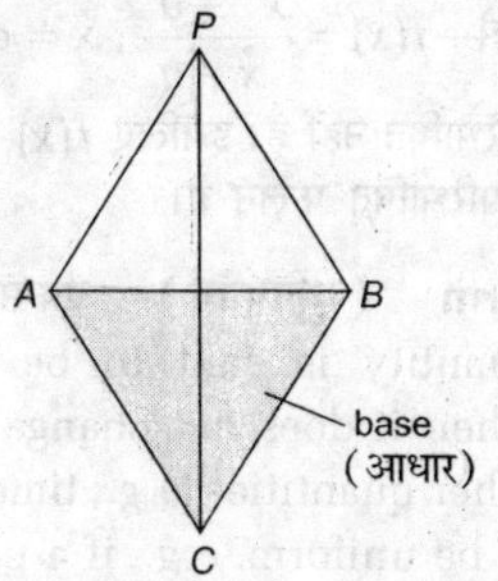

एक प्रिज्म को त्रिभुजाकार प्रिज्म कहते हैं, यदि इसका आधार त्रिभुजाकर है।

trichotomy's law (ट्राईचोटॉमी'स लॉ) त्रिचोटॉमी के नियम। According to this law, two numbers a and b are such that $a > b$ or $a = b$ or $a < b$.

इस नियम के अनुसार दो संख्याएँ a व b इस प्रकार होती हैं कि $a > b$, या $a = b$ या $a < b$.

trigonometric function with h (ट्राइगोनोमैटरीक फंक्शन् विद् h) त्रिकोणमितीय फलन्। h के साथ Abbreviation used for a hyperbolic trigonometric function.

e.g., sinh, cosh, tanh, sech, coth, cosech.

अतिपरवलय त्रिकोणमितीय फलन के लिए प्रयुक्त शब्द संक्षेप। जैसे—sinh, cosh, tanh, sech, coth, cosech.

trigonometry (ट्राइगोनोमैट्री) त्रिकोणमिति। A branch of mathematics which deals with trigonometric functions defined on angles. We also study in trigonometry how the sides and angles of a triangle are related to each other.

गणित की एक शाखा जिसमें कोणों से सम्बन्धित त्रिकोणमितीय फलनों का अध्ययन किया जाता है। त्रिकोणमिति में हम त्रिभुज की भुजाओं और उससे सम्बन्धित कोणों का भी अध्ययन करते हैं।

trinomial expression (ट्राइनोमियल एक्सप्रेशन) त्रिपदी व्यंजक। A polynomial having exactly three items. *e.g.*, $ax + by + z$ or $x + y + z$ etc.

एक बहुपद जिसमें यथार्थ तीन पद होते हैं। जैसे—$ax + by + z$ या $x + y + z$ इत्यादि।

trinomial surds (ट्राइनोमियल सर्डस) त्रिपदी करणी। An expression consisting of three terms atleast two of which are monomial surds, is called a trinomial surd.

e.g., $\sqrt{2} + \sqrt{3} + \sqrt{5}$.

वह करणी जिसमें कम-से-कम तीन पद हो और जिनमें से कम-से-कम दो एक पदी करणियाँ हों। जैसे—$\sqrt{2} + \sqrt{3} + \sqrt{5}$.

twin primes (ट्विन प्राइम्स) युगल अभाज्य। Two prime numbers that difference by 2. *e.g.*, 11 and 13 are twin primes.

दो अभाज्य संख्या जिनमें 2 का अन्तर हो। जैसे—11 और 13, युगल अभाज्य हैं।

T

U

unbiased (**अन्‌बायसड्**) अनभिनत। Not biased or prejudiced or impartial. It is used in probability for coins. *i.e.*, coin is in its usual condition.
अभिनत नहीं, सिक्कों के लिए इस शब्द का प्रयोग प्रायिकता में करते हैं अर्थात् सिक्का अपनी सामान्य स्थिति में ही है।

unbounded function (**अन्‌बाउन्डेड फंक्शन्**) अपरिबद्ध फलन। A function which is not possessing both an upper and a lower bound. So for all positive real value V there is a value of the independent variable x for which $|f(x)| > V$. *e.g.*, $f(x) = x^2$ is bounded below but not above while $f(x) = x^3$ has neither upper nor lower bound.
एक फलन जोकि उपरिबद्ध तथा निम्न परिबद्ध नहीं होता हैं इसलिए सभी धनात्मक वास्तविक मानों (V) के लिए स्वतन्त्र चर (x) का एक मान इस प्रकार होता है जिसके लिए $|f(x)| > V$
जैसे—$f(x) = x^2$ निम्न परिबद्ध है परन्तु उपरिबद्ध नहीं है। जबकि $f(x) = x^3$ न तो उपरिबद्ध है और न ही निम्न परिबद्ध है।

U

undefined function (**अन्‌डिफाइन्ड फंक्शन्**) अपरिभाषित फलन। A function which is not defined at some points, then the function is said to be undefined function at those points, *e.g.*, $f(x) = \dfrac{x^2 - a^2}{x - a}$ is not defined at $x = a$. Thus at $x = a$, $f(x)$ is undefined function.
एक फलन जोकि कुछ बिन्दुओं पर परिभाषित नहीं होता है, तो फलन उन बिन्दुओं पर अपरिभाषित फलन कहलाता है।
जैसे—$f(x) = \dfrac{x^2 - a^2}{x - a}$, $x = a$ पर परिभाषित नहीं है। इसलिए $f(x)$, $x = a$ पर अपरिभाषित फलन है।

uniform (**यूनिफॉर्म**) एकसमान। A quantity is said to be uniform when it does not change with an other quantities (*e.g.*, time) is said to be uniform. *e.g.*, if a particle is moving with uniform velocity, then its means that the velocity of this particle is not changing with time. एक राशि को एक समान कहा जाता है जब वह राशि किसी अन्य राशि (जैसे—समय) के सापेक्ष परिवर्तित न हो। जैसे—यदि एक कण एक समान वेग से चल रहा है तो इसका अर्थ है कि कण का वेग समय के साथ परिवर्तित नहीं हो रहा है।

uniform distribution (**यूनिफॉर्म डिस्ट्रीब्यूशन**) एक समान बंटन। The uniform distribution on the interval $[a, b]$ is the continuous probability distribution whose probability density function is given by

$$f(x) = \frac{1}{b-a} \text{ whose } a \le x \le b$$

अन्तराल $[a, b]$ में एक समान बंटन सतत् प्रायिकता बंटन होता है जिसका प्रायिकता घनत्व फलन (f) निम्न प्रकार दिया है

$$f(x) = \frac{1}{b-a} \text{ जहाँ } a \le x \le b$$

uniformly continuous function (यूनिफॉर्मिली कण्टिन्यूअस् फंक्शन्) एक समान सतत् फलन। A function is said to be uniformly continuous function, if it is not discontinuous at any point, *e.g.*, $y = \sin x$ is uniform continuous function. एक फलन एकसमान सतत् फलन कहलाता है, यदि यह किसी भी बिन्दु पर असतत् न हो।
जैसे—$y = \sin x$ एकसमान सतत् फलन है।

union (यूनियन) संघ। The union of sets A and B is the set consisting of all objects that belong either A or B or both. It is denoted by $A \cup B$ and read as 'A union B'.
e.g., if $A = \{1, 2, 3, 4, 5\}$ and $B = \{5, 6, 9, 15\}$
Therefore, $A \cup B = \{1, 2, 3, 4, 5, 6, 9, 15\}$

A तथा B समुच्चयों का संघ, उन सभी वस्तुओं का समुच्चय है जो A या B या दोनों में समाहित होते हैं। इसे $A \cup B$ से प्रदर्शित करते हैं तथा 'A संघ B' जैसे पढ़ते हैं।

जैसे—यदि $A = \{1, 2, 3, 4, 5\}$ तथा $B = \{5, 6, 9, 15\}$

इस प्रकार, $A \cup B = \{1, 2, 3, 4, 5, 6, 9, 15\}$

unit (यूनिट) इकाई। Unit is used to measure physical quantities. भौतिक राशियों को मापने के लिए इकाई का प्रयोग करते हैं।

unit circle (यूनिट सर्किल) इकाई वृत्त। A circle whose radius is 1 unit, is known as unit circle. *e.g.*, $x^2 + y^2 = 1$

एक वृत्त जिसकी त्रिज्या एक इकाई हो, इकाई वृत्त कहलाता है। जैसे— $x^2 + y^2 = 1$

unit matrix (यूनिट मैट्रिक्स) इकाई आव्यूह। A square matrix in which every non-diagonal element is zero and every diagonal element is 1, is called a unit matrix.
Thus, a square matrix $[a_{ij}]_{n \times n}$ is a unit matrix, if

$$a_{ij} = \begin{cases} 0 & \text{when } i \ne j \\ 1 & \text{when } i = j \end{cases}$$

A unit matrix of order n will be denoted by I_n or by I.
Unit matrix is also known as Identity matrix.

$$e.g., I_3 = \begin{bmatrix} 1 & 0 & 0 \\ 0 & 1 & 0 \\ 0 & 0 & 1 \end{bmatrix}$$

एक वर्ग आव्यूह जिसके विकर्ण का अवयव तथा इसके अतिरिक्त शेष अवयव शून्य हों, इकाई आव्यूह कहलाता है।

इस प्रकार, एक वर्ग आव्यूह $[a_{ij}]_{n \times n}$ इकाई आव्यूह होता है, यदि

$$a_{ij} = \begin{cases} 0 & \text{जब } i \ne j \\ 1 & \text{जब } i = j \end{cases}$$

क्रम n के इकाई आव्यूह को I_n या I से निरूपित करते हैं। इकाई आव्यूह को तत्समक् आव्यूह भी कहते हैं।

$$\text{जैसे—} I_3 = \begin{bmatrix} 1 & 0 & 0 \\ 0 & 1 & 0 \\ 0 & 0 & 1 \end{bmatrix}$$

unit vector (यूनिट वेक्टर) इकाई सदिश A vector having unit magnitude along any vector **a** is called a unit vector in the direction of **a** and is denoted by $\hat{\mathbf{a}}$. Clearly, $|\hat{\mathbf{a}}| = 1$.

U

$$\hat{\mathbf{a}} = \frac{\mathbf{a}}{|\mathbf{a}|}$$

किसी सदिश **a** के अनुदिश एक सदिश जिसका इकाई परिमाण हो, **a** की दिशा में इकाई सदिश कहलाता है तथा $\hat{\mathbf{a}}$ से निरूपित करते हैं। स्पष्टत: $|\hat{\mathbf{a}}| = 1$,

$$\hat{\mathbf{a}} = \frac{\mathbf{a}}{|\mathbf{a}|}$$

unitary ratio **(यूनिटेरि रेशो)** ऐकिक अनुपात। If ratio $a : b$ is expressed in the form $1 : b / a$, then it is called unitary ratio. यदि एक अनुपात $a : b$ को $1 : b / a$ के रूप में व्यक्त किया जाता है, तब इसे ऐकिक अनुपात कहते हैं।

unity **(यूनिटि)** एक। The number or digit 1 is known as unity. संख्या या अंक 1 को एक कहते हैं।

universal set **(यूनिवर्सल सैट)** सार्वत्रिक समुच्चय। If there are some sets under consideration, then there happens to be a set which is a superset of each one of the given set. Such a set is known as the universal set and is denoted by U. This set can be chosen arbitrarily for any discussion of given sets but after choosing it is fixed.
e.g., Let $A = \{1, 2, 3\}$, $B = \{3, 4, 5\}$ and $C = \{7, 8, 9\}$
$\therefore U = \{1, 2, 3, 4, 5, 6, 7, 8, 9\}$ is universal set for all there sets.

यदि कुछ समुच्चयों पर विचार किया जाता है तब वहाँ एक समुच्चय इस प्रकार होगा कि वह प्रत्येक दिए गए समुच्चय का अधिसमुच्चय हो। इस प्रकार के समुच्चय को सार्वत्रिक समुच्चय कहते हैं तथा U से निरूपित करते हैं। दिए गए समुच्चयों के लिए स्वेच्छ रूप से इस समुच्चय को चुना जा सकता है परन्तु एक बार चुनने के बाद यह अपरिवर्तित रहता है।

जैसे—माना $A = \{1, 2, 3\}$, $B = \{3, 4, 5\}$ तथा $C = \{7, 8, 9\}$
$\therefore U = \{1, 2, 3, 4, 5, 6, 7, 8, 9\}$ इन सभी समुच्चयों के लिए सार्वत्रिक समुच्चय है।

unknown **(अन्नोन)** अज्ञात। A variable or function whose value is to be found. एक चर या फलन जिसका मान ज्ञात करना है।

unknown constant **(अन्नोन कोन्स्टेन्ट)** अज्ञात अचर। A constant whose value is not currently known.
e.g., In indefinite integral $\int x^2 dx = \frac{x^3}{3} + c$ the constant of integration c is an unknown constant which requires a boundary condition for it to be found.

एक अचर जिसका मान अभी ज्ञात नहीं है। जैसे–अनिश्चित समाकलन $\int x^2 dx = \frac{x^3}{3} + c$ में समाकलन नियतांक c अज्ञात अचर है जिसे ज्ञात करने के लिए सीमान्त प्रतिबन्धों की आवश्यकता है।

unlike vectors **(अन्लाइक वेक्टर)** प्रतिदिश सदिश। Collinear or parallel vectors having opposite directions, are known as unlike vectors. समरेखीय या समान्तर सदिश जिनकी दिशा विपरीत होती है, प्रतिदिश सदिश कहलाते हैं।

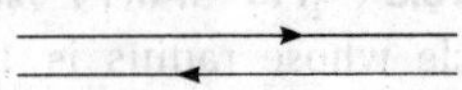

upper bound (अपर बाउन्ड) उपरि सीमा।

Let S be a non-empty subset of R. The real number b is said to be an upper bound for S if b is greater than or equal to every element of S. If S has an upper bound, then S is bounded above. Moreover, b is a supremum of S if b is an upper bound for S and no upper bound for S, is less than b. This will be written as $b = \sup S$.

e.g., if $S = \{0.9, 0.99, 0.999, \ldots\}$ then $\sup S = 1$

माना R का एक अरिक्त उपसमुच्चय S है। वास्तविक संख्या b को S के लिए उपरि सीमा कहते हैं। यदि S के प्रत्येक अवयव के बराबर या उससे बड़ा b हो। यदि S की उपरि सीमा है, तब S को उपरिबद्ध कहते हैं। S का उच्चतम मान b होगा यदि S के लिए b उपरि सीमा है तथा S के लिए उपरि सीमा नहीं होगा। यदि b से कम है। इसे निम्न प्रकार लिखा जाता है।

$$b = \sup S$$

जैसे—यदि $S = \{0.9, 0.99, 0.999, \ldots\}$ तब $\sup S = 1$.

upper limit (अपर लीमिट) उच्च सीमा In definite integration $\int_a^b f(x)dx$, b is known as upper limit.

निश्चित समाकलन $\int_a^b f(x)dx$ में b को उच्च सीमा कहते हैं।

upper triangular matrix (अपर ट्राइएंग्युलर मैट्रिक्स) उपरि त्रिभुजीय आव्यूह। A square matrix $A = [a_{ij}]$ is known as upper triangular matrix, if $a_{ij} = 0, \forall\ i > j$.

e.g., $A = \begin{bmatrix} 1 & 4 & 5 \\ 0 & 2 & 6 \\ 0 & 0 & 3 \end{bmatrix}$ is an upper triangular matrix.

एक वर्ग आव्यूह $A = [a_{ij}]$ को उपरि त्रिभुजीय आव्यूह कहते हैं, यदि $a_{ij} = 0\ \forall\ i > j$

जैसे—$A = \begin{bmatrix} 1 & 4 & 5 \\ 0 & 2 & 6 \\ 0 & 0 & 3 \end{bmatrix}$ एक उपरि त्रिभुजीय आव्यूह है।

V

v (वी) वी। Notation used to represent 5 in roman system.
रोमन पद्धति में 5 को निरूपित करने के लिए प्रयुक्त चिन्ह

value (of the function) वैल्यू (ऑफ द फंक्शन्) फलन का मान। The result of any function at a particular point is known as value of the function. एक विशेष बिन्दु पर किसी फलन का परिणाम, फलन का मान कहलाता है।

vanish (वैनिश) समाप्त होना। To become zero or to tend to zero.
शून्य होने के लिए या शून्य की ओर अग्रसरित

variable (वैरियेबल) चर। An expression which is defined for all values of a given set, is known as variable. Variable is usually denoted by a letter. It can be used to represent element of sets.
एक व्यंजक जोकि दिए गए समुच्चय के सभी मानों के लिए परिभाषित हो, चर कहलाता है। चर को सामान्यत: एक अक्षर द्वारा निरूपित करते हैं। इसका प्रयोग समुच्चय के अवयव को निरूपित करने के लिए किया जा सकता है।

variance (वैरियन्स) चरिता। The variance of a variate X is the arithmetic mean of the squares of all deviations of X from the arithmetic mean of the observations and is denoted by Var (X) or σ^2. *i.e.*, $\sigma^2 = \frac{1}{N}\Sigma(x - \bar{x})^2$

The positive square root of the variance of a variate X is known as its standard deviation and is denoted by σ.

i.e., SD (σ) $= \sqrt{\frac{1}{N}\Sigma(x - \bar{x})^2}$

एक चर X की चरिता, सभी प्रेक्षणों के समान्तर माध्य से चर X के सभी विचलनों के वर्गों के समान्तर माध्य के बराबर होती है तथा इसे Var (X) या σ^2 से निरूपित करते हैं। अर्थात् $\sigma^2 = \frac{1}{N}\Sigma(x - \bar{x})^2$

एक चर (X) के चरिता के धनात्मक वर्गमूल को इसका मानक विचलन कहते हैं तथा इसे σ से निरूपित करते हैं। अर्थात्

मानक विचलन (σ) $= \sqrt{\frac{1}{N}\Sigma(x - \bar{x})^2}$

variate (वैरिएट) चर A quantity that takes different numerical values according to the result of a particular experiment is known as variate.
A variate is a generalization of the concept of a random variable that is defined without reference to a particular type of probabilistic experiment. It is defined as the set of all random variables that obey a given probabilistic law.
एक राशि जो एक विशेष प्रयोग के परिणाम के अनुसार विभिन्न आंकिक मान प्राप्त कर सकती है, चर कहलाती है।

यादृच्छिक चर के सिद्धान्त का व्यापक रूप चर है जोकि प्रायिकतात्मक प्रयोग के विशेष प्रकार के सन्दर्भ के बिना परिभाषित है। यह सभी या यादृच्छिक चरों जो एक दिए गए प्रायिकतात्मक नियम का पालन करते हैं, के समुच्चय के रूप में परिभाषित है।

vector (वेक्टर) सदिश। The quantities defined by magnitude and direction both are called vectors *e.g.*, force, velocity acceleration, etc.

A directed line segment is called a vector. A directed line segment with initial point A and terminal point B, is a vector represented by **AB**. A vector **AB** has a magnitude, a direction and a support.

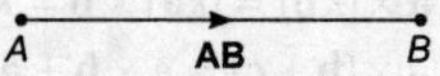

In a vector **AB**

(i) the length AB is called the magnitude or modulus of **AB** and written as $|\mathbf{AB}|$.

(ii) the direction or sense of **AB** is from A to B.

(iii) the support of **AB** is the line of which **AB** is a part.

We usually denote a vector by a single letter with an arrow on it and its magnitude is denoted by letter only

$|\mathbf{AB}| = \mathbf{a}$ and $|\mathbf{AB}| = |\mathbf{a}| = a$

वे राशियाँ जो परिणाम व दिशा दोनों के द्वारा परिभाषित होती हैं, सदिश कहलाती हैं जैसे—बल, वेग, त्वरण इत्यादि।

एक निर्देशित रेखाखण्ड सदिश कहलाता है। एक निर्देशित रेखाखण्ड जिसका आरम्भिक बिन्दु A तथा अन्तिम बिन्दु B है, एक सदिश होता है जिसे **AB** द्वारा निरूपित करते हैं।

एक सदिश **AB** एक परिमाण, एक दिशा तथा एक आधार रखता है। सदिश **AB** में

(i) AB की लम्बाई, **AB** का परिमाण या मापांक कहलाती है तथा $|\mathbf{AB}|$ द्वारा निरूपित करते हैं।

(ii) **AB** की दिशा A से B की ओर है।

(iii) **AB** का आधार वह रेखा है जिसका मान **AB** है।

हम सामान्यत: एक सदिश को एक अक्षर से इसके ऊपर तीर द्वारा निरूपित करते हैं तथा इसके परिमाण को केवल अक्षर द्वारा निरूपित करते हैं।

$|\mathbf{AB}| = \mathbf{a}$ तथा $|\mathbf{AB}| = |\mathbf{a}| = a$

vector equation (of a line) वेक्टर इक्वेशन (ऑफ ए लाइन) सदिश समीकरण (एक रेखा की)। Let O be the origin and let A be a fixed point with position vector $\mathbf{r}_1$ so that $\mathbf{OA} = \mathbf{r}_1$. Let $\mathbf{m}$ be the given vector. Let P be any point on the line drawn through A and parallel to $\mathbf{m}$. Let position vector of P be $\mathbf{r}$ so that $\mathbf{OP} = \mathbf{r}$, then the equation of line will be $\mathbf{r} = \mathbf{r}_1 + \lambda\mathbf{m}$. This equation is know as vector equation of a line in a space.

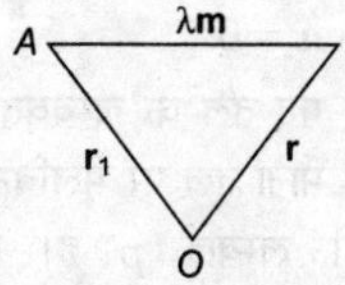

If the line passes through the two points with position vectors $\mathbf{r}_1$ and $\mathbf{r}_2$, then the vector equation of line is $\mathbf{r} = (1 - \lambda)\,\mathbf{r}_1 + \lambda\mathbf{r}_2$.

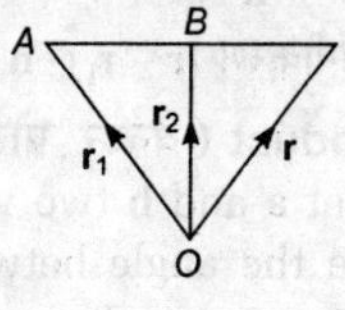

माना O एक मूलबिन्दु है तथा माना A एक अचर बिन्दु है जिसका स्थिति सदिश $\mathbf{r}_1$ इस प्रकार है कि $\mathbf{OA} = \mathbf{r}_1$। माना $\mathbf{m}$ एक दिया गया सदिश है। माना $\mathbf{m}$ के समान्तर तथा A से होकर जाने वाली रेखा पर कोई बिन्दु P है। माना P का स्थिति सदिश इस प्रकार है कि $\mathbf{OP} = \mathbf{r}$, तब रेखा का समीकरण $\mathbf{r} = \mathbf{r}_1 + \lambda\mathbf{m}$ होगा। यह समीकरण समष्टि में एक रेखा का सदिश समीकरण कहलाता है।

यदि रेखा दो बिन्दुओं जिनके स्थिति सदिश क्रमशः $\mathbf{r}_1$ व $\mathbf{r}_2$ हैं, से होकर जाती है, तब रेखा का सदिश समीकरण $\mathbf{r} = (1-\lambda)\mathbf{r}_1 + \lambda\mathbf{r}_2$ होगा।

vector equation (of a plane) वेक्टर इक्वेशन (ऑफ ए प्लेन) सदिश समीकरण (एक तल की)। Let $\hat{\mathbf{n}}$ be a unit vector normal to a given plane and let p be the length of perpendicular from the origin to the plane. Then, the equation of plane is $\mathbf{r} \cdot \hat{\mathbf{n}} = p$ which is known as vector equation of a plane.

If a plane passes through a given point $\mathbf{r}_1$ and perpendicular to $\hat{\mathbf{n}}$, the vector equation of a plane is $(\mathbf{r} - \mathbf{r}_1) \cdot \hat{\mathbf{n}} = 0$.

माना दिए गए तल के लम्बवत् इकाई सदिश $\hat{\mathbf{n}}$ है तथा माना तल पर मूलबिन्दु से डाले गए लम्ब की लम्बाई p है। तब तल का समीकरण $\mathbf{r} \cdot \hat{\mathbf{n}} = p$ होगा जोकि तल की सदिश समीकरण है।

यदि एक तल दिए गए बिन्दु $\mathbf{r}_1$ से होकर जाता है तथा $\hat{\mathbf{n}}$ के लम्बवत् है, तब तल का सदिश समीकरण $(\mathbf{r} - \mathbf{r}_1) \cdot \hat{\mathbf{n}} = 0$ होगा।

vector product (वेक्टर प्रोडक्ट) सदिश गुणन। Let $\mathbf{a}$ and $\mathbf{b}$ two vectors and let θ be the angle between them, where $0 \le \theta \le \pi$. Then, the vector product or cross product of $\mathbf{a}$ and $\mathbf{b}$ is defined as

$$\mathbf{a} \times \mathbf{b} = (|\mathbf{a}||\mathbf{b}|\sin\theta)\hat{\mathbf{n}}$$

where $\hat{\mathbf{n}}$ is a unit vector perpendicular to both $\mathbf{a}$ and $\mathbf{b}$, taken in such a way that $\mathbf{a}$, $\mathbf{b}$ and $\hat{\mathbf{n}}$ form a right handed system.

Clearly $(\mathbf{a} \times \mathbf{b})$ is a vector, perpendicular to each one of the vectors $\mathbf{a}$ and $\mathbf{b}$. So, a unit vector $\hat{\mathbf{n}}$ perpendicular to each one of the vectors $\mathbf{a}$ and $\mathbf{b}$ is given by

$$\hat{\mathbf{n}} = \frac{\mathbf{a} \times \mathbf{b}}{|\mathbf{a} \times \mathbf{b}|}$$

If $\mathbf{a} = \mathbf{0}$ or $\mathbf{b} = \mathbf{0}$, then $\mathbf{a} \times \mathbf{b} = \mathbf{0}$

The following properties hold for all vectors $\mathbf{a}$, $\mathbf{b}$ and $\mathbf{c}$

(i) $\mathbf{b} \times \mathbf{a} = -(\mathbf{a} \times \mathbf{b})$

(ii) $\mathbf{a} \times (k\mathbf{b}) = (k\mathbf{a}) \times \mathbf{b} = k(\mathbf{a} \times \mathbf{b})$

(iii) $\mathbf{a} \times (\mathbf{b} + \mathbf{c}) = \mathbf{a} \times \mathbf{b} + \mathbf{a} \times \mathbf{c}$

(iv) $\mathbf{a} \times (\mathbf{b} - \mathbf{c}) = (\mathbf{a} \times \mathbf{b}) - (\mathbf{a} \times \mathbf{c})$

माना $\mathbf{a}$ व $\mathbf{b}$ दो सदिश हैं तथा माना इनके बीच का कोण θ है जहाँ $0 \le \theta \le \pi$, तब $\mathbf{a}$ व $\mathbf{b}$ का सदिश गुणन निम्न प्रकार परिभाषित है

$$\mathbf{a} \times \mathbf{b} = (|\mathbf{a}||\mathbf{b}|\sin\theta)\hat{\mathbf{n}}$$

जहाँ $\mathbf{a}$ व $\mathbf{b}$ दोनों के लम्बवत् इकाई सदिश $\hat{\mathbf{n}}$ है जो इस प्रकार है कि $\mathbf{a}$, $\mathbf{b}$ व $\hat{\mathbf{n}}$ दायाँ हाथ निकाय बनाते हैं

स्पष्टतः $(\mathbf{a} \times \mathbf{b})$ एक सदिश है जो दोनों सदिशों $\mathbf{a}$ व $\mathbf{b}$ प्रत्येक के लम्बवत् है। इसलिए $\mathbf{a}$ व $\mathbf{b}$ दोनों में प्रत्येक के लम्बवत् इकाई सदिश निम्न प्रकार दिया गया है।

$$\hat{\mathbf{n}} = \frac{\mathbf{a} \times \mathbf{b}}{|\mathbf{a} \times \mathbf{b}|}$$

यदि $\mathbf{a} = \mathbf{0}$ या $\mathbf{b} = \mathbf{0}$, तब $\mathbf{a} \times \mathbf{b} = \mathbf{0}$

सदिशों $\mathbf{a}, \mathbf{b}$ व $\mathbf{c}$ के लिए निम्न गुण सन्तुष्ट होते हैं।

(i) $\mathbf{b} \times \mathbf{a} = -(\mathbf{a} \times \mathbf{b})$

(ii) $\mathbf{a} \times (k\mathbf{b}) = (k\mathbf{a}) \times \mathbf{b} = k(\mathbf{a} \times \mathbf{b})$

(iii) $\mathbf{a} \times (\mathbf{b} + \mathbf{c}) = \mathbf{a} \times \mathbf{b} + \mathbf{a} \times \mathbf{c}$

(iv) $\mathbf{a} \times (\mathbf{b} - \mathbf{c}) = (\mathbf{a} \times \mathbf{b}) - (\mathbf{a} \times \mathbf{c})$

vector projection (**वेक्टर प्रोजेक्शन**) सदिश प्रक्षेप। Let angle between two non-zero vectors **a** and **b** be θ, where $0 \leq \theta \leq \pi$. Let *C* be the projection of *B* on *OA*. The vector projection of **b** on **a** is the vector represented by **OC** which is equal to $|\mathbf{b}| \cos\theta \cdot \dfrac{\mathbf{a}}{|\mathbf{a}|}$. Thus, the vector projection of **b** on **a** equals $\left(\dfrac{\mathbf{a} \cdot \mathbf{a}}{|\mathbf{a}|^2}\right)\mathbf{a}$.

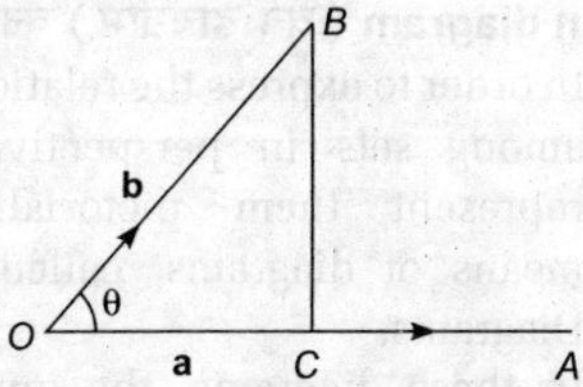

माना दो अशून्य सदिशों **a** व **b** के बीच का कोण θ है जहाँ $0 \leq \theta \leq \pi$. माना *B* का *OA* पर प्रक्षेप *C* है। **b** का **a** पर सदिश प्रक्षेप **OC** द्वारा निरूपित है जोकि $|\mathbf{b}| \cos\theta \cdot \dfrac{\mathbf{a}}{|\mathbf{a}|}$ के बराबर होता है। इस प्रकार **b** का **a** पर प्रक्षेप $\left(\dfrac{\mathbf{a} \cdot \mathbf{a}}{|\mathbf{a}|^2}\right)\mathbf{a}$ के बराबर होता है।

vector sum (**वेक्टर सम**) सदिश योग The addition of two or more vectors is known as vector sum or addition of vectors.

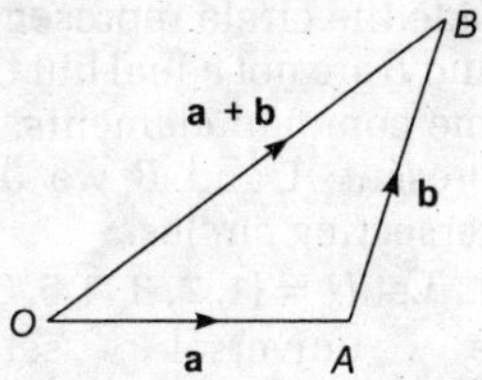

In a ΔOAB, if **OA** and **AB** represents vector **a** and vector **b** respectively. Then, **OB** represent the vector (**a** + **b**). This is known as the triangle law of addition of vectors. In parallelogram *OABC*, if **OA** and **AB** represents vector **a** and vector **b** respectively, then **OB** represent vector (**a** + **b**).

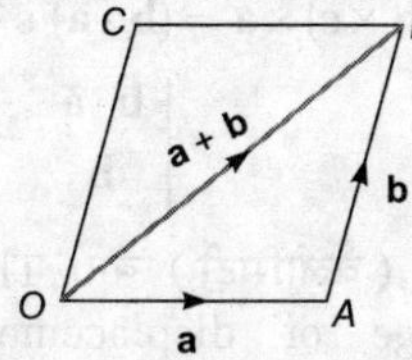

This is known as parallelogram law of addition of vectors.

दो या अधिक सदिशों का योग सदिश या सदिशों का योग कहलाता है।

ΔOAB में, यदि **OA** व **AB** क्रमशः सदिश **a** व सदिश **b** निरूपित करे, तब **OB** सदिश (**a** + **b**) को निरूपित करता है। यदि सदिशों के योग का त्रिभुज नियम कहलाता है।

समान्तर चतुर्भुज *OABC* में, यदि **OA** व **AB**, सदिश **a** व सदिश **b** को निरूपित करते हैं, तब **OB** सदिश (**a** + **b**) को निरूपित करता है यह सदिशों के योग का समान्तर चतुर्भुज नियम कहलाता है।

vector triple product (**वेक्टर ट्रिपल प्रोडक्ट**) सदिश त्रिगुणन। If **a**, **b**, **c** are any vectors, then $(\mathbf{a} \times \mathbf{b}) \times \mathbf{c}$ and $\mathbf{a} \times (\mathbf{b} \times \mathbf{c})$ etc, are known as vector triple product.

$$\mathbf{a} \times (\mathbf{b} \times \mathbf{c}) = (\mathbf{a} \cdot \mathbf{c})\,\mathbf{b} - (\mathbf{a} \cdot \mathbf{b})\,\mathbf{c}$$

$$= \begin{vmatrix} \mathbf{a} \cdot \mathbf{c} & \mathbf{a} \cdot \mathbf{b} \\ \mathbf{c} & \mathbf{b} \end{vmatrix}$$

and $(\mathbf{b} \times \mathbf{c}) \times \mathbf{a} = (\mathbf{b} \cdot \mathbf{a})\,\mathbf{c} - (\mathbf{c} \cdot \mathbf{a})\,\mathbf{b}$

$$= \begin{vmatrix} \mathbf{b}\cdot\mathbf{a} & \mathbf{c}\cdot\mathbf{a} \\ \mathbf{b} & \mathbf{c} \end{vmatrix}$$

यदि **a**, **b**, **c** कोई सदिश हैं, तब $(\mathbf{a} \times \mathbf{b}) \times \mathbf{c}$ तथा $\mathbf{a} \times (\mathbf{b} \times \mathbf{c})$ इत्यादि को सदिश त्रिगुणन कहते हैं।

$$\mathbf{a} \times (\mathbf{b} \times \mathbf{c}) = (\mathbf{a} \cdot \mathbf{c})\, \mathbf{b} - (\mathbf{a} \cdot \mathbf{b})\, \mathbf{c}$$

$$= \begin{vmatrix} \mathbf{a}\cdot\mathbf{c} & \mathbf{a}\cdot\mathbf{b} \\ \mathbf{c} & \mathbf{b} \end{vmatrix}$$

तथा $(\mathbf{b} \times \mathbf{c}) \times \mathbf{a} = (\mathbf{b} \cdot \mathbf{a})\, \mathbf{c} - (\mathbf{c} \cdot \mathbf{a})\, \mathbf{b}$

$$= \begin{vmatrix} \mathbf{b}\cdot\mathbf{a} & \mathbf{c}\cdot\mathbf{a} \\ \mathbf{b} & \mathbf{c} \end{vmatrix}$$

velocity (वैलोसिटी) वेग। The rate of change of displacement of a moving particle, is called its velocity.

Since, displacement is a vector quantity, so the velocity has both the magnitude and direction and so it is a vector quantity.

If the vectors **x** and **v** denote the displacement and velocity respectively of a moving particle at any time t, then

$$\mathbf{v} = \frac{d\mathbf{x}}{dt}$$

In SI system, the unit of velocity is m/s, $v > 0$ in the direction of x increasing. $v < 0$ in the direction of x decreasing. The magnitude of the velocity of a moving particle is called its speed.

एक गतिमान कण के विस्थापन के परिवर्तन की दर को वेग कहते हैं।

चूँकि विस्थापन एक सदिश राशि है इसलिए वेग में परिमाण व दिशा दोनों होंगे तथा इसलिए यह सदिश राशि है।

यदि सदिश **x** व **v** क्रमशः किसी क्षण t पर गतिमान कण के विस्थापन व वेग को निरूपित करते हैं, तब

$$\mathbf{v} = \frac{d\mathbf{x}}{dt}$$

एस. आई. पद्धति में, वेग की इकाई मी/से है। x के बढ़ने की दिशा में $v > 0$ तथा x के घटने की दिशा में $v < 0$. एक गतिमान कण के वेग के परिमाण को इसकी चाल कहते हैं।

velocity-time graph (वैलोसिटी-टाइम ग्राफ) वेग-समय आलेख। A graph that shows velocity plotted against time for a particle moving in a straight line.

एक आलेख जो सरल रेखा में गतिमान कण के समय के सापेक्ष वेग को दर्शाता है।

venn diagram (वेन डायग्राम) वेन आरेख। In order to express the relationship among sets in perspective. We represent them pictorially by means of diagrams, called venn Diagrams.

In these diagrams, the universal set is represented by a rectangular region and its subset by circles inside the rectangle. We represent disjoint sets by disjoint circles and intersecting sets by intersecting circles.

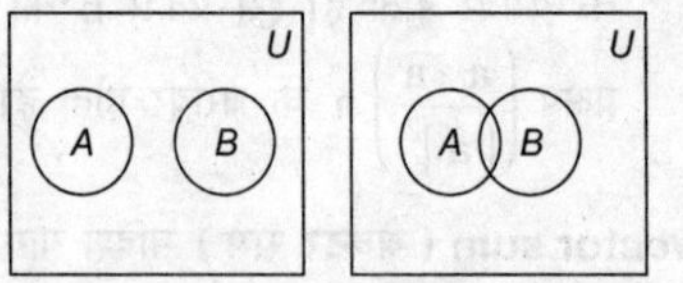

Disjoint sets   Intersecting sets

If a set A is a subset of a set B, then the circle representing A is drawn inside the circle representing B. If A and B are not equal but they have some common elements, then the represent A and B we draw two intersecting circles.

e.g., Let $U = \{1, 2, 3, 4, 5, 6, 7, 8\}$ be the universal set and $A = \{1, 3, 5, 7\}$ and $B = \{3, 7\}$.

Now, we may draw the Venn diagram, as shown in the given figure.

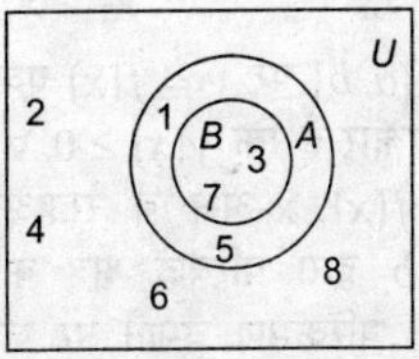

B is a subset of *A*

परिपेक्ष्य में समुच्चयों के बीच में सम्बन्ध को व्यक्त कने के लिए हम उन्हें चित्र रूप में आलेखों के द्वारा निरूपित करते हैं। इन आलेखों को वेन आरेख कहते हैं।

इन आरेखों में, सार्वत्रिक समुच्चय को आयताकार क्षेत्र तथा इसके उपसमुच्चयों को आयत के अन्दर वृत्तों द्वारा निरूपित करते हैं। विसंघीत समुच्चयों को विसंघीत वृत्तों द्वारा तथा प्रतिच्छेदी समुच्चयों की प्रतिच्छेदी वृत्तों द्वारा निरूपित करते हैं। यदि समुच्चय *A*, समुच्चय *B* का उपसमुच्चय है, तब समुच्चय *A* को निरूपित करने वाला वृत्त समुच्चय *B*, को निरूपित करने वाले वृत्त के अन्दर बनता है। यदि *A* व *B* समान नहीं हैं। परन्तु उनमें कुछ अवयव उभयनिष्ठ है, तब *A* व *B* को निरूपित करने के लिए प्रतिच्छेदी वृत्तों को बनाते हैं।

जैसे—माना $U = \{1, 2, 3, 4, 5, 6, 7, 8\}$ एक सार्वत्रिक समुच्चय है तथा $A = \{1, 3, 5, 7\}$ तथा $B = \{3, 7\}$ अब हम चित्रानुसार वेन आरेख बनाते हैं।

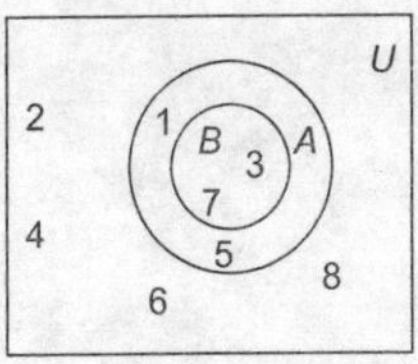

B is a subset of *A*

vertex (वरटैक्स) शीर्ष। The points of intersection of the conic section and the axis are called vertices of the conic section.

शांकव तथा अक्ष के प्रतिच्छेदी बिन्दुओं को शांकव का शीर्ष कहते हैं।

vertex (of a graph) (वरटैक्स ऑफ ए ग्राफ) शीर्ष (आलेख का)। The corner of a geometric figure which can be formed by lines, planes etc are called vertex. ज्यामितीय चित्रों के किनारे जो रेखाओं, तलों इत्यादि से बन सकते हैं, शीर्ष कहलाते हैं।

vertically opposite angles (वरटीकली अपोजिट एंगल्स) शीर्षाभिमुख कोण। If two straight lines intersect each other, the two angle formed having no common arm are called vertically opposite angles or a pair of non-adjacent angles formed by the intersection of two straight lines are called vertically opposite angles.

Vertically opposite angles are equal to each other. *e.g.*, if two straight lines *AB* and *CD* intersect each other at *O*, then $\angle AOC$ and $\angle BOD$, $\angle BOC$ and $\angle AOD$ are vertically opposite angles also,

$$\angle AOC = \angle BOD$$

and $$\angle BOC = \angle AOD$$

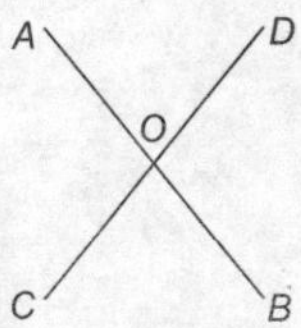

यदि दो सरल रेखाएँ एक-दूसरे को परस्पर प्रतिच्छेदित करती हैं, तब बने दो कोण जिनमें कोई उभयनिष्ठ भुजा नहीं होती है,

शीर्षाभिमुख कोण कहलाते हैं। या दो सरल रेखाओं के प्रतिच्छेदन से बने असंलग्न कोणों के युग्म को शीर्षाभिमुख कोण कहते हैं।

शीर्षाभिमुख कोण परस्पर एक-दूसरे के बराबर होते हैं। जैसे—यदि सरल रेखाएँ AB व CD परस्पर एक-दूसरे को O पर प्रतिच्छेदित करती हैं, तब $\angle AOC$ व $\angle BOD$, $\angle BOC$ व $\angle AOD$ शीर्षाभिमुख कोण हैं।

$$\angle AOC = \angle BOD$$

तथा $$\angle BOC = \angle AOD$$

volume (वोल्यूम) आयतन। A measure of the three dimensional space enclosed by a solid is known as volume. त्रिविमीय समष्टि में ठोस द्वारा परिबद्ध किए गए क्षेत्र की माप को आयतन कहते हैं।

volume of solid of revolution (वोल्यूम ऑफ सोलिड ऑफ रिवोल्यूशन) परिक्रमण के ठोस का आयतन। Let $y = f(x)$ be a continuous function on $[a, b]$ such that $f(x) \geq 0$ $\forall\ x \in [a, b]$. The volume V of the solid of revolution obtained by rotating, through one revolution about x-axis, the region bounded by the curve $y = f(x)$, the x-axis and the lines $x = a$, and $x = b$ is given by

$$V = \int_a^b \pi y^2\ dx = \int_a^b \pi\{f(x)\}^2\ dx$$

माना $[a, b]$ पर $y = f(x)$ एक सतत् फलन इस प्रकार है कि $y(x) \geq 0, \forall\ x \in [a, b]$. $y = f(x)$, x-अक्ष व रेखाओं $x = a$ व $x = b$ द्वारा परिबद्ध क्षेत्र को x-अक्ष के परित: परिक्रमण घुमाने पर जनित ठोस का आयतन निम्न प्रकार होता है

$$V = \int_a^b \pi y^2\ dx = \int_a^b \pi\{f(x)\}^2\ dx$$

vulgar fraction (वलगर फ्रैक्शन्) साधारण भिन्न। A fraction written as $\frac{a}{b}$ where a and b positive integers, is known as vulgar fraction. The value of a vulgar fraction is not altered by multiplying or dividing the numerator and the denominator by the same number, *e.g.*, $\frac{3}{4}$ is a vulgar fraction. $\frac{a}{b}$ जहाँ a व b धनपूर्णांक हैं, रूप में लिखे भिन्न को साधारण भिन्न कहते हैं। किसी समान संख्या से अंश व हर में गुणा या भाग करने पर इस भिन्न का मान अपरिवर्तित रहता है।

जैसे— $\frac{3}{4}$ एक साधारण भिन्न है।

V

W

w (डब्लू) डब्लू। Symbol of watt वाट का प्रतीक

watt (वॉट) वाट। The SI unit of power. One watt is equal to one joule per second. शक्ति की एसआई इकाई, 1 वाट, 1 जूल/से के बराबर होता है।

weight (वेट) भार। The magnitude of the force acting on a body due to gravity. The weight of the body is equal to *mg* where *m* is a mass of the body and '*g*' is acceleration due to gravity. Weight has the dimensions MLT^{-2}, the same as force and the SI unit of weight/force is the Newton. Infact, the weighting machine measures the weight, but the reading gives the corresponding mass. गुरुत्व के कारण पिण्ड पर कार्यरत बल का परिमाण, पिण्ड का भार *mg* होता है। जहाँ पिण्ड का द्रव्यमान *m* तथा गुरुत्व के कारण त्वरण *g* है। भार की विमा MLT^{-2} होती है जो बल की विमा के समान है तथा भार/बल की एस. आई. इकाई न्यूटन है। वास्तव में, भार तोलने की मशीन भार मापती है परन्तु परिणाम संगत द्रव्यमान प्रदर्शित करता है।

weighted mean (वेटेंड मीन) भारित माध्य। If corresponding weight of $x_1, x_2, \ldots, x_n$ are $w_1, w_2, \ldots, w_n$ respectively, then

$$\text{Weighted mean} = \frac{\sum_{i=1}^{n} w_i x_i}{\sum_{i=1}^{n} w_i}$$

(see also mean)

यदि $x_1, x_2, \ldots, x_n$ के संगत भार $w_1, w_2, \ldots, w_n$ क्रमशः है, तब

$$\text{भारित माध्य} = \frac{\sum_{i=1}^{n} w_i x_i}{\sum_{i=1}^{n} w_i}$$

(माध्य भी देखें)

whole number (होल् नम्बर) पूर्ण संख्या। All the natural numbers along with 0 are whole numbers. Therefore 0, 1, 2, 3,.... are whole numbers. 0 के साथ सभी प्राकृतिक संख्याएँ पूर्ण संख्याएँ होती हैं। इसलिए 0, 1, 2, 3, ... पूर्ण संख्याएँ हैं।

work done (वर्क डन) कृत कार्य। The work done by a force **F** during the time interval from $t = t_1$ to $t = t_2$ is equal to $\int_{t_1}^{t_2} \mathbf{F} \cdot \mathbf{v}\, dt$. where **v** is the velocity of the point of application of **F**.

or

If a constant force f acting on a particle displaces it from point A to B, then work done $W = f \cdot d$ (where d = **AB**).

Work done has the dimensions $[ML^2T^{-2}]$ the same as energy and the SI unit of measurement is the joule.

समयान्तराल में $t = t_1$ से $t = t_2$ तक बल **F** द्वारा कृत कार्य $\int_{t_1}^{t_2} \mathbf{F} \cdot \mathbf{v}\, dt$ के बराबर होता है।

जहाँ **F** बल के अनुप्रयोग बिन्दु पर वेग **v** है।

या

यदि अचर बल f एक कण पर कार्य करके उसे बिन्दु A से B तक प्रतिस्थापित करता है, तब कृत कार्य $W = f \cdot d$ जहाँ d = **AB**. कृत कार्य की विमा $[ML^2T^{-2}]$ होती है जो ऊर्जा की विमा के समान है तथा इसके माप की एस. आई. इकाई जूल होती है।

work-energy principle (वर्क-एनर्जी प्रिन्सीपल) कार्य-ऊर्जा सिद्धान्त। The principle that the change in kinetic energy of a particle during same time interval is equal to the work done by the total force acting on the particle during the time interval. कार्य-ऊर्जा सिद्धान्त के अनुसार किसी समयान्तराल के अन्तर्गत कण की गतिज ऊर्जा में परिवर्तन उस समयान्तराल में कण पर कार्यरत कुल बल द्वारा किए गए कार्य के बराबर होता है।

X

x (एक्स) एक्स। The roman numeral for 10. 10 के लिए अरबी अंक

***x*-axis (*x*-ऐक्सिस्)** *x*-अक्ष। One of the axes in two or three dimensional cartesian coordinate system. द्विविमीय या त्रिविमीय कार्त्तीय निर्देशांक निकाय में अक्षों में से एक अक्ष

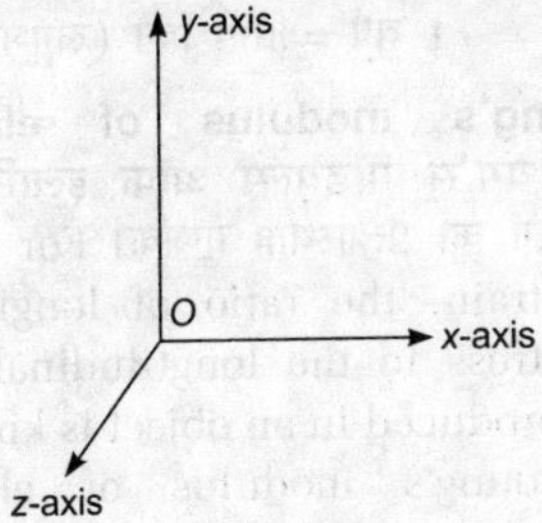

***x*-intercept (*x*-इण्टरसेप्ट)** *x*-अन्त:खण्ड The distance on *x*-axis upto the point from origin at which a line crosses the *x*-axis in two or three dimensional space. द्विविमीय या त्रिविमीय क्षेत्र में *x*–अक्ष पर एक बिन्दु जिस पर एक रेखा *x*–अक्ष को काटती है, की मूल बिन्दु से दूरी

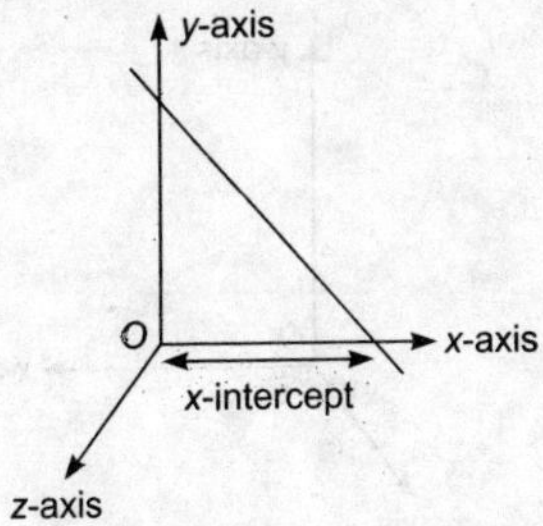

Y

yard (**यार्ड**) गज। A measure of length which is equal to 3 feet. लम्बाई की एक माप जोकि 3 फुट के बराबर होती है।

y*-axis** (y*-ऐक्सिस्**) *y*-अक्ष। One of the axes in a two dimensional or three dimensional cartesian coordinate system. द्विविमीय या त्रिविमीय कार्त्तीय निर्देशांक निकाय में अक्षों में से एक अक्ष

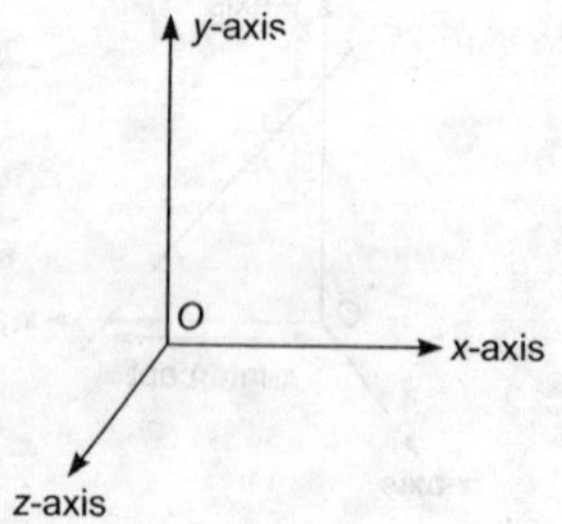

y*-intercept** (y*-इन्टरसेप्ट**) *y*-अन्त:खण्ड। The distance on *y*-axis upto the point from origin at which a line crosses the *y*-axis in two or three dimensional space. द्विविमीय या त्रिविमीय क्षेत्र में *y*-अक्ष पर एक बिन्दु जिस पर एक रेखा *y*–अक्ष को काटती है, की मूल बिन्दु से दूरी

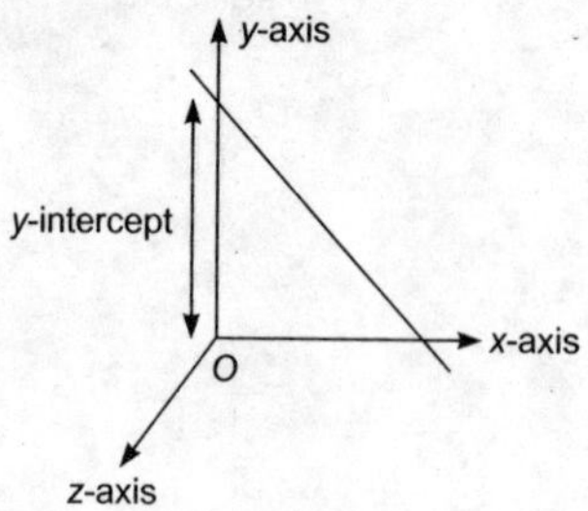

year (**ईअर**) वर्ष। A measure of time which is equal to one revolution of the earth about the sun.

1 yr = 365 days (approx.)

समय की एक माप जोकि सूर्य के परित: पृथ्वी द्वारा परिक्रमण किए गए एक चक्कर के बराबर है।

1 वर्ष = 365 दिन (लगभग)

Young's modulus of elasticity (**यंग'स मॉड्यूल्स ऑफ इलास्टिसिटी**) यंग का प्रत्यास्थता गुणांक। For a small strain, the ratio of longitudinal stress to the longtitudinal strain produced in an object is known as young's modulus of elasticity substance of that object.

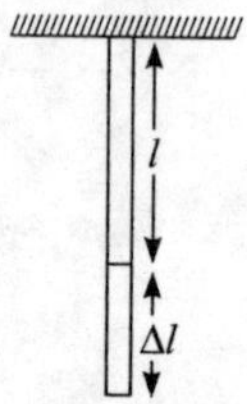

$$Y = \frac{\text{Longitudinal stress}}{\text{Longitudinal strain}}$$

Let the length of wire is l and radius of cross sectional area is r and its one end is hanged on a solid base. On the other end force F is imposed for a small strain, the length is increased by Δl, then

$$Y = \frac{F / A}{\Delta l / l} = \frac{Fl}{\pi r^2 \Delta l}$$

where A = cross-sectional area

$= \pi r^2$

If mass M is hanged at other end, then

$$Y = \frac{Mgl}{\pi r^2 \Delta l} \quad (\because F = Mg)$$

लघु विकृति के लिए किसी वस्तु में उत्पन्न अनुदैर्ध्य प्रतिबल तथा अनुदैर्ध्य विकृति के अनुपात को उस वस्तु के पदार्थ का यंग प्रत्यास्थता गुणांक (Y) कहते हैं।

$$Y = \frac{\text{अनुदैर्ध्य प्रतिबल}}{\text{अनुदैर्ध्य विकृति}}$$

माना किसी तार की लम्बाई l व अनुप्रस्थ काट की त्रिज्या r है तथा इसके एक सिरे को दृढ़ आधार से लटकाकर, दूसरे सिरे पर बल F लगाकर, लघु विकृति के लिए, उसकी लम्बाई में Δl की वृद्धि हो जाती है, तब

$$Y = \frac{F/A}{\Delta l/l} = \frac{Fl}{\pi r^2 \Delta l}$$

जहाँ A = अनुप्रस्थ काट का क्षेत्रफल

$= \pi r^2$

यदि तार के दूसरे सिरे से लटकाया गया द्रव्यमान M हो, तो

$$Y = \frac{Mgl}{\pi r^2 \Delta l} \quad (\because F = Mg)$$

Y

Z

z **(जेड)** जेड। Used as a notation to represent a complex number. सम्मिश्र संख्या को निरूपित करने के लिए संकेतन के रूप में प्रयुक्त

z-axis **(z-ऐक्सिस्)** *z*-अक्ष। One of the axes in three dimensional cartesian coordinate system. त्रिविमीय कार्तीय निर्देशांक निकाय के अक्षों में से एक अक्ष

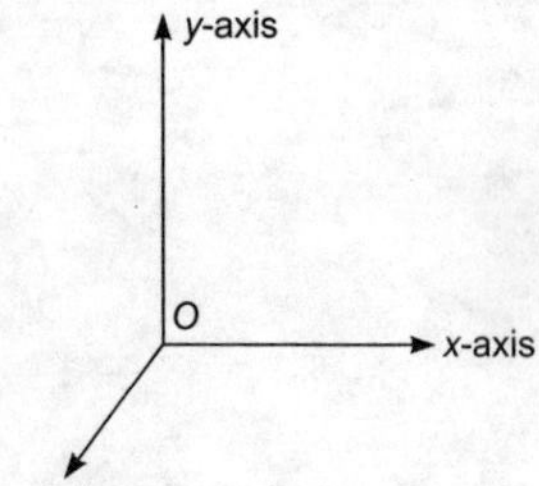

z-intercept **(z-इन्टरसेप्ट)** *z*–अन्तःखण्ड। The distance on *z*-axis upto the point from origin at which a line crosses the *z*-axis in three dimensional space. त्रिविमीय क्षेत्र में, *z*–अक्ष पर एक बिन्दु जिस पर एक रेखा *z*–अक्ष को काटती है, की मूलबिन्दु से दूरी

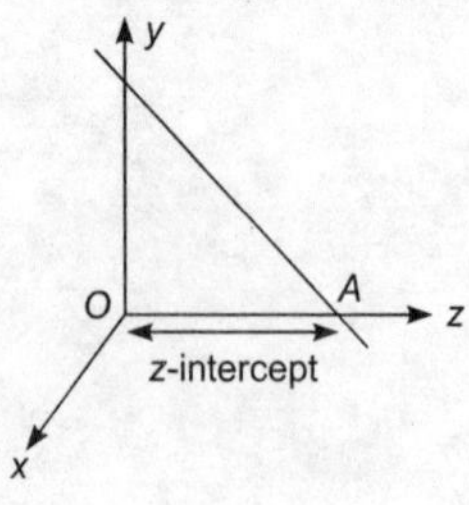

or

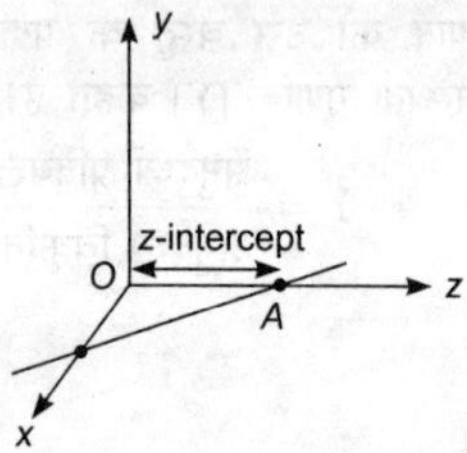

zero **(जीरो)** शून्य। A real number which is the additive identity the element in any ring with the property that $x \cdot 0 = 0 \cdot x = 0$

एक वास्तविक संख्या जोकि योगात्मक तत्समक है किसी वलय में एक अवयव जो निम्न गुण को सन्तुष्ट करता है $x \cdot 0 = 0 \cdot x = 0$

zero of a function **(जीरो ऑफ ए फंक्शन्)** फलन का शून्य। A value h of a variable x at which $f(x) = 0$, *i.e.*, $f(h) = 0$, is known as zero of a function.

e.g., since at $x = 2$ and 3 $f(x) = x^2 - 5x + 6$ has values zero, then 2 and 3 are known as zero of the function $f(x)$.

एक चर x का एक मान h जिस पर $f(x) = 0$ अर्थात् $f(h) = 0$ होता है, फलन का शून्य कहलाता है।

जैसे—चूँकि $x = 2$ व 3 पर $f(x) = x - 5x + 6$ का मान शून्य है, तब 2 व 3 फलन $f(x)$ के शून्य कहलाते हैं।

zero angle (**जीरो एंगल**) शून्य कोण। If the inital and final positions of a ray coincide without making any revolution, thus the angle formed is known as zero angle and measure of an zero angle is 0°. यदि किसी किरण की प्रारम्भिक व अन्तिम स्थितियाँ बिना किसी परिक्रमण किए एक ही हो, तब इस प्रकार बने कोण को शून्य कोण कहते हैं तथा शून्य कोण की माप 0° होती है।

zero divisor (**जीरो डिवाइजर**) शून्य भाजक। Non-zero elements in a ring whose product is zero. There are in various system except within the real or complex numbers.

e.g., if $A = \begin{bmatrix} 1 & 0 \\ 0 & 0 \end{bmatrix}$ and $B = \begin{bmatrix} 0 & 0 \\ 0 & 1 \end{bmatrix}$, then

$AB = BA = \begin{bmatrix} 0 & 0 \\ 0 & 0 \end{bmatrix}$. Therefore, A and B are zero divisors within the ring of 2×2 matrices, defined with usual matrix addition and multiplication.

वलय में अशून्य अवयव जिनका गुणनफल शून्य हो। ये वास्तविक व सम्मिश्र संख्याओं के अतिरिक्त विभिन्न निकाय में होते हैं।

जैसे—यदि $A = \begin{bmatrix} 1 & 0 \\ 0 & 0 \end{bmatrix}$ तथा $B = \begin{bmatrix} 0 & 0 \\ 0 & 1 \end{bmatrix}$, तब $AB = BA = \begin{bmatrix} 0 & 0 \\ 0 & 0 \end{bmatrix}$

इसलिए A व B. 2×2 आव्यूह के वलय जो कि सामान्य आव्यूह योग व गुणन के लिए परिभाषित हैं, शून्य भाजक हैं।

zero element (**जीरो ऐलीमेण्ट**) शून्य अवयव। An element x is a zero element for a binary operation (0) on a set S, if $\forall\, a \in S$, $a0x = x0a = x$. Thus, the real number 0 is a zero element for multiplication since, $\forall\, a, a \times 0 = 0 \times a = 0$

समुच्चय S पर द्वि आधारी सक्रियाँ (0) के लिए अवयव x को शून्य अवयव कहते हैं। यदि $\forall\, a \in S, a0x = x0a = x$ इस प्रकार वास्तविक संख्या 0 को गुणा के लिए शून्य अवयव कहते हैं चूँकि

$$\forall\, a, a \times 0 = 0 \times a = 0$$

zero function (**जीरो फंक्शन्**) शून्य फलन। A real function of such that $f(x) = 0\ \forall\ x \in R$ is known as zero function. Also, called constant function[F]

एक वास्तविक फलन f जोकि इस प्रकार है कि $f(x) = 0\ \forall\ x \in R$, शून्य फलन कहलाता है। इसे अचर फलन भी कहते हैं।

zero matrix (**जीरो मैट्रिक्स**) शून्य आव्यूह। The $m \times n$ zero matrix O is the $m \times n$ matrix with all its, zero entries. It is also called null matrix.

$$e.g., O = \begin{bmatrix} 0 & 0 & 0 \\ 0 & 0 & 0 \\ 0 & 0 & 0 \end{bmatrix}_{3 \times 3}$$

$m \times n$ शून्य आव्यूह O एक $m \times n$ आव्यूह होता है जिसके सभी अवयव शून्य होते हैं।

$$\text{जैसे—}\ O = \begin{bmatrix} 0 & 0 & 0 \\ 0 & 0 & 0 \\ 0 & 0 & 0 \end{bmatrix}_{3 \times 3}$$

zero measure (**जीरो मैजर**) शून्य माप। A set of points capable of being enclosed in intervals whose total length is arbitraily small.

बिन्दुओं का समुच्चय जिसकी कुल लम्बाई स्वेच्छ रूप से छोटी होती है, अन्तराल में परिबद्ध होने में सक्षम है।

Z

zero vector (जीरो वेक्टर) शून्य सदिश। A vector of zero magnitude, *i.e.*, which has the same initial and terminal points, is known as zero vector. It is denoted by **0**.

शून्य परिमाण वाले सदिश अर्थात् जिसका प्रारम्भिक व अन्तिम बिन्दु एक ही हो, शून्य सदिश कहलाता है। इसे **0** से निरूपित करते हैं।

zeta function (जीटा फंक्शन्) जीटा फलन। The function $\zeta(s) = \sum_{n=1}^{\infty} \frac{1}{n^s}$ defined on the complex variables *s*. The sum is convergent and gives an analytic function, when the real part of *s* is > 1.

सम्मिश्र चरों *s* पर परिभाषित फलन $\zeta(s) = \sum_{n=1}^{\infty} \frac{1}{n^s}$ योग अभिसारी होता है तथा जब *s* का वास्तविक भाग > 1 है। तो यह विश्लेषात्मक फलन देता है।

zone (जोन) मण्डल या क्षेत्र। A zone of a sphere is the part between two parallel planes. If the radius of sphere is *r* and the distance between the planes is *h*, then the curved surface area of the zone is equal to $2\pi rh$.

एक गोले का क्षेत्र दो समान्तर तलों के बीच का भाग होता है। यदि गोले की त्रिज्या *r* तथा तलों के बीच की दूरी *h* हो, तब क्षेत्र का वक्र पृष्ठ क्षेत्रफल $2\pi rh$ के बराबर होता है।

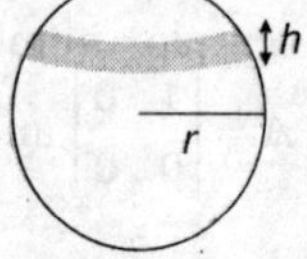

Appendix-1

Table of Greek Letters

Name	Capital	Lower case
Alpha	A	α
Beta	B	β
Gamma	Γ	γ
Delta	Δ	δ
Epsilon	E	ε
Zeta	Z	ζ
Eta	E	η
Theta	Θ	θ
Iota	I	ι
Kappa	K	κ
Lambda	Λ	λ
Mu	M	μ
Nu	N	ν
Xi	Ξ	ξ
Omicron	O	ο
Pi	Π	π
Rho	P	ρ
Sigma	Σ	σ
Tau	T	τ
Upsilon	ϒ	υ
Phi	Φ	ϕ
Chi	X	χ
Psi	Ψ	ψ
Omega	Ω	ω

Appendix-2

Table of Roman Numerals

The basic values are I = 1, V = 5, X = 10, L = 50, C = 100, D = 500 and M = 1000.

If smaller numbers follow larger numbers, then the numbers are added, but if a smaller number comes before a larger number it is subtracted, so CM is 900 and MC is 1100.

Number	Roman	Number	Roman
1	I	49	XLIX
2	II	50	L
3	III	51	LI
4	IV	55	LV
5	V	60	LX
6	VI	70	LXX
7	VII	80	LXXX
8	VIII	90	XC
9	IX	95	XCV
10	X	99	XCIX
11	XI	100	C
12	XII	101	CI
13	XIII	105	CV
14	XIV	110	CX
15	XV	150	CL
16	XVI	200	CC
17	XVII	300	CCC
18	XVIII	400	CD
19	XIX	500	D
20	XX	600	DC
21	XXI	700	DCC
22	XXII	800	DCCC
23	XXIII	900	CM
24	XXIV	1000	M
25	XXV	1100	MC
30	XXX	1500	MD
35	XXXV	1900	MCM
40	XL	2000	MM
45	XLV	2009	MMIX

Appendix-3

Table of Symbols

Symbol	Reference
$=$	equal to
$\neq$	not equal to
$\equiv$	identity
$\simeq$	approximately equal to
$\rightarrow$	approaches
$\propto$	proportional to
$<$	less than
$>$	greater than
$\leq$	less than or equal to
$\geq$	greater than or equal to
$<<$	much less than
$>>$	much greater than
$+$	plus, positive
$-$	minus, negative
$\pm$	plus or minus
$a \times b$	multiplication
$a.b$	
$a \div b$	division
a/b	
$\lvert a \rvert$	magnitude of *a*
$a!$	factorial *a*
$\log_b a$	logarithm (to base *b*)
$\log_{10} a$	common logarithm
$\log_e a$ or $\ln a$	natural logarithm
$\neg$	negation
$\wedge$	conjunction
$\vee$	disjunction
$\Rightarrow, \Leftrightarrow$	implication
$\sim$	equivalence relation
$\exists, \forall$	quantifier
$\in, \notin$	belongs to does not belong to
$\subseteq, \supseteq$	subset

Symbol	Reference
$\subset, \supset$	proper subset
$\cup, \bigcup$	union
$\cap, \bigcap$	intersection
$A', \overline{A}$	complement
$\varnothing$	empty set
$A \times B$	cartesian product
$A \setminus B,\ A - B$	difference set
$A + B,\ A \Delta B$	symmetric difference
$n(A),\ \#(A),\ \lvert A \rvert$	cardinality
$P(A)$	power set
$n!$	factorial
$[a, b]$	closed interval, least common multiple
(a, b)	open interval, greatest common divisor
$[a, b), (a, b]$	interval, open at one end
$\binom{n}{r}$	binomial coefficient
$[x]$	integer part
$\{x\}$	fractional part
$\lvert x \rvert$	absolute value
$\lvert z \rvert$	modulus
$\bar{z}$	conjugate
Re, z	real part
Im z	imaginary part
$\overrightarrow{AB}$	directed line segment
$\lvert AB \rvert, \lvert \overrightarrow{AB} \rvert$	length
$\lVert P \rVert$	norm
$\sqrt{\ }$	square root
$\Sigma, \sum$	summation notation
$\Pi, \prod$	product notation
π	pi
$f : x \mapsto y$	function, mapping
$f : S \to T$	function, mapping

Symbol	Reference
$\to$	limit
$f o g$	composition
f^{-1}	inverse function, inverse mapping
$f', \frac{df}{dx}, y', \frac{dy}{dx}$	derivative, derived function
$f'', f''', \ldots, f^{(n)}, \frac{d^2f}{dx^2}, \ldots, \frac{d^nf}{dx^n}$	higher derivative
$y'', y''', \ldots, y^{(n)}, \frac{d^2y}{dx^2}, \ldots, \frac{d^ny}{dx^n}$	higher derivative
$f_x, f_y, f_1, f_2, \frac{\partial f}{\partial x}, \frac{\partial f}{\partial y}$	partial derivative
$f_{xx}, f_{xy}, \ldots, f_{11}, f_{12},$	higher-order partial derivative
$\ldots \frac{\partial^2 f}{\partial x^2}, \frac{\partial^2 f}{\partial x \partial y}, \ldots$	higher-order partial derivative
$\dot{x}, \ddot{x}$	rate of change
$\int$	integral, anti-derivative
$\mathbf{a} \cdot \mathbf{b}$	scalar product
$\mathbf{a} \times \mathbf{b}, \mathbf{a} \wedge \mathbf{b}$	vector product
$\mathbf{a} \cdot (\mathbf{b} \times \mathbf{c}), [\mathbf{a}, \mathbf{b}, \mathbf{c}]$	scalar triple product
$\mathbf{a} \times (\mathbf{b} \times \mathbf{c})$	vector triple product
$\mathbf{A}^T, \mathbf{A}^t, \mathbf{A}'$	transpose
$\mathbf{A}^{-1}$	inverse matrix
$\lvert\mathbf{A}\rvert$	determinant
$\langle G, 0\rangle$	group
$\langle R, +, \times\rangle$	ring
$E(X)$	expected value
$\mathrm{Var}(X)$	variance
$\mathrm{Cov}(X, Y)$	covariance
$\Pr(A)$	probability
$Pr(A \mid B)$	conditional probability

Appendix-4

Conversion Factors

Length

To convert	Into	Multiply by
inches	metres	0.0254
feet	metres	0.3048
yards	metres	0.91 44
miles	kilometres	1.60934
nautical miles	kilometres	1.85200
nautical miles	miles	1.15078
kilometres	miles	0.621371
kilometres	nautical miles	0.539957
metres	inches	39.3701
metres	feet	3.28084
metres	yards	1.09361

Area

To convert	Into	Multiply by
square inches	square centimetres	6.4516
square inches	square metres	6.4516×10^{-4}
square feet	square metres	9.2903×10^{-2}
square yards	square metres	0.836127
square miles	square kilometres	2.58999
square miles	acres	640
acres	square metres	4046.86
acres	square miles	1.5625×10^{-3}
square centimetres	square inches	0.155
square metres	square feet	10.7639
square metres	square yards	1.19599
square metres	acres	2.47105×10^{-4}
square metres	square miles	3.86019×10^{-7}
square kilometres	square miles	0.386019

Volume

To convert	Into	Multiply by
cubic inches	litres	1.63871×10^{-2}
cubic inches	cubic metres	1.63871×10^{-5}
cubic feet	litres	28.3168
cubic feet	cubic metres	0.0283168
cubic yard	cubic metres	0.764555
gallon (US)	litres	3.785438
gallon (US)	cubic metres	3.785438×10^{-3}
gallon (US)	gallon (UK)	0.83268

Mass

To convert	Into	Multiply by
pounds	kilograms	0.453592
pounds	tonnes	4.53592×10^{-4}
tons (short)	kilograms	907.18
tons (short)	tonnes	0.90718
kilograms	pounds	2.204623
kilograms	tons (short)	1.1023×10^{-3}
tonnes	pounds	2204.623
tonnes	tons (short)	0.90718

Appendix-5

Area of plane figure and Volume of Solid figure.

Plane Figures

Figure	Dimensions	Perimeter	Area
triangle	sides a, b and c, angle A	$a + b + c$	$\frac{1}{2} bc \cdot \sin A$
square	side a	$4a$	a^2
rectangle	sides a and b	$2(a + b)$	$a \times b$
kite	diagonals c and d		$\frac{1}{2} c \times d$
parallelogram	sides a and b distances c and d apart	$2(a + b)$	$a \cdot c$ or $b \cdot d$
circle	radius r	$2\pi r$	πr^2
ellipse	axes a and b	$2\pi \sqrt{[(a^2 + b^2)/2]}$	πab

Solid Figures

Figure	Dimensions	Area	Volume
cylinder	radius r, height h	$2\pi r(h + r)$	$\pi r^2 h$
cone	base radius r, slant height l, height h	πrl	$\pi r^2 h / 3$
sphere	radius r	$4\pi r^2$	$4\pi r^3 / 3$

Appendix-6

Table of Trigonometric Formulae and Identities

Basic Formulae

$$\tan A = \frac{\sin A}{\cos A}, \qquad \cot A = \frac{\cos A}{\sin A} = \frac{1}{\tan A}$$

$$\sec A = \frac{1}{\cos A}, \qquad \operatorname{cosec} A = \frac{1}{\sin A}$$

$$\cos^2 A + \sin^2 A = 1, \qquad \sec^2 A = 1 + \tan^2 A, \qquad \operatorname{cosec}^2 A = 1 + \cot^2 A$$

Addition Formulae

$$\sin(A + B) = \sin A \cos B + \cos A \sin B$$

$$\sin(A - B) = \sin A \cos B - \cos A \sin B$$

$$\cos(A + B) = \cos A \cos B - \sin A \sin B$$

$$\cos(A - B) = \cos A \cos B + \sin A \sin B$$

$$\tan(A + B) = \frac{\tan A + \tan B}{1 - \tan A \tan B}$$

$$\tan(A - B) = \frac{\tan A - \tan B}{1 + \tan A \tan B}$$

Double Angle Formulae

$$\sin 2A = 2\sin A \cos A$$

$$\cos 2A = \cos^2 A - \sin^2 A$$

$$\cos 2A = 1 - 2\sin^2 A, \qquad \sin^2 A = \frac{1}{2}(1 - \cos 2A)$$

$$\cos 2A = 2\cos^2 A - 1, \qquad \cos^2 A = \frac{1}{2}(1 + \cos 2A)$$

$$\tan 2A = \frac{2\tan A}{1 - \tan^2 A}$$

Tangent of Half Angle Formulae

Let $t = \tan \frac{1}{2}A$; then

$$\sin A = \frac{2t}{1+t^2}, \qquad \cos A = \frac{1-t^2}{1+t^2}, \qquad \tan A = \frac{2t}{1-t^2}$$

Product Formulae

$$\sin A \cos B = \frac{1}{2}[\sin(A + B) + \sin(A - B)]$$

$$\cos A \sin B = \frac{1}{2}[\sin(A + B) - \sin(A - B)]$$

$$\cos A\ \cos B = \frac{1}{2}[\cos(A+B) + \cos(A-B)]$$

$$\sin A\ \sin B = \frac{1}{2}[\cos(A-B) - \cos(A+B)]$$

Sums and Differences

$$\sin C + \sin D = 2\sin\frac{1}{2}(C+D)\cos\frac{1}{2}(C-D)$$

$$\sin C - \sin D = 2\cos\frac{1}{2}(C+D)\sin\frac{1}{2}(C-D)$$

$$\cos C + \cos D = 2\cos\frac{1}{2}(C+D)\cos\frac{1}{2}(C-D)$$

$$\cos C - \cos D = -2\sin\frac{1}{2}(C+D)\sin\frac{1}{2}(C-D)$$

Appendix-7

Expansion of Some Useful Series

(i) $e^x = 1 + \frac{x}{1!} + \frac{x^2}{2!} + \ldots + \frac{x^n}{n!} + \ldots$ (for all x)

(ii) $\sin x = x - \frac{x^3}{3!} + \frac{x^5}{5!} - \frac{x^7}{7!} + \ldots + (-1)^n \frac{x^{2n+1}}{(2n+1)!} + \ldots$ (for all x)

(iii) $\cos x = 1 - \frac{x^2}{2!} + \frac{x^4}{4!} - \frac{x^6}{6!} + \ldots + (-1)^n \frac{x^{2n}}{(2n)!} + \ldots$ (for all x)

(iv) $\sinh x = x + \frac{x^3}{3!} + \frac{x^5}{5!} + \frac{x^7}{7!} + \ldots + \frac{x^{2n+1}}{(2n+1)!} + \ldots$ (for all x)

(v) $\cosh x = 1 + \frac{x^2}{2!} + \frac{x^4}{4!} + \frac{x^6}{6!} + \ldots + \frac{x^{2n}}{(2n)!} + \ldots$ (for all x)

(vi) $\ln(1+x) = x - \frac{x^2}{2} + \frac{x^3}{3} - \frac{x^4}{4} + \ldots + (-1)^{n-1} \frac{x^n}{n} + \ldots$ $(-1 < x \le 1)$

(vii) $\tan^{-1} x = x - \frac{x^3}{3} + \frac{x^5}{5} - \frac{x^7}{7} + \ldots + (-1)^n \frac{x^{2n+1}}{2n+1} + \ldots$ $(-1 \le x \le 1)$

(viii) $\sin^{-1} x = x + \frac{1}{2}\frac{x^3}{3} + \frac{1 \times 3}{2 \times 4}\frac{x^5}{5} + \frac{1 \times 3 \times 5}{2 \times 4 \times 6}\frac{x^7}{7} + \ldots$

$$+ \binom{2n}{n} \frac{x^{2n+1}}{2^{2n}(2n+1)} + \ldots$$ $(-1 \le x \le 1)$

(ix) $(1+x)^\alpha = 1 + \frac{\alpha}{1!}x + \frac{\alpha(\alpha-1)}{2!}x^2 + \ldots$

$$+ \frac{\alpha(\alpha-1)\ldots(\alpha-n+1)}{n!}x^n + \ldots$$ $(-1 < x < 1)$

Appendix-8

Derivatives of Different Functions

y	$\frac{dy}{dx}$	y	$\frac{dy}{dx}$
x^n	nx^{n-1}	$\cosh x$	$\sinh x$
$u+v$	$\frac{du}{dx}+\frac{dv}{dx}$	$\tanh x$	$\text{sech}^2 x$
uv	$u\frac{dv}{dx}+v\frac{du}{dx}$	$\text{cosech}\, x$	$-\text{cosech}\, x \coth x$
		$\text{sec}\, x$	$-\text{sech}\, x \tanh x$
$\frac{u}{v}$	$\frac{1}{v^2}\left(v\frac{du}{dx}-u\frac{dv}{dx}\right)$	$\coth x$	$-\text{cosech}^2 x$
ax	a	$\sinh^{-1} x$	$\frac{1}{\sqrt{(x^2+1)}}$
$\sin x$	$\cos x$	$\cosh^{-1} x$	$\frac{1}{\sqrt{(x^2-1)}}$
$\cos x$	$-\sin x$	$\tanh^{-1} x$	$\frac{1}{1-x^2}$
$\tan x$	$\sec^2 x$	$\text{cosech}^{-1} x$	$-\frac{1}{x\sqrt{(1+x^2)}}$
$\text{cosec}\, x$	$-\text{cosec}\, x \cot x$	$\text{sech}^{-1} x$	$-\frac{1}{x\sqrt{(1-x^2)}}$
$\sec x$	$\sec x \tan x$	$\coth^{-1} x$	$-\frac{1}{x^2-1}$
$\cot x$	$-\text{cosec}^2 x$	$\cot^{-1} x$	$-\frac{1}{1+x^2}$
$\sin^{-1} x$	$\frac{1}{\sqrt{(1-x^2)}}$		
$\cos^{-1} x$	$-\frac{1}{\sqrt{(1-x^2)}}$	$\sec^{-1} x$	$\frac{1}{x\sqrt{(x^2-1)}}$
$\tan^{-1} x$	$\frac{1}{1+x^2}$		
e^x	e^x	$\text{cosec}^{-1} x$	$-\frac{1}{x\sqrt{(x^2-1)}}$
e^{-x}	$-e^{-x}$		
a^x	$a^x \log a$	$\log x$	$\frac{1}{x}$
$\sinh x$	$\cosh x$		